ACCESO GRATIS *a la Lectura en la Nube*

Para visualizar el libro electrónico en la nube de lectura envíe junto a su nombre y apellidos una fotografía del código de barras situado en la contraportada del libro y otra del ticket de compra a la dirección:

ebooktirant@tirant.com

En un máximo de 72 horas laborables le enviaremos el código de acceso con sus instrucciones.

EL DERECHO ESPAÑOL DE SOCIEDADES A LA LUZ DEL DERECHO EUROPEO

Repensando las transposiciones

COLECCIÓN:

CÁTEDRA
GARRIGUES
DE MODERNIZACIÓN DEL
DERECHO DE SOCIEDADES

GARRIGUES

EL DERECHO ESPAÑOL DE SOCIEDADES A LA LUZ DEL DERECHO EUROPEO

Repensando las transposiciones

tirant lo blanch
Valencia, 2024

En caso de erratas y actualizaciones, la Editorial Tirant lo Blanch publicará la pertinente corrección en la página web www.tirant.com.

© TIRANT LO BLANCH
EDITA: TIRANT LO BLANCH
C/ Artes Gráficas, 14 - 46010 - Valencia
TELFS.: 96/361 00 48 - 50
FAX: 96/369 41 51
Email:tlb@tirant.com
www.tirant.com
Librería virtual: www.tirant.es
DEPÓSITO LEGAL: V-2837-2024
ISBN: 978-84-1056-786-3
MAQUETA: Innovatext

Si tiene alguna queja o sugerencia, envíenos un mail a: atencioncliente@tirant.com. En caso de no ser atendida su sugerencia, por favor, lea en *www.tirant.net/index.php/empresa/politicas-de-empresa* nuestro Procedimiento de quejas.

Responsabilidad Social Corporativa: *http://www.tirant.net/Docs/RSCTirant.pdf*

Autores

Dr. Rafael Arenas García
Drª. Elena Boet Serra
Drª. María del Mar Bustillo Saiz
Dr. Ricardo Cabanas Trejo
Drª. Mónica Fuentes Naharro
D. Sergio González Galán
Dr. Carlos Górriz López
Dr. José Machado Plazas
Dr. Ángel Marina García
Dª. Mónica Martín de Vidales Godino
Dr. Francisco Mercadal Vidal
Dr. Jorge Miquel Rodríguez
Dr. Ramón Morral Soldevila
Dr. Juan Ignacio Peinado Gracia
Drª. Adoración Pérez Troya
Dr. Vicenç Ribas Ferrer
Drª. Paola Rodas Paredes
Drª. Ana María Sala Andrés
Dr. Pablo Sanz Bayón
Dr. Daniel Vázquez Albert.
D. Luis Manuel Viñuales Sanabria

ÍNDICE

PRÓLOGO

Mónica Martín de Vidales Godino
Pablo Sanz Bayón
Codirectores de la Cátedra Garrigues de Modernización del Derecho de Sociedades (ICADE).

I

El mercado común, establecido por el Tratado de Roma en 1957, pretendía eliminar las barreras al comercio entre los Estados miembros para la mayor prosperidad económica de sus países y ciudadanos, y contribuir a *"una unión cada vez más estrecha entre los pueblos de Europa"*. En el Tratado ya aparecía el "*desarrollo armónico de las actividades económicas en el conjunto de la Comunidad*" como objetivo central, mediante el establecimiento de un mercado común (artículo 2), y en el listado de acciones del artículo 3 aparecían, entre otras, *"la abolición entre los Estados miembros de los obstáculos a la libre circulación de personas, servicios y capitales"* y *"la aproximación de las legislaciones nacionales en la medida necesaria para el funcionamiento del mercado común"*. El Acta Única Europea de 1986 incluyó en el Tratado de la Comunidad Económica Europea el objetivo de crear un mercado interior, definido como *"un espacio sin fronteras interiores, en el que la libre circulación de mercancías, personas, servicios y capitales estará garantizada"*. Esos objetivos y esas acciones se mantienen hoy día, con las correspondientes actualizaciones derivadas de los nuevos Tratados, y siguen incluidos en el proceso de elaboración de la Constitución europea, firmada en Roma en 2004, aunque se haya detenido luego en el proceso de ratificación (Quijano). Así, aunque las herramientas técnicas van cambiando, al igual que la propia comprensión del Derecho de la Unión en relación con los Derechos nacionales, hay una unidad de intención en lo referido a la creación de un marco económico común en torno a las cuatro libertades.

II

Para la conversión de esta intención en una realidad son esenciales las llamadas libertades básicas y la cohesión de la propia Unión Europea, y en ese proceso el Derecho de sociedades de capital es un elemento integrador, estableciendo unos estándares de mínimos que permiten, más allá de la singularidad nacional, contar con un régimen armónico y, al tiempo, poder predecir las soluciones jurídicas de cada uno de los ordenamientos.

Aquellas libertades, propósitos del sueño de Europa, se concretaban en: *la libertad de circulación de capitales,* instrumento para la efectividad de las otras tres; *la libertad de circulación de mercancías* que conlleva la unidad aduanera y la supresión de las barreras del comercio intracomunitario; la *libre circulación de personas*, entendida como la libertad de establecimiento, que reconoce el derecho de los autónomos y de las personas jurídicas a ejercer su actividad profesional en cualquier país miembro, en igualdad de condiciones con los nacionales de este último; y la libertad de circulación de trabajadores, que reconoce igual derecho a los trabajadores asalariados. Y por fin, *la libre prestación de servicios*, que ampara el derecho a desarrollar la actividad profesional o mercantil con carácter no permanente en todo el territorio de la Unión.

La realización de estas libertades ha exigido de las naciones de Europa un esfuerzo ingente de aproximación.

III

Y en ese esfuerzo, es necesario un Derecho común harmonizado de sociedades que, siendo de mínimos, permita a cada país tomar sus propias decisiones dentro de las alternativas que ofrece el acervo comunitario. Sobre la UE pesa el mandato de elaborar Directivas con vistas a coordinar *«en la medida necesaria y con el fin de hacerlas equivalentes, las garantías exigidas en los Estados miembros a las sociedades»*. Los Estados miembros vienen obligados a introducir en sus respectivos ordenamientos las modificaciones necesarias para asegurar la realización de los objetivos que en aquéllas se establezcan, postulándose el desplazamiento automático del Derecho nacional cuando, transcurridos los plazos previstos, los Estados incumplan las prescripciones comunitarias.

No obstante, no existe un Derecho de sociedades europeo codificado (más allá de la refundición de Directivas propia de la *Directiva (UE) 2017/1132 de14 de junio de 2017, sobre determinados aspectos del Derecho de sociedades*), pero la armonización de las normas nacionales en materia de Derecho de sociedades ha dado lugar a ordenaciones comunes mínimas en ámbitos como la protección de los intereses y los derechos de los accionistas, las normas sobre ofertas públicas de adquisición para las sociedades anónimas, la comunicación de información sobre las sucursales, las fusiones y escisiones, las normas mínimas relativas a las sociedades unipersonales privadas de responsabilidad limitada, la información financiera y la contabilidad, el acceso más rápido y sencillo a la información sobre las sociedades y algunos requisitos de divulgación impuestos a las sociedades.

Este Derecho común se ha ido produciendo a lo largo de los años. Las Directivas se han sucedido y, a su vez, se han ido modificando y adaptando. Desde la Primera Directiva del Consejo, que data de 1968, cuyo objetivo era facilitar y acelerar el acceso del público a la información sobre las sociedades y que abordó, entre otras cosas, la validez de las obligaciones contraídas por una sociedad y la nulidad de la sociedad; han ido regulándose materias diversas como la constitución, el capital, movilidad, digitalización, aspectos registrales, los órganos de administración (reduciendo prácticamente a la unidad los dos modelos de gestión que conviven en Europa) y su responsabilidad, ejercicio de derechos por el socio minoritario, movilidad transfronteriza, reestructuraciones e insolvencia, tomas de control, ejercicio transfronterizo de derechos, aspectos registrales, etc. La materia es muy amplia, como amplio es el foco de este libro.

Hemos abordado también una pieza del Derecho común en marcha: la cuestión de la llamada diligencia debida y la sostenibilidad, materia que mientras se desarrollaba esta obra ha ido cambiando, teniendo hoy un incierto futuro.

Mayores avances podemos mencionar en el campo de la información pública debida en lo que se llamaba información no financiera y ahora informe sobre sostenibilidad.

Lejos de esta armonización, y también del alcance de esta obra, se encuentran otras materias que o no se han planteado o no han alcanzado apoyo suficiente en estos años. Sirva de ejemplo la materia de grupos. Así, el Proyecto de Novena Directiva europea sobre grupos de sociedades, cuyo nacimiento cada vez se ve más lejano (por decir que se ve) o las referencias en la Séptima Directiva, de 13 de junio de 1983, sobre consolidación de cuentas de los grupos, han dejado el fenómeno de los grupos al margen de cualquier armonización, como ha sido denunciado por la doctrina. Igualmente es el caso de la Quinta Directiva, destinada a armonizar la estructura orgánica de las sociedades. También en el capítulo de los proyectos que no llegaron a tener vida podemos citar el "Convenio sobre reconocimiento mutuo de las Sociedades y Personas Morales", hecho en Bruselas el 29 de febrero de 1968, que no llegó a ser ratificado ni a entrar en vigor.

IV

De estas materias, el Derecho armonizado de sociedades europeo, se ocupa la obra que prologamos. Es la segunda obra de la colección tras *Las sociedades de capital: sus intereses y sus conflictos*, Tirant lo blanch, Valencia, 2022.

Una más de las actividades de la *Cátedra Garrigues de Modernización del Derecho de Sociedades*. Esta Cátedra se constituyó en 2011, porque el despacho Garrigues mantiene un esfuerzo constante de apoyo y promoción de la investigación jurídica y fomento de las relaciones con el mundo académico. Fruto de este compromiso, juntamente con la Universidad Pontificia Comillas (ICAI-ICADE), y a fin de impulsar la investigación en el ámbito de Derecho Societario y examinar las vías idóneas para la actualización de la legislación societaria española en el contexto europeo y global de los operadores jurídicos y económicos, venimos realizando diferentes actividades desde aquel año. Esta Cátedra, tras más de una década, es un centro de referencia en España para la reflexión pública y privada y para la investigación relativa a este relevante sector.

La Cátedra quiere proponer soluciones, avanzar medidas y ofrecer propuestas a partir de la introspección sosegada, el diálogo con los operadores y la producción investigadora, concretada en forma de congresos, jornadas y seminarios especializados sobre materia societaria y asociativa, por una parte, y por otra, en publicaciones cuyos resultados se transfieren oportunamente a las comunidades profesional, universitaria y científica; para avance del conocimiento material, pero, por encima de todo, para beneficio de los empresarios y de la sociedad en su conjunto.

Finalizamos ya, el lector tiene en sus manos una obra colectiva fruto de la generosidad de sus autores que nos honran divulgando por este medio su trabajo y sus opiniones. A todos estos colaboradores, los de este libro pero también a los profesores, jueces, registradores, abogados y notarios que habitualmente participan en nuestras actividades; a los responsables de las dos instituciones que “apadrinan” esta Cátedra, el Despacho J&A Garrigues y la Universidad Pontificia de Comillas; y, en general, a todas las personas que nos acompañan hablando, escribiendo, asistiendo o siguiéndonos por nuestra web o por redes sociales, damos desde aquí las gracias.

* * *

NOTA DEL EDITOR

Juan Ignacio Peinado Gracia
Editor

La bibliografía jurídica española cuenta con importantes trabajos en los que se repasa la situación del Derecho de Sociedades de la Unión Europea (UE) y de nuestro Derecho patrio a la luz de aquél. Es curioso que algunos de estos trabajos se vinculan de alguna u otra forma con la figura del profesor Girón Tena[1]. En todo caso, la doctrina y la práctica española han estado permanentemente atentas a los desarrollos europeos en todos estos años en que España pertenece a la UE[2] y aún antes[3]. Algunas de estas iniciativas están muy vinculadas con esta misma obra[4].

---

1 Sin ser exhaustivos recuérdese AA.VV. (Dirs. Girón/Garrigues), *Estudios y Textos de Derecho de Sociedades de la Comunidad Económica Europea*, Universidad Complutense, Madrid, 1978; AA-VV. (Presentación de J. Girón) "Reseña de Derecho mercantil de la Comunidad Económica Europea", *RDM*, 1981, núms. 161-162; AA.VV. *Derecho Mercantil de la Comunidad Económica Europea. Estudios en Homenaje a José Girón Tena*, Madrid, Editorial Cívitas, 1991.

2 Por ejemplo, AA.VV., (Dirs. Vitolo/Embid/Sánchez), *El derecho de sociedades en un marco supranacional: Unión Europea y Mercosur*, Granada, Comares, 2007; AA.VV. (coords. Gorriz/Arenas), *Libertad de establecimiento y derecho europeo de sociedades: cuestiones fiscales, mercantiles e internacionales*, Madrid, Atelier, 2017.

3 Por todos véase FERNÁNDEZ DE LA GÁNDARA, L., Derecho europeo de sociedades y reforma del ordenamiento español, Documentación administrativa, NÚM. 202, 1984, pp. 189-259

4 AA.VV. (Coords. Pérez/Miquel/Arenas), *Derecho de sociedades europeo*, Cizur Menor, Aranzadi, 2019.

En este caso es necesario destacar el planteamiento que se les pidió a los autores. Partimos de la idea de que las economías de los países de la Unión Europea se enfrentan a un doble mercado de referencia con reglas diversas. El mundial y el interno de la UE. Y en ambos supuestos, el marco legal es un factor determinante de las capacidades competitivas de esa economía y, por ello, de los empresarios radicados en cada país[5].

Y es que de la misma forma que las normas pueden generar rentas de regulación y una lucha por su apropiación, las normas generan unos costes que los sujetos pasivos de la norma han de internalizar y que pueden lastrar su capacidad competitiva (de las empresas y de los estados). Quien esto firma no tiene claro que el legislador, comunitario o, en nuestro caso, español, perciba siempre nítidamente que las opciones que toma inciden en la capacidad competitiva de sus empresas más allá de su oportunidad política. Desde esta perspectiva, en principio cualquier imputación de costes diferencial a los empresarios internos respecto de los externos, supone una desventaja competitiva de los propios. Y esto nos vale tanto para los extracomunitarios como para los intracomunitarios. Esta idea también arroja la convicción de que no agotar los plazos de transposición, cuando la transposición empeora la capacidad competitiva, es una mala opción. Cuando ocasionalmente los legisladores nacionales señalan que hay un reconocimiento por el mercado de la novedad y que por ello la transposición temprana da lugar a una ventaja, lo hacen en todos los casos que conoce quien firma, con absoluto voluntarismo y nulo soporte de evidencias.

---

5 De interés un trabajo ya antiguo de HIRSCHMAN, A.O., *Exit, voice and loyalty. Responses to decline in firms, organizations and states,* Mass, 1972, sobre las formas de competencia en el Desarrollo económico y político. En nuestra opinión especialmente útil cuando nos referimos a la competencia entre sistemas jurídicos donde los principios de salida (ordenamientos que quedan al margen del mercado), voz (cambios internos de adaptación) y lealtad, son posibles.

Con la anterior idea se les ha pedido a los autores un esfuerzo relevante para volver a mirar el Derecho español de sociedades desde la perspectiva del Derecho derivado[6] de sociedades de la Unión Europea: la Directivas[7]. Esto es, destacar las alternativas que el legislador europeo planteó a los Estados miembros, ver qué opción tomó o toma el Reino de España en cada caso y, como si fuera el negativo de esa misma fotografía, ver qué opciones el legislador español descartó en su momento pero que continúan a su disposición ante una reforma legislativa de signo contrario al ya transitado e igualmente coherente y compatible con el marco comunitario.

La razón es doble. De una parte, no aceptar como invariables las opciones ya adoptadas; de otra, ver si podemos extraer del proyecto de la Unión Europea en materia de sociedades también una posición competitiva[8] de las empresas españolas o, visto desde otra perspecti-

---

6 En el Derecho de la UE , el Tratado de Roma de 1957 fundamentó el Derecho europeo de sociedades en sus artículos 48 a 66, y el Tratado de Maastricht de 1992 abundó en la aproximación con una nueva redacción de los artículos 94 a 97 (que se habían introducido con el Acta Única Europea) y de los artículos 39 y 55 CE (que sustituyen a los antiguos artículos 48 a 66 del CEE).

7 Carece de sentido reproducir aquí el conjunto de Directivas, véase en las fichas de la propia UE: https://www.europarl.europa.eu/factsheets/es/sheet/35/el-derecho-de-sociedades

8 Adviértase que, entre las declaraciones de la UE, se considera que un marco de gobernanza corporativo eficaz contribuye a crear un entorno empresarial positivo a escala de la Unión en el mercado interior. El objetivo de la armonización del Derecho de sociedades es promover que se alcance la libertad de establecimiento (título IV, capítulo 2, del TFUE) y aplicar el derecho fundamental que se recoge en el artículo 16 de la Carta de los Derechos Fundamentales de la Unión Europea, es decir, la libertad de empresa dentro de los límites del artículo 17 de la Carta (derecho a la propiedad). Esto es, no hay una preocupación declarada por la competitividad de las sociedades de los países miembros en el conjunto del mercado. No obstante, esta afirmación merece ser matizada. Las finalidades de las normas de la Unión en este ámbito son permitir que las em-

va, considerar el Derecho patrio de sociedades como una ventaja para atraer inversión y sociedades.

Este libro se publica cuando ya se ha producido el BREXIT. La cuestión es interesante también desde la perspectiva de la competencia intracomunitaria. Y es que, mientras el Reino Unido (UK) perteneció a la UE, se produjeron dos fenómenos. Por una parte, el modelo anglosajón fue el valladar contra construcciones de inspiración alemana; de otra, la competencia interna del UK para atraer sociedades estaba también en la causa de algunos movimientos de reforma legislativa de otros países de la Unión Europea-UE para evitar ese traslado[9]. La cuestión tiene una

---

presas se constituyan en cualquier lugar de la Unión, aprovechando la libre circulación de personas, servicios y capitales, ofrecer protección a los accionistas y otras partes interesadas en las sociedades, aumentar la competitividad de las empresas y fomentar entre las empresas la cooperación transfronteriza

9 La situación de competencia de UK frente a Alemania resulta muy interesante y el impacto de las reformas legales no arroja sin embargo un resultado claro (al menos en sus causas). Cuando en 1999 comenzó legalmente esta migración se pudo observar que la sociedad limitada inglesa atraía a empresarios de otros emplazamientos de la UE y, particularmente, alemanes y, en menor medida, austriacos. Sin embargo, a partir de 2006 el proceso se fue ralentizando. Sobre el tema véase el trabajo de RINGE, W-G, "Corporate Mobility in the European Union – A Flash in the Pan? An Empirical Study on the Success of Lawmaking and Regulatory Competition", *European Company and Financial Law Review* 2013, Oxford Legal Studies Research Paper No. 34/2013, disponible en https://ssrn.com/abstract=2247323 que apunta otras causas para ese viaje de ida y Vuelta (mayor comprensión de la falta de capital, coste reputacional por ir a otro país, coste de gestión a distancia de las empresas...). Así señala RINGE "Cuando los Estados miembros de la UE adoptan reformas que reducen las cargas de puesta en marcha, ofrecen a las empresas y a los inversores el marco jurídico necesario para una creación rápida y eficaz de empresas. a las empresas y a los inversores el marco jurídico necesario para una puesta en práctica de las ideas empresariales y, por tanto, es beneficioso para todos" (pág. 33). No obstante, sigue señalando que la, entonces proyectada, Directiva de traslado internacional podía suponer un cambio en este mercado competitivo.

gran incidencia en el caso de España por su proximidad a esa parte de nuestro país no reconocida como de nuestra soberanía: Gibraltar.

Permítasenos fijarnos en dos aspectos que pueden ilustrar cuanto decíamos. En materia de capital social, abordado por varios autores, pero especialmente por el Dr. Machado, España ha de plantearse constantemente las funciones del capital y, por ello, vincularlo con los controles de solvencia. De otro lado, la situación dudosa en la que avanza, cuando esto se escribe, la llamada Directiva de la diligencia debida[10] y la posible iniciativa legislativa española que anticipe algunos de sus efectos en materia de derechos humanos y medio ambiente. En este caso, vemos como la iniciativa legislativa carece de un real estudio de costes imputados a las sociedades y en qué medida esto puede provocar una pérdida de atracción para el inversor internacional o, incluso, el traslado social de empresas que ya están en nuestro país o podrían valorar trasladarse al mismo. En ocasiones, intentar ser el primero en algo te sitúa en los últimos lugares, imputándote además el coste de aprendizaje que asume el que va por delante, pero del que se benefician los restantes ordenamientos.

Otro factor relevante para afrontar esta obra es el lapso temporal que aborda. Desde 1968 a 2024, por el momento, las iniciativas europeas se han sucedido y España ha ido transponiéndolas a su ordenamiento (y a su ritmo). En ese período, la propia forma de hacer las normas en la UE ha ido cambiando, la calidad, proporcionalidad, subsidiaridad del ordenamiento de la Unión respecto de los nacionales han mutado igualmente, produciéndose una "renacionalización" del Derecho de sociedades. De la misma forma, los países miembros han tardado en asumir que el ordenamiento actual de la UE es una ordenación de mínimos frente a la que cada Estado puede tomar sus propias

10 Véanse los trabajos de Vázquez Albert, González Galán y de quien esto escribe.

decisiones competitivas[11]. Cómo se ha ido configurando este Derecho europeo puede verse en esta obra en los trabajos de Gorriz y Miquel. La conclusión es obvia. No tenemos una normativa común y codificada de Derecho de sociedades en Europa[12].Y eso que, en el ámbito de

---

11 De interés pueden resultar los informes sobre calidad normativa, proporcionalidad y subsidiaridad y relaciones con los parlamentos nacionales que durante mas de una veintena de años ha elaborado la Comisión Europea. https://ec.europa.eu/dgs/secretariat_general/relations/relations_other/npo/subsidiarity_reports_en.htm y https://commission.europa.eu/law/law-making-process/adopting-eu-law/relations-national-parliaments/annual-reports-application-principles-subsidiarity-and-proportionality-and-relations-national_en , el último de los cuales es de octubre de 2023.

12 Siendo meritoria, no merece esta calificación la Directiva (UE) 2017/1132 del Parlamento Europeo y del Consejo de 14 de junio de 2017, sobre determinados aspectos del Derecho de sociedades. https://www.boe.es/doue/2017/169/L00046-00127.pdf
La Directiva (UE) 2017/1132 codificó la Sexta Directiva 82/891/CEE del Consejo, de 17 de diciembre de 1982, basada en la letra g) del apartado 3 del artículo 54 del Tratado y referente a la escisión de sociedades anónimas; la Undécima Directiva 89/666/CEE del Consejo, de 21 de diciembre de 1989, relativa a la publicidad de las sucursales constituidas en un Estado miembro por determinadas formas de sociedades sometidas al Derecho de otro Estado; la Directiva 2005/56/CE del Parlamento Europeo y del Consejo de 26 de octubre de 2005 relativa a las fusiones transfronterizas de las sociedades de capital: Directiva 2009/101/CE del Parlamento Europeo y del Consejo, de 16 de septiembre de 2009, tendente a coordinar, para hacerlas equivalentes, las garantías exigidas en los Estados miembros a las sociedades definidas en el artículo 48, párrafo segundo, del Tratado, para proteger los intereses de socios y terceros; la Directiva 2011/35/UE del Parlamento Europeo y del Consejo, de 5 de abril de 2011, relativa a las fusiones de las sociedades anónimas; la Directiva 2012/30/UE del Parlamento Europeo y del Consejo, de 25 de octubre de 2012, tendente a coordinar, para hacerlas equivalentes, las garantías exigidas en los Estados miembros a las sociedades, definidas en el artículo 54, párrafo segundo, del Tratado de Funcionamiento de la Unión Europea, con el fin de proteger los intereses de los socios y terceros, en lo relativo a la constitución de la sociedad anónima, así como al mantenimiento y modificaciones de su capital.

derecho patrimonial, al igual que en los códigos axiológicos Europa tiene una base común cristiana, en derecho patrimonial decíamos, el Derecho romano es una base común en la UE[13].

El libro está dividido en cinco partes. Además de otros razonamientos y como suele suceder, obedece a la voluntad del editor en la ordenación de los mimbres que han llegado finalmente hasta la imprenta.

La parte primera es el marco de las cuestiones. No todas ellas están directamente vinculadas con lo que aquí se aborda, pero sí que es necesaria para entender qué es el Derecho de sociedades de la Unión europea, porqué existe y cómo se ha hecho. Aquí se tratan además de elementos históricos o de libertades básicas (como ya se ha apuntado también en el Prólogo). Nos centramos en los temas del capital y sus relaciones con la solvencia. En esta primera parte se engloban trabajos de los doctores Gorriz, Miquel, Machado, Cabanas, Fuentes y Marina.

El segundo bloque se dedica a la materia de órganos, gobierno corporativo y derechos del socio. En la cuestión de órganos, la Unión Europea ha tenido un recorrido dispar no siendo fácil cierta harmonización, toda vez que en su seno conviven dos modelos diferentes de

---

13 Por todos véase KOSCHAKER, P. *Europa und das Römische Recht*, Tubingen, Berlin, Biederstein, 1947, si bien existe edición en español de Santiago de Chile, 2020. Con idéntico título, ZIMMERMANN, R. de la que solo tenemos la edición de Marcial Pons, Madrid, 2009 (traducción de Ignacio Cremades). Tiene mucho interés, pese a que es un trabajo de hace medio siglo el artículo de TRUBEK, D.M., "Max Weber on law and the rise of capitalism", *Wisconsin Law Review*, 1973-3, pp. 720-753, disponible en https://repository.law.wisc.edu/s/uwlaw/ark:/86871/w125161v que señala: "el Derecho europeo era el resultado de la interacción de muchas fuerzas. Su forma ulterior fue moldeada no solo por las características muy particulares de la historia jurídica occidental -en especial la tradición del derecho romano y algunos aspectos de la organización jurídica medieval-, sino también por tendencias generales y singulares de la vida religiosa, económica y política de Occidente" (pp. 725-726). No es necesario señalar que Weber no habla del Derecho de la UE.

difícil reconducción a la unidad. La presencia del Reino Unido cuando el debate era más fiero aseguró que el modelo alemán con su Consejo de Supervisión, denominado *Ausfischtrast*, quedase exclusivamente reducido a las fronteras de Germania[14]. España siguió finalmente (y la mayor parte de la UE) un sistema italiano de representación de trabajadores y, por tanto, no dual en su administración y supervisión. En este bloque se incluyen también trabajos sobre los derechos del socio, materia en la que si ha habido avances significativos en el Derecho de la UE. Y esa ha sido la puerta de entrada también para determinados aspectos del estatuto jurídico de los administradores, particularmente el deber de diligencia que siempre les incumbe. Recoge este bloque trabajos de los doctores Boet, Ribas y Morral.

La parte tercera de esta obra colectiva se refiere al mercado de empresas y a la protección de los socios, tanto en sociedades cotizadas como no cotizadas. En esta materia hay una referencia importante (y que sobrevino sobre los trabajos inicialmente concebidos para esta obra). Nos referimos a la transposición de la *Directiva sobre transformaciones, fusiones y escisiones transfronterizas por la que se modifica la Directiva de 27 de noviembre de 2019* (–conocida como Directiva de movilidad–). Hasta que llegó esta Directiva, el Derecho de la UE en la materia no había ido más allá de la fusión transfronteriza. Por su parte, en los trabajos de transposición, se ha aprovechado, como es sabido, para transcender más allá de lo que reclamaba la directiva y aprovechar para una reforma en profundidad del régimen de las modificaciones estructurales[15] en Es-

14 Véase la sentencia del asunto C-566/15 Konrad Erzberger / TUI AG, del plenario del Tribunal de Justicia de la Unión Europea, que señaló la no contrariedad de la Ley de Congestión de Trabajadores en Alemania con el Derecho de la Unión. https://curia.europa.eu/juris/liste.jsf?num=C-566/15&language=EN

15 *Real Decreto-ley 5/2023, de 28 de junio, por el que se adoptan y prorrogan determinadas medidas de respuesta a las consecuencias económicas y sociales*

paña[16]. En este bloque, aunque más tangencialmente, también se aborda el efecto de la *Directiva 2019/1151, relativa a la utilización de herramientas y procesos digitales en el ámbito del Derecho de sociedades* y la *Directiva 2019/1023, sobre marcos de reestructuración preventiva*. La relación entre estos textos es notable[17], quedando no obstante relevantes aspectos que no han sido armonizados. Piénsese, por ejemplo, en la libertad de los países miembros para utilizar las modificaciones estructurales en ámbito de insolvencia. Se recogen trabajos de los doctores Pérez Troya, Rodas, Mercadal y Sala.

La siguiente parte, la cuarta, se dedica a supuestos transfronterizos, ya para el ejercicio por los derechos del socio, ya a la transferencia del domicilio social al extranjero. Ahí incorporamos los trabajos de los doctores Bustillo y Arenas. Bajo esta misma idea de actuación trasnacional incorporamos un trabajo de D. Luis Manuel Viñuales que, desde una perspectiva fiscal, aborda las llamadas sociedades fantasma.

El último bloque de la obra está compuesto por tres trabajos en torno a lo que viene llamándose sostenibilidad de sociedades. El desencadenante es la *Propuesta de Directiva del 23 de febrero de 2022*[18],

---

de la Guerra de Ucrania, de apoyo a la reconstrucción de la isla de La Palma y a otras situaciones de vulnerabilidad; de transposición de Directivas de la Unión Europea en materia de modificaciones estructurales de sociedades mercantiles y conciliación de la vida familiar y la vida profesional de los progenitores y los cuidadores; y de ejecución y cumplimiento del Derecho de la Unión Europea, quizás más conocido como Real Decreto ómnibus de 2023.

16 A esta materia se la dedicará próximamente una obra colectiva por la Cátedra que dirigen Dª Mónica Martín de Vidales y el Dr. Pablo Sanz.

17 Por ejemplo, en materia de diligencia de administradores en casos de posible insolvencia.

18 https://eur-lex.europa.eu/legal-content/ES/TXT/HTML/?uri=CELEX:52022PC0071

de incierto futuro[19], fruto del entusiasmo europeo por los Objetivos de Desarrollo Sostenible de las Naciones Unidas de 25 de septiembre de 2015, también conocidos como Agenda 2030[20]. De esta materia y su evolución puede encontrarse luz en el trabajado del Dr. Vázquez Albert. Decimos entusiasmo europeo porque lo cierto es que los legisladores y la doctrina a uno y otro lado del océano Atlántico han mantenido posiciones diversas. Crítica acerada en los ambientes académicos estadounidenses y posiciones enfrentadas entre los legisladores; mientras que en Europa la crítica es débil y la propuesta avanza a golpe de fines políticos de apariencia técnica que no esconden, en nuestra opinión, sino la mala técnica de quienes negocian estos textos[21]. A los errores conceptuales, históricos y técnicos que se evidencian en la materia hemos dedicado un modesto trabajo de nuestra autoría. Además, se aborda también cómo están reaccionando los asesores de voto y los gestores de cartera ante las políticas de sostenibilidad. A esta materia se dedica el trabajo de D. Sergio González Galán que acaba con la acertada referencia a Blackrock y a cómo la finalidad última a la que se deben los administradores es obtener beneficios para sus socios.

En total esta obra recoge diecinueve trabajos diversos. Obviamente no están todos los temas posibles. Además, el lector debe tener en cuenta el momento en el que fueron escritos cada uno de los trabajos lo que determina el marco legal de cada obra.

---

19 Está a la espera de su aprobación en el Parlamento Europeo después de que los Estados miembro llegaran a un acuerdo el pasado 15 de marzo de 2024. Véase el trabajo de VÁZQUEZ ALBERT.

20 https://www.un.org/sustainabledevelopment/es/objetivos-de-desarrollo-sostenible/

21 Dentro de este entusiasmo iletrado cabe incluir Anteproyecto de ley de protección de los derechos humanos, de la sostenibilidad y de la diligencia debida en las actividades empresariales transnacionales https://www.mdsocialesa2030.gob.es/agenda2030/documentos/220208-consulta-publica-definitiva.pdf

No es justo acabar esta nota sin agradecer a la editorial Tirant lo blanch el buen trato que nos dispensan a la colección de la Cátedra Garrigues de Modernización del Derecho de Sociedades en ICADE, en la que se inserta esta obra. Tanto su equipo de edición como el de producción son directos responsables de la bella factura de la misma[22].

---

22 Cartoné cosido hilo, lomo redondo, con cabezadas y guardas. Papel blanco interior 80 grs 1+1

PARTE I.

Derecho de Sociedades de la Unión Europea: Sus fundamentos, la constitución de sociedades, la libertad de circulación de sociedades, la función del capital social y principales retos en la transposición de la legislación comunitaria al ordenamiento español

LA EVOLUCIÓN DEL DERECHO EUROPEO DE SOCIEDADES

Dr. Carlos Górriz López*
Profesor titular de Derecho mercantil
Universidad Autónoma de Barcelona

El Derecho de sociedades constituye un factor esencial para la economía y la sociedad europeas. Por un parte, es un elemento básico del Mer-

---

* Este capítulo tiene su origen en el proyecto de investigación "Bréxit y libertad de establecimiento: aspectos societarios, fiscales y de extranjería", financiado por FEDER/Ministerio de Ciencia, Innovación y Universidades – Agencia Estatal de Investigación/_Proyecto DER2017-88910-P. La versión inicial formó parte del libro coordinado por Jorge MIQUEL RODRÍGUEZ y Adoración PÉREZ TROYA: *Derecho de Sociedades Europeo*, Thomson Reuters Aranzadi, Cizur Menor, 2019, 27-60. La actual se debe a la participación en el *Ciclo de Jornadas de Sociedades Europeo: análisis y nuevas perspectivas*, organizado por la Cátedra Garrigues de Modernización del Derecho de Sociedades y que tuvo lugar en la Facultad de Derecho de la Universidad Pontificia Comillas los días 26 de abril, 24 de mayo y 22 de junio de 2022. Mi agradecimiento a Mónica Martín de Vidales Godino, Pablo Sanz Bayón, Juan Ignacio Peinado Gracia, como organizadores, y a Jorge Miquel Rodríguez por la invitación.

cado Interior. Proporciona las reglas que rigen la vestidura jurídica que suelen adoptar los principales operadores económicos y puede permitir que desarrollen su potencial o perjudicar su competitividad. Por otra parte, el Derecho europeo de sociedades ha condicionado y continúa condicionando a los legisladores nacionales, que no sólo deben incorporar las Directivas aprobadas sino respetar las libertades de movimiento y tener en cuenta la doctrina del Tribunal de Justicia, entre otros aspectos. De ahí que esté plenamente justificado el estudio de sus normas y de su jurisprudencia. Para interpretarlas y aplicarlas correctamente es imprescindible conocer su evolución y la coyuntura actual.

Tras explicar brevemente el Derecho primario (§ I), que constituye la base jurídica del secundario, exponemos éste a la luz de su desarrollo histórico (§ II), desde sus orígenes en 1968 hasta 2012, que marca el inicio de la situación actual. En el § III presentamos la coyuntura actual, que se caracteriza por el continuismo con la etapa anterior. No obstante, recientemente se han introducido nuevas preocupaciones –como son los derechos humanos, la sostenibilidad y la protección del medio ambiente–, que pueden traer nuevos vientos al acervo legislativo. En el último epígrafe valoro la evolución histórica y coyuntura actual en clave de futuro (§ IV).

I. DERECHO PRIMARIO DE SOCIEDADES

A pesar de su reducido número y la parquedad de su contenido, el Tratado de Funcionamiento de la Unión Europea resulta esencial para el Derecho europeo de sociedades. Primero, algunos de sus preceptos constituyen el fundamento principal de los Reglamentos y Directivas aprobados en el ámbito *ius*corporativo. Segundo, coartan la libertad de los legisladores nacionales, pues no pueden aprobar disposiciones que vayan en contra suya. Y tercero, el Tribunal de Justicia ha recurrido a sus normas para responder a múltiples cuestiones prejudiciales que se le han planteado sobre la compatibilidad de las legislaciones internas con el Derecho comunitario.

La libertad de establecimiento constituye el principio básico del Derecho de sociedades de la Unión Europea[1]. Está regulado en los artículos 49 a 55 del Tratado de Funcionamiento de la Unión Europea (TFUE), que prohíben restringir la libertad que tienen los nacionales de un Estado miembro de establecerse en el territorio de otro. El Tratado no especifica el sentido de "establecerse", pero de los preceptos referidos se infiere que básicamente significa desarrollar una actividad económica o profesional. Los nacionales de los Estados miembros pueden llevarlas a cabo directamente, ejerciendo actividades "no asalariadas" (art. 49.2), o bien a través de una sociedad. Y comprende no sólo el establecimiento primario, o sea la creación y gestión de empresas, sino también el secundario: la apertura y administración de agencias, filiales y sucursales. Tiene una estrecha relación con la libertad de prestación de servicios, pues las dos se refieren a la realización de una actividad económica o profesional. La diferencia reside en la intensidad de la relación con el país en el que ésta se lleva a cabo: mientras que el establecimiento exige integración (estabilidad y duración en la vinculación con el país en que se desarrolla la actividad), la prestación de servicios no (vocación puntual)[2].

Tanto las personas físicas como las jurídicas se benefician de la libertad de establecimiento. El artículo 49 TFUE se refiere a las primeras y sólo exige que tengan la nacionalidad de un Estado miembro. El art. 54 TFUE les equipara las sociedades; ahora bien, entendidas en

---

1 BARNARD, Catherine: *The Substantive Law of the EU. The Four Freedoms*, 2ª ed., OUP, Oxford, 2007, 304 y ss.

2 De ahí que el Abogado General Léger refiera la última al desarrollo de una actividad económica en un Estado Miembro diferente de aquél en el que se está económicamente integrado. Véase el apartado 20 de sus Conclusiones de 20.6.1995 en el asunto *Gebhard* (C-55/94).

sentido muy amplio. El párrafo segundo las define como "... las sociedades de Derecho civil o mercantil, incluso las sociedades cooperativas, y las demás personas jurídicas de Derecho público o privado, con excepción de las que no persigan un fin lucrativo". Por lo tanto, resulta irrelevante la forma jurídica, el tipo societario o su naturaleza; incluso el hecho de que el ordenamiento nacional no les haya reconocido personalidad. Todas ellas disfrutan de la libertad de establecimiento; eso sí, siempre que tengan ánimo de lucro. Sorprendentemente, el Tratado no otorga el citado beneficio a las personas jurídicas que no persiguen una finalidad lucrativa. Consecuentemente, serán lícitas las restricciones que se impongan a su movilidad.

Las sociedades deben reunir dos requisitos para poder beneficiarse de la libertad prevista en los arts. 49 y ss. TFUE. Primero, deben haberse constituido conforme a la legislación de un Estado miembro. Resulta irrelevante cuál; lo que sí es importante es que hayan respetado, y continúen respetando, la normativa aplicable. De ahí que sea crucial la adscripción del ordenamiento de ese Estado a la teoría de la incorporación o a la teoría de la sede real. Así lo demuestra el caso *Überseering*: el TJUE mantuvo que los tribunales alemanes no podían negar la capacidad procesal a una sociedad holandesa porque su capital hubiera sido adquirido por nacionales alemanes que residían en Alemania. La clave residía en que la compañía se había constituido correctamente en los Países Bajos, cuyo ordenamiento no exigía que tuviera allí la sede real[3].

El segundo requisito es su vinculación con otro Estado miembro. En particular, se requiere que su domicilio, la sede de administración o el centro de actividad principal estén ubicados dentro de la Unión. Estos requisitos constituyen una aproximación muy flexible al problema de la determinación del Derecho aplicable. De un lado, el Tratado

---

[3] STJUE 5.11.2002, *Überseering BV y Nordic Construction Company Baumanagement GmbH (NCC)* (C-208/00).

no exige que el centro principal de administración se halle dentro de la Unión Europea para que la sociedad se beneficie de la libertad de establecimiento. Basta que se ubique aquí su domicilio social. De otro, no es necesario que coincidan el país de constitución y el del domicilio, sede de administración o principal centro de actividad. Con todo, estos requisitos no presuponen el posicionamiento de la Unión Europea a favor de la teoría de la incorporación frente a la sede real. El Tribunal de Justicia ha afirmado que el TFUE no se decanta por ninguna de ellas, sino que deja libertad a los Estados miembros para "...definir tanto el criterio de conexión que se exige a una sociedad para que pueda considerarse constituida según su Derecho nacional y, por ello, pueda gozar del derecho de establecimiento como el criterio requerido para mantener posteriormente tal condición"[4].

En cuanto al criterio para valorar si una medida restringe la libertad de establecimiento, parecería que sería exclusivamente la nacionalidad. La razón es que el art. 49.2 TFUE se refiere a "...las condiciones fijadas por la legislación del país de establecimiento para sus propios nacionales..." Sin embargo, el Tribunal de Justicia ha ido ampliando este criterio. En un primer momento aplicó los arts. 49 y 56 TFUE en base a la discriminación por razones de nacionalidad. Ahora bien, consideraba prohibida tanto la discriminación directa como la indirecta. Es decir, no eran admisibles aquellas normas que se aplicaban a todos los operadores económicos, pero que esencialmente perjudicaban a aquéllos que no tuvieran la nacionalidad del Estado miembro en cuestión al resultar imposible o muy difícil cumplirlas. Eso sí, sería válida si encontraba amparo en razones de interés general.

Posteriormente el Tribunal de Justicia extendió la prohibición a medidas que, pese a no ser discriminatorias, impiden o dificultan el acceso al mercado o el desarrollo de la actividad empresarial o profe-

---

4 STJUE 16.12.2008, *Cartesio Oktató és Szolgátató bt* (C-210/06).

sional. Por ejemplo, en la sentencia 12.9.2006 (C-196/04), *Cadbury Schweppes plc et al*, afirmó que "(s)i bien las disposiciones del Tratado relativas a la libertad de establecimiento, según su tenor literal, se proponen asegurar el disfrute del trato nacional en el Estado miembro de acogida, se oponen, asimismo, a que el Estado miembro de origen obstaculice el establecimiento en otro Estado miembro de uno de sus nacionales o de una sociedad constituida de conformidad con su legislación" (párr. 42). Y en la decisión de 29.11.2011 (C-371/10), *National Grid Indus BV contra Inspecteur van de Belastingdienst Rijnmond/kantoor Rotterdam*, falló que las disposiciones y actos que hicieran menos atractivo el ejercicio de la libertad de establecimiento eran contrarias a los arts. 49 y 54 TFUE (párr. 36). Consecuentemente están prohibidas medidas como la obligación de obtener una autorización, de prestar una garantía suficiente ante la autoridad competente o de contar con una residencia en el Estado en cuestión. Ahora bien, estas exigencias pueden resultar admisibles si concurren los requisitos previstos en la doctrina de la autoridad judicial europea: "... que se apliquen de manera no discriminatoria, que estén justificadas por razones imperiosas de interés general, que sean adecuadas para garantizar la realización del objetivo que persiguen y que no vayan más allá de lo necesario para alcanzar dicho objetivo"[5].

La abstracción del principio de libertad de establecimiento hace necesario su desarrollo. Para ello, el art. 50.2 TFUE habilita al Parlamento Europeo y al Consejo para aprobar las Directivas precisas. En particular, su letra g) prevé que las dos instituciones ejercerán las funciones que se les atribuyen "coordinando, en la medida necesaria y con objeto de hacerlas equivalentes, las garantías exigidas en los Estados

---

5 STJUE 30.11.1995, *Reinhard Gebhard contra Consiglio dell'Ordine degli Avvocati e Procuratori di Milano* (C-55/94), párr. 37.

miembros a las sociedades definidas en el párrafo segundo del artículo 54, para proteger los intereses de socios y terceros".

Junto a la libertad de establecimiento, las instituciones europeas han recurrido a otros preceptos del Derecho originario como base jurídica del secundario. Es el caso del art. 352 TFUE, que legitima al Consejo para adoptar, por unanimidad, las disposiciones necesarias para alcanzar los objetivos fijados en los Tratados cuando no existan otros poderes de actuación. El hecho de que haya constituido el fundamento de los estatutos de los tipos societarios europeos prueba su relevancia. Otra disposición primordial es el artículo 63 TFUE que establece el principio de libre circulación de capitales. Es la base legal de las normas que regulan el mercado de valores y de los agentes que operan en él, entre los que se hallan las sociedades cotizadas. Tienen, por lo tanto, una estrecha relación con el Derecho societario. Por último, el legislador europeo también ha acudido al expediente de la aproximación de legislaciones nacionales (artículo 114 TFUE). Ha constituido el fundamento, junto a la libertad de establecimiento, de la Directiva 2007/36/CE del Parlamento europeo y del Consejo, de 11 de julio de 2007, sobre el ejercicio de determinados derechos de los accionistas de sociedades cotizadas. Y también de las normas que disciplinan las entidades de crédito.

II. EVOLUCIÓN DEL DERECHO SECUNDARIO

1. 1968-2003

La evolución del Derecho de sociedades de la Unión Europea puede dividirse, a efectos didácticos, en cuatro etapas[6]. La primera duró

---

6 Sobre la evolución del Derecho europeo de sociedades véase EMBID, José Miguel: "Pasado, presente y futuro del Derecho Europeo de Sociedades", *Revista Ius et Praxis*, 19 (1), 2013, 303 y ss.

veintiún años: empezó en 1968, con la aprobación de la Primera Directiva, y terminó en 1989, cuando vio la luz la Decimosegunda. El legislador comunitario buscó armonizar los ordenamientos nacionales de los Estados miembros, debido al temor a la competencia entre sus legisladores[7]. Le preocupaba que redujeran los requisitos y formalidades de constitución de las sociedades para hacer su ordenamiento más atractivo, a costa de la protección de los minoritarios y de los acreedores sociales. Esa situación desincentivaría la inversión y comportaría una merma en la competitividad de las empresas europeas.

Se aprobaron nueve directivas y un reglamento. La Primera Directiva 68/151/CEE regulaba tres aspectos de las sociedades de capital: la publicidad, la validez de las obligaciones de las sociedades en formación y la nulidad[8]. La Segunda 77/91/CEE tenía por objeto la constitución de la compañía y el capital social[9]. En el año siguiente se sancionaron dos

---

[7] GRUNDMANN, Stefan: "The Structure of European Company Law: From Crisis to Boom", *European Business Organization Law Review* 5, 2004, 605; MCCAHERY, Joseph A y VERMEULEN, Erik: "Does the European Company Prevent the 'Delaware Effect'", *European Law Journal* 11, 2005, 791 ss y WOUTERS, Jan: "European Company Law: *Quo Vadis?" Common Market Law Review* 37, 2000, 269 s.

[8] Primera Directiva del Consejo, de 9 de marzo de 1968, tendente a coordinar, para hacerlas equivalentes, las garantías exigidas en los Estados miembros a las sociedades definidas en el segundo párrafo del artículo 58 del Tratado, para proteger los intereses de socios y terceros.

[9] Segunda Directiva 77/91/CEE del Consejo, de 13 de diciembre de 1976, tendente a coordinar, para hacerlas equivalentes, las garantías exigidas en los Estados Miembros a las sociedades definidas en el párrafo segundo del artículo 58 del Tratado, con el fin de proteger los intereses de los socios y terceros, en lo relativo a la constitución de la sociedad anónima, así como al mantenimiento y modificaciones de su capital.

Sobre el marco europeo de la constitución de sociedades y del capital social, véase MIQUEL RODRÍGUEZ, Jorge: "Constitución de sociedades", CABANAS TREJO, Ricardo: "Procedimiento en línea (constitución, registro y presenta-

más: la Cuarta 78/660/CEE, que regulaba las cuentas anuales de las sociedades de capital[10], y la Tercera 78/855 CEE, relativa las fusiones de las sociedades anónimas[11]. Cuatro años más tarde, la Unión Europea disciplinaba la operación inversa a través de la llamada Sexta Directiva 82/891/CEE[12]. Y en los dos siguientes veían la luz dos Directivas más sobre cuentas anuales que complementaban la Cuarta: la 83/349/CEE tenía por objeto las cuentas consolidadas; la 84/253/CEE la auditoría[13]. En 1985 apareció el primer tipo societario supranacional: la Agrupación Europea de Interés Económico (AEIE). Para ello se cambió la forma –un Reglamento en lugar de una Directiva– y la base legal –el artículo 235 del Tratado constitutivo de la Comunidad Económica Europea (actualmente 352 TFUE)–[14]. En 1989 se sancionaron las dos

---

ción de documentos e información), publicidad y registro" y MACHADO PLAZAS, José: "El capital social (a propósito de la Directiva (UE) 2017/1132)", todos ellos en MIQUEL RODRÍGUEZ, Jorge y PÉREZ TROYA, Adoración (Coor.): *Derecho europeo de sociedades*, Aranzadi Thomson Reuters, 2019, 61 ss, 79 ss y 113 y ss.

10 Cuarta Directiva 78/660/CEE del Consejo, de 25 de julio de 1978, basada en la letra g) del apartado 3 del artículo 54 del Tratado y relativa a las cuentas anuales de determinadas formas de sociedad.

11 Tercera Directiva del Consejo, de 9 de octubre de 1978, basada en la letra g) del apartado 3 del artículo 54 del Tratado y relativa a las fusiones de las sociedades anónimas.

12 Sexta Directiva 82/891/CEE del Consejo, de 17 de diciembre de 1982, basada en la letra g) del artículo 54 del Tratado y referente a la escisión de sociedades anónimas.

13 Séptima Directiva 83/349/CEE del Consejo, de 13 de junio de 1983, basada en la letra g) del apartado 3 del artículo 54 del Tratado, relativa a las cuentas consolidadas y Octava Directiva 84/253/CEE del Consejo, de 10 de abril de 1984, basada en la letra g) del apartado 3 del artículo 54 del Tratado CEE, relativa a la autorización de las personas encargadas del control legal de documentos contables.

14 Reglamento 2137/85 del Consejo, de 25 de julio de 1985, relativo a la constitución de una agrupación europea de interés económico.

últimas normas de la primera etapa. La Undécima Directiva 89/666/CEE regulaba la publicidad que debía darse a las sucursales de sociedades constituidas en otro Estado miembro[15]. La Duodécima 89/667/CE permitía la creación de sociedades de capital unipersonales[16].

La aprobación de todas estas Directivas generó una gran carga de trabajo para los legisladores nacionales, pues tuvieron que dictar las correspondientes leyes para transponerlas. Pero no era suficiente con promulgarlas, pues se producían múltiples colusiones debido a que las normas europeas podían estar inspiradas en tradiciones *ius*corporativas diferentes. Consecuentemente resultaba (y resulta) imprescindible adecuar la exégesis y la aplicación del resto de las normas societarias domésticas. La reacción fue el rechazo de los Estados miembros a aprobar nuevas disposiciones hasta 2001[17].

Después de más de una década de crisis, el Derecho europeo de sociedades resurgió con el cambio de milenio. Una de las causas fue la famosa sentencia *Centros*, en la que el Tribunal de Justicia declaró que la libertad de establecimiento no permitía que las autoridades danesas prohibieran la creación de la filial en su territorio en base a que la matriz se había constituido en otro Estado miembro pero no desarrollaba allí ninguna actividad económica[18]. Otra causa fue la aprobación del

---

15 Directiva 89/666/CEE del Consejo, de 21 de diciembre de 1989, relativa a la publicidad de las sucursales constituidas en un Estado Miembro por determinadas formas de sociedades sometidas al Derecho de otro Estado.

16 Directiva 89/667/CEE del Consejo, de 21 de diciembre de 1989, en materia de derecho de sociedades, relativa a las sociedades de responsabilidad limitada de socio único.

17 Por ejemplo, EMBID, José Miguel: "Adaptación de las directivas comunitarias en materia de sociedades: logros y retos pendientes", en ARROYO, Ignacio (ed.): *I Congreso nacional de Derecho mercantil. Veinte años de España en la Unión Europea: balance y perspectivas*, Thomson-Civitas, Madrid, 2007, 299 y WOUTERS, *op. cit.*, 275.

18 STJUE 9.3.1999 (C-212/97), *Centros Ltd and Erhvers–og Selskabsstyrelsen.*

Estatuto de la Sociedad Anónima Europea. La *Societas Europaea* (SE) se había convertido en un emblema del movimiento corporativo del viejo continente, pero había encontrado la oposición de los Estados miembros; sobre todo, respecto de la co-determinación que Alemania deseaba imponer. En 2001 el Consejo promulgó las dos normas básicas: el Reglamento 2157/2001, de 8 de octubre de 2001, por el que se aprueba el Estatuto de la Sociedad Anónima Europea (SE) y la Directiva 2001/86/CE, de 8 de octubre de 2001, por la que se completa el Estatuto de la Sociedad Anónima Europea en lo que respecta a la implicación de los trabajadores.

Otro factor que jugó a favor de la recuperación fue la necesidad de hacer frente a determinados escándalos societarios y financieros que tuvieron lugar a finales del siglo XX (Enron, Parmalat, Worldcom, etc.[19] Como habían quebrado la confianza de los inversores, las autoridades de la Unión Europea, de los Estados miembros y de los Estados Unidos de América se vieron obligadas a actuar para recuperarla. También tuvo incidencia la introducción del euro en la mayor parte de los países que formaban parte de la Unión Europea, pues incrementó el interés por las inversiones transfronterizas intraeuropeas y los mercados de valores. A partir de entonces la Unión dictó múltiples normas que desarrollaban el principio de libre circulación de capitales, varias de las cuales afectaban a las empresas que operan en los mercados de valores; es decir, a las sociedades cotizadas. Así, el desarrollo de la legislación europea del mercado de valores interactuaba con el Derecho

---

19 *Vid.* COFFEE, John C.: "A theory of corporate scandals: why the USA and Europe differ", *Oxford Review of Economic Policy*, 21:2, 2005, 198 y ss. y HOPT, Klaus J.: "Modern company and capital market problems: improving European corporate governance after Enron", *Journal of Corporate Law Studies*, 3, 2003, 445 y ss.

societario[20]. Por último, el nuevo enfoque de la Comisión sobre la técnica legislativa tuvo efectos positivos. A finales del siglo XX consideró necesario un cambio dirigido a agilizar y modernizar las leyes sobre el mercado interno[21].

2. El Plan de Acción de 2003 y sus frutos

Los hechos anteriores llevaron a la Comisión a aprobar el Plan de Acción de 2003 ("Modernización del Derecho de sociedades y mejora de la gobernanza empresarial en la Unión Europea – Un plan para avanzar") que instauraba los tres pilares sobre el que continuaría desarrollándose el Derecho europeo de sociedades[22]. El primero era prestar atención a las necesidades de las empresas. Era necesario reducir la carga burocrática que soportaban, simplificar el contenido de las leyes y fomentar el uso de las nuevas tecnologías. El segundo pilar era la protección de los socios y de los acreedores. Se consideraba esencial para incrementar la confianza de los inversores y, de este modo, mejorar la competitividad de las compañías europeas. Consecuentemente, debía aumentarse la protección y la implicación de los socios y de los acreedores. El tercer puntal era la movilidad transfronteriza dentro de la Unión. Había que adoptar las medidas necesarias para permitir que las empresas pudieran moverse libremente por el Mercado Común a fin de aprovechar las oportunidades de negocio que surgieran.

---

20 GUNDMANN consideraba que formaban un único cuerpo legislativo. Véase su *European Company Law. Organization, finance and capital markets*, Intersentia, Cambridge *et al., 2012*, 72 y ss. También HOPT, *op. cit.*, 485.

21 WYMEERSCH, Eddy: "European Company Law: The 'Simpler Legislation for the Internal Market' (SLIM) Initiative of the EU Commission", *Financial Law Institute*, WP 2000-09, 2000, 4.

22 COM (2003) 284 final, Bruselas 21.5.2003.

La Unión Europea aprobó múltiples normas en ejecución del Plan de Acción 2003. Algunas modificaron Directivas anteriores para reducir su complejidad y adaptarlas a los nuevos tiempos. Fue el caso de la Primera y la Segunda Directivas, así como las relativas a las fusiones, escisiones y a las cuentas anuales[23]. Como suele suceder, estos cambios perjudicaron la inteligencia y eficacia de las normas. De ahí que las instituciones europeas se vieran obligadas a sancionar nuevas disposiciones que refundían las antiguas con sus modificaciones. Así la Primera Directiva de 1968 se convirtió en la Directiva 2009/101/CE[24];

---

23 Directiva 2003/58/CE del Parlamento europeo y del Consejo, de 15 de julio de 2003, por la que se modifica la Directiva 68/151/CEE del Consejo en lo relativo a los requisitos de información con respecto a ciertos tipos de empresas; Directiva 2006/68/CE del Parlamento Europeo y del Consejo, de 6 de octubre de 2006, por la que se modifica la Directiva 77/91/CEE del Consejo en lo relativo a la constitución de la sociedad anónima, así como al mantenimiento y modificaciones de su capital; Directiva 2007/63/CE del Parlamento Europeo y del Consejo, de 13 de noviembre de 2007, por la que se modifican las Directivas 78/855/CEE y 82/891/CEE del Consejo por lo que respecta al requisito de presentación de un informe de un perito independiente en caso de fusión o escisión de sociedades anónimas; y Directiva 2009/109/CE del Parlamento europeo y del Consejo, de 16 de septiembre de 2009, por la que se modifican las Directivas 77/91/CEE, 78/855/CEE y 82/891/CEE del Consejo y la Directiva 2005/56/CE en lo que se refiere a las obligaciones de información y documentación en el caso de las fusiones y escisiones.
Respecto de las normas societarias contables en el marco europeo, MARINA GARCÍA-TUÑÓN, Ángel: "Derecho de sociedades, Derecho contable y capital social en la perspectiva de la Unión Europea: sobre su necesaria integración", *Revista de Derecho Mercantil*, 308, 2018 y SANZ BAYÓN, Pablo: "La regulación de los estados financieros", en MIQUEL y PÉREZ, *Derecho europeo de sociedades*, cit., 139 y ss.

24 Directiva 2009/101/CE del Parlamento Europeo y del Consejo, de 16 de septiembre de 2009, tendente a coordinar, para hacerlas equivalentes, las garantías exigidas en los Estados miembros a las sociedades definidas en el artículo 48, párrafo segundo, del Tratado, para proteger los intereses de socios y terceros.

la Segunda devino la Directiva 2012/30/UE[25]; y la Tercera fue la Directiva 2011/35/UE[26].

También se regularon temas nuevos. Fue el caso de la Decimotercera Directiva 2004/25/CE sobre OPAs, cuya finalidad era proteger a los titulares de valores emitidos por compañías que eran objeto de una oferta pública de adquisición o de un cambio de control[27]. Un año más tarde, la Unión centró su atención en las fusiones transfronterizas. El Parlamento Europeo y el Consejo aprobaron la Directiva 2005/56/CE que regulaba las fusiones de sociedades de capital constituidas y vinculadas a Estados miembros[28]. Otra norma esencial fue la Directiva 2007/36/CE, sobre el ejercicio de los derechos de los accionistas en las sociedades cotizadas[29]. Ejemplifica la nueva dirección del Derecho de sociedades: su voluntad era facilitar la movilidad transfronteriza; permitía el uso de las tecnologías telemáticas y ejemplificaba la estrecha relación existente entre las normas societarias y el mercado de valores.

---

25 Directiva 2012/30/UE del Parlamento europeo y del Consejo, de 25 de octubre de 2012, tendente a coordinar, para hacerlas equivalentes, las garantías exigidas en los Estados miembros a las sociedades, definidas en el artículo 54, párrafo segundo, del Tratado de Funcionamiento de la Unión Europea, con el fin de proteger los intereses de los socios y terceros, en lo relativo a la constitución de la sociedad anónima, así como al mantenimiento y modificaciones de su capital.

26 Directiva 2011/35/UE del Parlamento europeo y del Consejo, de 5 de abril de 2011, relativa a las fusiones de las sociedades anónimas.

27 Directiva 2004/25/CE del Parlamento europeo y del Consejo, de 21 de abril de 2004, relativa a las ofertes públicas de adquisición. Al respecto, SALA I ANDRÉS, Anna María: "Ofertas Públicas de Adquisición", en MIQUEL y PÉREZ, *Derecho europeo de sociedades*, cit., 393 y ss.

28 Directiva 2005/56/CE del Parlamento europeo y del Consejo, de 26 de octubre de 2005, relativa a las fusiones transfronterizas de las sociedades de capital.

29 Directiva 2007/36/CE del Parlamento europeo y del Consejo, de 11 de julio de 2007, sobre el ejercicio de determinados derechos de los accionistas de sociedades cotizadas.

La renovación afectó igualmente a la técnica legislativa. La Comisión empezó a recurrir a instrumentos legislativos flexibles: publicó diversas recomendaciones sobre administradores[30]. Y también se gestó otro tipo societario supranacional: la Cooperativa Europea. Dos años después de la sanción de las normas sobre la *Societas Europaea*, el Consejo aprobó el Reglamento 1435/2003, que contiene el estatuto de la nueva figura, y la Directiva 2003/72/CE, que disciplina la implicación de trabajadores[31].

Otro aspecto que tuvo incidencia fue el desarrollo de la normativa del mercado de valores, pues el Parlamento Europeo y el Consejo adoptaron varias Directivas que cambiaron el sector[32]. En 2003 se aprobaron las Directivas de abuso de mercado y de folleto de ofertas

---

30 La primera fue la 2004/913/CE, que tenía objeto la remuneración de los gestores y representantes de las sociedades cotizadas. Tres meses más tarde, emitió la Recomendación 2005/162/CE sobre el papel de los administradores independientes. Tras comprobar el grado de seguimiento de estas normas, la Comisión emitió dos recomendaciones más que complementaban a las anteriores. Una estaba dirigida a las sociedades cotizadas (COM/2009/0211 final) y otra a las entidades financieras (2009/384/CE). La idea básica era controlar la remuneración de los administradores para evitar que tomaran riesgos excesivos que degeneraran en la insolvencia de la compañía. Proponían que primaran los resultados y la sostenibilidad a medio y largo plazo. Sin embargo, la crisis económica que estalló en 2007 obligó a la Unión Europea a recurrir a instrumentos más coercitivos. El Parlamento Europeo y el Consejo promulgaron la Directiva 2010/76/UE del Parlamento europeo y del Consejo, de 24 de noviembre de 2010 por la que se modifican las Directivas 2006/48/CE y 2006/49/CE en lo que respecta a los requisitos de capital para la cartera de negociación y retitulaciones y a la supervisión de las políticas de remuneración.

31 Reglamento 1435/2003 del Consejo, de 22 de julio de 2003, relativo al Estatuto de la sociedad cooperativa europea (SCE) y Directiva 2003/72/CE del Consejo, de 22 de julio de 2003, por la que se completa el Estatuto de la sociedad cooperativa europea en lo que respecta a la implicación de los trabajadores.

32 Al respecto, ARMOUR, John y RINGE, Wolf-Georg: "European Company Law 1999-2010: Renaissance and Crisis", *Common Market Law Review* 48,

públicas[33]. Y al año siguiente, dos más: las Directivas MiFID y de transparencia[34]. En 2007 se publicó la Directiva sobre el ejercicio de derechos de los accionistas de las cotizadas, a la que ya nos hemos referido.

Pero no todo fueron éxitos. El legislador comunitario naufragó en algunos ámbitos, entre los que destaca la creación de tipos societarios supranacionales. En 2006 abandonó el proyecto de la Asociación Europea, en el que había venido trabajando desde 1992. La Sociedad Privada Europea no tuvo mejor suerte. La Comisión presentó una propuesta de Reglamento el 25 de junio de 2008, pero la retiró en 2014[35]. La razón es que, además de la oposición de algunos Estados a la creación de una nueva forma europea, existían varios aspectos con-

---

2011, 149 ss y HOPT, "Modern Company and Capital Market Problems: Improving European Corporate Governance after Enron", cit., 472 y ss.

33 Directiva 2003/6/CE del Parlamento Europeo y del Consejo, de 28 de enero de 2003, sobre las operaciones con información privilegiada y la manipulación del mercado y Directiva 2003/71/CE del Parlamento Europeo y del Consejo, de 4 de noviembre de 2003, sobre el folleto que debe publicarse en caso de oferta pública o admisión a cotización de valores y por la que se modifica la Directiva 2001/34/CE.

34 Directiva 2004/39/CE del Parlamento Europeo y del Consejo, de 21 de abril de 2004, relativa a los mercados de instrumentos financieros y Directiva 2004/109/CE del Parlamento Europeo y del Consejo, de 15 de diciembre de 2004, sobre la armonización de los requisitos de transparencia relativos a la información sobre los emisores cuyos valores se admiten a negociación en un mercado regulado y por la que se modifica la Directiva 2001/34/CE. Interesa comentar que la primera ya no está en vigor, al haber sido sustituida por la Directiva 2014/65/UE del Parlamento Europeo y del Consejo, de 15 de mayo de 2014, relativa a los mercados de instrumentos financieros y por la que se modifican la Directiva 2002/92/CE y la Directiva 2011/61/UE.

35 COM (2008) 396 final, Bruselas 25.6.2008, "Propuesta de Reglamento del Consejo por el que se aprueba el Estatuto de la Sociedad Privada Europea". En cuanto a la retirada, véase el Diario oficial 2014, C 153/6, 21 de mayo de 2014.

trovertidos: el capital social, la relación entre la sede real y la estatutaria y la implicación de los trabajadores en la gestión de la compañía.

3. Jurisprudencia del Tribunal de Justicia

La jurisprudencia también fue crucial en esta etapa, pues el Tribunal de Justicia tuvo que pronunciarse sobre la compatibilidad de los Derechos nacionales con el principio de libertad de establecimiento en diversas ocasiones[36]. Destacan las sentencias de 9.3.1999, *Centros Ltd and Erhvers –og Selskabsstyrelsen* (C-212/97), de 5.11.2002, *Überseering BV and Nordic Construction Company Baumanagement GmbH (NCC)* (C-208/00) y de 30.9.2003, *Kamer van Koophandel en Fabrieken voor Amsterdam and Inspire Art Ltd* (C-167/01). Crearon un mercado de constitución de filiales. La práctica consistía en crear una compañía en el Reino Unido, debido a las facilidades existentes, y luego operar en el país que deseaban a través de una filial[37]. Así, a partir de 2004 aumentó el número de compañías "extranjeras" que se formaban en Inglaterra entre 4400 y 28000 por año. No obstante, las barreras de lenguaje, los costes de traducción y certificación, los gastos legales de asesoría y la duplicidad de obligaciones contables eliminaron el interés por esta praxis. Por ejemplo, entre 2004 y 2011

---

36 BARNARD, *op. cit.*, 327 ss y ARENAS, Rafael: "Sombras y luces en la jurisprudencia del TJUE en material de derecho internacional privado de sociedades", *Nuevas fronteras del Derecho de la Unión Europea. Liber amicorum José Luis Iglesias Buhigues*, Tirant, Valencia, 2012, 739 y ss.

37 Por ejemplo, SIEMS, Mathias M.: "Convergence, competition, Centros and conflicts of law: European Company Law in the 21st Century", *European Law Review*, 27:1, 2002, 47 y ss.; BECHT, Marco; ENRIQUES, Luca y KOROM, Veronika Edit: "*Centros* and the cost of branching", *Journal of Corporate Law Studies* (April), 2009, 171 ss; RINGE, Wolf-Georg: "Corporate mobility in the European Union – A flash in the Plan", *European Company and Financial Law Review*, 10, 2013, 230 y ss.

se crearon en Inglaterra 48103 sociedades con administración alemana. Pero el 72% había sido disuelta o declarada en concurso en febrero de 2012.

Esta práctica provocó una oleada de reformas legales en los Estados miembros para aumentar el atractivo de sus ordenamientos y desincentivar la huida a otros países buscando un ecosistema legal más beneficioso[38]. Algunos legisladores redujeron el capital mínimo a 1 euro respecto de determinados tipos de sociedades de capital. Otros otorgaron libertad a los socios para fijar el capital social.

Durante esta etapa se dictaron dos sentencias más que tienen cierta trascendencia para el Derecho de sociedades, pues facilitan la movilidad transfronteriza al exigir la paridad de trato con las operaciones totalmente internas. La primera es la STJUE 13.12.2005, *SEVIC Systems AG* (C-411/03), relativa a la fusión de una sociedad alemana con otra luxemburguesa. El Tribunal Administrativo de Neuwied denegó el registro alegando que el Derecho alemán sólo contemplaba las fusiones nacionales. En respuesta a la cuestión prejudicial, el TJUE se posicionó a favor de Sevic, la sociedad recurrente. Mantuvo que el principio de libertad de establecimiento se aplicaba a las fusiones internacionales, porque "... el ámbito de aplicación del derecho de establecimiento incluye cualquier medida que permita, o incluso que se limite a facilitar, el acceso a un Estado miembro distinto del de establecimiento y el ejercicio de una actividad económica en dicho Estado, haciendo posible la participación efectiva de los operadores económicos interesados en la vida económica del referido Estado miembro, en las mismas condiciones que las aplicables a los operadores nacionales" (párrafo 18). Por lo tanto, la diferencia de trato en función de la dimen-

---

[38] CONAC, Pierre-Henri: "The Societas Unius Personae (SUP): A "Passport" for job creation and growth", *ECFLR*, 12:2, 2015, 148 y ss.

sión nacional o internacional de la modificación estructural violaba un pilar fundamental de la Unión Europea.

La segunda sentencia tiene fecha de 12.7.2012, *VALE Építési Kft* (C-378/10) y se refiere a una transformación internacional. Vale Costruzioni Srl era una compañía italiana que quería trasladar su sede social y su negocio a Hungría y convertirse en una sociedad magiar. El Tribunal Metropolitano de Budapest denegó la solicitud de inscripción. El fundamento fue que el Derecho húngaro no permitía registrar una sociedad que procediera de otra que no tuviera nacionalidad húngara. El Tribunal de Justicia falló que una ley que dispensara un trato diferente a las transformaciones nacionales y a las internacionales violaba el principio de libertad de establecimiento.

Cabe igualmente hacerse eco de la STJUE de 16.12.2008 (C-210/06), *Cartesio Oktató és Szolgátató bt*, pues confirmó la vigencia de la doctrina *Daily Mail*. Esencialmente se discutía si una sociedad húngara podía trasladar su domicilio social a Italia y continuar sometida al Derecho magiar. Las autoridades húngaras rechazaron la inscripción de esa petición y el Tribunal de Justicia declaró que no incumplían el ordenamiento comunitario. Dado que la Unión no había legislado sobre el criterio que determina la ley aplicable a las sociedades, los Estados miembros conservaban la facultad de establecer los cánones que determinan que una compañía se rija por sus normas.

III. PRESENTE

1. Plan de Acción 2012

El 12 de diciembre de 2012 la Comisión aprobó un nuevo Plan de Acción ("Derecho de sociedades europeo y gobierno corporativo – un marco jurídico moderno para una mayor participación de los accionistas y la viabilidad de las empresas") en el que mantenía el rumbo trazado en

2003[39]. Fijó cuatro objetivos: primero, incrementar la transparencia para elevar la inversión en las empresas europeas y mejorar así su competitividad. La Comisión centró la atención en tres extremos sobre los que debería proporcionarse más información: la composición de los consejos de administración y la gestión de los riesgos no financieros, la identificación de los socios y los inversores institucionales[40]. Estrechamente relacionado con el anterior se hallaba el segundo objetivo: la implicación de los socios. La Comisión lo consideraba esencial para mejorar el control de los administradores; especialmente respecto de su remuneración, de los riesgos que asumen y de las transacciones económicas con las partes vinculadas. La tercera preocupación era el marco legislativo de las operaciones transfronterizas. La Comisión valoró diversas intervenciones en relación con el traslado internacional de domicilio, las fusiones y escisiones transfronterizas, la sociedad anónima europea, la cooperativa europea y los grupos de sociedades. El último objetivo tenía por objeto la técnica legislativa. Puso de relieve la necesidad de evaluar el impacto de las normas jurídicas, por lo que deberían realizarse estudios y consultas antes de legislar algún tema o de modificar disposiciones existentes. Igualmente, planteó la oportunidad de codificar disposiciones existentes.

2. Transparencia

El Plan de Acción de 2012 ya ha dado frutos. No sólo se han aprobado varias normas jurídicas, sino que otras están en pleno proceso legis-

---

39 COM(2012) 740 final. Estrasburgo, 12.12.2012.

40 DÍAZ MORENO, Alberto: "Directiva (UE) 2017/828: identificación de los accionistas, transmisión de información y facilitación del ejercicio de los derechos de los socios", en *Gomez-Acebo & Pombo Análisis*, Julio 2017 y PERDICES HUETOS, Antonio B.: "Identificación de accionistas en las sociedades cotizadas tras la reforma de 2021", *Revista de Derecho de Sociedades*, núm. 63, 2021, quien centra su atención en los arts. 497 y 497 bis de la Ley de Sociedades de Capital.

lativo y existen estudios e informes sobre diversos extremos de interés. Empezamos con la transparencia, respecto de la que destacan dos medidas. La primera es el sistema de interconexión de los registros mercantiles y de sociedades, que fue creado por la Directiva 2012/17/UE [41]. Como su título evidencia, la finalidad es conseguir la interconexión transfronteriza de los registros mercantiles de los Estados miembros, Islandia, Liechtenstein y Noruega. De ese modo, se podrá acceder a la información de las sociedades inscritas en ellos gracias a que se les atribuye un identificador único (EUID). Se canaliza a través del *Portal European e-Justice.* Está operativo desde el 8 de junio de 2017.

La segunda medida es la información sobre los estados financieros y no financieros. La primera disposición relevante es la Directiva 2013/34/UE que modifica el régimen de las cuentas anuales y de auditoría (Directiva contable)[42]. Su artículo 20 instauró el principio

---

41 Directiva 2012/17/UE del Parlamento Europeo y del Consejo, de 13 de junio de 2012, por la que se modifican la Directiva 89/666/CEE del Consejo y las Directivas 2005/56/CE y 2009/101/CE del Parlamento Europeo y del Consejo, en lo que respecta a la interconexión de registros centrales, mercantiles y de sociedades. Ha sido desarrollada por el Reglamento de Ejecución 2021/1042 de la Comisión, de 18 de junio de 2021, por el que se establecen disposiciones de aplicación de la Directiva 2017/1132 del Parlamento Europeo y del Consejo en lo que respecta a las especificaciones y los procedimientos técnicos necesarios para el sistema de interconexión de registros y por el que se deroga el Reglamento de Ejecución 2020/2244 de la Comisión.

42 Directiva 2013/34/UE del Parlamento Europeo y del Consejo, de 26 de junio de 2013, sobre los estados financieros anuales, los estados financieros consolidados y otros informes afines de ciertos tipos de empresas, por la que se modifica la Directiva 2006/43/CE del Parlamento Europeo y del Consejo y se derogan las Directivas 78/660/CEE y 83/349/CEE.
Ha sido modificada por diversas normas, entre las que destacan la Directiva 2014/95/UE del Parlamento Europeo y del Consejo, de 22 de octubre de 2014, por la que se modifica la Directiva 2013/34/UE en lo que respecta a la divulgación de información no financiera e información sobre diversidad por

"cumplir o explicar", que exige que las sociedades cotizadas incluyan en el informe de gestión información sobre el código de gobernanza empresarial que la compañía sigue y su grado de cumplimiento. La Directiva 2014/95/UE amplió esta exigencia[43]. Modificó el artículo 20 a fin de incluir las políticas de diversidad e introdujo un artículo 19 bis, que obliga a las grandes empresas (determinadas en función del número medio de empleados, el volumen de negocios neto y el total del balance) a elaborar y difundir un estado no financiero; es decir, información sobre el impacto de la actividad de la compañía en los derechos humanos, en el medioambiente y la lucha contra la corrupción[44]. A estas normas hay que añadir el Reglamento relativo a la divulgación de información sobre finanzas sostenibles[45] y el

43 Directiva 2014/95/UE del Parlamento Europeo y del Consejo, de 22 de octubre de 2014, por la que se modifica la Directiva 2013/34/UE en lo que ~~respecta a la~~ divulgación de información no financiera e información sobre di- [illegible]

44 [illegible]

45 Reglamento [illegible] empresas. Véase la nota 23.

Reglamento de taxonomía[46]. El primero prescribe la forma en que las empresas del mercado financiero deben transmitir información sobre sostenibilidad y el segundo clasifica las actividades económicas medioambientales con el objetivo de intensificar las inversiones sostenibles y luchar contra el blanqueo ecológico de productos financieros sostenibles.

La Comisión ha elaborado diversas normas que desarrollan las anteriores y ayudan a su cumplimiento. Por ejemplo, el Reglamento Delegado 2021/2178[47], las Directrices sobre la presentación de informes no financieros (2017/C 215/01), las Directrices sobre la presentación de informes no financieros: Suplemento sobre la información relacionada con el clima (2019/C 209/1) y la Recomendación de la Comisión de 9 de abril de 2014 sobre la calidad de la información presentada en relación con la gobernanza empresarial ("cumplir o explicar")[48]. Cabe detenerse en la última dada su espe-

---

46 Reglamento 2020/852 del Parlamento Europeo y del Consejo, de 18 de junio de 2020, relativo al establecimiento de un marco para facilitar las inversiones sostenibles y por el que se modifica el Reglamento 2019/2088. Al respecto véase CHAMORRO DOMÍNGUEZ, María de la Concepción: "Otro paso más en el conjunto de normas de la UE sobre sostenibilidad y cambio climático: Normas técnicas del Reglamento de Taxonomía", *Revista de Derecho de Sociedades*, 64, 2022.

47 Reglamento Delegado 2021/2178 de la Comisión, de 6 de julio de 2021, por el que se completa el Reglamento 2020/852 del Parlamento Europeo y del Consejo mediante la especificación del contenido y la presentación de información que deben divulgar las empresas sujetas a los artículos 19 bis o 29 bis de la Directiva 2013/34/UE respecto de a las actividades económicas sostenibles desde el punto de vista medioambiental, y la especificación de la metodología para cumplir con la obligación de divulgación de información.

48 En relación con el sector financiero cabe citar el Reglamento 2019/2088 del Parlamento Europeo y del Consejo, de 27 de noviembre de 2019, sobre la divulgación de información relativa a la sostenibilidad en el sector de los servicios financieros y el Reglamento 2020/852 del Parlamento Europeo y del

cial trascendencia para las cotizadas al buscar mejorar la información sobre el gobierno corporativo a fin de aumentar la implicación de los socios y el interés de los inversores. Aunque el art. 20 de la Directiva 2013/34/UE obliga a estas empresas a formular una declaración sobre su gobernanza empresarial, no fija el contenido; simplemente exige que se indique qué código están aplicando y comuniquen si lo cumplen. En caso de que se aparten de él, deben explicar las razones. La Recomendación se centra en la explicación. Se aconseja proporcionar explicaciones detalladas y específicas en una forma que sea comprensible; especialmente cuando se incumple el código. También sugiere publicar la información en la página web de la sociedad. Por último, las autoridades nacionales deben comprobar el cumplimiento del deber de información.

Como la Comisión considera que las directrices referidas han tenido un impacto limitado y se comprometió a revisar la Directiva sobre divulgación de información no financiera, ha impulsado la Directiva 2022/2464, de 14 de diciembre de 2022, sobre la presentación de información sobre sostenibilidad por parte de las empresas[49]. En consonancia con el Pacto Verde Europeo y el Plan de Acción en materia de Finanzas Sostenibles, busca un equilibrio entre dos fines. De un lado, conseguir que las empresas proporcionen mayor información sobre los riesgos de sostenibilidad a que están expuestas, así como el impacto de su actividad en las personas y el medio ambiente. De otro, reducir los costes e incrementar la seguridad jurídica de las compañías sobre los datos que deben proporcionar.

Consejo, de 19 de junio de 2020, relativo al establecimiento de un marco para facilitar las inversiones sostenibles y por el que se modifica el Reglamento (UE) 2019/2088

49 Véase *supra* nota 43.

3. Implicación de los inversores y control de los administradores

La Directiva 2017/828 modifica la 2007/36/CE en busca de una mayor implicación de los accionistas para incrementar el control de la remuneración de los administradores y de los negocios con personas vinculadas[50]. La razón es que los dos últimos aspectos pueden ser una fuente de problemas para la compañía al poder privarla de activos, recursos y oportunidades de negocio. Las instituciones europeas recurren a la participación de los socios para luchar contra el traspaso de valor de la empresa o de sus propietarios a los gestores y terceros relacionados con ellos. Las dos herramientas clave son la transparencia y el acuerdo.

La Directiva impone obligaciones a los intermediarios, a los inversores institucionales, a los gestores de activos y a los asesores de voto para mejorar la complicidad de los socios. Esencialmente deben identificar a los accionistas, transmitirles información y facilitarles el ejercicio de los derechos[51]. Estas obligaciones están intrínsecamente

---

50 Directiva (UE) 2017/828 del Parlamento Europeo y del Consejo, de 17 de mayo de 2017, por la que se modifica la Directiva 2007/36/CE en lo que respecta al fomento de la implicación a largo plazo de los accionistas. Ha sido incorporada al ordenamiento español a través de la Ley 5/2021, de 12 de abril, por la que se modifica el Texto Refundido de la Ley de Sociedades de Capital, aprobado por el Real Decreto Legislativo 1/2010, de 2 de julio, y otras normas financieras, en lo que respecta al fomento de la implicación a largo plazo de los accionistas en las sociedades cotizadas. Ha sido desarrollada por el Reglamento de ejecución 2018/1212 de la Comisión, de 3 de septiembre de 2018, por el que se establecen requisitos mínimos de ejecución de las disposiciones de la Directiva 2007/36/CE del Parlamento Europeo y del Consejo en lo que respecta a la identificación de los accionistas, la transmisión de la información y la facilitación del ejercicio de los derechos de los accionistas.

51 Al respecto, PERDICES HUETOS, Antonio B.: "Identificación de accionistas en las sociedades cotizadas tras la reforma de 2021", *Revista de Derecho de Sociedades*, núm. 63, 2021; BOQUERA MATARREDONA, Josefina: "Las

conectadas: la compañía precisa saber quiénes son sus socios para conseguir que participen en la vida societaria. Y la información sobre las comisiones de sus mandatarios y comisionistas, sobre las políticas de inversión y sobre los criterios de asesoramiento deviene esencial para concienciarles.

Existen igualmente disposiciones sobre la remuneración de los administradores[52]. Primero, la sociedad debe establecer su política al respecto a través de un acuerdo de la junta general, en el que deben tenerse muy en cuenta los intereses de la sociedad a largo término y su sostenibilidad. Obviamente, el acuerdo es vinculante, aunque existen excepciones. Segundo, los socios deben tener la posibilidad de expresar su parecer. En particular, deben poder participar en las juntas que establecen la política remuneratoria y fijan la retribución. Tercero, la transparencia es un principio básico. Por una parte, debe publicitarse la política remuneratoria en la página web de la firma. Por otra, debe elaborarse, aprobarse y difundirse un informe anual sobre la materia. Cabe destacar que la información debe ir referida a cada administrador individual.

---

entidades asesoras de voto para la implicación de los socios en las sociedades cotizadas según la Directiva 2017/828", *Revista de Derecho Mercantil*, 306, 2017 y RODRÍGUEZ MARTÍNEZ, Isabel: "Las nuevas obligaciones de los intermediarios en materia de identificación, transmisión de información y facilitación del ejercicio de los derechos del socio inversor de sociedades cotizadas", en *Revista de Derecho Mercantil*, 311, 2019.

52 GONZÁLEZ VÁZQUEZ, José Carlos: "Retribución de administradores: algunas consideraciones sobre 'say on pay' y 'pay ratio rule' a la luz de la Directiva (UE) 2017/828", *Revista de Derecho de Sociedades*, núm. 58, 2020, quien se muestra crítico con la Directiva; JUSTE MENCÍA, Javier: "La retribución de los administradores de las sociedades de capital", en *Revista de Derecho Mercantil*, 316, 2020 y ZABALETA DÍAZ, Marta: "Retribuciones de consejeros en el sistema dual de administración tras la Directiva 2017/828 de implicación a largo plazo de los accionistas", *Revista de Derecho de Sociedades*, núm. 63, 2021.

Existen normas similares respecto de los negocios con las personas vinculadas[53]. Para neutralizar los riesgos que comportan, la Directiva recurre a los dos remedios referidos: transparencia y acuerdo. Exige que las sociedades expliquen estas transacciones a más tardar en el momento de su conclusión. Prescribe el contenido de la publicidad e impone que sea completada con un informe en el que se valoren la razonabilidad y la lealtad de las operaciones. En cuanto al acuerdo, los socios deben aprobar los negocios con personas vinculadas en junta general o a través del órgano de administración (o supervisión). Como regla general no se permite a las personas vinculadas votar, a pesar de ser socias o administradores. Además, se exige que se tengan en cuenta los intereses de la sociedad y de los minoritarios.

4. Digitalización y movilidad transfronteriza

En 2019 la Comisión aprobó dos Directivas: una sobre la digitalización del Derecho de sociedades y otra sobre movilidad transfronteriza[54]. Aunque son dos disposiciones diferentes, su finalidad es la misma: reducir las cargas burocráticas de las empresas europeas a fin de que saquen el máximo partido del mercado único e incrementen su competitividad.

---

53 Véase Al respecto, LEÓN SANZ, Francisco José: "Las operaciones con partes vinculadas en la Directiva 2017/828", *Revista de Derecho Mercantil*, 312, 2019 y LATORRE CHINER, Nuria: "Las operaciones vinculadas de la sociedad cotizada en la reforma de la Ley de Sociedades de Capital (Ley 5/2021, de 12 de abril)", *Revista de Derecho de Sociedades*, 62, 2021.

54 Al respecto, FERNÁNDEZ-TRESGUERRES GARCÍA, Ana: "La digitalización y movilidad de sociedades en Derecho europeo", *Revista de Derecho de Sociedades*, núm. 58, 2020 y HERNANDO CEBRIÀ, Luis: "Modelos societarios y digitalización en la movilidad transfronteriza intracomunitaria", *Revista de Derecho de Sociedades*, 65, 2022.

El objetivo inmediato de la Directiva 2019/1151 es facilitar los trámites administrativos que deben llevar a cabo las sociedades de capital a fin de que puedan constituirse en línea, sin necesidad de la presencia física de los fundadores[55]. Ahora bien, la norma no sólo está pensada para las empresas, sino también para los terceros, pues la digitalización extenderá el acceso que tienen a la información de las compañías europeas, ya amplio gracias al sistema de interconexión de registros mercantiles. Aborda tres temas: la constitución de sociedades y filiales en línea, la transmisión y obtención de información a través de medios digitales y el principio "sólo una vez" (*Once Only Principle*).

Cinco meses después se promulgó la Directiva 2019/2121 sobre movilidad transfronteriza intracomunitaria[56]. Sólo las fusiones inter-

---

55 Directiva 2019/1151 del Parlamento Europeo y del Consejo, de 20 de junio de 2019, por la que se modifica la Directiva 2017/1132 en lo que respecta a la utilización de herramientas y procesos digitales en el ámbito del Derecho de sociedades. Ha sido incorporada a nuestro ordenamiento a través de la Ley 11/2023, de 8 de mayo. Véase BOQUERA MATARREDONA, Josefina: "La digitalización de las sociedades de capital españolas tras las Directivas europeas sobre la utilización de herramientas y procesos digitales en el ámbito del Derecho de sociedades", *Revista de Derecho de Sociedades*, 320, 2021 y, sobre la recepción legal de la digitalización de las sociedades, PASTOR SEMPERE, Carmen: "La renovación tecnológica del Derecho de sociedades europeo", *Revista de Derecho de Sociedades*, 59, 2020.

56 Directiva (UE) 2019/2121 del Parlamento Europeo y del Consejo de 27 de noviembre de 2019 por la que se modifica la Directiva (UE) 2017/1132 en lo que atañe a las transformaciones, fusiones y escisiones transfronterizas. Se transpone al Derecho español a través del Real Decreto – Ley 5/2023, de 28 de junio. Véase PÉREZ TROYA, Adoración: "La Directiva sobre transformaciones, fusiones y escisiones transfronterizas: Una primera aproximación, con particular referencia a la tutela de los socios", *Revista de Derecho de Sociedades*, núm. 58, 2020; ARENAS GARCÍA, Rafael: "La Directiva sobre transformaciones, fusiones y escisiones transfronterizas. Regulación y facilitación de la movilidad de sociedades dentro de la Unión Europea", *La Ley Unión Europea*, núm. 77, 2020, ARENAS GARCÍA, Rafael: "Transformaciones trans-

nacionales habían sido objeto de regulación con anterioridad. Aunque la Directiva 2005/56/CE había sido eficaz, como evidenció un informe de 2013, había espacio de mejora puesto que no entraba en aspectos sustantivos. Las otras dos modificaciones estructurales carecían de regulación por lo que respecta a su dimensión internacional, lo que limitaba la posibilidad de maniobra de las empresas europeas, sobre todo de las pequeñas y medianas. Merece comentarse que contiene diversas medidas para proteger a los socios minoritarios y a los acreedores, pues la compañía puede intentar una movilidad transfronteriza para burlar sus derechos. De ahí que se regule los derechos de los primeros de separación y de impugnación del tipo de cambio[57], y se opte por una protección *ex ante* para los últimos. Los instrumentos son dos. Primero, los Estados Miembros pueden obligar a la compañía a realizar una declaración de solvencia ante las autoridades del país de origen. Segundo, los acreedores pueden pedir a las autoridades administrativas o judiciales las garantías necesarias.

5. Técnica legislativa

La Directiva 2017/1132 responde a las preocupaciones metodológicas de la Comisión al codificar las seis Directivas siguientes: Directiva 82/891/CEE sobre escisiones; Directiva 89/666/CEE so-

---

fronterizas", en MIQUEL y PÉREZ, *Derecho europeo de sociedades*, cit., 271 y ss.; PÉREZ TROYA, Adoración: "La regulación europea de las fusiones de sociedades", en MIQUEL y PÉREZ, *Derecho europeo de sociedades*, cit., 303 y ss.; PÉREZ TROYA, Adoración: "La regulación europea de las escisiones de sociedades", en MIQUEL y PÉREZ, *Derecho europeo de sociedades*, cit., 353 y ss y HERNANDO CEBRIÀ, Luis: "Las escisiones transfronterizas intracomunitarias tras la Directiva (UE) 2019/2121: posibilidades y aspectos procedimentales", *Revista de Derecho Mercantil*, 320, 2021.

57 BUSTILLO SAIZ, María del Mar: "El derecho de separación de los socios en las operaciones transfronterizas", *Revista de Derecho de Sociedades*, 60 y 61, 2020.

bre los requisitos de información respecto de las sucursales; Directiva 2005/56/CE sobre fusiones transfronterizas; Directiva 2009/101/CE sobre la coordinación de las medidas de protección de socios y terceros; Directiva 2011/35/UE sobre fusiones y Directiva 2012/30/UE en relación con la constitución de las sociedades de capital y el mantenimiento y alteración del capital[58].

Estas disposiciones habían sido modificadas en múltiples ocasiones, por lo que era difícil conocer qué preceptos estaban en vigor. Para despejar las dudas, la Comisión decidió fusionarlas en busca de claridad y racionalidad. Consideró que, de este modo, serían más fáciles de interpretar y transponer. Parecería que acertó, pues sólo es necesario manejar un único texto normativo –aunque hay remisiones, son internas–. Segundo, está correctamente sistematizado. Tercero, cada artículo cuenta con una rúbrica que ayuda a identificar su contenido. Y cuarto, el Anexo IV contiene una tabla que relaciona los artículos de las Directivas derogadas con los de la 2017/1132.

Sin embargo, presenta una grave deficiencia: la falta de ambición. Primero, simplemente yuxtapone los artículos de las Directivas fusionadas, sin mejorar su contenido. Las únicas modificaciones introducidas han sido las que precisaba la compilación de las seis normas codificadas. No ha existido la voluntad de mejorar su redacción o resolver dudas exegéticas. Y segundo, la codificación es parcial: sólo fusiona las seis normas referidas. Existen otras pertenecientes al Derecho de sociedades de la Unión Europea cuyo contenido no ha sido incluido en la Directiva 2017/1132. Así, el Comité Económico y Social Europeo sugirió añadir las Directivas 78/660/CEE, 83/349/CEE, 84/253/CEE, 2001/86/CE, 2004/25/CE, 2007/36/CE, 2009/102/

---

58 Directiva (UE) 2017/1132 del Parlamento Europeo y del Consejo, de 14 de junio de 2017, sobre determinados aspectos del Derecho de sociedades (codificación).

CE y 2010/76/UE. La inserción de todas ellas en un único cuerpo hubiera mejorado su unidad y coherencia, facilitando su inteligencia, conocimiento y aplicación. El hecho de que no hayan sido enmendadas tantas veces como las codificadas no justifica su exclusión.

6. Proyectos y trabajos legislativos

Actualmente existen diversas iniciativas destinadas a conseguir una economía más sostenible, alineada con los Objetivos de Desarrollo Sostenible de las Naciones Unidas, algunas de las cuales impactan en el Derecho comunitario de sociedades. Destaca la propuesta de Directiva sobre diligencia debida de las empresas en materia de sostenibilidad[59]. Obliga a determinadas compañías a impedir, eliminar o reducir los efectos adversos de su actividad (también de la de sus filiales y de

---

59 Propuesta de Directiva del Parlamento Europeo y del Consejo sobre diligencia debida de las empresas en materia de sostenibilidad y por la que se modifica la Directiva (UE) 2019/1937 (Bruselas, 23.2.2002 – COM(2022) 71 final). Los Estados miembros llegaron a un acuerdo sobre la propuesta en marzo de 2024, por lo que estamos a la espera de la aprobación del Parlamento Europeo. Véase GRUPO DE EXPERTOS EN DERECHO DE SOCIEDADES EUROPEO: "Comentario sobre el Proyecto de Directiva del Parlamento Europeo sobre la Diligencia Debida y la Responsabilidad de las Empresas", *Revista de Derecho de Sociedades*, núm. 62, 2021, quienes se muestran muy críticos con la propuesta, a la que reprochan no proporcionar suficiente seguridad jurídica. En cuanto a la doctrina española, véase MARTÍNEZ NADAL, Apolònia: "Empresa y derechos humanos: perspectiva de Derecho mercantil", *Revista de Derecho Mercantil*, 320, 2021; NOVAL PATO, Jorge: "¿Los derechos humanos en la agenda del gobierno corporativo? En especial, la obligación de 'due diligence'", *Revista de Derecho de Sociedades*, núm. 60, 2020 y NOVAL PATO, Jorge: "La sostenibilidad en un contexto de primacía del accionista", *Revista de Derecho de Sociedades*, núm. 64, 2022. También presenta interés DE NADAL, Elisabeth; SÁNCHEZ, Víctor Manuel e YZQUIERDO, Mariano: "Los deberes de las empresas relativos a la prevención de los efectos del cambio climático en los derechos humanos (reflexiones preliminares a raíz de la senten-

su cadena de valor) sobre los derechos humanos y el medio ambiente. Exige que diseñen políticas al respecto, que se pongan en práctica a efectos de detectar, prevenir o mitigar los impactos perjudiciales, que ofrezcan la posibilidad de presentar denuncias a los afectados, que evalúen periódicamente su eficacia y que proporcionen información en su sitio web. Estas obligaciones se integran también en la diligencia debida de los administradores, de modo que deben velar por que la sociedad que gestionan cumpla los mandatos referidos. Por su parte, los Estados miembros deben designar autoridades de control y prever la responsabilidad civil de las firmas que incumplen estas obligaciones de diligencia.

Igualmente, la Comisión ha elaborado o encargado informes sobre los deberes y responsabilidad de los administradores, la participación de los trabajadores en las empresas[60], los grupos de sociedades, el criterio para determinar el Derecho aplicable a las sociedades (*lex societatis*)[61], el impacto del uso de la inteligencia artificial en el Derecho de sociedades y en el gobierno corporativo[62], las sociedades "buzón"[63],

---

cia de 26 de mayo 2021 del Tribunal Civil del Distrito de La Haya en el caso Shell)", *Revista de Derecho de Sociedades*, núm. 63, 2021.

60 GIMENO RIBES, Miguel: "La cogestión en sociedades y grupos transfronterizos", *Revista de Derecho de Sociedades*, núm. 60, 2020.

61 GARCIMARTÍN, Francisco J.: "De nuevo sobre la ley aplicable a las sociedades en Europa: ¿hacia un futuro Reglamento?" *Almacén de Derecho*, 14.12.2015, disponible en http://almacendederecho.org/de-nuevo-sobre-la-ley-aplicable-a-las-sociedades-en-europa-hacia-un-futuro-reglamento/.

62 CHAMORRO DOMÍNGUEZ, María de la Concepción: "La aplicación de sistemas de inteligencia artificial en el seno del órgano de administración de las sociedades de capital", *Revista de Derecho de Sociedades*, núm. 59, 2020 y MUÑOZ PÉREZ, Ana Felicitas: "La 'inteligencia artificial (IA) autónoma' en el órgano de administración", en *Revista de Derecho de Sociedades*, núm. 60, 2020.

63 Respecto de la aplicación del art. 9.2 LSC a las sociedades buzón FERNÁNDEZ DEL POZO, Luis: "La 'nacionalidad' de las sociedades de capital y las llamadas 'sociedades buzón' ('letterbox companies'). Examen del estado de la

la diligencia debida en las cadenas de suministro, la digitalización, las operaciones transfronterizas y la protección de los socios minoritarios. Interesa comentar que preparó una propuesta de Directiva sobre las sociedades unipersonales privadas de responsabilidad limitada (*Societas Unius Personae*, COM(2014) 212 final). La consideró la sucesora de la sociedad privada europea, aunque no se creaba ningún tipo societario nuevo. Debido a las críticas recibidas, la retiró el 3 de julio de 2018.

7. Unión del Mercado de Capitales

2015 marca un punto de inflexión en la financiación de las compañías europeas debido a la aprobación del *Plan de acción para la creación de un mercado de capitales*[64]. Incluido en el *Plan de Inversiones para Europa*, la Unión de los Mercados de Capitales (UMC) es un proyecto a medio término dirigido a fusionar los mercados de capitales de los Estados miembros con el fin de aumentar la confianza de los inversores y, de este modo, fortalecer la economía incrementando su competitividad y la creación de empleo. Se espera que aumente las opciones de financiación que tienen las empresas, reduzca costes, optimice la distribución de los riesgos, ofrezca nuevas oportunidades a los ahorradores e inversores y mejore la capacidad de resiliencia del sistema financiero.

---

cuestión en Derecho español", *Revista de Derecho de sociedades*, núm. 57, 2019. Sobre la nacionalidad de las sociedades de capital, ARENAS GARCÍA, Rafael: "'Lex societatis' y derecho de establecimiento", en ARENAS, Rafael; GÓRRIZ, Carlos y MIQUEL, Jorge (Coord.): *Autonomía de la voluntad y exigencias imperativas en el derecho internacional de sociedades y otras personas*, Atelier, Barcelona, 2014, 127 y ss.

64 Bruselas, 30.9.2015, COM(2015) 468 final. Al respecto véase VEIL, Rüdiger (Ed.): *European Capital Markets Law*, 3ª ed., Bloomsbury Publishing, 2022.

Inicialmente el Plan de Acción establecía un listado de 30 acciones que debían implementarse antes de finales de 2017; pero a mediados de ese año la Comisión actualizó y complementó las previsiones iniciales[65]. Estimó que debía ponerse el acento en la eficacia de la supervisión, mejorar el acceso de las PYMEs a la financiación, apoyar el desarrollo tecnológico, reducir los riesgos de impago de los créditos bancarios, aumentar el liderazgo de la UE en la sostenibilidad crediticia, así como optimizar la financiación transfronteriza y los ecosistemas locales.

En marzo de 2019 la Comisión consideró que ya había cumplido el encargo recibido[66]. Explicó que había presentado todas las propuestas legislativas necesarias, que permitirían erigir los tres pilares básicos de la UMC: un mercado único, unas normas claras y proporcionadas y una supervisión eficaz. Con todo, advertía que las propuestas no eran suficientes *per se*. Constituían los medios necesarios para conseguir los resultados deseados, pero devenía indispensable la contribución de los Estados miembros, de las autoridades nacionales y de las partes interesadas.

Sin embargo, el trabajo no estaba finalizado. La propia Comisión reconoció que el mercado continuaba fragmentado, de modo que los ciudadanos y las empresas europeas no tenía acceso suficiente a fuentes de financiación eficientes, competitivas y fiables. Segundo, la retirada del Reino Unido de la Unión Europea iba a generar nuevos desafíos pues el mercado británico tenía un peso trascendental en la financiación de las empresas europeas. Y tercero, la transición verde y digital que desea la Unión Europea requería seguir potenciando el mercado

---

65 Véase su *Comunicación sobre la revisión intermedia del plan de acción para la unión de los mercados de capitales* (COM(2017) 292 final.

66 *Unión de los Mercados de Capitales: progresos realizados en la creación de un mercado único de capitales al servicio de una Unión Económica y Monetaria sólida*, COM(2019) 136 final, Bruselas 15.3.2019.

de capitales. De ahí que el 5 de diciembre de 2019 el Consejo declarara que era necesario continuar profundizando en la UMC y pidiera a la Comisión que evaluara la situación. La Guardiana de los Tratados creó un Foro de Alto Nivel sobre la Unión del Mercado de Capitales que publicó un informe en 2020 con diecisiete recomendaciones para eliminar las barreras que todavía existen. Este informe constituye la base de la nueva política comunitaria en la materia.

El 24 de septiembre de 2020 la Comisión presentó el nuevo Plan de Acción de la Unión del Mercado de Capitales[67]. Contenía dieciséis medidas dirigidas a conseguir tres objetivos: i) apoyar la recuperación económica –sobre todo, después de los perniciosos efectos del covid-19– y facilitar el acceso de las empresas europeas a la financiación; ii) garantizar que los ciudadanos europeos pudieran ahorrar e invertir a largo plazo en la Unión Europea; y iii) crear un verdadero mercado único, suprimiendo las barreras existentes. El 3 de diciembre de 2020 el Consejo decidió que había que dar la máxima prioridad a las medidas destinadas a mejorar la financiación de la economía y a conseguir la máxima recuperación económica[68].

En los últimos años, la Unión Europea ha continuado construyendo el Mercado Único de Capitales. Así, en diciembre de 2022 la Comisión presentó diversas medias que podían agruparse en tres ámbitos: hacer que los servicios de compensación fueran más atractivos y resilientes, armonizar determinadas normas en materia de insolvencia de las empresas para evitar la fragmentación legislativa existente, y aligerar la carga administrativa que soportan las empresas –sobre todo, las pequeñas y medianas–. Nueve meses más tarde, en agosto de 2023, la misma institución actualizaba los indicadores que utiliza para hacer el seguimiento de los avances. Y en 2024 el Consejo y el Parlamen-

---

67 https://eur-lex.europa.eu/legal-content/EN/TXT/?uri=COM:2020:590:FIN.

68 https://data.consilium.europa.eu/doc/document/ST-12898-2020-REV-1/es/pdf.

to Europeo han llegado a un acuerdo provisional para facilitar que las empresas europeas puedan cotizar en mercados secundarios oficiales reduciendo la burocracia y los costes existentes. No obstante, estos avances no deben llevar a engaño: la Unión de los Mercados de Capitales todavía no se ha conseguido.

8. Sentencias Impacto Azul, Kornhaas, Miravitlles y Polbud

Como no podía ser de otro modo, la autoridad judicial europea ha continuado pronunciándose sobre la relación entre los Derechos nacionales y comunitario en materia de sociedades. En 2013 mantuvo que el art. 49 TFUE no se opone a una normativa interna que excluye la responsabilidad solidaria de las matrices respecto de las deudas de sus filiales cuando las primeras están domiciliadas en otro Estado miembro. La sentencia de 20.7.2013, *Impacto Azul Lda contra BPSA – Promoçao e Desenvolvimento de Investimentos Imobiliários SA y otro* (C-186/12) es relevante porque había una discriminación, pero perjudicial para las matrices nacionales. Mientras que las domiciliadas en Portugal sí respondían por las deudas de sus filiales, las ubicadas en otro país miembro no.

Dos años y medio más tarde, se planteó un caso que vinculaba el Derecho concursal y el societario[69]. Se preguntaba al Tribunal si podía aplicarse el art. 64.2 de la Ley alemana de Sociedades de Responsabilidad Limitada a la demanda contra el administrador de una sociedad galesa en concurso de acreedores, cuya actividad se desarrollaba básicamente en Alemania, donde se hallaba una sucursal de la compañía. El Tribunal de Justicia falló afirmativamente en la resolución de 10.12.2015, *Simona Kornhaas y Thomas Dirthmar* (C-594/14). El precepto en cuestión podía considerarse comprendido dentro de la ley aplicable a un procedi-

---

69 Sobre esta materia, también MERCADAL VIDAL, Francisco: "Aspectos societarios en la Directiva sobre reestructuración e insolvencia", en MIQUEL y PÉREZ, *Derecho europeo de sociedades*, cit., 421 y ss.

miento de insolvencia y no representaba una restricción a la libertad de establecimiento de la firma cuyo administrador había sido demandado.

La responsabilidad del administrador fue también el desencadenante del fallo de 14.12.2017, *Antonio Miravitlles Ciurana y otros contra Contimark, S.A., y Jordi Socias Gispert* (C-243/16). Esta vez se discutía acerca de la competencia judicial; en particular, si los juzgados de lo social podían conocer de la acción de responsabilidad interpuesta por los trabajadores contra el gestor social por no convocar a tiempo una junta general ante las importantes pérdidas que experimentaba la firma. El TJUE dictaminó que las Directivas 2009/101 y 2012/30 no se pronunciaban sobre el particular, por lo que el juez nacional debía decidir conforme a su sistema legal.

El caso más interesante tuvo lugar el mismo año. Se trata de la sentencia de 25.10.2017, *Polbud – Wykonawstwo sp. Z o.o., en liquidación* (C-106/16). En ella el Tribunal de Justicia volvía a pronunciarse sobre la compatibilidad del Derecho del Estado de constitución con el principio de libertad de establecimiento. La razón es que la normativa societaria polaca exigía la disolución y liquidación previas de la compañía para inscribir el traslado de su domicilio a Luxemburgo. Aunque en *Daily Mail* y en *Cartesio* había afirmado que los Estados tienen libertad para establecer los criterios conforme a los que una sociedad puede considerarse correctamente constituida según su Derecho y mantener esa condición, ahora falló que la normativa del Estado de origen vulneraba el art. 49 TFUE. "...(A)l exigir la liquidación de la sociedad, la normativa nacional controvertida en el litigio principal puede obstaculizar o impedir la transformación transfronteriza de una sociedad. Constituye, por tanto, una restricción a la libertad de establecimiento" (párr. 51). Asimismo, valoró la justificación de las medidas. Afirmó que podían servir para proteger los intereses de los acreedores, de los minoritarios o de los acreedores. Sin embargo, estimó que iban más allá de lo necesario (párr. 59). Consecuentemente, decidió que la legislación polaca era incompatible con el principio de libertad de establecimiento en este punto.

IV. VALORACIÓN: FUTURO DEL DERECHO EUROPEO DE SOCIEDADES

1. Premisas

El futuro del Derecho de sociedades de la Unión Europea plantea diversos interrogantes. Para resolverlos hay que tener muy claras las premisas de partida. A nuestro modesto entender son dos. La primera es el tipo de empresa. Resulta primordial conocer quiénes son los principales actores de la economía europea y la importancia que tienen. Las estadísticas evidencian que las grandes empresas dominan el sector financiero, mientras que las micro, pequeñas y medianas están omnipresentes en el no-financiero[70]. En 2020 había 23,4 millones de empresas en este ámbito: el 99% eran micro y pequeñas empresas (menos de 50 trabajadores), el 0,9% eran medianas (entre 50 y 249 trabajadores) y solo el 0,2% eran grandes (más de 250 trabajadores). De los 127,6 millones de personas a las que daban empleo, el 48,5% correspondía las micro y pequeñas, el 15,7% a las medianas y el 35,7% a las grandes. Generaron 6.496 millones de euros en concepto de valor añadido. Las micro y pequeñas aportaron el 35,4%, las medianas tan solo el 17,1% y las grandes el 47,5%.

La segunda premisa es la obligación de prestar atención a las necesidades de las empresas. Europa necesita firmas fuertes y competitivas a escala mundial. Para ello, el legislador debe atender a sus peticiones, intereses y preocupaciones. Pero no sólo el legislador, también el jurista debe tener en cuenta esos datos a la hora de interpretar y aplicar la

---

70 *Key figures on European business. 2023 Edition*, Publications Office of the European Union, 2023, pp. 10 y ss.

normativa existente. Ahora bien, no es fácil identificar estas necesidades. Una fuente de información muy valiosa son las encuestas, estudios e informes que realiza la Comisión. Su análisis evidencia que hay tres elementos clave: la voluntad de aprovechar las oportunidades de negocio que ofrece el mercado único, la reducción de las cargas burocráticas y facilitar el acceso a la información y a la financiación.

2. Necesidad de un Derecho de sociedades de la Unión Europea

La primera cuestión que debe contestarse es si la Unión Europea debe continuar legislando en materia societaria. Una parte de la doctrina responde negativamente al considerar que los Estados miembros están mejor posicionados para elaborar normas en materia societaria y que la competencia entre legisladores es positiva al incrementar la calidad de las disposiciones legales, que se adaptarán mejor a las necesidades y deseos de las empresas[71]. Niegan así que exista el peligro del "efecto Delaware".

---

71 *Vid.* ROMANO, Roberta: "The Market for Corporate Law Redux", *ECGI Working Paper Series in Law*, 270/2014; ENRIQUES, Luca: "EC Company Law and the fears of a European Delaware", *European Business Law Review*, 15:6, 2004, 1259 y ss; ENRIQUES, Luca: "Company Law Harmonization Reconsidered: What Role for the EC?", *ECGI Working Paper Series in Law* 53/2005, 3 ss; ARMOUR, John: "Who should make corporate law? EC legislation versus regulatory competition", *ECGI Working Paper Series in Law* 54/2005, 12 y ss; MCCAHERY y VERMEULEN, *European Law Journal*, 11:6, 2005, 787 y HORNUF, Lars y LINDER, Julia: "End of regulatory competition in European Company Law?", *Andrássy working paper series* no. 33, 2014, 1 y ss. En cuanto al efecto Delaware, KAHAN, Marcel y KAMAR, Ehud: "The Myth of State Competition in Corporate Law", *Stanford Law Review*, 55, 2002, 679-749; BLACK, Jr., Lewis S.: *Why corporations choose Delaware*, [Department of State] Delaware, 2007 y ROE, Mark J.: "Delaware's competition", *Harvard Law Review* 117, 2003, 588 y ss.

No compartimos esa opinión: es necesario un Derecho europeo de sociedades para mejorar la posición competitiva de las empresas comunitarias. A pesar de que hay muchas políticas que pueden emprenderse en esa dirección, no cabe desdeñar la importancia de la vestidura jurídica. Si una normativa corporativa pésima puede suponer un lastre considerable, una legislación adecuada puede contribuir a mejorar la competitividad de las compañías europeas. Ahora bien, la armonización no es necesariamente incompatible con la competencia entre legisladores; pueden complementarse[72]. Antes que nada, cabe advertir que la armonización legislativa *per se* no tiene sentido. Puede ser más perjudicial que beneficiosa en ámbitos en los que hay disparidad económica, política, social y legislativa. Sin embargo, hay extremos respecto de los que la acción normativa de la Unión produce mejores resultados; por ejemplo, la movilidad transfronteriza intracomunitaria. Las razones son tres. Primero, es muy difícil conocer a fondo diversos ordenamientos nacionales, de modo que no se puede decidir con un grado de certidumbre suficiente cuál es mejor. A diferencia de las grandes empresas, las pequeñas y medianas no puedan permitirse costear estudios y opiniones legales sobre qué Derecho se ajusta mejor a sus necesidades. Segundo, la armonización legislativa puede ser mucho más eficiente que la movilidad transfronteriza. De nuevo, las PYMEs ejemplifican esta cuestión, pues tienen grandes problemas para abrir una sucursal o una filial en otro Estado miembro. Y tercero, la Unión Europea tiene competencia para legislar en cualquier ámbito del Derecho de sociedades. Ya en 1966, el Informe Berkhouwer afirmaba que la libertad de establecimiento proporcionaba fundamento suficiente para disciplinar cualquier cuestión en la materia. Y si no fuera suficien-

72 Véase GRUNDMANN, "The Structure of European Company Law: From Crisis to Boom", cit., 602 y ss y GRUNDMANN, Stefan: *European Company Law. Organization, Finance and Capital Markets*, Intersentia, Cambridge *et al.*, 2012, 104 y ss.

te, siempre se puede recurrir al art. 352 TFUE, como ha sucedido respecto de los tipos societarios supranacionales.

Ahora bien, la Unión Europea debe ir de la mano de los Estados miembros. No puede legislar de espaldas a ellos, pues su actividad está abocada al fracaso, tal como demuestra el estudio de la evolución del Derecho comunitario de sociedades. Sobre todo, porque el principal instrumento legislativo es la Directiva (art. 50.2 TFUE). La diversidad de aproximaciones y tradiciones jurídicas en materia corporativa constituye un problema para aceptar la normativa europea. De ahí que sea esencial la colaboración entre la Unión y los veintisiete. Y también que los legisladores nacionales sean conscientes de que está en juego el futuro de la Unión Europea y, por ende, de sus miembros. Deberían tener muy presentes sus prioridades; en especial, si es preferible seguir anclados en las tradiciones jurídicas societarias o es mejor una normativa nueva que responda a las necesidades de los ciudadanos, de las empresas, de los Estados y de la Unión.

3. Contenido

Cabe hacer cuatro consideraciones respecto del contenido del Derecho europeo de sociedades. Primero, el análisis de su evolución evidencia que, desde 2003, la Unión ha centrado sus esfuerzos en dos temas: el gobierno corporativo y la movilidad internacional[73]. Sin embargo, existen otros extremos que podrían ser objeto de regulación, como el criterio para determinar la ley que rige las sociedades (la llamada "lex societatis"), el capital social, el traslado internacional del domicilio social o las obligaciones y responsabilidades de los administradores. Cabe recordar que la Comisión ya se ha interesado por estos

---

[73] HOPT, Klaus J.: "Comparative Company Law", *ECGI Law Working Paper* 77/2006, 1178 y EMBID, "Pasado, presente y futuro del Derecho Europeo de Sociedades", cit., 312.

aspectos, pero como son extremadamente sensibles no será fácil reunir el consenso suficiente para aprobar una norma al respecto. Por otra parte, conviene tener en cuenta que la decisión de la Unión Europea de conseguir una economía digital y sostenible va a impactar sobre las empresas. Como hemos visto, existen varios proyectos y disposiciones que imponen obligaciones a las sociedades y a sus administradores de adaptar sus políticas económicas, deberes y obligaciones a este cambio. Y también los Estados miembros deben implicarse, introduciendo las modificaciones legislativas necesarias, supervisando su eficacia y creando instrumentos de control.

Segundo, en el pasado la legislación societaria europea se centró mayoritariamente en las grandes empresas. De un lado, una parte de las normas estaban dirigidas exclusivamente a las sociedades cotizadas. De otro, los extremos regulados respondían más a los intereses de las grandes compañías que a los de las pequeñas y medianas. Piensen por ejemplo en el gobierno corporativo o en la movilidad transfronteriza, del que tan poco provecho han sacado las PYMEs hasta el momento. No obstante, la Unión parece haber corregido el rumbo. Desde que en 2008 acuñara el principio "Pensar primero a pequeña escala"[74], cada vez tiene más en cuenta las necesidades de los pequeños y medianos operadores económicos. El Plan de Acción de 2012 es una prueba de su compromiso. En la Comunicación inicial hizo una declaración de intenciones explícita en ese sentido. Dos años más tarde presentaba una propuesta de Directiva sobre la *Societas Unius Personae* pensada para las PYMEs. Y las Directivas 2019/1151 y 2019/2121 cuentan con diversas disposiciones que siguen la misma orientación.

Tercero, la Unión Europea presta una atención especial a las necesidades de las empresas al legislar en materia de sociedades. Debe continuar haciéndolo; por ejemplo, reduciendo las cargas burocráticas

---

[74] COM(2008) 394 final.

y regulatorias que soportan, en la medida en que sea compatible con el interés general, y continuando con la digitalización del ciclo vital de las empresas. En cambio, la creación de tipos societarios supranacionales parece agotada. Los tres existentes (la Agrupación Europea de Interés Económico, la Sociedad Anónima Europea y la Cooperativa Europea) no han tenido mucho éxito. Aunque la *Societas Europaea* ha sido utilizada en países en que la codeterminación es obligatoria, su implantación ha sido mínima en el resto de la Unión[75]. Por otra parte, se han abandonado los proyectos de Asociación Europea, de Fundación Europea y, lo que es más significativo, de Sociedad Privada Europea.

4. Técnica legislativa

La Directiva ha sido la forma legislativa más utilizada al venir impuesta por el art. 50 TFUE: exige al Parlamento Europeo y al Consejo que utilicen este tipo de norma al desarrollar legislativamente el principio de libertad de establecimiento. Suscita problemas dada la necesidad de transponerla a los ordenamientos nacionales, las diferencias en las tradiciones *ius*societarias de los veintisiete y la imposibilidad de configurar una disposición neutral[76]. Con todo, cabe tener en cuenta que es un ins-

---

75 El 12.3.2018 se habían creado 3000 sociedades anónimas europeas en toda la Unión, de las cuales 2054 tenían nacionalidad checa, 491 eran alemanas y 140 eslovacas. En España solo se habían constituido 2. Véase los *facts & figures* del European Trade Union Institute disponible en https://www.worker-participation.eu/European-Company-SE/Facts-Figures. En la doctrina, HORNUF y LINDER, obra citada, 11 s.

76 Cabe referirse, siquiera telegráficamente, al Brexit, pues el Derecho inglés tuvo una gran incidencia sobre la legislación de determinados aspectos societarios. La salida del Reino Unido de la Unión Europea afectará al desarrollo e interpretación de las normas corporativas europeas. Por razones de espacio solo podemos remitirnos a un trabajo anterior: "Derecho originario: principio de libre establecimiento. Derecho secundario: armonización y derecho uniforme", en MIQUEL y PÉREZ, *Derecho de Sociedades Europeo*, cit., 58 y ss.

trumento muy flexible, capaz de adaptarse a las exigencias de la materia regulada. De ahí que encontremos directivas que dejan mucha libertad a los Estados miembros y otras de corte reglamentista. A nuestro modesto entender, sería mejor que los legisladores nacionales se replanteasen sus necesidades y valorasen si sus paradigmas societarios se ajustan a la realidad socioeconómica actual y son tan importantes que vale la pena sacrificar la eficacia del Derecho europeo de sociedades.

La Unión Europea acertó al apostar por la simplificación y modernización del Derecho de sociedades, pues responde a la voluntad y necesidades de las empresas. Igual sucede con la decisión de valorar el impacto de las normas durante los trabajos legislativos. Sin embargo, los estudios e informes sobre las leyes futuras no resuelven todos los problemas. De un lado, los cuestionarios y sondeos pueden estar dirigidos a conseguir una respuesta determinada, pareciendo descabellada cualquier otra alternativa. De otro, la Comisión puede hacer oídos sordos a resultados que no son de su agrado.

Tercero, la codificación del Derecho comunitario de sociedades es positiva, pues facilitará su conocimiento, interpretación e implementación. Sin embargo, el alcance resulta decepcionante. Las instituciones europeas no han justificado por qué se incluyen determinadas disposiciones y no otras, como las Directivas sobre las ofertas públicas de adquisición de acciones, sobre el ejercicio de los derechos de los accionistas o sobre las cuentas anuales. Hubiera sido preferible crear un cuerpo normativo único más amplio, que incluyera todo el Derecho de sociedades. Por otra parte, la Directiva 2017/1132 se ha limitado a compilar diversas disposiciones, pero no se ha hecho ningún esfuerzo por mejorar su redacción o resolver las dudas exegéticas.

Por último, debe ensalzarse la contribución de la jurisprudencia del Tribunal de Justicia al desarrollo del Derecho de sociedades. Aunque puede parecer modesta, resulta significativa. Por ejemplo, los fallos

Centros, *Überseering* e *Inspire Art* no sólo resucitaron el interés por la movilidad transfronteriza sino que crearon una nueva práctica, operar en un Estado miembro a través de la filial de una matriz creada en el Reino Unido, que desencadenó una ola de reformas legislativas para hacer más atractivos los ordenamientos nacionales. Las sentencias *Sevic*, *Vale* y *Polbud* pueden ser de mucha ayuda a las empresas que buscan sistemas legales más atractivos. En ellas el Tribunal de Justicia afirma, sustancialmente, que no se deben discriminar las operaciones internacionales respecto de las nacionales. Por último, los casos *Kornhaas* y *Miravitlles* tiene interés respecto de la relación entre los Derechos de sociedades, concursal y laboral.

Bibliografía

ARENAS, Rafael: "Sombras y luces en la jurisprudencia del TJUE en material de derecho internacional privado de sociedades", *Nuevas fronteras del Derecho de la Unión Europea. Liber amicorum José Luis Iglesias Buhigues*, Tirant, Valencia, 2012, 739 ss.

ARENAS GARCÍA, Rafael: "La Directiva sobre transformaciones, fusiones y escisiones transfronterizas. Regulación y facilitación de la movilidad de sociedades dentro de la Unión Europea", *La Ley Unión Europea*, núm. 77, 2020, pp. 18-26.

ARENAS GARCÍA, Rafael: "Transformaciones transfronterizas", en MIQUEL y PÉREZ, *Derecho europeo de sociedades*, cit., 271 ss.

ARENAS GARCÍA, Rafael: "'Lex societatis' y derecho de establecimiento", en ARENAS, Rafael; GÓRRIZ, Carlos y MIQUEL, Jorge (Coord.): *Autonomía de la voluntad y exigencias imperativas en el derecho internacional de sociedades y otras personas*, Atelier, Barcelona, 2014, 127 ss.

ARMOUR, John y RINGE, Wolf-Georg: "European Company Law 1999-2010: Renaissance and Crisis", *Common Market Law Review* 48, 2011, 149 ss.

ARMOUR, John: "Who should make corporate law? EC legislation versus regulatory competition", *ECGI Working Paper Series in Law* 54/2005, 12 ss.

BARNARD, Catherine: *The Substantive Law of the EU. The Four Freedoms*, 2ª ed., OUP, Oxford, 2007, 304 ss.

BECHT, Marco; ENRIQUES, Luca y KOROM, Veronika Edit: "*Centros* and the cost of branching", *Journal of Corporate Law Studies* (April), 2009, 171 ss.

BLACK, Jr., Lewis S.: *Why corporations choose Delaware,* [Department of State] Delaware, 2007 y ROE, Mark J.: "Delaware's competition", *Harvard Law Review* 117, 2003, pp. 588 ss.

BOQUERA MATARREDONA, Josefina: "Las entidades asesoras de voto para la implicación de los socios en las sociedades cotizadas según la Directiva 2017/828", *Revista de Derecho Mercantil*, 306, 2017 , pp. 459-485.

BOQUERA MATARREDONA, Josefina: "La digitalización de las sociedades de capital españolas tras las Directivas europeas sobre la utilización de herramientas y procesos digitales en el ámbito del Derecho de sociedades", *Revista de Derecho de Sociedades*, 320, 2021.

BUSTILLO SAIZ, María del Mar: "El derecho de separación de los socios en las operaciones transfronterizas", *Revista de Derecho de Sociedades*, 60 y 61, 2020, pp. 149-184.

CABANAS TREJO, Ricardo: "Procedimiento en línea (constitución, registro y presentación de documentos e información), publicidad y registro", en MIQUEL RODRÍGUEZ, Jorge y PÉREZ TROYA, Adoración (Coor.): *Derecho europeo de sociedades*, Aranzadi Thomson Reuters, 2019, 61 ss.

COFFEE, John C.: "A theory of corporate scandals: why the USA and Europe differ", *Oxford Review of Economic Policy*, 21:2, 2005, 198 ss.

CONAC, Pierre-Henri: "The Societas Unius Personae (SUP): A "Passport" for job creation and growth", *ECFLR,* 12:2, 2015, 148 ss.

CHAMORRO DOMÍNGUEZ, María de la Concepción: "La aplicación de sistemas de inteligencia artificial en el seno del órgano de administración de las sociedades de capital", *Revista de Derecho de Sociedades*, núm. 59, 2020, pp. 173-206.

CHAMORRO DOMÍNGUEZ, María de la Concepción: "Otro paso más en el conjunto de normas de la UE sobre sostenibilidad y cambio climático: Normas técnicas del Reglamento de Taxonomía", *Revista de Derecho de Sociedades*, 64, 2022.

DE NADAL, Elisabeth; SÁNCHEZ, Víctor Manuel e YZQUIERDO, Mariano: "Los deberes de las empresas relativos a la prevención de los efectos del cambio climático en los derechos humanos (reflexiones preliminares a raíz de la sentencia de 26 de mayo 2021 del Tribunal Civil del Distrito de La Haya en el caso Shell)", *Revista de Derecho de Sociedades*, núm. 63, 2021, pp. 313-318.

DÍAZ MORENO, Alberto: "Directiva (UE) 2017/828: identificación de los accionistas, transmisión de información y facilitación del ejercicio de los derechos de los socios", en *Gomez-Acebo & Pombo Análisis*, Julio 2017.

EMBID IRUJO, José Miguel: "Adaptación de las directivas comunitarias en materia de sociedades: logros y retos pendientes", en ARROYO, Ignacio (ed.): *I Congreso nacional de Derecho mercantil. Veinte años de España en la Unión Europea: balance y perspectivas*, Thomson-Civitas, Madrid, 2007, 299 ss.

EMBID, José Miguel: "Pasado, presente y futuro del Derecho Europeo de Sociedades", *Revista Ius et Praxis*, 19 (1), 2013, 303 ss.

ENRIQUES, Luca: "EC Company Law and the fears of a European Delaware", *European Business Law Review*, 15:6, 2004, 1259 ss.

ENRIQUES, Luca: "Company Law Harmonization Reconsidered: What Role for the EC?", *ECGI Working Paper Series in Law* 53/2005, 3 ss.

FERNÁNDEZ DEL POZO, Luis: "La 'nacionalidad' de las sociedades de capital y las llamadas 'sociedades buzón' ('letterbox companies'). Examen del estado de la cuestión en Derecho español", *Revista de Derecho de sociedades*, núm. 57, 2019.

FERNÁNDEZ-TRESGUERRES GARCÍA, Ana: "La digitalización y movilidad de sociedades en Derecho europeo", *Revista de Derecho de Sociedades*, núm. 58, 2020, pp. 95-136.

GARCIMARTÍN, Francisco J.: "De nuevo sobre la ley aplicable a las sociedades en Europa: ¿hacia un futuro Reglamento?" *Almacén de Derecho*, 14.12.2015.

GIMENO RIBES, Miguel: "La cogestión en sociedades y grupos transfronterizos", *Revista de Derecho de Sociedades*, núm. 60, 2020, pp. 225-272.

GONZÁLEZ VÁZQUEZ, José Carlos: "Retribución de administradores: algunas consideraciones sobre 'say on pay' y 'pay ratio rule' a la luz de la Directiva (UE) 2017/828", *Revista de Derecho de Sociedades*, núm. 58, 2020, pp. 21-52.

GRUNDMANN, Stefan: "The Structure of European Company Law: From Crisis to Boom", *European Business Organization Law Review* 5, 2004.

GRUNDMANN, Stefan: *European Company Law. Organization, Finance and Capital Markets*, Intersentia, Cambridge *et al.*, 2012, 104 ss.

GRUPO DE EXPERTOS EN DERECHO DE SOCIEDADES EUROPEO: "Comentario sobre el Proyecto de Directiva del Parlamento Europeo sobre la Diligencia Debida y la Responsabilidad de las Empresas", *Revista de Derecho de Sociedades*, núm. 62, 2021, pp. 269-292.

HERNANDO CEBRIÀ, Luis: "Las escisiones transfronterizas intracomunitarias tras la Directiva (UE) 2019/2121: posibilidades y aspectos procedimentales", *Revista de Derecho Mercantil*, 320, 2021. pp. 199-248.

HERNANDO CEBRIÀ, LUIS: "Modelos societarios y digitalización en la movilidad transfronteriza intracomunitaria", *Revista de Derecho de Sociedades*, 65, 2022.

HOPT, Klaus J.: "Modern company and capital market problems: improving European corporate governance after Enron", *Journal of Corporate Law Studies*, 3, 2003, 445 ss.

HOPT, Klaus J.: "Comparative Company Law", *ECGI Law Working Paper* 77/2006.

HORNUF, Lars y LINDER, Julia: "End of regulatory competition in European Company Law?", *Andrássy working paper series* no. 33, 2014, 1 ss.

JUSTE MENCÍA, Javier: "La retribución de los administradores de las sociedades de capital", en *Revista de Derecho Mercantil*, 316, 2020 pp. 283-298.

KAHAN, M. y KAMAR, E., "The Myth of State Competition in Corporate Law", *Stanford Law Review*, 55, 2002, pp. 679-749.

LATORRE CHINER, Nuria: "Las operaciones vinculadas de la sociedad cotizada en la reforma de la Ley de Sociedades de Capital (Ley 5/2021, de 12 de abril)", *Revista de Derecho de Sociedades*, 62, 2021.pp. 49-92.

LEÓN SANZ, Francisco José: "Las operaciones con partes vinculadas en la Directiva 2017/828", *Revista de Derecho Mercantil*, 312, 2019; pp. 11-42.

MACHADO PLAZAS, José: "El capital social (a propósito de la Directiva (UE) 2017/1132)", en MIQUEL RODRÍGUEZ, Jorge y PÉREZ TROYA, Adoración (Coor.): *Derecho europeo de sociedades*, Aranzadi Thomson Reuters, 2019, 79 ss.

MARINA GARCÍA-TUÑÓN, Ángel: "Derecho de sociedades, Derecho contable y capital social en la perspectiva de la Unión Europea: sobre su necesaria integración", *Revista de Derecho Mercantil*, 308, 2018 pp. 49-116.

MARTÍNEZ NADAL, Apolònia: "Empresa y derechos humanos: perspectiva de Derecho mercantil", *Revista de Derecho Mercantil*, 320, 2021;

MCCAHERY, Joseph A y VERMEULEN, Erik: "Does the European Company Prevent the 'Delaware Effect'", *European Law Journal* 11, 2005, 791 ss.

MERCADAL VIDAL, Francisco: "Aspectos societarios en la Directiva sobre reestructuración e insolvencia", en MIQUEL y PÉREZ, *Derecho europeo de sociedades*, cit., 421 ss.

MUÑOZ PÉREZ, Ana Felicitas: "La 'inteligencia artificial (IA) autónoma' en el órgano de administración", en *Revista de Derecho de Sociedades*, núm. 60, 2020, pp. 71-104.

NOVAL PATO, Jorge: "La sostenibilidad en un contexto de primacía del accionista", *Revista de Derecho de Sociedades*, núm. 64, 2022.

NOVAL PATO, Jorge: "¿Los derechos humanos en la agenda del gobierno corporativo? En especial, la obligación de 'due diligence'", *Revista de Derecho de Sociedades*, núm. 60, 2020, pp. 105-148.

PASTOR SEMPERE, Carmen: "La renovación tecnológica del Derecho de sociedades europeo", *Revista de Derecho de Sociedades*, 59, 2020. pp. 87-130.

PERDICES HUETOS, Antonio B.: "Identificación de accionistas en las sociedades cotizadas tras la reforma de 2021", *Revista de Derecho de Sociedades*, núm. 63, 2021. pp.25-47.

PÉREZ TROYA, Adoración: "La Directiva sobre transformaciones, fusiones y escisiones transfronterizas: Una primera aproximación, con particular referencia a la tutela de los socios", *Revista de Derecho de Sociedades*, núm. 58, 2020, pp. 53-94.

PÉREZ TROYA, Adoración: "La regulación europea de las fusiones de sociedades", en MIQUEL y PÉREZ, *Derecho europeo de sociedades*, cit., 303 ss.

PÉREZ TROYA, Adoración: "La regulación europea de las escisiones de sociedades", en MIQUEL y PÉREZ, *Derecho europeo de sociedades*, cit., 353 ss.

RINGE, Wolf-Georg: "Corporate mobility in the European Union – A flash in the Plan", *European Company and Financial Law Review*, 10, 2013, 230 ss.

RODRÍGUEZ MARTÍNEZ, Isabel: "Las nuevas obligaciones de los intermediarios en materia de identificación, transmisión de información y facilitación del ejercicio de los derechos del socio inversor de sociedades cotizadas", en *Revista de Derecho Mercantil*, 311, 2019, pp.121-176.

ROMANO, Roberta: "The Market for Corporate Law Redux", *ECGI Working Paper Series in Law*, 270/2014

SANZ BAYÓN, Pablo: "La regulación de los estados financieros", en MIQUEL y PÉREZ, *Derecho europeo de sociedades*, 139 ss.

SIEMS, Mathias M.: "Convergence, competition, Centros and conflicts of law: European Company Law in the 21st Century", *European Law Review*, 27:1, 2002, 47 ss.

VEIL, Rüdiger (Ed.): *European Capital Markets Law*, 3ª ed., Bloomsbury Publishing, 2022.

WOUTERS, Jan: "European Company Law: *Quo Vadis?" Common Market Law Review* 37, 2000, 269 ss.

WYMEERSCH, Eddy: "European Company Law: The 'Simpler Legislation for the Internal Market' (SLIM) Initiative of the EU Commission", *Financial Law Institute*, WP 2000-09, 2000.

ZABALETA DÍAZ, Marta: "Retribuciones de consejeros en el sistema dual de administración tras la Directiva 2017/828 de implicación a largo plazo de los accionistas", *Revista de Derecho de Sociedades*, núm. 63, 2021. pp. 127-175.

LA CONSTITUCIÓN DE SOCIEDADES: REGULACIÓN EN LAS DIRECTIVAS Y RECEPCIÓN EN NUESTRO ORDENAMIENTO*

Dr. Jorge Miquel Rodríguez
Profesor titular de Derecho mercantil
Universidad Autónoma de Barcelona

SUMARIO: I. INTRODUCCIÓN. II. LOS PRINCIPIOS FUNDAMENTALES SOBRE CONSTITUCIÓN DE SOCIEDADES. III. OPCIONES QUE PERMITEN LAS DIRECTIVAS NO INCORPORADAS EN NUESTRO ORDENAMIENTO: LAS ACCIONES SIN VALOR NOMINAL. IV. LAS SOCIEDADES DE BENEFICIO E INTERÉS COMÚN (SBIC). Bibliografía.

I. INTRODUCCIÓN

En las páginas siguientes vamos a repasar algunas ideas esenciales referidas a la constitución de sociedades partiendo de la regulación de la Directiva (UE) 2017/1132[1] cuyas previsiones en relación a esta

---

* Recogemos aquí las ideas esenciales expuestas en la Sesión celebrada en la Facultad de Derecho de ICADE el pasado 26 de abril de 2022. En mi caso y en el de muchos autores que participamos en esos tres días, presentábamos nuestras contribuciones a la obra colectiva *Derecho de Sociedades Europeo* (Dirs. MIQUEL RODRÍGUEZ J y PÉREZ TROYA, A.), Madrid 2019 y en concreto por mi parte, lo escrito en *Constitución de Sociedades*, *Ibid.*, pp. 61 y ss. Aunque en algunos pasajes mantenga el mismo esquema, evitaré, reiterar lo allí escrito.

1 Sin perjuicio de las menciones a la redacción originaria de la Primera Directiva, la norma de referencia es por tanto la *Directiva (UE) 2017/1132 2009/101/CE del Parlamento Europeo y del Consejo, de 14 de junio de 2017 sobre determinados aspectos del Derecho de sociedades (versión codificada)* (DOUE-L-2017-81254).

materia provienen de la Directiva 68/151/CEE, la Primera Directiva, que a su vez había sido modificada en diversas ocasiones e incluso derogada en su integridad en 2009, si bien –especialmente en las cuestiones que se tratan en este capítulo– la mayoría de sus disposiciones iniciales se han mantenido vigentes aunque en algunos casos notablemente ampliada en sus contenidos.

Ha habido modificaciones recientes introducidas por la Directiva (UE) 2019/1151 del Parlamento Europeo y del Consejo de 20 de junio de 2019 por la que se modifica la Directiva (UE) 2017/1132 en lo que respecta a la utilización de herramientas y procesos digitales en el ámbito del Derecho de sociedades. Como es sabido, es una Directiva incorporada a nuestro ordenamiento con un retraso considerable, pues el plazo de adaptación terminaba el 1 de agosto de 2021. Se introdujo con la Ley 11/2023, de 8 de mayo, de transposición de Directivas de la Unión Europea en materia de accesibilidad de determinados productos y servicios, migración de personas altamente cualificadas, tributaria y digitalización de actuaciones notariales y registrales; y por la que se modifica la Ley 12/2011, de 27 de mayo, sobre responsabilidad civil por daños nucleares o producidos por materiales radiactivos.

Se trata de una Ley muy extensa, 169 páginas, que incorpora seis Directivas.

El Consejo de la UE ha anunciado en febrero de 2024 la adopción de una posición única que implica un mandato de negociación para avanzar en los cambios necesarios para profundizar en la digitalización en el Derecho de sociedades y acompañando una Propuesta de Directiva. Se trabaja esencialmente en torno a la Propuesta de Directiva de marzo de 2023 del Parlamento Europeo y del Consejo por la que se modifican las Directivas 2009/102/CE y (UE) 2017/1132 en lo que respecta a la ampliación y mejora del uso de herramientas y procesos digitales en el ámbito del Derecho de sociedades, y también se actualiza la Directiva de 2019 sobre el uso de herramientas y procesos digitales en el derecho de sociedades[2].

---

2 Puede verse al respecto, MADRID PARRA, A., "La constitución telemática de sociedades mercantiles: Opciones de política legislativa", en AAVV (coord. MJ PEÑAS MOYANO), *Estudios de Derecho de sociedades y de Derecho concursal: libro en homenaje al profesor Jesús Quijano González*, Valladolid, 2023, pp. 459 y ss. También FUENTES NAHARRO, M., *La digitalización del derecho de sociedades, La Directiva 2019/1151 y su trasposición al Derecho español*, Pamplona 2023. De mayor amplitud, aunque con numerosas referencias a la cuestión que nos ocupa, CABANAS TREJO, R. y RIVAS RUÍZ, A., *La constitución de la sociedad de responsabilidad limitada tras las últimas reformas legales y la reciente doctrina registral: Procedimientos telemáticos y redacción de estatutos,* Barcelona, 2024
Directiva (UE) 2019/1151 del Parlamento Europeo y del Consejo, de 20 de junio de 2019, por la que se modifica la Directiva (UE) 2017/1132 en lo que respecta a la utilización de herramientas y procesos digitales en el ámbito del Derecho de sociedades, (DOUE-L-2019-81158). También ha sido modificada por la *Directiva (UE) 2019/2121 del Parlamento Europeo y del Consejo de 27 de noviembre de 2019 por la que se modifica la Directiva (UE) 2017/1132 en lo que atañe a las transformaciones, fusiones y escisiones transfronterizas* (DOUE-L-2019-81935) y por la *Directiva (UE) 2019/1023 del Parlamento Europeo y del Consejo, de 20 de junio de 2019, sobre marcos de reestructuración preventiva, exoneración de deudas e inhabilitaciones, y sobre medidas para aumentar la eficiencia de los procedimientos de reestructuración, insolvencia y exoneración de deudas, y por la que se modifica la Directiva (UE) 2017/1132 (Directiva sobre reestructuración e insolvencia) (DOUE-L-2019-81090)*, en concreto su artículo 32, que añade al artículo 84 de la Directiva (UE) 2017/1132, un apartado 4 de este tenor literal: "*Los Estados miembros establecerán excepciones a lo dispuesto en el artículo 58, apartado 1, el artículo 68, los artículos 72, 73 y 74, el artículo 79, apartado 1, letra b), el artículo 80, apartado 1, y el artículo 81, en la medida y durante el tiempo en que tales excepciones sean necesarias para el establecimiento de los marcos de reestructuración preventiva previstos en la Directiva (UE) 2019/1023 del Parlamento Europeo y del Consejo.*
El párrafo primero se entenderá sin perjuicio del principio de igualdad de trato de los accionistas que permite que los Estados miembros autoricen excepciones a

Mencionaremos algunas cuestiones que son conocidas, que forman parte de la propia esencia de nuestro sistema de sociedades de capital. Al mismo tiempo se hará referencia a algún aspecto que las Directivas contemplan, lo que permitiría incorporarlos a los ordenamientos de los Estados miembros, pero que al menos en el nuestro no se ha llevado a cabo, singularmente la posibilidad de permitir acciones sin valor nominal. Se hará mención también a una novedad reciente relacionada con la cuestión que tratamos, en concreto la incorporación a nuestro ordenamiento –ciertamente incompleta aún y con una técnica legislativa manifiestamente mejorable– de las Sociedades de Beneficio e Interés Común (SBIC). Asimismo, en el contexto en que tratamos, dentro de cada uno de los puntos, se realizará algún breve apunte sobre diversas Sentencias del TJUE que a mi juicio merecen ser tenidas en cuenta

II. LOS PRINCIPIOS FUNDAMENTALES SOBRE CONSTITUCIÓN DE SOCIEDADES

La Directiva de 1968 constituyó desde el primer momento el pilar fundamental de la armonización comunitaria. Regulaba en esencia tres cuestiones que actualmente están completamente asumidas como parte del núcleo del derecho de sociedades de capital: publicidad mercantil y protección de la buena fe, poder de representación ilimitado e ilimitable de los órganos societarios y régimen –restrictivo– de la nulidad de las sociedades inscritas, que son los aspectos que se examinan este capítulo tal como están regulados en la actualidad por la Directiva de 2017 y sus modificaciones posteriores.

Como es sabido, en relación con la constitución de sociedades se acota el ámbito de aplicación de la Sección I en el artículo 2, cuyas dis-

---

la aplicación de determinados artículos de la Directiva (UE) 2017/1132, cuando esto sea necesario para establecer marcos de reestructuración preventiva".

posiciones se aplican a las sociedades anónimas. Las previsiones de la Directiva en ese sentido pueden extenderse a otros tipos societarios, pero no es imprescindible para cumplir con ella. En materia de constitución es muy habitual que los Estados Miembros también incorporen esas previsiones a todo tipo de sociedades de capital. De hecho, la Primera Directiva se aplicaba en su totalidad a todo tipo de sociedades de capital (anónimas, de responsabilidad limitada y comanditarias por acciones), mientras que en la Directiva de 2017 hay una distinción en función de la materia, pues la Sección II tiene un ámbito de aplicación más amplio que esta Sección I, limitada como se ha dicho a las sociedades anónimas, mientras que la Sección II se aplica también a las sociedades de responsabilidad limitadas y a las sociedades comanditarias por acciones.

Me parece oportuno subrayar que la Directiva no tiene por objeto dar una noción uniforme de lo que sea una sociedad anónima o una sociedad por acciones a nivel europeo, sino que establece unos requisitos que deben cumplir los tipos societarios que se enumeran en el Anexo. Así se afirma en la STJUE de 21 de octubre de 2010 (C81/09) *Idryma*, que plantea un interesante problema derivado de una normativa específica en Grecia en el marco de las radios y televisiones de pago. Están previstas unas sanciones por la infracción de las normas sobre deontología que regulan el funcionamiento de los canales de televisión y según la regulación interna griega, deben imponerse no sólo a la sociedad titular de una autorización para crear y explotar un canal de televisión, sino también, conjunta y solidariamente, a todos los accionistas que sean titulares de un número de acciones superior al 2,5 %. Se plantea si esa sanción es compatible con la Primera Directiva y el TJUE (Fundamentos 40 a 46) realiza una serie de afirmaciones de interés.

En primer lugar, señala que aunque el tercer considerando de la Primera Directiva pueda dar a entender que existe un principio según el cual únicamente las sociedades están obligadas a responder de sus deudas frente a terceros con su patrimonio social ("ya que solamente ofrecen como garantía ante terceros el patrimonio social"), la Directiva no establece ningún concepto uniforme de sociedad anónima ni de sociedad de responsabilidad limitada basado en tal principio, sino que el artículo 1 de la Primera Directiva enumera para cada uno de los Estados miembros, los diferentes tipos de sociedades a las que deben aplicarse sus previsiones. En consecuencia, dice el TJUE que la Primera Directiva no prescribe lo que debe ser una sociedad por acciones o de responsabilidad limitada, sino que se limita a establecer normas que deben aplicarse a determinados tipos de sociedades definidas como sociedades por acciones o de responsabilidad limitada por el legislador de la Unión.

Aunque es evidente que, en la mayoría de los casos, los socios de esas sociedades no están obligados a responder personalmente de las deudas de una sociedad anónima o de una sociedad de responsabilidad limitada, no puede inferirse de ello que se trate de un principio general del Derecho de sociedades aplicable en todas circunstancias sin excepción. Así, concluye señalando que ni de la lectura de la Primera Directiva ni de una interpretación de ésta a la luz de su objeto o del Derecho de los Estados miembros resulta que dicha Directiva establezca una norma según la cual nunca puede ningún socio estar obligado en relación con una multa impuesta a una sociedad, en particular, en el supuesto de que esa multa se impusiera conjunta y solidariamente a una sociedad anónima y a ese socio. La consecuencia es que la existencia de una norma así en un Derecho nacional no sería contraria al objeto de la Primera Directiva, habida cuenta del carácter limitado de éste.

La Directiva regula la constitución en los artículos 3 a 6. Previamente, se ha referido en los considerandos a los objetivos fundamentales en esta materia.

(3) Para asegurar una equivalencia mínima en la protección de los accionistas y de los acreedores de sociedades anónimas, tiene una importancia

> *muy especial la coordinación de las disposiciones nacionales relativas a la constitución de dichas sociedades, así como al mantenimiento, al aumento y a la reducción de su capital.*
>
> *(4) En la Unión, los estatutos o la escritura de constitución de una sociedad anónima deben permitir a todo interesado conocer las características esenciales de esta sociedad, y en especial la composición exacta de su capital.*

Veremos en apretada síntesis de las previsiones de los artículos 3 (Información obligatoria que ha de incluirse en los estatutos o escrituras de constitución) y 4 (Información obligatoria que ha de incluirse en los estatutos, en la escritura de constitución o en un documento separado) y nos referiremos a continuación –ya en el apartado III– a los artículos 5 (Autorización para comenzar la actividad) y 6 (Sociedades de varios socios)

Las referencias del artículo 3 a las menciones mínimas obligatorias que deben incluirse en los estatutos o en la escritura de constitución derivan directamente de la Primera Directiva de 1968 que en realidad no hizo sino recoger algo que era una regla general en la mayoría de los ordenamientos[3]. Se exige un mínimo imperativo que deberá constar en los estatutos o escritura de constitución, en concreto la forma y la denominación de la sociedad, el objeto social, cuando la sociedad no tenga capital autorizado, el importe del capital suscrito, cuando la sociedad tenga un capital autorizado, el importe de este y el importe del capital suscrito en el momento de la constitución de la sociedad o en el momento de la obtención de la autorización para comenzar sus actividades, así como en toda modificación del capital autorizado, sin perjui-

---

3 Puede compararse, por ejemplo, el tenor literal del artículo 2 de la Primera Directiva con el de los artículos 3 y 4 de la Directiva de 2017 –reproducidos a continuación en el texto– y también, como muestra de su carácter esencialmente declarativo, con el del artículo once de nuestra Ley de Sociedades Anónimas de 1951.

cio de lo establecido en el artículo 14, letra e); en la medida en que no estén determinados por la ley, las normas que determinen el número y la forma de designación de los miembros de los órganos encargados de la representación ante terceros, de la administración, de la dirección, de la vigilancia o del control de la sociedad, así como el reparto de las competencias entre estos órganos y la duración de la sociedad, cuando no sea indeterminada.

En las previsiones del artículo 3 se hace referencia a los elementos identificadores esenciales de la sociedad, el primero de ellos, la forma –esto es, su condición de sociedad anónima– así como la denominación y el objeto. Se requiere también la determinación del capital suscrito o en su caso el importe del capital autorizado. Es llamativo –desde nuestra perspectiva– que la Directiva permita prever el capital autorizado en el momento de constitución de la sociedad[4].

También forma parte de este primer grupo de menciones esenciales en estatutos o en escritura la necesidad de constancia de las reglas relativas a la configuración del órgano de representación. Del artículo 3 e) se desprende una referencia implícita al hecho de que puede haber un

[4] Cabe mencionar el caso *Zinātnes parks*, resuelto en la reciente Sentencia del Tribunal de Justicia (Sala Quinta) de 27 de enero de 2022 Asunto C-347/20, SIA «Zinātnes parks» contra Finanšu ministrija nos presenta también alguna cuestión existencial: en concreto en un contexto de eventual aplicación de ayudas a empresas en crisis, se discute sobre los conceptos de capital social suscrito y de empresa en crisis: dice el TJUE que "El artículo 2, punto 18, letra a), del Reglamento (UE) n.º 651/2014 de la Comisión, de 17 de junio de 2014, por el que se declaran determinadas categorías de ayudas compatibles con el mercado interior en aplicación de los artículos 107 y 108 del [TFUE], debe interpretarse en el sentido de que, para determinar si una sociedad está «en crisis» a efectos de esta disposición, se entenderá que la expresión «capital social suscrito» se refiere a todas las aportaciones que los socios o accionistas actuales o futuros de la sociedad hubieran realizado o se hubieran comprometido irrevocablemente a realizar".

sistema dual de administración. Finalmente, también se exige que figure en escritura o estatutos la duración de la sociedad en caso de que esta no sea indeterminada. Información obligatoria que ha de incluirse en los estatutos, en la escritura de constitución o en un documento separado

El artículo 4, bajo la rúbrica Información obligatoria que ha de incluirse en los estatutos, en la escritura de constitución o en un documento separado hace una distinción entre estatutos, escritura o "un documento separado". Cabe llamar la atención sobre la distinción entre las previsiones de uno y otro artículo: la del artículo tres se refiere a estatutos o escritura mientras que el artículo cuatro añade al "documento separado". Esa mención no estaba en la Directiva de 2009, que solamente se refería a escritura y estatutos. De ese documento separado se nos dice únicamente que deberá cumplir unos requisitos de publicidad en virtud de lo que establece el artículo 16[5]. El artículo 4 tiene 11 apartados diferentes y en alguno de ellos se establece más de una exigencia (contamos más de 20 en total, aunque no deben sumarse todas, pues algunas son alternativas). A pesar de su extensión, el artículo es concreto y las cuestiones previstas en él giran en torno a las ideas fundamentales de capital y acciones y la identificación de las personas que hayan firmado o en nombre de quien se hayan firmado los estatutos y la escritura.

De nuevo, como en el artículo 3 la mayoría de estas exigencias son sobradamente conocidas entre nosotros y forman parte también de un Derecho europeo de sociedades preexistente al de la Primera Directiva[6]. No obstante, también destaca alguna especialidad, como la posibi-

---

5 El artículo 16 es un precepto largo, que lleva por título *Publicidad en el registro* y que empieza diciendo que *en cada Estado miembro se abrirá un expediente, en un registro central, mercantil o de sociedades (en lo sucesivo, "registro"), por cada una de las sociedades inscritas.*

6 Esas menciones son: a) el domicilio social, b) el valor nominal de las acciones suscritas y, al menos anualmente, el número de estas acciones; c) el número de

lidad de que existan acciones sin valor nominal (*infra* III). Asimismo, en una expresión que proviene directamente de la Primera Directiva también es llamativa la expresión "cesión" del artículo 4 d) (*cession, übertragung, transferimento* y *transfer*, respectivamente en las versiones francesa, alemana, italiana e inglesa)[7].

La Sentencia en el caso M*anni* STJUE de 9 de marzo de 2017 (C-398/15), *Camera di Commercio, Industria, Artigianato e Agricoltura*

---

las acciones suscritas sin mención de valor nominal cuando la legislación nacional autorice la emisión de tales acciones, d) en su caso, las condiciones particulares que limiten la cesión de las acciones, e) cuando existan varias categorías de acciones, las indicaciones mencionadas en las letras b), c) y d) para cada una de ellas y los derechos relativos a las acciones de cada una de las categorías; f) la forma, nominativa o al portador, de las acciones, cuando la legislación nacional tenga previstas ambas formas, así como toda disposición relativa a la conversión de estas, salvo si la ley fijara sus modalidades; g) importe del capital suscrito desembolsado en el momento de la constitución de la sociedad o en el momento de la obtención de la autorización para comenzar sus actividades; h) el valor nominal de las acciones o, a falta de valor nominal, el número de acciones emitidas en contrapartida de cada aportación que no se hubiera efectuado en metálico, así como el objeto de dicha aportación y el nombre del aportante; i) la identidad de las personas físicas o jurídicas o de las sociedades que hayan firmado o en nombre de quienes se hayan firmado los estatutos o la escritura de constitución o, cuando la constitución de la sociedad no fuese simultánea, los proyectos de estatutos o de la escritura de constitución; j) el importe total, al menos aproximado, de todos los gastos que, en razón de su constitución y, en su caso, antes de que obtenga la autorización para el comienzo de sus actividades, incumban a la sociedad o se pongan a su cargo; k) toda ventaja particular atribuida en la constitución de la sociedad o, hasta que hubiera obtenido la autorización de comienzo de sus actividades, a quien hubiese participado en la constitución de la sociedad o en las operaciones conducentes a esta autorización.

7 Nuestro artículo 123 LSC 1. *Solo serán válidas frente a la sociedad las restricciones o condicionamientos a la libre transmisibilidad de las acciones cuando recaigan sobre acciones nominativas y estén expresamente impuestas por los estatutos.* Ese añadido a los condicionamientos no estaba en la versión anterior a la refundición de 2010.

di Lecce y *Salvatore Manni* nos muestra la plena vigencia de las previsiones de la Primera Directiva, planteando su compatibilidad con la Directiva 95/46/CE del Parlamento Europeo y del Consejo, de 24 de octubre de 1995, relativa a la protección de las personas físicas en lo que respecta al tratamiento de datos personales y a la libre circulación de estos datos.

La cuestión principal que se discute es si existe un derecho al olvido en relación a los datos personales recogidos en el Derecho de sociedades. Dice la STJUE que incumbe a los Estados miembros determinar si las personas físicas a las que se refiere el artículo 2, apartado 1, letras d) y j), de la Directiva pueden solicitar a la autoridad responsable de la llevanza del registro central, del registro mercantil o del registro de sociedades, respectivamente, que compruebe, sobre la base de una apreciación caso por caso, si está excepcionalmente justificado, por razones preponderantes y legítimas relacionadas con su situación particular, limitar, al expirar un plazo suficientemente largo tras la disolución de la empresa de que se trate, el acceso a los datos personales que les conciernen, inscritos en dicho registro, a los terceros que justifiquen un interés específico en la consulta de dichos datos.

En este caso, el Sr. Manni reclamaba la eliminación del registro de sociedades de ciertos datos personales: en concreto que él había sido administrador único y liquidador de una sociedad declarada en concurso de acreedores en 1992 y cancelada registralmente en 2005. A su juicio el mantener esa información era perjudicial para su actividad actual.

El TJUE (Fundamentos 49 y 50) empieza recordando que el régimen de publicidad establecido por la Directiva tiene por objeto proteger los intereses de terceros. A tal fin, la publicidad debe permitir a los terceros conocer los actos esenciales de la sociedad y ciertas indicaciones relativas a ella, concretamente la identidad de las personas que tienen el poder de obligarla. Se afirma también que la publicidad prevista en el artículo

3 de la Directiva 68/151 tal como ha establecido el Tribunal de Justicia tiene por objeto permitir que todos los terceros interesados estén informados sin que deban justificar la existencia de un derecho o un interés que necesite protección. Recuerda el Tribunal que después de liquidada una sociedad pueden subsistir derechos y relaciones jurídicas vinculados a ella y los datos inscritos pueden resultar necesarios a efectos de comprobar la legalidad de un acto llevado a cabo en su nombre durante el período en que estuvo activa o para que los terceros puedan interponer una acción contra los miembros de sus órganos o sus liquidadores. La diversidad de situaciones imposibilita identificar un plazo único desde la disolución de una sociedad a cuya expiración la inscripción de estos datos en el registro y su publicidad ya no sea necesaria.

EL TJUE, deja abierta una puerta, al recordar que no es posible excluir la eventual existencia de situaciones particulares en las que razones preponderantes y legítimas propias de la situación concreta del interesado justifiquen excepcionalmente que el acceso a los datos personales que les conciernen, inscritos en el registro, se limite, al expirar un plazo suficientemente largo tras la liquidación de la sociedad de que se trate, a los terceros que justifiquen un interés específico en su consulta.

III. OPCIONES QUE PERMITEN LAS DIRECTIVAS NO INCORPORADAS EN NUESTRO ORDENAMIENTO: LAS ACCIONES SIN VALOR NOMINAL

Los artículos 5 y 6 de la Directiva contienen sendas disposiciones que vistas desde la perspectiva de nuestro ordenamiento nos pueden parecer relativamente lejanas, pero que ejemplifican de nuevo la diversidad de posibilidades que permite la Directiva. De una parte, el artículo 5 se refiere a la posibilidad de que los Estados Miembros exijan una autorización previa para iniciar sus actividades, requiriendo en ese caso que se haga mención a la responsabilidad por los compromisos que contraiga la sociedad o por cuenta de ella durante el periodo previo a la concesión o denegación de la autorización[8]

De otra parte, la previsión del artículo 6 hacc referencia al supuesto en que exigiendo la legislación de un Estado miembro el concurso de varios socios para la constitución de una sociedad se produzca una situación de unipersonalidad sobrevenida o reducción del número de socios por debajo del mínimo legal, no habrá disolución de pleno derecho de la sociedad y si es posible declarar la disolución judicial por este motivo, el juez podrá conceder un plazo para regularizar la situación[9].

Del artículo 4, la referencia más relevante en el contexto que tratamos es la posibilidad de que existan acciones sin valor nominal, circunstancia cada vez más extendida en los ordenamientos de los países miembros y que también ha sido incorporada al Proyecto de la *European Model Companies Act (EMCA),* que recoge precisamente la eventual utilidad que pueda tener esta figura[10] en su Sección 2.08,

---

8 *Artículo 5 Autorización para comenzar la actividad*
1.Cuando la legislación de un Estado miembro prescriba que una sociedad no puede comenzar sus actividades sin haber recibido la autorización para ello, preverá igualmente unas disposiciones relativas a la responsabilidad por los compromisos contraídos por la sociedad o por cuenta de esta durante el período precedente al momento en que dicha autorización fuera concedida o denegada.
2.El apartado 1 no se aplicará a los compromisos dimanantes de contratos concluidos por la sociedad bajo condición de que le sea concedida la autorización para el comienzo de sus actividades.

9 Es mayoritaria la adaptación en los distintos ordenamientos de la Duodécima Directiva 89/667/CEE del Consejo, de 21 de diciembre de 1989, en materia de derecho de sociedades, relativa a las sociedades de responsabilidad limitada de socio único. No obstante, el artículo 6 contempla la situación en que se exija esa pluralidad de socios (se habla de varios, pero se entiende que es suficiente con que sean dos) para la constitución de la sociedad.

10 Cfr. entre nosotros, GALÁN LÓPEZ, C., *La introducción de las acciones sin valor nominal ("no per value shares") en el derecho europeo de sociedades ¿una reforma pendiente o abandonada?,* en AAVV, *La modernización del derecho*

argumentando en primera lugar que lo permite la Directiva[11]. Se recuerda además que se permite en un buen número de Estados Miembros, aunque también se reconoce que ello no es posible en otros. Cita específicamente a Grecia, Irlanda, los Países Bajos y España. Se mencionaba también al Reino Unido, que ahora ya ha salido de la UE y del que será interesante seguir su posición ahora que ha salido de la UE en algunas materias que se habían venido armonizando en todos estos años, singularmente en lo referido a la disciplina del capital. En rigor, no obstante, se recuerda que realmente Finlandia es el único ordenamiento en el que existe un sistema real de acciones sin valor nominal. El motivo es que otros ordenamientos como Dinamarca, Alemania o Suecia han mantenido la prohibición de emitir acciones por debajo de su valor nominal.

---

de sociedades de capital en España: Cuestiones pendientes de reforma, Vol. 2, pp. 309 y ss. También, desde una perspectiva más general, Alemán Laín, P., *Función del valor nominal en las acciones de la sociedad anónima. Una aproximación desde el derecho norteamericano*, Pamplona, 2003. Puede verse asimismo la completa explicación que aparece en AAVV, *European Model Company Act (EMCA), Nordic & European Company Law Working Paper* No. 16-26, disponible en SSRN: https://ssrn.com/abstract=2929348, pp. 49 y ss. Igualmente, tiene interés el trabajo de PATAKYOVÁ, M. Y GRAMBLIČKOVÁ, B., *Capital doctrine in the European Union. A lesson to learn from Finland,* The Lawyer Quarterly, 2016, vol 6, n. 3. pp. 137 y ss., disponible en https://tlq.ilaw.cas.cz/index.php/tlq/article/view/196

11 La referencia que se hace al artículo 3 h de la Directiva 2012/30 debe entenderse hecha ahora al artículo 4: *Información obligatoria que ha de incluirse en los estatutos, en la escritura de constitución o en un documento separado*) en su apartado h) *el valor nominal de las acciones o, a falta de valor nominal, el número de acciones emitidas en contrapartida de cada aportación que no se hubiera efectuado en metálico, así como el objeto de dicha aportación y el nombre del aportante.*

IV. LAS SOCIEDADES DE BENEFICIO E INTERÉS COMÚN (SBIC)

En este breve repaso de algunos aspectos relevantes de las Directivas, aunque no sea en rigor una cuestión que proviene de ellas, sí conviene hacer una referencia a la novedad que introduce la Disposición adicional décima de la Ley 18/2022, de 28 de septiembre, de creación y crecimiento de empresas[12], que bajo la rúbrica *Reconocimiento de las Sociedades de Beneficio e Interés Común* señala textualmente que:

---

[12] Las SBIC no estaban originalmente en el Proyecto de Ley. Su presencia en la Ley 18/2022 obedece a la enmienda n. 1 presentada por Iñigo Errejón (BOCG n. 76-3, 17 de mayo de 2022), Más País Verdes Equo, en el Grupo Parlamentario Plural. A pesar de su extensión, creo oportuno reproducirla en su integridad: *La crisis sanitaria motivada por la COVID-19 ha vuelto a situar en primer plano la magnitud de las consecuencias derivadas de los retos globales a los que nos enfrentamos como sociedad, como son la lucha contra el cambio climático o el logro de un desarrollo sostenible, justo e inclusivo que conju que (sic, entiendo que debería decir conjugue) personas, planeta y prosperidad, sin dejar a nadie atrás.*
En el año 2015, 193 Estados Miembros de las Naciones Unidas, incluida España, firmaron los Objetivos de Desarrollo Sostenible (ODS) y pusieron en marcha la llamada Agenda 2030 para su consecución. Estos compromisos identifican e interpelan directamente también al sector privado como actor clave en la promoción de la transición hacia una economía baja en emisiones, que, al mismo tiempo, tenga presentes objetivos de justicia social y ambiental asociados, como el logro de un trabajo decente y seguro para todas y todos, o la protección de los ecosistemas terrestres y la vida marina. Si queremos alcanzar los objetivos climáticos del Pacto Verde Europeo y los Objetivos de Desarrollo Sostenible, resulta indispensable contar con el sector público, el sector privado y el conjunto de la sociedad española. Solo así podremos resolver los grandes retos sociales, económicos y medioambientes a los que nos enfrentamos como sociedad, y que hemos visto agravados durante la crisis de la COVID-19.
Ahora más que nunca, tras la crisis de la COVID-19, tenemos la oportunidad y la obligación de impulsar una visión transformadora de la economía y del papel de la empresa en España. Los fundamentos para hacerlo ya se han puesto

en marcha. El «Plan de Recuperación, Transformación y Resiliencia: España Puede» con el que España pretende articular la recuperación de la crisis, está alineado con las agendas estratégicas de la UE, la Agenda 2030 y los Objetivos de Desarrollo Sostenible de Naciones Unidas: la transición ecológica, la transformación digital, la igualdad de género y la cohesión social y territorial.

Pero para que dicha recuperación sea justa, efectiva y responsable, es necesario orientar al sector empresarial para que esté genuinamente alineado con la creación de valor para el conjunto de la sociedad y abrace la denominada economía de triple impacto-ambiental, social y económico. Así lo han reconocido foros empresariales como el Business Roundtable o el Foro Económico Mundial que, con su reciente Manifiesto de Davos 2020, reconoce que el propósito de las empresas debe ser colaborar con todos sus grupos de interés en la creación de valor compartido y sostenido. Al crearlo, las empresas no cumplen únicamente con sus accionistas, sino con todo su ecosistema: empleados, clientes, proveedores, comunidades locales y la sociedad en general.

Además, otros países de nuestro entorno como Francia, Italia, Uruguay, Chile, Estados Unidos o Canadá, entre otros, ya reconocen jurídicamente a aquellas empresas que demuestran cumplir con objetivos exigentes a nivel social y ambiental, elevando los estándares laborales, reduciendo al máximo su impacto ambiental y fomentando la transparencia y la rendición de cuentas. Asimismo, la propia Comisión Europea está elaborando una propuesta de directiva sobre Gobernanza empresarial sostenible que, junto con los trabajos de la directiva sobre los planes de diligencia debida, tiene el objetivo de promover la creación de valor sostenible a largo plazo y de alinear mejor los intereses de las empresas, sus accionistas, los gestores, las partes interesadas y la sociedad.

Pues bien, con la presente propuesta de enmienda sobre las «Sociedades de Beneficio e Interés Común» (SBIC), en España se crearía una figura jurídica que identifique legalmente a aquellas sociedades de capital que alcancen los estándares más exigentes en materia social, ambiental, de transparencia y de buen gobierno corporativo. Es decir, empresas con ánimo de lucro que buscan proactivamente generar un impacto positivo en la sociedad, utilizando recursos privados para contribuir a resolver problemas públicos, como refleja el Libro verde de las empresas con propósito; ed. La Cultivada, 2021.

En España, el marco general societario que agrupa a las sociedades mercantiles con ánimo de lucro lo encontramos en el Real Decreto Legislativo 1/2010, de 2 de julio, por el que se aprueba el texto refundido de la Ley de Sociedades de Ca-

Se reconoce la figura de las Sociedades de Beneficio e Interés Común, como aquellas sociedades de capital que, voluntariamente, decidan recoger en sus estatutos:

- *Su compromiso con la generación explícita de impacto positivo a nivel social y medioambiental a través de su actividad.*
- *Su sometimiento a mayores niveles de transparencia y rendición de cuentas en el desempeño de los mencionados objetivos sociales y medioambientales, y la toma en consideración de los grupos de interés relevantes en sus decisiones.*
- *Mediante desarrollo reglamentario se contemplarán los criterios y la metodología de validación de esta nueva figura empresarial, que incluirá una verificación del desempeño de la sociedad, quedando sujetos tanto los criterios como la metodología a estándares de máxima exigencia.*

Este escueto reconocimiento, pendiente de desarrollo reglamentario, deja bastantes incógnitas, empezando por la manera de introducirlo entre nosotros, en un ejemplo de extraña técnica legislativa. Más allá de la opinión que podamos tener sobre la conveniencia de introducirla en nuestro ordenamiento, me parece indiscutible que su entrada entre

---

pital. Si bien, distintas reformas de esta Ley han permitido incorporar elementos ligados a la responsabilidad de estas empresas con el contexto en el que operan, el resultado resulta insuficiente a la hora de reconocer un objeto social vinculado al propósito social o ambiental, lo que genera frustración, inseguridad jurídica y, sobre todo, desincentiva que un mayor número de sociedades incorpore el impacto social y medioambiental en su estrategia de negocio y propósito corporativo. En otras palabras, el marco jurídico limita el potencial beneficio que las empresas con propósito pueden aportar en la consecución de los objetivos e interés comunes (Agenda 2030 y ODS, pero también a los planes de recuperación post-COVID 19).
Este reconocimiento garantizaría la veracidad y el alcance del impacto de estas empresas, que tendrían que elevar sus estándares y demostrar su cumplimiento para adoptar el modelo. Para esto, se propondrá, a través de desarrollo reglamento, la metodología de validación de esta nueva figura empresarial, y que contará con los máximos estándares de transparencia"

nosotros se ha realizado de una manera muy poco elegante, con un redactado en un lenguaje que a mi juicio es manifiestamente mejorable. Claramente inspirada en modelos como el francés de la *Société à Mission* o la italiana *Società Benefit*, además de otros ejemplos que se citan en la enmienda que justifica su adición al Proyecto de Ley (cita además a de Francia e Italia a "Uruguay, Chile, Estados Unidos o Canadá")[13].

Además del lenguaje, que ya de por sí merecería un análisis frase a frase, encuentro sorprendente (muy sorprendente) esa manera de dejarlo todo a un futuro Reglamento, que parece haberse olvidado. De momento «se reconoce» la figura. Aparecen en el horizonte cuestiones diversas sobre denominación, objeto social, ánimo de lucro e incluso responsabilidad de administradores. Enmarcada toda esta cuestión dentro de la discusión actual sobre los principios ESG o sobre el propósito de las compañías, no cabe duda de que la cuestión merecerá que volvamos a dedicarnos a ella en otra ocasión.

---

13 Sobre estas cuestiones, MIQUEL RODRÍGUEZ, J., *Quo vadis, Corp. Gov*. En RDSFin, n. 2, 2021, pp. 95 y ss., RECALDE CASTELLS, A., *Los intereses colectivos en la gestión de sociedades anónimas: RSC, sostenibilidad y objetivos ESG*, blog Almacén de Derecho, 1-4-2022, https://almacendederecho.org/los-intereses-colectivos-en-la-gestion-de-sociedades-anonimas-rsc-sostenibilidad-y-objetivos-esg que sintetiza el desarrollo más extenso, ID., *La inclusión de objetivos públicos en la gestión de las sociedad de capital*, disponible en SSRN: https://ssrn.com/abstract=4072486 y en http://dx.doi.org/10.2139/ssrn.4072486, en la versión que hemos consultado. Se ha publicado también en AAVV (Coord. Martínez Flórez, A. y Bermejo Gutiérrez, N.), Estudios jurídicos en homenaje al profesor Ricardo Alonso Soto, Madrid, 2022.
Específicamente ya en referencia a la regulación de la Ley 18/2022, cfr. GONZÁLEZ SÁNCHEZ, S., *La sociedad de beneficio e interés común en la Ley 18/2022 y su regulación en el Derecho comparado*, en RdS, n.66, 2022 (consultada versión electrónica). PEINADO GRACIA, J.I. *El indeseado efecto político en el derecho de sociedades*, RDM, núm. 332, 2024, pp. 61 a 100.

Bibliografía

AAVV, E*uropean Model Company Act (EMCA), Nordic & European Company Law Working Paper* No. 16-26, disponible en *SSRN*: https://ssrn.com/abstract=2929348, pp. 49 y ss.

AAVV, (Dirs. MIQUEL RODRÍGUEZ J y PÉREZ TROYA, A.), *Derecho de Sociedades Europeo*, Madrid 2019

ALEMÁN LAÍN, P., *Función del valor nominal en las acciones de la sociedad anónima. Una aproximación desde el derecho norteamericano*, Pamplona, 2003.

CABANAS TREJO, R. y RIVAS RUÍZ, A., *La constitución de la sociedad de responsabilidad limitada tras las últimas reformas legales y la reciente doctrina registral: Procedimientos telemáticos y redacción de estatutos*, Barcelona, 2024

FUENTES NAHARRO, M., *La digitalización del derecho de sociedades, La Directiva 2019/1151 y su trasposición al Derecho español*, Pamplona 2023

GALÁN LÓPEZ, C., "La introducción de las acciones sin valor nominal ("no per value shares") en el derecho europeo de sociedades ¿una reforma pendiente o abandonada?,"en AAVV, *La modernización del derecho de sociedades de capital en España: Cuestiones pendientes de reforma*, Vol. 2, pp. 309 y ss.

GONZÁLEZ SÁNCHEZ, S., "La sociedad de beneficio e interés común en la Ley 18/2022 y su regulación en el Derecho comparado", en *RdS*, n.66, 2022 (consultada versión electrónica).

MADRID PARRA, A., "La constitución telemática de sociedades mercantiles: Opciones de política legislativa", en AAVV (coord. MJ PEÑAS MOYANO), *Estudios de Derecho de sociedades y de Derecho concursal: libro en homenaje al profesor Jesús Quijano González*, Valladolid, 2023, pp. 459 y ss.

MIQUEL RODRÍGUEZ, J., *Quo vadis, Corp. Gov.* en *RDSFin*, n. 2, 2021, pp. 95 y ss.,

PATAKYOVÁ, M. y GRAMBLIČKOVÁ, B., "Capital doctrine in the European Union. A lesson to learn from Finland", *The Lawyer Quarterly*, 2016, vol 6, n. 3. pp. 137 y ss., disponible en https://tlq.ilaw.cas.cz/index.php/tlq/article/view/196

PEINADO GRACIA, J.I. *El indeseado efecto político en el derecho de sociedades*, RDM, núm. 332, 2024, pp. 61 a 100.

RECALDE CASTELLS, A., "Los intereses colectivos en la gestión de sociedades anónimas: RSC, sostenibilidad y objetivos ESG", blog *Almacén de Derecho*, 1-4-2022, https://almacendederecho.org/los-intereses-colectivos-en-la-gestion-de-sociedades-anonimas-rsc-sostenibilidad-y-objetivos-esg que sintetiza el desarrollo más extenso,

RECALDE CASTELLS, A., "La inclusión de objetivos públicos en la gestión de las sociedad de capital". disponible en *SSRN*: https://ssrn.com/abstract=4072486 y en http://dx.doi.org/10.2139/ssrn.4072486.

EL CAPITAL SOCIAL Y EL PRECONCURSO COMO TUTELA DE LOS ACREEDORES SOCIALES

Dr. José Machado Plazas
Profesor Titular de Derecho mercantil (acreditado catedrático)
Universidad de Barcelona

SUMARIO: I. LA DISCIPLINA DEL CAPITAL SOCIAL. II. EL CAPITAL SOCIAL EN LA DIRECTIVA 2017/1132. III, DECLIVE DE LA FUNCION DE GARANTIA DEL CAPITAL SOCIAL Y REGLAS DE SOLVENCIA. IV. PRECONCURSO, PROBABILIDAD DE LA INSOLVENCIA Y TUTELA DE LOS ACREEDORES. Bibliografía.

I. LA DISCIPLINA DEL CAPITAL SOCIAL

Los orígenes de la disciplina del capital social, tal como la conocemos hoy, se remontan al sistema de autorización gubernativa francés de principios del siglo XIX. El sistema de autorización previa u octroi se instauró en el art. 37 del *Code de commerce* de 1807, que disponía que únicamente se podían fundar sociedades anónimas con la autorización del gobierno y con la aprobación del acto que las constituía. La Instrucción de 23 de diciembre de 1807, desarrollada por la Circular de 22 de octubre de 1817, relativa a la naturaleza, fin y límites de la intervención gubernamental francesa estableció el procedimiento de autorización en la constitución de sociedades anónimas.

Frente a las dudas de la aplicación de la citada Circular, el ministro Lainé promulgó la Circular de 11 de julio de 1818[1]. Es en esta Circu-

1 Circulaire 11 juillet 1818. Questions proposées et solutions faisant suite a l'instruction du 22 octobre 1817, Recueil des arrets du Ministre de l´ Interieur, 1818, pgs. 197 y ss.

lar donde se aprecia el surgimiento de reglas que más tarde se materializarán en los Códigos de comercio decimonónicos europeos, configurando una disciplina del capital social que tiene como finalidad tutelar a los acreedores sociales y terceros: la determinación de la pérdida grave del capital, la constitución de una reserva legal anual, la prohibición del reparto de dividendo y sus límites ya se localizan en la mencionada Circular. Esta regulación ha de considerarse el origen inmediato de la disciplina del capital social[2].

En virtud del principio de limitación de responsabilidad, en las sociedades de capital, los socios no responden, en términos generales, de las deudas sociales (arts. 1. 2 y 3 LSC). Los patrimonios personales de los socios quedan fuera del ámbito de la acción de los acreedores sociales, salvo que la sociedad se utilice de forma abusiva o con fraude de ley. En ese caso, la jurisprudencia permite el levantamiento del velo o la desestimación de la persona jurídica, pudiendo afectar al patrimonio de los socios[3].

---

2 Sobre dicha regulación histórica me preocupe en mi tesis doctoral, defendida en 1994 y publicada más tarde, v. MACHADO, J., Pérdida del capital social y responsabilidad de los administradores por las deudas sociales, Madrid, 1997, pp. 38 y ss.

3 En relación a la doctrina del velo véase en doctrina, la tesis doctoral de la profesora BOLDÓ, C., *Levantamiento del velo y persona jurídica en el derecho privado español*, Cizur Menor (Navarra), 1997 y de la misma autora, "Veinte años de aplicación de la doctrina del levantamiento del velo por la Sala Primera del Tribunal Supremo", en AA.VV., *Derecho de sociedades. Libro homenaje al profesor Fernando Sánchez Calero*, I, 2002, pp. 25 y ss. Resulta también de gran interés el estudio del profesor EMBID IRUJO, J.M., "Justicia y Seguridad. A propósito del levantamiento del velo de la personalidad jurídica societaria", en *Derecho de los Negocios*, nº 96, 1998, pp. 1 y ss., así como del magistrado GARNICA, J., "El levantamiento del velo de la persona jurídica", en *Estudios de Derecho Judicial*, 70, Madrid, 2005, pp. 77 y ss.

La limitación de la responsabilidad de los socios como rasgo tipológico de la sociedad anónima exigió, desde sus orígenes, la articulación de mecanismos normativos efectivos orientados a excluir una eventual frustración de las expectativas de los acreedores sociales. A dicho fin, se configuró una suerte de garantía legal, que es la finalidad de la disciplina del capital social y la que explica todavía su existencia. Esta constituye un régimen jurídico que persigue una estricta vinculación jurídica de fondos propios aportados a la sociedad (por los socios en el momento de la fundación o en los posteriores aumentos de capital, en la constitución de reservas, o en aportaciones a fondo perdido) en tutela de los acreedores sociales y terceros frente al privilegio de limitación de la responsabilidad de los socios por las deudas sociales.

Dicha regulación o conjunto normativo tiene como fin determinar el *quantum* del patrimonio afecto (patrimonio vinculado), garantizar su conocimiento por terceros, así como su correcta formación inicial y su mantenimiento o conservación efectiva a lo largo de la vida social.

La cifra del capital, que puede ser fijada voluntariamente por los socios con el debido respeto a la fijación de un capital mínimo, está integrada por las aportaciones de los socios y representa la suma de los valores nominales de las acciones en que está dividido el mismo

El capital social desempeña, en un plano estrictamente jurídico, dos funciones básicas en el ámbito de las sociedades de capital: en primer término, la función de garantía y, en segundo lugar, la función organizativa o de ordenación[4].

El capital social en cuanto garantiza un fondo de patrimonio indisponible (patrimonio vinculado) por los socios y administradores, cons-

---

4 Sobre dichas funciones, todavía resultan de gran interés, las sabias consideraciones, vertidas en uno de los mejores estudios sobre el capital social, del maestro PEREZ DE LA CRUZ, A., *La reducción del capital en sociedades anónimas y de responsabilidad limitada*, Zaragoza, 1973, pp. 37 y ss.

tituye una garantía de los acreedores sociales. En ese sentido, frente al privilegio de la responsabilidad limitada del accionista, el acreedor tiene como garantía legal la limitación de la facultad de disposición patrimonial de la sociedad deudora, pues, a diferencia del deudor común, sus fondos disponibles están idealmente reducidos por el contraasiento de ese pasivo ideal del balance que es, precisamente, el capital suscrito, integrado materialmente por las aportaciones de los socios.

Esa función de garantía se materializa, en esencia, en asegurar, en defensa de terceros, y actuando como cifra de retención de valores en el activo, una constante presencia de un neto patrimonial superior al pasivo exigible al menos igual a la cifra del capital [5].

Al igual que sucede en las legislaciones de los Estados miembros, la Directiva 2017/1132 estableció una serie de normas que responden a unos principios que se han ido configurando históricamente para reforzar las dos funciones a las que hemos hecho referencia.

El primero de los principios es el de determinación de una cifra única que permita el desarrollo de su función interna de ordenación y tam-

---

5 En relación a la función de garantía del capital social, la literatura jurídica europea es extraordinariamente amplia. Véase, por todos, la obra colectiva dirigida por LUTTER, M., *Das Kapital der Aktiengesellschaft in Europa*, en ZGR (monografía), 17, Berlin, 2006 (existe una reimpresión de 2011 y una versión en inglés: *Legal capital in Europa*, editorial De Gruyter de 2006). Una reflexión interesante del capital social, en este contexto crítico con la doctrina tradicional del capital social, puede verse en LLEBOT, J.O., "La geometría del capital social", RDM, 1999, pp. 37 y ss. y en ALFARO, J., "La doctrina del capital social: el derecho de sociedades como mecanismo de protección de los acreedores", en *Derecho mercantil*, en Almacén de Derecho, 25 de julio de 2017. Sobre la función de garantía como cifra de retención contable y una valoración general de la disciplina v. el estudio de MARINA GARCÍA-TUÑON, Protección del capital y principios configuradores: una aproximación, Cizur Menor (Navarra), 2015 y la tesis doctoral de SANCHEZ RUS, H., El capital social. Presente y futuro, Cizur Menor (Navarra), 2012.

bién de su función externa de garantía de acreedores o terceros. La cifra de capital ha de estar determinada en los estatutos sociales, que han de expresar su importe y el número de acciones o participaciones en que está dividido y su valor nominal (o, en su caso, valor par contable).

El segundo principio es el de integridad. Según éste, los socios han de suscribir totalmente el capital social por los socios. Ello no significa que en las sociedades anónimas no pueda realizarse un desembolso mínimo y que respecto al desembolso pendiente (los clásicamente denominados "dividendos pasivos") se establezca una normativa para garantizar su realización futura. El principio de desembolso parcial o mínimo es admitido también por la Directiva y está presente en la generalidad de las legislaciones de los Estados miembros de la Unión. Medidas como la prohibición de emisión de acciones sin contrapartida patrimonial o por debajo de su valor nominal (emisión bajo par) responden a este principio de integridad. Precisamente, en respuesta a la imperativa integridad del capital, el legislador estatal y el comunitario disciplinan el régimen de acciones propias (o de autocartera), la adquisición originaria y derivativa de las mismas y la regulación de la asistencia financiera.

El tercer principio está vinculado a la realidad del capital social, entendiendo por ésta, que el capital no es una cifra ficticia, sino que tiene un respaldo patrimonial. En ese sentido, el capital social está integrado por las aportaciones de los socios, siendo nulas las acciones o participaciones que no respondan a una efectiva aportación patrimonial a la sociedad. Al principio de realidad responde, precisamente, el sistema de valoración por expertos independientes de las aportaciones in natura.

Finalmente, el cuarto principio es el de conservación del capital social o de correspondencia mínima entre éste y el patrimonio neto de la sociedad, que está particularmente vinculado a la función externa de garantía del capital nominal. A este principio responde un conjunto de normas, integradas en la disciplina del capital social, que tiene como finalidad mantener, en todo momento, la correspondencia entre el capital y el patrimonio neto de la sociedad. Entre estas normas destacan las que tienen como finalidad asegurar la constante presencia de un neto patrimonial superior al pasivo exigible y, al menos, igual a la cifra del capital suscrito.

A este fin responde la inclusión del capital suscrito como primera partida del pasivo del balance, en la que fijo e invariable, actúa como cifra de retención de valores patrimoniales del activo (fondo patrimonial vinculado), impidiendo la distribución de dividendos cuando el valor del patrimonio neto contable sea inferior a la cuantía del capital suscrito y una vez se hayan cubierto las atenciones previstas en la Ley o en los estatutos (reserva legal, reservas estatutarias, etc).

Además, en fortalecimiento o protección de la cifra de capital, las legislaciones de los Estados miembros obligan a la constitución de una reserva legal obligatoria para la compensación o absorción de pérdidas y prevén la reducción obligatoria del capital por pérdidas para recuperar el equilibrio exigible entre la cifra del capital y el patrimonio disminuido por los resultados negativos del ejercicio social, en cuyo caso se niega a los acreedores sociales el derecho de oposición a la reducción del capital, que sí tienen en los casos de reducción efectiva del capital social, en los que existe devolución de aportaciones.

En el caso de que las pérdidas deterioren gravemente el patrimonio neto de la sociedad, el legislador nacional y comunitario, en aras del principio de conservación del capital, establece el régimen de la pérdida grave del capital, en el que, en protección de accionistas y terceros acreedores, obliga a los administradores, en situación de deterioro grave del patrimonio (así una cuantía del neto patrimonial de menos de la mitad de la cifra del capital), a convocar la Junta general de accionistas para dar a conocer la situación y para que ésta (en atención al modelo legal adoptado) acuerde medidas de saneamiento patrimonial o, en defecto de éstas, disuelva la sociedad, que entra en liquidación societaria.

II. EL CAPITAL SOCIAL EN LA DIRECTIVA 2017/1132

La Directiva 2017/1132 del Parlamento Europeo y del Consejo, de 14 de junio de 2017, sobre determinados aspectos del Derecho de sociedades, procede a la más simple codificación de una serie de Directivas, en aras de la claridad y racionalidad, pero en la materia relativa a la disciplina del capital social no aporta innovación relevante[6]. En realidad, la Directiva opta por una pura codificación de normas sobre algunos aspectos del derecho de sociedades y renuncia al estableci-

---

6 Se trata de las Directivas 82/891/CEE, 89/666/CEE del Consejo y las Directivas 205/56/CEE, 2009/101/CEE, 2011/35/UE y 2012/30/UE. A efectos de la disciplina del capital social tiene particular importancia esta última Directiva de 25 de octubre de 2012 (DO L 315 de 14.11.2012, p. 74), tendente para hacerlas equivalentes, las garantías exigidas en los Estados miembros a las sociedades definidas en el art. 54, párrafo segundo, del Tratado de Funcionamiento de la Unión Europea con el fin de proteger los intereses de los socios y terceros en lo relativo a la constitución de la sociedad anónima, así como al mantenimiento y modificaciones de su capital. Esta Directiva no procede a innovación alguna, sino que acoge el modelo tradicional de capital social, sin permitir a los Estados miembros modelos alternativos al mismo. La segunda Directiva 77/91/CEE del Consejo, de 13 de diciembre de 1976 fue modificada por las Directivas 92/101/CEE del Consejo, 2006/68/CE del Parlamento Europeo y del Consejo, 2006/99/CE del Consejo y la Directiva 2009/109/CE. La disciplina del capital social contemplada en la Directiva 2017/1132 procede de la Directiva 2012/30/UE, de 25 de octubre de 2012, sin que presente innovaciones esenciales. Sobre la directiva 2017/1132, tuve ocasión de hacer un breve estudio en mi trabajo "El capital social (A propósito de la Directiva (UE) 2017/1132, en AA.VV., *Derecho de sociedades europeo*, Cizur Menor (Navarra), 2019, pp. 113 y ss.

miento de una completa regulación de un Derecho de sociedades comunitario. Es más, el legislador comunitario, anclado en la concepción formal del capital social, ha desaprovechado la ocasión de establecer mecanismos alternativos o complementarios a una disciplina tradicional cuya utilidad se ha puesto en cuestión en los últimos años por un amplio sector de la doctrina[7].

III. DECLIVE DE LA FUNCIÓN DE GARANTÍA DEL CAPITAL SOCIAL Y REGLAS DE SOLVENCIA

Precisamente, algunos autores en el continente europeo, a la vista de la peculiaridad del derecho norteamericano, mantienen, desde hace años, que, en realidad, el capital social no cumple, de forma efectiva, una función de garantía de los acreedores sociales y que dicha disciplina podría sustituirse a través de mecanismos alternativos que tutelan de forma más eficiente a los acreedores sociales.

El Informe Winter, como ha destacado un autor español próximo al mismo, manifiesta que "existe un amplio consenso al hecho de que el concepto de capital no es eficaz en el cumplimiento de los objetivos

---

7 Véase sobre este debate el estudio critico de MIOLA, M., "Tutela de los acreedores en las sociedades de capital y técnicas alternativas. El debate entre la tradición europea continental y el punto de vista anglosajón", en La modernización del Derecho de sociedades de capital en España, II, 2011, pgs. 19 y ss. y ENRIQUES, L./MACEY, J., "Raccolta di capitale di rischio e tutela dei creditore: una critica radicale alle regole europee sul capital sociale", Riv. Soc., 1, 2002, pgs. 78 y ss. en doctrina española destacan las reflexiones de la profesora ALONSO, C., "Derecho de sociedades vs. Derecho concursal. ¿Técnicas alternativas o complementarias de protección de acreedores?", en La modernización del Derecho de sociedades, cit., pgs. 67 y ss., esp. las páginas 99 y ss., relativas al futuro del capital social como técnica de protección de acreedores y de GARRIDO, J.M., "Capital social y reglas de solvencia", en Liber amicorum Juan Luis Iglesias Prada, 2014 pp. 519 y ss.cit., esp. pp. 533 y ss.

que el Derecho le asigna"[8]. Básicamente, no existe correspondencia entre el riesgo de empresa y la cuantía del capital social, cifra de retención contable de valores en el activo. No es una cifra proporcionada de riesgo la cuantía del capital mínimo[9].

En realidad, la norma que protege con mayor eficiencia a los acreedores sociales es la de la prohibición de reparto de dividendos. Esta regla aparece prevista en sede de aplicación del resultado, en la Ley de sociedades de capital en su art. 273.2[10] y en el art. 273.3 LSC en el que se prohíbe igualmente toda distribución de beneficios a menos que el importe de las reservas disponibles sea, como mínimo, igual al importe de los gastos de investigación y desarrolle que figuren en el activo del balance.

Existe un importante debate doctrinal sobre la utilidad del capital social y la necesidad de adoptar modelos alternativos. Destaca el Informe Winter, que propone una reforma del régimen legal del modelo de integridad del capital social. En una primera fase, debería modernizarse el régimen actual de la Segunda Directiva, flexibilizándolo y en una segunda fase se propone la discusión o planteamiento de que los Estados miembros pudieran introducir opcionalmente un régimen alternativo que prescindiera de la concepción formal del capital social e incluso de su propia existencia.

---

8 En dichos términos v. GARRIDO, J.M., "Capital social y reglas de solvencia", en *Liber amicorum Juan Luis Iglesias Prada*, cit., pp. 519 y ss.

9 Así GARRIDO, J. M., "Capital social y reglas de solvencia", *cit.*, pp. 531-532.

10 El precepto dispone literalmente que "una vez cubiertas las atenciones previstas por la ley o los estatutos, sólo podrán repartirse dividendos con cargo al beneficio del ejercicio o a reservas de libre disposición, si el valor del patrimonio neto no es o, a consecuencia del reparto, no resulta inferior al capital social. A estos efectos, los beneficios imputados directamente al patrimonio neto no podrán ser objeto de distribución, directa ni indirecta".

Este modelo alternativo descansaría en la introducción del *solvency test* en las legislaciones societarias europeas, en la limitación de la distribución de los dividendos y no solo un *liquidity test* [11].

A nuestro parecer el capital social tan sólo ofrece a los acreedores sociales una garantía de indisponibilidad del patrimonio vinculado a través de su operativa como cifra de retención contable, pero, en modo alguno, destierra el riesgo de insolvencia de la sociedad. Es más, una sociedad puede estar dotada de un patrimonio neto contable muy por encima de la cifra del capital social y no obstante padecer una situación de insolvencia actual, en cuanto sufra una situación de iliquidez que le impide cumplir regularmente con las obligaciones exigibles (art. 2 TRLC). Esta evidencia ha conducido a los autores a defender frente a una suerte inutilidad del capital social para garantizar a los acreedores sociales, la opción de establecer modelos alternativos a la concepción formal del capital social, que están presentes especialmente en la normativa societaria estadounidense[12]. Probablemente la evolución del Derecho de sociedades europeo pasará por mantener la concepción formal del capital social y

---

11 V. MIOLA, M., "Tutela de los acreedores en las sociedades de capital y técnicas alternativas. El debate entre la tradición europea continental y el punto de vista anglosajón", en *La modernización del Derecho de sociedades de capital en España*, II, 2011, pgs. 19 y ss. y ENRIQUES, L./MACEY, J., "Raccolta di capitale di rischio e tutela dei creditore: una critica radicale alle regole europee sul capital sociale, *Riv. Soc.*, 1, 2002, pgs. 78 y ss. Estos instrumentos alternativos se han introducido en la propuesta de Directiva de la SUP (Societas Unius Personae), particularmente el *insolvency test*, sobre la misma nos remitimos a un excelente trabajo de la profesora FUENTES NAHARRO, M., "Aproximación al test de solvencia recogido en la Propuesta de Directiva sobre la *Societas Unius Personae* (SUP), en AA.VV., *Derecho de sociedades y de los mercados financieros. Libro homenaje a la profesora Carmen Alonso Ledesma*, Madrid, 2018, pp. 331-340.

12 Sobre la ausencia de un capital social en el derecho estadounidense, v. MANNING, B./HANKS, J., *Legal capital*, 4 ed, 2013.

completarla con los sistemas alternativos instaurados en algunas legislaciones estadounidenses como el *solvency test* o el *liquidity test*.

Ciertamente, las normas que integran la disciplina del capital, en especial las que aspiran a su conservación e integridad como es el caso de la pérdida grave del capital social pueden ayudar a prevenir una situación de insolvencia (en cuanto obligan a los administradores sociales a convocar la Junta general para superar la causa de disolución por pérdidas saneando la situación patrimonial o, sin más, disolviendo a tiempo la sociedad), en esto consiste la función preconcursal[13], pero no constituyen un mecanismo legal que pueda evitar el advenimiento de la insolvencia de la compañía

Como es sabido, existen, desde hace años, modelos alternativos como el surgido por la reforma del Código de sociedades de California en 1975, que eliminó el concepto de capital social, sustituyéndolo por normas que tenían como finalidad garantizar la liquidez y la solvencia. Algo aproximado es lo que sucede en el ámbito europeo, en el que grupos de expertos en derecho de sociedades proponen sustituir el capital social por reglas de solvencia, test de balance y de liquidez. Estas propuestas han sido rechazadas por un sector autorizado de la doctrina, particularmente alemana, si bien no resulta incierto que existe una corriente de autores, cada vez más mayoritaria, que defienden que la mejor tutela material de los acreedores sociales son las reglas de solvencia que, en el ámbito societario, no cumplirían otra función que la de limitar la distribución de dividendos. Se trata de garantizar que, tras el reparto de dividendos, la sociedad seguirá siendo solvente y, por tanto, podrá cumplir con regularidad con las obligaciones exigibles durante un tiempo razonable[14].

---

13 LUTTER, HOMMELHOFF y TIMM, "Finanzierungsmassnahmen zur Krisenabwehr in der Aktiengesellschaft", en DB, 1980, pp. 737 y ss.

14 Además de las explicaciones de GARRIDO, J. M., "Capital social y reglas de solvencia", cit., pp. 541 y ss., v. también PULGAR, J., "Reparto legal mínimo

El tiempo de solvencia razonable debe garantizarse por los administradores sociales que serían responsables de las previsiones de liquidez injustificadas. En realidad, dicha responsabilidad podría sustentarse en los deberes de diligencia en situaciones próximas o cercanas a la insolvencia, en el sentido como está previsto en el art. 19 de la Directiva 2019/1023. En esa dirección, un reparto de dividendos, o en términos generales, una distribución de resultados a favor de los socios que arrastrase a la sociedad a la insolvencia, implicaría una infracción del deber de diligencia que daría lugar a una responsabilidad societaria por daños, en cuanto se exige que los administradores eviten la insolvencia y no la provoquen, ello al margen de que una distribución de dividendos a los socios podría ser objeto de reintegración concursal en el caso de que la sociedad posteriormente se declarará en concurso de acreedores, e incluso causa de calificación culpable del concurso de acreedores.

IV. PRECONCURSO, PROBABILIDAD DE LA INSOLVENCIA Y TUTELA DE LOS ACREEDORES

Probablemente, la discusión sobre la utilidad del capital social y la función de garantía, que se predica desde hace más de dos siglos, se dirigirá en los próximos años a la constatación de que las normas preconcursales, que actúan en situaciones de preconcurso para evitar la declaración del concurso de acreedores, manteniendo a las empresas viables en el corto y medio plazo, son las que realmente tutelan de forma efectiva y realista a los acreedores sociales.

No hay mayor protección de los acreedores sociales que conseguir, con su consentimiento mayoritario, la continuidad de la actividad em-

---

de dividendos: protección de socios y acreedores (Solvency test), en *RDBB*, 147, 2017, pp. 35 y ss.

presarial viable a través de los denominados planes de reestructuración, que pretenden evitar el concurso de acreedores.

Este nuevo derecho preconcursal, que tiene, en parte, su origen en la deseada armonización de la Directiva 2019/1023, transpuesta al ordenamiento español en la reciente Ley 16/2022[15], no sólo actúa en situación de insolvencia inminente o incluso en insolvencia actual, sino de forma preventiva, en la denominada situación de probabilidad de la insolvencia.

Sin perjuicio que no se puede confundir conceptualmente la situación de insolvencia con el desequilibrio patrimonial (v. art. 363.1 e)), lo cierto es que la situación de probabilidad de insolvencia se sitúa en un preconcurso que tiene presente una situación a dos años vista de incumplimiento regular de obligaciones exigibles (art. 584.2 TRLC[16]). Si bien la nueva regulación afecta a la causa de disolución por pérdidas y a la responsabilidad de los administradores por las deudas sociales, cuya operativa quedaría desactivada, con la puesta en marcha del preconcurso o con la declaración del concurso de acreedores[17].

---

15 Ley 16/2022, de 5 de septiembre, de reforma del Texto Refundido de la Ley concursal (BOE, 6 de septiembre).

16 El precepto dispone que "se considera que existe probabilidad de la insolvencia cuando sea objetivamente previsible que, de no alcanzarse un plan de reestructuración, el deudor no podrá cumplir regularmente sus obligaciones exigibles que venzan en los próximos dos años".

17 La ley 16/2022, de 5 de septiembre, modifica el apartado 1 del art. 365 LSC y añade un nuevo apartado 3 del mencionado artículo: «3. Los administradores no estarán obligados a convocar junta general para que adopte el acuerdo de disolución cuando hubieran solicitado en debida forma la declaración de concurso de la sociedad o comunicado al juzgado competente la existencia de negociaciones con los acreedores para alcanzar un plan de reestructuración del activo, del pasivo o de ambos. La convocatoria de la junta procederá de inmediato en tanto dejen de estar vigentes los efectos de esa comunicación».. También reforma el artículo 367 LSC, relativo a la responsabilidad por las deudas

El nuevo artículo 584.2 del TRLC anticipa, al máximo, la actuación de los administradores para afrontar planes de reestructuración que permitan evitar, en tutela del interés social, del interés de los trabajadores, de los acreedores, y de los intereses públicos, el concurso de acreedores; planes que incluso pueden afectar, además del activo y pasivo de la sociedad, a los fondos propios de la sociedad y que incluso

---

sociales con la siguiente redacción: «Artículo 367. Responsabilidad solidaria por las deudas sociales.1. Los administradores que incumplan la obligación de convocar la junta general en el plazo de dos meses a contar desde el acaecimiento de una causa legal o estatutaria de disolución o, en caso de nombramiento posterior, a contar desde la fecha de la aceptación del cargo, para que adopte, en su caso, el acuerdo de disolución o aquel o aquellos que sean necesarios para la remoción de la causa, así como los que no soliciten la disolución judicial en el plazo de dos meses a contar desde la fecha prevista para la celebración de la junta, cuando esta no se haya constituido, o desde el día de la junta, cuando el acuerdo hubiera sido contrario a la disolución, responderán solidariamente de las obligaciones sociales posteriores al acaecimiento de la causa de disolución o, en caso de nombramiento en esa junta o después de ella, de las obligaciones sociales posteriores a la aceptación del nombramiento.
2. Salvo prueba en contrario, las obligaciones sociales cuyo cumplimiento sea reclamado judicialmente por acreedores legítimos se presumirán de fecha posterior al acaecimiento de la causa de disolución o a la aceptación del nombramiento por el administrador.
3. No obstante el previo acaecimiento de causa legal o estatutaria de disolución, los administradores de la sociedad no serán responsables de las deudas posteriores al acaecimiento de la causa de disolución o, en caso de nombramiento en esa junta o después de ella, de las obligaciones sociales posteriores a la aceptación del nombramiento, si en el plazo de dos meses a contar desde el acaecimiento de la causa de disolución o de la aceptación el nombramiento, hubieran comunicado al juzgado la existencia de negociaciones con los acreedores para alcanzar un plan de reestructuración o hubieran solicitado la declaración de concurso de la sociedad. Si el plan de reestructuración no se alcanzase, el plazo de los dos meses se reanudará desde que la comunicación del inicio de negociaciones deje de producir efectos».

pueden contener cesión de activos o transmisión de unidades productivas e incluso de la totalidad de la empresa (art. 614 TRLC[18]).

Asimismo, como ya hemos indicado, en el caso de que los administradores no afronten los planes de reestructuración, en una actuación pasiva, infringirán el deber de diligencia, y responderán de los daños y perjuicios que cause su omisión por la cual no se ha impedido o evitado el concurso de acreedores[19].

---

18 El art. 614 TRLC considera planes de reestructuración los que tengan por objeto la modificación de la composición, de las condiciones o de la estructura del activo o del pasivo del deudor, sus fondos propios, incluidas las transmisiones de activos, unidades productivas o de la totalidad de la empresa en funcionamiento, asi como cualquier cambio operativo necesario, o una combinación de estos elementos. Sobre la regulación de los planes de reestructuración, v. QUIJANO, J., Reestructuraciones, Derecho de sociedades y Derecho concursal, en I&R, 7, octubre 2022, GARCIMARTIN ALFEREZ, F., "Sobre el nuevo régimen aplicable a los planes de reestructuración (y algunas novedades del libro IV), en I&R, 7, octubre, 2022, PULGAR, J., Financiación interina, nueva financiación y planes de reestructuración, I&R, 7, octubre, 2022. También constituye una biena aportación doctrinal los trabajos contenidos en la obra colectiva La Reestructuración como solución de las empresas viables, Cizur Menor (Navarra), 2022.

19 El artículo 19 de la Directiva 2019/1023 establece el estándar de diligencia exigible a los administradores en situaciones próximas a la insolvencia: "(Obligaciones de los administradores sociales en caso de insolvencia inminente):Los Estados miembros se cerciorarán de que, en caso de insolvencia inminente, los administradores sociales tomen debidamente en cuenta, como mínimo, lo siguiente: a) los intereses de los acreedores, tenedores de participaciones y otros interesados; b) la necesidad de tomar medidas para evitar la insolvencia, y c) la necesidad de evitar una conducta dolosa o gravemente negligente que ponga en peligro la viabilidad de la empresa. Sobre esta concreta diligencia, remito a los trabajos de RECAMAN, E., "Diligencia e interés social en la proximidad de la insolvencia", en Reestructuración y gobierno corporativo en la proximidad de la insolvencia, Madrid, 2020, pp. 203 y ss; EMPARANZA, A., "Los deberes de los administradores sociales en situaciones de proximidad de la insolvencia", en AA., El concurso y la conservación de la empresa, Cizur Menor (Navarra),

Bibliografía

AA.VV. *La Reestructuración como solución de las empresas viables,* Cizur Menor (Navarra), 2022.

ALFARO, J., "La doctrina del capital social: el derecho de sociedades como mecanismo de protección de los acreedores", en *Derecho mercantil*, en Almacén de Derecho, 25 de julio de 2017.

ALONSO, C., "Derecho de sociedades vs. Derecho concursal. ¿Técnicas alternativas o complementarias de protección de acreedores?", en *La modernización del Derecho de sociedades,* pp. 67 y ss

BOLDÓ, C., *Levantamiento del velo y persona jurídica en el derecho privado español*, Cizur Menor (Navarra), 1997.

BOLDÓ, C., "Veinte años de aplicación de la doctrina del levantamiento del velo por la Sala Primera del Tribunal Supremo", en AA.VV., *Derecho de sociedades. Libro homenaje al profesor Fernando Sánchez Calero*, I, 2002, pp. 25 y ss.

EMBID IRUJO, J.M., "Justicia y Seguridad. A propósito del levantamiento del velo de la personalidad jurídica societaria", en *Derecho de los Negocios*, núm. 96, 1998, pp. 1 y ss.

2022, pp. 567 y ss., MOLINA, C., "La responsabilidad de los administradores en los supuestos de insolvencia inminente, en AA.VV., *La reestructuración como solución de las empresas viables*, Cizur Menor (Navarra), 2022, pp. 153 y ss., JACQUET YESTE, T., "los deberes de los administradores en situaciones próximas a la insolvencia: de la maximización del valor de los socios a la maximización del valor de la empresa", en RDCP, 27, 2017, pp. . 469 y ss. GÓMEZ ASENSIO, "Los deberes preconcursales de los administradores sociales", en *RDCP*, 34, 2021, pp. 1 y ss., recientemente destacan los trabajos de SANCHEZ-CALERO GUILARTE, J., "Probabilidad de la insolvencia y deber de diligencia de los administradores ¿existen unos deberes específicos en la proximidad de la insolvencia?, en I&R, marzo 2023, pp. 37 y ss y de RIBAS FERRER, V., "La prevención y gestión del riesgo de insolvencia por los administradores sociales, en I&R, marzo 2023, pp. 57 y ss.

EMPARANZA, A., "Los deberes de los administradores sociales en situaciones de proximidad de la insolvencia", en AA., El concurso y la conservación de la empresa, Cizur Menor (Navarra), 2022, pp. 567 y ss

ENRIQUES, L./MACEY, J., "Raccolta di capitale di rischio e tutela dei creditore: una critica radicale alle regole europee sul capital sociale", *Riv. Soc.,* 1, 2002, pgs. 78 y ss.

FUENTES NAHARRO, M., "Aproximación al test de solvencia recogido en la Propuesta de Directiva sobre la *Societas Unius Personae* (SUP), en AA. VV., *Derecho de sociedades y de los mercados financieros. Libro homenaje a la profesora Carmen Alonso Ledesma,* Madrid, 2018, pp. 331-340.

GARCIMARTIN ALFEREZ, F., "Sobre el nuevo régimen aplicable a los planes de reestructuración (y algunas novedades del libro IV), en I&R, 7, octubre, 2022.

GARNICA, J., "El levantamiento del velo de la persona jurídica", en *Estudios de Derecho Judicial*, núm. 70, Madrid, 2005, pp. 77 y ss.

GARRIDO, J.M., "Capital social y reglas de solvencia", en *Liber amicorum Juan Luis Iglesias Prada*, 2014 pp. 519-550.

GÓMEZ ASENSIO, "Los deberes preconcursales de los administradores sociales", en *RDCP*, 34, 2021, pp. 1 y ss.

JACQUET YESTE, T., "los deberes de los administradores en situaciones próximas a la insolvencia: de la maximización del valor de los socios a la maximización del valor de la empresa", en *RDCP,* 27, 2017, pp. 469 y ss.

LLEBOT, J.O., "La geometría del capital social", RDM, 1999, pp. 37 y ss.

LUTTER, M., *Das Kapital der Aktiengesellschaft in Europa*, en ZGR (monografía), 17, Berlin, 2006.

LUTTER, HOMMELHOFF y TIMM, "Finanzierungsmassnahmen zur Krisenabwehr in der Aktiengesellschaft", en DB, 1980, pp. 737 y ss.

MACHADO, J., *Pérdida del capital social y responsabilidad de los administradores por las deudas sociales, Madrid,* 1997.

MACHADO, J., "El capital social (A propósito de la Directiva (UE) 2017/1132, en AA.VV., *Derecho de sociedades europeo*, Cizur Menor (Navarra), 2019, pp. 113 y ss.

MANNING, B./HANKS, J., *Legal capital*, 4 ed, 2013.

MARINA GARCÍA-TUÑON, *Protección del capital y principios configuradores: una aproximación*, Cizur Menor (Navarra), 2015.

MIOLA, M., "Tutela de los acreedores en las sociedades de capital y técnicas alternativas. El debate entre la tradición europea continental y el punto de vista anglosajón", en *La modernización del Derecho de sociedades de capital en España*, II, 2011, pp. 19 y ss.

MOLINA, C., "La responsabilidad de los administradores en los supuestos de insolvencia inminente, en AA.VV., *La reestructuración como solución de las empresas viables*, Cizur Menor (Navarra), 2022, pp. 153 y ss.,

PEREZ DE LA CRUZ, A., *La reducción del capital en sociedades anónimas y de responsabilidad limitada*, Zaragoza, 1973.

PULGAR, J., "Reparto legal mínimo de dividendos: protección de socios y acreedores (Solvency test), en *RDBB,* 147, 2017, pp.35 y ss.

PULGAR, J., Financiación interina, nueva financiación y planes de reestructuración, *I&R,* 7, octubre, 2022.

QUIJANO, J., Reestructuraciones, Derecho de sociedades y Derecho concursal, en *I&R,* 7, octubre 2022.

RECAMAN, E., "Diligencia e interés social en la proximidad de la insolvencia", en *Reestructuración y gobierno corporativo en la proximidad de la insolvencia*, Madrid, 2020, pp. 203 y ss.

RIBAS FERRER, V., "La prevención y gestión del riesgo de insolvencia por los administradores sociales, en I&R, marzo 2023, pp. 57 y ss.

SANCHEZ-CALERO GUILARTE, J., "Probabilidad de la insolvencia y deber de diligencia de los administradores ¿existen unos deberes específicos en la proximidad de la insolvencia?, en I&R, marzo 2023, pp. 37 y ss

SANCHEZ RUS, H., *El capital social. Presente y futuro*, Cizur Menor (Navarra), 2012.

DIRECTIVA DE MOVILIDAD, CERTIFICACIÓN PREVIA Y CONTROL DE LEGALIDAD. PROBLEMÁTICA DE SU TRASPOSICIÓN EN ESPAÑA POR LA ESTRUCTURA DEL PROCEDIMIENTO REGISTRAL ESPAÑOL

Dr. Ricardo Cabanas Trejo
Notario de Fuenlabrada

SUMARIO: I. OBSERVACIONES GENERALES. II. SITUACIÓN ACTUAL EN ESPAÑA CON LA LEY DE MODIFICACIONES ESTRUCTURALES. III LA DIRECTIVA 2019/2121. IV. REPERCUSIÓN EN NUESTRO DERECHO.

I. OBSERVACIONES GENERALES

La UE ha dado un paso decidido en la senda de favorecer la libertad de movimiento de las empresas con la Directiva 2019/2121, de 27 de diciembre, sobre transformaciones, fusiones y escisiones transfronterizas, también conocida como Directiva de movilidad[1]. De las

---

1 Surge un pequeño problema a la hora de identificar la regulación comunitaria anterior y posterior a la Directiva 2019/2121, pues siempre se trata de la Directiva 2017/1132, de 14 de junio, sobre determinados aspectos del Derecho de Sociedades, tambien conocida como Directiva codificadora –en adelante, DS–, ya que esta incorporó a su capítulo II del título II la regulación de la Fusión Transfronteriza –FT–, derogando la Directiva 2005/56, igual que ahora incorpora la reforma de la Directiva 2019/2121. Por eso, para dejar claro cuándo se trata de una o de otra regulación, en general hablaré de la Directiva 2005/56 cuando se trate del texto de la DS anterior a la Directiva 2019/2121,

tres operaciones que regula, las mayores novedades se refieren a la transformación y a la escisión de sociedades. Destaca especialmente la primera de ellas, pues viene a proporcionar un marco jurídico completo a la operación de traslado del domicilio estatutario dentro de la UE, concebido en realidad como un simple cambio de forma jurídica, con la posibilidad de elegir entre todas las variantes tipológicas que, dentro de la categoría genérica de las sociedades de capital, el derecho nacional de cada uno de los Estados Miembros –EM– pone a disposición de los operadores económicos. En este marco, la FT se presenta como la operación más compleja, ya que involucra, por lo menos, a dos sociedades ya existentes, pero, además, cuenta en su haber con una experiencia práctica suficientemente contrastada gracias a la previa Directiva 2005/56/CE, de 26 de octubre, hace años traspuesta –y aplicada– en todos los EEMM.

Ahora me centro en la FT y en un aspecto muy concreto de su procedimiento, el relativo al control que podríamos llamar preventivo de la regularidad del mismo, aspecto de singular relevancia por la severa limitación prevista para la impugnación posterior de una fusión ya inscrita en el Registro Mercantil –RM–. Tomando como principal referencia la legislación española, examino el sistema que implanta la Directiva 2019/2121 y las dificultades cuya traslación en España puede encontrar.

---

y directamente de la DS para la nueva versión reformada, salvo en aquellos casos en los que me quiera referir a sus considerandos –cdo–, donde lo haré de la Directiva 2019/2121. Algo parecido ocurre con la Fusión Nacional –FN–, pues, por razón de fechas, entonces estaba vigente la tercera Directiva 78/855/CE, de 9 de octubre, derogada en su momento por la Directiva 2011/35/UE, de 5 de abril, y cuyo contenido se recoge ahora en el capítulo I del título I de la DS. Por eso, en ocasiones, para referirme a la situación inmediatamente anterior a la Directiva 2019/2121, tendré que hablar de la Directiva 2005/56 para la FT, aunque realmente se trate de la DS, y solo de esta última cuando aluda al marco comunitario de la FN.

Como antecedente, recordemos que la solución seguida en su momento por la Directiva 2005/56 fue sobre todo conflictual. Aunque armonizaba algunas materias, su principal objetivo era designar la ley nacional aplicable en cada fase de la operación, y en ese sentido la regla general es un estricto criterio de separación. No obstante, hay fases del procedimiento en las que no cabe la aplicación separada de varias leyes, pues se impone un resultado único y común a todas las sociedades. La Directiva 2005/56 tuvo que elegir entonces entre una de las leyes en concurrencia, normalmente la del EM de la resultante.

Ahora bien, en un procedimiento que necesariamente ha de quedar sujeto a control externo, tan importante como señalar la regla material aplicable, es identificar a la autoridad encargada de ese control y, sobre todo, acotar su alcance. Se habla en ese sentido de un control en dos escalones o por tramos separados. El primero de alcance estrictamente nacional circunscrito a la legalidad de la operación para la parte del procedimiento sujeta a cada una de las leyes en concurrencia y a cargo de la autoridad designada por esa misma ley. Sólo aplica la normativa nacional correspondiente y tiene su plasmación en el certificado previo. La segunda fase sería propiamente el control de legalidad, a cargo de una autoridad del EM de la sociedad resultante. Por razón del certificado previo no ha de comprobar la legalidad de la parte del procedimiento que corresponde al otro EM.

Aquí radica la clave que facilita la operación: eximir a la autoridad que interviene en último lugar de controlar buena parte del procedimiento desplegado en otro EM según su legislación propia.

II. SITUACIÓN ACTUAL EN ESPAÑA CON LA LEY DE MODIFICACIONES ESTRUCTURALES.

Según lo dicho, el primer nivel controlador es de alcance estrictamente nacional y para las sociedades existentes, nunca la de nueva creación, y tampoco de forma necesaria a todas ellas, pues cabe eximir a la sociedad resultante, e incluso a una de las sociedades que se extingue, cuando la resultante sea compatriota suya, pues entonces el control es desplegable para ellas en un único nivel final[2]. En el primer nivel el examen queda circunscrito a la legalidad de la fusión para la parte del procedimiento sujeta a cada una de las leyes en concurrencia y corre a cargo de la autoridad designada por esa misma ley. En general es toda la parte relativa al proceso de toma de decisiones sobre la fusión y protección de los socios y de los acreedores, así como los derechos de los trabajadores en materias distintas de la participación, pero de forma completa para esa fase del proceso, sin perjuicio de la posible infiltración de requisitos extraños en documentos de naturaleza común[3].

En España la emisión del certificado corresponde al RM, cometido que cumple a la vista de los datos obrantes en el mismo RM y en

---

2 Ciertamente, es una posibilidad que no resultaba con claridad de la Directiva 2005/56, que parece exigir la certificación previa en todo caso, también para la sociedad resultante, pero se deduce de ella y el legislador español optó por acogerla (art. 65.3 LME).

3 Una aclaración especial es necesaria cuando se trata de menciones que necesariamente comparten en el proyecto común de fusión la sociedad que se extingue y la resultante, pero sujetas a criterios dispares en cada país. Pensemos en la fecha de efectos contables. Como quiera que el RM suele calificar la corrección de esta fecha, la cuestión es con arreglo a qué ley debe hacerse el control en la FT, pues de ser con la ley extranjera el mismo quedaría automáticamente remitido a la autoridad de esa nacionalidad, con la consiguiente abstención del RM español. En mi opinión se trata de una circunstancia que incide en la imagen fiel de las cuentas de la sociedad resultante y, por tanto, su ley gobierna la elección de esa fecha. Nada tiene que ver esta situación con la fecha de eficacia de la fusión, también sometida a los dictados de esa ley, y que podría llevar, en su caso, a la necesidad de formular las cuentas anuales de la sociedad española que se extingue, cuando esa eficacia se demore más allá del plazo previsto en nuestra ley para formularlas, y siempre con independencia de la fecha de efectos contables que la ley extranjera permita aplicar en el proyecto.

la escritura de fusión (art. 64 LME). Por eso, aunque se hable de un certificado previo, en realidad comprende casi todo el proceso, hasta el momento anterior a la ejecución y la plena eficacia por su inscripción en el RM de la resultante, pues se basa en el otorgamiento conjunto de la escritura de fusión, de ahí que se trate de una precedencia temporal bastante relativa, ya que resulta exhaustiva para la sociedad española. En otros ordenamientos la situación puede ser algo distinta, pues no se exige un documento unitario posterior a los acuerdos, suscrito por todas las sociedades. En estos casos sí que el control es previo en el tiempo, al haberse materializado en cada sociedad antes de la realización conjunta, pues esta ya se someterá al control último de legalidad mediante la comprobación de la existencia de todos los acuerdos, aunque sea por separado.

El otorgamiento de la escritura pública de fusión por estar presente una sociedad española matiza un poco esa división en dos fases, que claramente se mantiene en relación con el alcance del control, pero no tanto en el corte temporal, pues al RM español llamado a expedir la certificación previa ya llega el negocio completo, aunque no le incumba la calificación de la FT en su integridad, sino sólo de los aspectos sometidos a ley española, entre los que se halla esa forma documental. Por ello, en la FT este examen es de mayor alcance que el previsto en momento similar para la FN, donde el RM apenas se limita a constatar la ausencia de obstáculos registrales, pero deja el control exhaustivo de los requisitos de procedimiento al RM territorial que finalmente sea competente (Res. de 06/04/2013). Ahora el RM despliega un control completo de toda la parte del procedimiento sujeta a la legislación española, no sólo de los aspectos registrales, aunque sólo para la sociedad de nuestro país. Por otro lado, como la certificación sólo puede ser positiva, frente a la negativa a expedirla cabrán los recursos habituales, pues se trata de una calificación registral en sentido estricto. Por este motivo tampoco hay que hacer demasiado caso de la exigencia de una entrega "*sin demora*" del certificado a la sociedad del art. 64 LME, pues el RM dispondrá del plazo habitual para calificar[4].

Una cuestión que puede resultar problemática es la de la posible limitación temporal de la vigencia de este certificado. La LME nada dice de forma explícita, fuera de recoger en el art. 65.1 LME, referido al control último de legalidad, la misma regla del art. 11.2 Directiva 2005/56 sobre el deber de la sociedad de remitir el certificado a la autoridad competente del RM de la sociedad resultante en el plazo de seis meses a partir de su expedición. Aunque dicho plazo coincide con el de cierre provisional de la nota del art. 231.3 Reglamento del Registro Mercantil –RRM–, ninguna norma nos aclara si el certificado español soporta alguna limitación temporal de vigencia, que entonces debería apreciar el RM de fuera, ni cómo ha de actuar el RM de España cuando la certificación foránea se presenta aquí fuera de ese plazo, y lo sorprendente es que en el espacio europeo tampoco las cosas están muy claras. La Directiva 2005/56 sólo establece el plazo para su remisión y normalmente las legislaciones nacionales se han limitado a incorporarlo a sus ordenamientos en los mismos términos, pero en algún país se entiende que el certificado no tiene límite de vigencia (Bulgaria), mientras que otros limitan expresamente su validez a los seis meses (Chequia)[5].

---

4 La Directiva 2005/56 no precisa las consecuencias en caso de no expedición del certificado, y por eso se considera que es una cuestión remitida a la competencia de cada EM, pero está claro que no podría operar una modalidad de silencio administrativo positivo, pues ante la autoridad del EM de la sociedad resultante se ha de presentar un documento que demuestre de forma concluyente la correcta realización del trámite.

5 Especial interés presenta la situación en Alemania. Como ocurre en la FN, también la FT se inscribe en el RM de la sociedad alemana transmitente, hasta el extremo de que la notificación de esa inscripción ya vale como certificación (*Verschmelzungsbescheinigung*). El tema concreto de la validez temporal del certificado se aborda por la ley alemana desde una doble perspectiva, la de

Respecto del control de legalidad o de segundo nivel, cuando la sociedad resultante esté domiciliada en nuestro país corresponde al RM (art. 65 LME). En este sentido se puede afirmar que la calificación del RM español queda restringida o mermada, pues no se le acredita el Derecho extranjero para su aplicación en el caso concreto, sino que directamente recibe el veredicto favorable de la autoridad del otro EM sobre su correcta aplicación por medio de la certificación previa. El RM habrá de controlar en clave estrictamente nacional todo lo relativo a la constitución de la nueva sociedad o a las modificaciones de la sociedad absorbente, así como la aprobación en los mismos términos del proyecto común por las sociedades que se fusionen. Esto último se verá muy facilitado por el otorgamiento de una escritura de fusión por todas las sociedades en términos necesariamente coincidentes. No obstante, que el RM vea mermada su función calificadora respecto del Derecho extranjero, tampoco significa que sea inexistente, pues subsiste, aunque acotada a un ámbito formal o procedimental, en particular, habrá de verificar que se ha expedido por la autoridad competente en cada

---

Alemania como país emisor del certificado para un RM extranjero por ser alemana la sociedad que se extingue (§ 122k.3 *UmwG*), y la de Alemania como país receptor del certificado extranjero por ser alemana la resultante (§ 122.l.1 *UmwG*). En el primer caso sólo establece el deber del órgano de administración de la sociedad alemana de presentar el certificado y el plan de fusión ante la autoridad competente del otro país, pero el precepto alemán no determina expresamente consecuencia alguna para el hecho de una presentación fuera de ese plazo. Todo dependerá de la decisión de la autoridad extranjera, que muy bien podría aceptar el certificado pasado ese plazo, o rechazarlo, en cuyo caso será necesario solicitar uno nuevo del RM alemán, pero nunca repetir todo el proceso, que ya se ha cerrado válidamente. La situación es muy distinta cuando el RM alemán tiene la última palabra por ser el de la sociedad resultante, pues entonces el § 122.l.1 *UmwG* no se refiere genéricamente al plazo de remisión, sino que limita de forma expresa la vigencia del certificado extranjero a los seis meses desde su expedición. La antigüedad es así un requisito que ha de comprobar el RM alemán y que podría provocar el rechazo de la inscripción.

país y que su contenido satisface la exigencia de la Directiva 2005/56 de ser una demostración concluyente de la correcta realización de los trámites previos.

III. LA DIRECTIVA 2019/2121

En este punto la DS supone un cambio profundo. Esta mutación no afecta a la función del certificado previo de hacer posible un control autóctono de la legalidad nacional por parte de una autoridad del mismo EM, hermético frente a cualquier injerencia de la autoridad extranjera del EM de la sociedad resultante, aunque esta última esté llamada al control de legalidad de todo el proceso. Al contrario, en este punto la DS refuerza la compartimentación inicial de la Directiva 2005/56 al dejar muy claro en el art. 128 que esa última autoridad, "*aceptará el certificado previo a la fusión como prueba concluyente de la correcta cumplimentación de los procedimientos y trámites previos a la fusión aplicables en su Estado miembro respectivo*"[6]. El cambio está en el alcance de ese control, que pasa de un control circunscrito en la práctica a la observancia formal del procedimiento previsto en el EM para la FT, a un control mucho más intenso, a la par que difuso, de orden material.

Corresponde a cada EM la designación del tribunal, el notario u otra autoridad encargada de dicho control, aunque, a la vista del nuevo alcance del control, el art. 127.1 DS añade un muy significativo plural al referirse a las autoridades competentes, idea en la que se extiende el cdo. 34 Directiva 2019/2121: "*designar ... una o varias autoridades competentes para controlar la legalidad de la operación. Los órganos jurisdiccionales, notarios u otras autoridades, una administración tri-*

---

6 Cdo. 45 Directiva 2019/2121, "*las autoridades competentes del estado miembro en el que debe registrarse la sociedad tras la operación transfronteriza no pueden poner en cuestión la información facilitada en el certificado previo a la operación*".

butaria o una autoridad en el ámbito de los servicios financieros pueden ser la autoridad competente. Si existe más de una autoridad competente, la sociedad ha de poder solicitar el certificado previo a la operación a una única autoridad, designada por los Estados miembros, la cual ha de coordinarse con las demás autoridades competentes".

Por otro lado, se pasa a especificar con detalle la documentación necesaria para cumplimentar este trámite. Según el art. 127.2 DS a la solicitud se deberá acompañar, necesariamente:

- el proyecto común de fusión transfronteriza,
- el informe y el dictamen adjunto, si lo hubiera, a que se refiere el art. 124 DS (informe de los administradores), así como el informe a que se refiere el art. 125 (informe pericial), cuando estén disponibles, pues son renunciables[7],
- las observaciones que se hubieran presentado de conformidad con el art. 123.1 por socios, acreedores o trabajadores[8],
- la información sobre la aprobación por la Junta General –JG–.

Hemos de entender que toda la documentación que acompaña al proyecto común es la referida a la sociedad nacional del EM, no a las extranjeras, y así ha de ser, aunque en algún EM, como ocurre en España, acceda al RM un documento común otorgado por las sociedades, como es la escritura pública de fusión.

Se deja al EM en libertad para exigir otra documentación adicional, y de modo enunciativo ("*en particular*") se especifican:

---

7 Hay un error en este punto, pues de dictamen se habla en el art. 125 como una parte del informe pericial en relación a la compensación en efectivo y a la relación de canje, pero no en el art. 124.

8 Las observaciones de los trabajadores al informe de los administradores del art. 124.7 se adjuntan al mismo informe y forman parte de él.

- el número de trabajadores en el momento de la elaboración del proyecto común de fusión transfronteriza,
- la existencia de filiales y su respectiva ubicación geográfica;
- información sobre el cumplimiento de las obligaciones debidas por la sociedad que se fusiona a organismos públicos; esta información se ha de poner en relación con el hecho de que el control para expedir la certificación previa ahora puede también incluir, si así lo decide el EM, verificar el cumplimiento o la garantía de las obligaciones pecuniarias o no pecuniarias debidas a organismos públicos o el cumplimiento de requisitos sectoriales específicos, incluida la garantía de obligaciones derivadas de procedimientos en curso (art. 126.*ter*.3 DS).

No obstante, la autoridad competente del EM podrá requerir dicha información a otras autoridades pertinentes en caso de que no se facilite por la sociedad que se fusiona.

En general para toda la documentación necesaria en cada EM, este habrá de velar porque la presentación se pueda cumplimentar íntegramente en línea, de conformidad con las disposiciones aplicables del título I, capitulo III DS (añade el cdo. 41 Directiva 2019/2121, "*salvo casos excepcionales en los que ello le resulte técnicamente imposible*"). En relación con esto, además de la decisión previa que incumbe a cada EM sobre el alcance de la información necesaria, en España se ha de tener en cuenta que la escritura pública de fusión viene formalizando hasta ahora el concurso de los acuerdos de todas las sociedades sobre el proyecto de fusión y, por ello, los documentos reseñados, o se han de incorporar a la escritura, o acompañan a la misma para su presentación en el RM español (arts. 227, 228 y 230 RRM)[9].

---

[9] Conviene en este punto hacer una breve alusión al papel de la escritura pública en el proceso de FT. Adoptados los acuerdos de fusión, y una vez superados con

éxito los trámites tutelares pertinentes de socios/acreedores, en nuestro Derecho se entra en la fase crítica de ejecución de la fusión, momento identificado con la firma de la escritura de fusión (art. 45.1 LME). Desde la perspectiva del derecho español el otorgamiento en ese instante presupone la conclusión del proceso societario por el intercambio a través de los representantes sociales del consentimiento prestado en las respectivas JJGG, sin que se reduzca a mero presupuesto formal para la inscripción en el RM. Aunque cada sociedad podría elevar a público su respectivo acuerdo de fusión, no se suple con ello el necesario otorgamiento conjunto de la escritura, ya que hasta entonces los acuerdos de las JJGG tienen un alcance puramente interno para cada sociedad, y no constituyen aún una declaración de voluntad recepticia para las demás. Esto no significa que el procedimiento haya concluido en su totalidad, pues todavía falta el trámite fundamental de la inscripción para la plena eficacia de la fusión, pero ya están completadas todas las actuaciones que las sociedades han de llevar a cabo de manera individual o conjunta, y sólo queda presentar el título en los RRMM correspondientes para la práctica de los asientos. Pero en la FT las cosas son mucho más complejas, por la necesidad de acoplar las exigencias propias de la ley española con las de aquellas legislaciones que no reclaman la intervención del notario, la han previsto de otro modo o en momento distinto (en el proyecto de fusión, para el acta de la asamblea, como mera legitimación de las firmas en un documento), o prescinden de toda instancia documental común posterior al proyecto, pues pasan directamente a la solicitud de registro y la acreditación por separado de los acuerdos de cada sociedad. Obviamente, no cabe imponer sin más a los otros sistemas la valoración del nuestro sobre el papel y el significado negocial de la escritura de fusión, y más en concreto de una escritura posterior a todos los acuerdos, de ahí que acuciados por la necesidad de pergeñar una solución común y válida en todos los casos, quizá se deba prestar más atención ahora al aspecto estrictamente procedimental, es decir, a la escritura como medio dispuesto para el acceso de la fusión al RM, en este caso el español. Pero así ha de hacerse, sin desconocer el papel que cumple la escritura en nuestro Derecho para la confluencia de todas las sociedades después de sus respectivos acuerdos. Siendo así, se aplica a todas las sociedades la solución formal prevista por la legislación más rigurosa, como modo de cumplir al final con todas ellas. Puede que la otra legislación considere esta formalidad innecesaria y sin especial valor, pero su sociedad quedará sujeta por el deber de otorgamiento conjunto de la escritura, al ser un trámite que le viene impuesto por razón del

Pero, con ocasión de trasponer esta Directiva, la cuestión fundamental es cómo quedará esa escritura de fusión a la vista, no tanto de la Directiva de movilidad que ahora nos ocupa, como de la Directiva de digitalización, también de próxima trasposición, pues la presentación de la documentación ante la autoridad competente se habrá de poder realizar íntegramente en línea, en los términos de ésta. Habrá que esperar, por tanto, a la forma en que España resuelve la adaptación a la Directiva 2019/1151, de 20 de junio, sobre utilización de herramientas y procesos digitales (Directiva de digitalización), que no se limita a la constitución de la sociedad, pues se extiende a todo el "*ciclo vital*" de la misma, desde el inicio, hasta su futura extinción, incluyendo, por tanto, cualquier posible fusión, en su caso FT[10].

Recordemos que esta Directiva 2019/1151 no entra en cuestiones de Derecho material, pues su objetivo se constriñe a imponer a los EEMM que hagan posible la utilización de procedimientos en línea, sin

---

procedimiento de fusión en la parte que necesariamente está compartida, y por eso sometida a la norma más severa. Adviértase, que no es porque dentro de su ámbito nacional surja un nuevo requisito de forma, sino para permitir que la sociedad española, aunque sea de nueva creación, cumpla en el suyo con un requisito propio, para el cual necesita la colaboración de las demás. Súmese a esto la necesidad de distinguir entre documentación y control, en atención al hecho de que algunos EEMM han designado al notario como autoridad competente para controlar la legalidad de la parte del procedimiento de fusión que les corresponde, intervención que entonces va más allá de la faceta puramente documental, aunque en ocasiones se cumplan simultáneamente. En estos casos el notario extranjero desempeña un papel que en España corresponde al RM.

10 Los procedimientos digitales habrán de aplicarse en todo caso a la SRL española y tipos similares de los demás ordenamientos nacionales, mientras que la SA y otros tipos de sociedades de capital podrán quedar excluidos, si así lo decide el EM mediante disposición legal expresa (*opting out*), quedando en otro caso sujetos a la Directiva (art. 13.*octies*.1). Los EEMM podrán excluir también a las SSRL cuyo capital se suscriba mediante aportaciones no dinerarias (art. 13.*octies*.4.*d)*).

entrometerse en el régimen sustantivo de cada EM. En este sentido, siempre que se asegure aquella posibilidad, los EEMM siguen teniendo amplio margen de maniobra (cdo. 8, "*la presente Directiva no debe obligar a las sociedades a utilizar tales procedimientos. Los Estados miembros deben, no obstante, poder decidir que algunos procedimientos en línea, o todos ellos, sean obligatorios*"). En concreto, deja a salvo la normativa nacional que, con arreglo a los sistemas y tradiciones jurídicos de los EEMM, designen a cualquier persona u organismo habilitado en virtud del Derecho nacional para tratar cualquier aspecto de la constitución en línea de sociedades, el registro en línea de sucursales y la presentación en línea de documentos e información. Además de esa designación, de forma más específica se dejan a salvo los procedimientos y requisitos establecidos en Derecho nacional, incluidos los relativos a los procedimientos jurídicos para el otorgamiento de los instrumentos de constitución, o cualesquiera otros relativos a la presentación ulterior de documentos o creación de sucursales. Respecto de los requisitos en virtud del Derecho nacional aplicable en relación con la autenticidad, exactitud, fiabilidad y credibilidad y la forma jurídica adecuada de los documentos o información que se presenten en el RM, la Directiva invierte los términos y formula como regla que los Derechos nacionales no se verán afectados por ella. El condicionante que siempre se establece en estos casos es que habrá de ser posible la tramitación en línea. Claramente, por tanto, la Directiva deja en manos de cada legislador nacional el diseño general del procedimiento, incluyendo la posible intervención del notario con ocasión del otorgamiento del título inscribible, siempre que se garantice esa tramitación en línea, es decir, sin presencia física, salvo supuestos muy excepcionales, y eso a pesar de intervenir un notario[11].

---

11 Surge la duda de si el mandato de la Directiva sería compatible con la necesidad de que el procedimiento en línea tuviera que seguir necesariamente a cargo del notario, por razón de que la copia autorizada electrónica de la escritura necesa-

La autoridad competente para expedir la certificación habrá de examinar toda la documentación presentada, además de comprobar que se ha iniciado el procedimiento del art. 133 DS en materia de participación de los trabajadores, en el que ahora no voy a entrar. Pero la clave del nuevo sistema está en que habrá de denegar el certificado, "*cuando se determine en cumplimiento del Derecho nacional que una fusión transfronteriza se ha llevado a cabo con fines abusivos o fraudulentos que tengan por efecto u objeto sustraerse al Derecho de la Unión o nacional o eludirlo, o con fines delictivos*". Es una comprobación que va mucho más lejos de lo que ha sido hasta ahora el control propio del RM, pues deberá fundarse en la "*sospecha*" de la autoridad encargada. En concreto, señala el art. 127.9 DS: "*cuando la autoridad competente ... tenga sospechas fundadas de que la fusión transfronteriza se ha llevado a cabo con fines abusivos o fraudulentos que tengan por efecto u objeto sustraerse al Derecho de la Unión o nacional o eludirlo, o con fines delictivos, tendrá en cuenta los hechos y circunstancias pertinentes, tales como, cuando proceda y sin considerarlos de manera aislada, factores indicativos de los cuales haya tenido conocimiento la autoridad competente en el curso del control ... también mediante consulta a las autoridades pertinentes. La valoración a efectos del presente*

---

ria para finalizar con la inscripción, o en este caso la certificación previa, como sucede en España, sólo se puede remitir por el mismo notario a otras autoridades nacionales. Adviértase que esto impide la intervención en el procedimiento en línea de un notario extranjero, aunque existiera equivalencia funcional con un documento similar ante notario español, en los términos del art. 56 de la Ley 29/2015, de 30 de junio, de cooperación jurídica internacional en materia civil. Quizá la alternativa pase por tener que cambiar nuestro concepto de copia autorizada electrónica, en el sentido de hacer posible su entrega al mismo otorgante, acompañada de un código seguro de verificación a fin de permitir la comprobación de su autenticidad accediendo al traslado electrónico en poder del notario. En ese caso el interesado podría seguir por su cuenta con dicha tramitación, y en su caso servirse de un notario extranjero, siempre que sea posible análoga comprobación de la autenticidad de la copia electrónica.

apartado se realizará caso por caso mediante un procedimiento sujeto a Derecho nacional"[12]. En el cdo. 22 de la propuesta de Directiva la evaluación exhaustiva no debía llevarse a cabo de manera sistemática, sino cuando se albergaran dudas fundadas respecto a la existencia de un artificio, mediante un "*examen caso por caso*"[13]. En el texto final,

---

12 Conviene reproducir aquí el cdo. 36, para ver hasta qué punto estamos ante una valoración por indicios, sin duda alguna relevantes, pero indiciaria: "*tener en cuenta, como mínimo, factores indicativos relativos a las características del establecimiento en el Estado miembro en el que la sociedad o las sociedades deben registrarse después de la operación transfronteriza, incluida la intención de la operación, el sector, la inversión, la facturación neta y las pérdidas o ganancias, el número de trabajadores, la composición del balance, la residencia fiscal, los activos y su ubicación, los equipos, los titulares reales de la sociedad, los lugares de trabajo habituales de los trabajadores y de grupos específicos de estos, el lugar en el que deben abonarse las cotizaciones sociales, el número de trabajadores desplazados el año anterior a la operación transfronteriza ... y el número de trabajadores empleados simultáneamente en más de un Estado miembro ... y los riesgos mercantiles asumidos por la sociedad o las sociedades antes y después de la operación transfronteriza. Han de tenerse en cuenta en la evaluación, asimismo, los hechos y circunstancias pertinentes relacionados con los derechos de participación de los trabajadores ... Todos esos elementos deben considerarse únicamente factores indicativos en la evaluación global y, por lo tanto, no pueden examinarse de forma aislada. La autoridad competente puede considerar un indicio de que no existen circunstancias conducentes a abuso o fraude el hecho de que, como resultado de la operación transfronteriza, el centro de administración efectiva o el lugar de actividad económica de la sociedad quede situado en el Estado miembro en el que la sociedad o las sociedades deban registrarse tras la operación transfronteriza*".

13 Realmente, la propuesta de Directiva respecto de la fusión no era muy clara, pues en el texto articulado las referencias al fraude se vinculaban a la posibilidad de exigir la comparecencia en persona ante una autoridad competente para aportar las informaciones y los documentos pertinentes, un poco en la línea seguida en la Directiva 2019/1023 sobre la presencia física. Recordemos que esta Directiva permite, en ocasiones, exigir la presencia física, pero de forma ocasional, con la debida justificación, por eso su cdo. 21 insiste en que nunca debe hacerse sistemáticamente, sino sólo cuando exista una sospecha basada en información de la

la regla es que el certificado previo "*no se expida*" cuando se determinen "*fines abusivos o fraudulentos*", y cuando existan "*sospechas fundadas*" se tendrán en cuenta los hechos y circunstancias pertinentes. Parece, por tanto, que los "*factores indicativos*" del abuso/fraude han de resultar del trámite ordinario, y en ese sentido la autoridad competente siempre se ha de mostrar especialmente atenta para detectarlos, pero solo cuando concurra un indico suficiente podrá acometer otras averiguaciones en mayor profundidad para su confirmación. Para llevar a cabo este control la autoridad competente ha de poder consultar a otras autoridades pertinentes con competencia en los distintos ámbitos afectados por la FT, incluidas las del EM de la sociedad resultante de la fusión, y obtener de dichas autoridades y de la sociedad que se fusiona la información y los documentos necesarios para controlar la legalidad de la FT, dentro del marco procedimental establecido en el Derecho nacional. A los efectos de la valoración, la autoridad competente podrá recurrir a un perito independiente, que podrá nombrar ella misma, "*y no tener ningún vínculo pasado o actual con la sociedad en cuestión que pueda afectar a su independencia*" (cdo. 38 Directiva 2019/2121)[14]. Nada se dice sobre los procedimientos incoados por los socios/acreedores, fuera de la indicación en el cdo. 37 de que los EEMM podrán estipular sus "*posibles consecuencias para la expedición del certificado previo a la operación*".

---

que dispongan las autoridades, personas u organismos habilitados. Mucho más radical era la propuesta respecto de la transformación y la escisión, al tener esa comprobación carácter sistemático, y hasta supeditar a la misma el informe inicial del experto pericial independiente, pretensión finalmente abandonada.

14 Al referirse a la responsabilidad de los peritos independientes, el art. 133.bis DS no es demasiado claro, pues aparentemente solo alude al perito del art. 125, cuando, además, nos encontramos con este otro perito encargado de "*prestar asistencia a la autoridad competente*". Nada se opone, habiendo intervenido previamente aquel perito, a que dicha autoridad le solicite un nuevo dictamen. Se supone que los gastos irán a cargo de la sociedad.

En la cuestión de los plazos, los EEMM velarán porque el control se efectúe en el plazo de tres meses a partir de la fecha de recepción de los documentos y de la información pertinente. No obstante, cuando para valorar el abuso, el fraude o la finalidad delictiva sea necesario tomar en consideración información adicional o realizar actividades de investigación adicionales, podrá ampliarse el plazo por un máximo de tres meses más. Asimismo, si debido a la complejidad del procedimiento no es posible realizar la valoración en esos plazos, los EEMM velarán porque se notifiquen al solicitante los motivos de cualquier retraso antes del vencimiento de los mismos. Finalmente, si el resultado es positivo se expedirá el certificado previo, en caso contrario se informará a la sociedad de los motivos de la decisión y se podrá ofrecer –no es imperativo para el EM– a la sociedad la oportunidad de cumplir las condiciones pertinentes o de cumplimentar los procedimientos y trámites en un plazo adecuado –adicional–.

Aunque nada se dice en el articulado, obviamente, la decisión negativa ha de ser recurrible ante la instancia competente, pero del cdo. 40 Directiva 2019/212 parece desprenderse que, también, ha de ser posible impugnar la decisión favorable a la expedición del certificado previo, se entiende que por otros interesados ("*es preciso que los Estados miembros establezcan garantías procesales en consonancia con los principios generales de acceso a la justicia, incluida la posibilidad de recurrir las decisiones de las autoridades competentes en los procedimientos relativos a las operaciones transfronterizas, la posibilidad de retrasar la fecha en que surta efecto un certificado previo a la operación a fin de permitir que las partes emprendan una acción ante el órgano jurisdiccional competente, y la posibilidad, en su caso, de que les concedan medidas cautelares*"). Expedido el certificado, los EEMM habrán de facilitar que se comparta con las autoridades del EM de la sociedad resultante a través del sistema de interconexión de registros, y que esté disponible a través de dicho sistema. El acceso al certificado previo será gratuito para las autoridades de ese EM (art. 127.bis DS). Por tanto, ya no es la sociedad la encargada de remitirlo.

En cuanto al control final de legalidad, el art. 128 DS mantiene en esencia el esquema anterior de la Directiva 2005/56, pero remacha el deber de la autoridad del EM de la sociedad resultante de aceptar los certificados previos como prueba de la correcta cumplimentación de los procedimientos y trámites seguidos en los otros EEMM, disponiendo que habrá de aprobar la FT tan pronto como haya determinado que se han cumplido todas las condiciones pertinentes, y ajusta la redacción del precepto al caso en que no hubiera habido acuerdo de la JG de la absorbente. No queda claro si entre los requisitos de constitución de la nueva sociedad en dicho EM puede estar que la sede real se encuentre enclavada en el mismo, cuando sea una exigencia de su propia legislación, pues no parece que la STJUE del caso *Polbud* lo excluya[15].

---

15 La Exposición de Motivos de la propuesta de Directiva tenía muy claro al tratar de la transformación que la autoridad competente del EM de destino debía velar porque la sociedad se atuviera a las disposiciones de su legislación nacional, "*por ejemplo, que la empresa cuente con su domicilio real en su territorio*" (p. 6, idea que repite en la p. 11 para la escisión). En cambio, el cdo. 44 D. 2019/2121 finalmente dice una cosa, pero en apariencia también la contraria, al menos respecto de la transformación; y así, empieza afirmando lo siguiente: "*la realización de una transformación transfronteriza conlleva para una sociedad un cambio de forma jurídica, sin perder su personalidad jurídica. Sin embargo, ni una transformación transfronteriza ni una fusión o escisión transfronteriza deben dar lugar a la elusión de los requisitos de constitución en el Estado miembro en el que la sociedad deba registrarse después de tal operación transfronteriza. Las sociedades han de respetar plenamente tales condiciones, incluidos los requisitos de que la sede principal se encuentre en el Estado miembro de destino y los relativos a la inhabilitación de los administradores*". Sin embargo, añade a continuación: "*no obstante, en el caso de las transformaciones transfronterizas, la aplicación de dichas condiciones por el Estado miembro de destino no puede afectar a la continuidad de la personalidad jurídica de la sociedad transformada*". La locución adversativa con la que empieza la segun-

IV. REPERCUSIÓN EN NUESTRO DERECHO

Salta a la vista que el nuevo sistema de la DS se compadece muy mal con el actual procedimiento que se sigue en España ante el RM, pero la cuestión no es que se deban cambiar plazos y, posiblemente, unos mecanismos de impugnación ahora solo previstos para la calificación negativa, el principal escollo está en su falta de idoneidad para valorar situaciones de abuso o de fraude, por no hablar de una pretendida finalidad delictiva. El procedimiento registral habitual, en el que se enmarca la obtención de la certificación previa, aunque propiamente aquí no se pueda hablar todavía de inscripción, está muy acotado al examen de requisitos objetivos fácilmente verificables, no fue diseñado para valorar la intención o los motivos de las partes. El art. 18.2 CCom dispone que "*los Registradores calificarán, bajo su responsabilidad, la legalidad de las formas extrínsecas de los documentos de toda clase, en cuya virtud se solicite la inscripción, así como la capacidad de los que los otorguen y suscriban y la validez de su contenido, por lo que resulte de ellos y de los asientos del Registro*". Ciertamente, como destaca la SAP de Pontevedra [1] de 14 de marzo de 2007, rec. 143/2007 en relación con su equivalente hipotecario, el art. 18 Ley Hipotecaria –LH– atribuye al Registrador una función que va más allá del mero control formal de los documentos, incluyendo en el ámbito de la calificación facultades de control de la legalidad del acto o negocio jurídi-

---

da oración, introduce una corrección o restricción del sentido de la primera, que en nuestro caso parece indicar que, a pesar de no respetar esa condición, el traslado se produce y no puede afectar a la continuidad de la personalidad jurídica de la sociedad, es decir, la autoridad competente no podría denegar la trasformación por este motivo, lo que equivale a dejar en nada dicho requisito, al menos para la constitución de la sociedad, distinto será para otro tipo de consecuencias. En ese sentido, el cdo. 11 Directiva 2005/56 dejaba a salvo el derecho de cada EM a requerir información sobre el lugar donde se encuentre el centro de su efectiva administración o el principal establecimiento de la sociedad resultante.

co que incorpora el documento, pero siempre con el límite de lo que resulte del propio documento y de los asientos del Registro, de forma que las posibles dudas que pudieran existir, deben resolverse a favor de la eficacia registral del título, sin que esa facultad de control autorice al Registrador a entrar en el fondo del negocio jurídico, más allá de lo que de forma incontestable y unívoca resulte del documento y de los asientos. En particular, las simples dudas o conjeturas no constituyen base suficiente para presumir una causa ajena, porque a nadie se le escapa lo difícil que resulta efectuar "*un juicio sobre las intenciones de los contratantes o de lo resbaladizo del terreno de la causa, máxime cuando ello sólo lo hace el registrador a la vista de meros documentos*". Aunque, con un algún momento de vacilación (Res. 07/06/2012), la DGSJFP ha rechazado en ese sentido que el RM, con ocasión de inscribir algún acto o negocio, pueda apreciar situaciones de fraude (Res. de 02/10/2015), y mucho menos tener en cuenta circunstancias que no resulten de los títulos presentados o de los asientos del RM[16]. No

16 Aquí hay que hacer una salvedad con la doctrina de la calificación conjunta, al haberse configurado como un medio indirecto para ampliar los títulos que el RM puede tomar en consideración. En el RM esta no se refiere al mismo tipo de incompatibilidad entre documentos que acontece en el RP, sino a la irrupción de otros que ponen en duda el contenido de los títulos en virtud de los cuales se ha solicitado antes la inscripción, casi siempre presentados por socios disidentes. A finales de los años noventa y principios del actual milenio la DGSJFP quiso ordenar y acotar esa doctrina, sistematizándola a la baja. Sin embargo, una Res. DGSJFP de 05/06/2012 sobre la base de distinguir entre una doctrina tradicional en la que priman los principios de la legalidad y de legitimación, y otra doctrina moderna donde prevalece la simple mecánica registral por el principio de prioridad, optó por recuperar la primera y remitir a la aplicación por el RM "*de las reglas de la sana lógica y de los criterios hermenéuticos habituales*", para detectar esas situaciones de conflicto, aunque el primer título cumpla con todos los requisitos necesarios para ser inscrito (recientemente, v. Ress. de 15/07/2019, de 19/10/2020, de 12/04/2022).

parece, pues, que el procedimiento ordinario ante el RM puede servir por sí solo para cumplir este cometido.

Existe, no obstante, otra opción, que sería enfocar su regulación como un procedimiento semejante a los de jurisdicción voluntaria a cargo del RM, que ahora conoce algunos supuestos donde el RM debe valorar circunstancias de hecho, atendiendo a los argumentos enfrentados de los interesados. Sería el caso, por ejemplo, de los relacionados con la separación de los liquidadores, como el del art. 380 LSC ("*mediante justa causa*") y el del 389 LSC ("*si no existiere justa causa que justifique la dilación*"), o algunos supuestos problemáticos de nombramiento de experto independiente cuando el socio ejercita un derecho de separación cuyo presupuesto es negado por la sociedad, como en el caso del art. 348.*bis* LSC. En estos casos la DGSJFP pone especial interés en destacar que no estamos ante un supuesto típico de calificación, donde la relación se entabla entre el interesado en la inscripción y el mismo RM que la acepta o la rechaza, sino que se trata de una función distinta donde el RM recibe el encargo legal de resolver sobre la procedencia de una determinada actuación (Res. de 22/02/2018). En ejercicio de esa competencia el RM no califica, sino que dicta una resolución de Derecho Administrativo, que está sujeta además a un sistema de recursos distinto (es decir, no se aplica la DA 24ª Ley 24/2001, de 27 de diciembre, en su remisión al título V capítulo IX*bis* sección 5ª LH, y lo mismo el art. 80 RRM). Tampoco cabe la impugnación judicial directa de la decisión del RM, antes hay que agotar la vía administrativa mediante la alzada ante la DGSJFP, que tiene una regulación específica en los arts. 342.2 y 354.3 RRM.

Pero sigue siendo un procedimiento de alcance limitado, circunscrito a los documentos en los que las partes funden sus pretensiones (Res. de 28/03/2019), de modo que todo aquello que no resulte de la documentación presentada queda fuera del procedimiento (Res. de 18/12/2018), sin hacer valoraciones que vayan más allá de la constatación formal de los presupuestos del derecho o facultad que se invoque. Esta restricción se hace especialmente evidente en los casos de invocación de abuso o fraude. Aunque la DGSJFP reconoce que nuestro ordenamiento jurídico no ampara el abuso de derecho o el ejercicio antisocial del mismo, pues el ejercicio de cualquier derecho está condicionado a su utilización de buena fe (art. 7 CC), la doctrina de la DGSJFP en el sentido de que el RM –o ella misma en vía recurso– no puede entrar a valorar la conducta de las partes, ni de la sociedad, es rotunda: "*esta Dirección no puede entrar a determinar si la conduta de la instante incurre o no en mala fe o supone un ejercicio abusivo del derecho. Como resulta de los artículos 363.1 y 351.2 RRM deben aportarse, como base del procedimiento de designación de experto independiente, los documentos que justifiquen su pertinencia. La sociedad por su parte solo puede enervar la designación, aportado al expediente los documentos que acrediten que no procede (art. 354.2 RRM). Quedan en consecuencia fuera del procedimiento cualesquiera otras afirmaciones de parte que tengan por objeto desvirtuar el hecho de que de la documentación presentada resulte el conjunto de requisitos legalmente exigidos para que se declare la procedencia de la designación del experto. Las alegaciones que al respecto puedan llevarse han de ser llevadas a cabo ante la autoridad jurisdiccional competente sin que tengan relevancia en el estrecho ámbito de este expediente limitado tanto por su objeto como por sus medios de prueba*" (entre muchas, Ress. de 28/03/2019, de 21/02/2019, de 28/11/2018, de 06/11/2018, de 26/03/2018, de 13/03/2018). De nuevo, difícil que puede servir para esta misión.

Desde esta perspectiva, parece complicado que el RM puede asumir una competencia controladora tan amplia o, al menos, que lo pueda hacer en exclusiva. No obstante, como el art. 127.1.II DS admite que sean varias las autoridades competentes, quizá la solución pase por una encomienda conjunta, quizá principal al RM, pero con el encargo de coordinarse con otras autoridades, en particular con la administración tributaria, y que estas fueran las encargadas de constatar el posible fraude, incluso de solicitar un posible informe pericial. La cuestión sería, entonces, que se fijen en la norma con claridad unos indicios relevantes que el RM se limite a constatar, para dar inicio entonces a un procedimiento de averiguación más en profundidad, con la implicación –o a cargo– de otras autoridades. En cualquier caso, una profunda alteración del procedimiento registral, tal y como hasta ahora lo hemos conocido.

LA IMPLEMENTACIÓN DE LA DIRECTIVA 2019/1151 DE DIGITALIZACIÓN. PRIMERAS REFLEXIONES SOBRE EL INTERCAMBIO TRANSFRONTERIZO DE INFORMACIÓN DE ADMINISTRADORES INHABILITADOS

Drª. Mónica Fuentes Naharro*
Catedrática (acr.) de Derecho Mercantil
Universidad Complutense de Madrid

I. LA DIRECTIVA DE DIGITALIZACIÓN: ANTECEDENTES Y CONSIDERACIONES GENERALES

El conocido como *Company Law Package* fue publicado por la Comisión Europea el 25 de abril de 2018[1]. Se trataba del resultado

---

* Este trabajo se corresponde con la conferencia impartida en la Jornada que tuvo lugar el día 26 de abril de 2022 en ICADE bajo la dirección del profesor Peinado Gracia y en el marco de la Cátedra Garrigues, que se ha completado con algunas referencias bibliográficas imprescindibles. Aunque se han producido desde entonces innovaciones legislativas (que se han reseñado en el texto) se ha mantenido, en su esencia, el contenido de aquella conferencia. Este trabajo se

final de los trabajos iniciados por la Comisión dentro del *Action Plan* de 2012[2], en los que fue clave el asesoramiento del *Informal Company Law Expert Group* (ICLEG)[3]. La finalidad del *Company Law Package* era crear "*reglas más simples y menos costosas para las sociedades*" en relación con su constitución y la realización de operaciones transfronterizas. Para ello, ofrecía dos Propuestas de modificación de la Directiva 2017/1132 (UE) (en adelante, también referida como la "Directiva consolidada de derecho de sociedades")[4]. La primera de ellas planteaba la "digitalización" del derecho de sociedades (Propuesta núm. 2018/0113 sobre utilización de herramientas y procesos digitales en el ámbito del derecho de sociedades)[5], imponiendo a los Estados miembros la obligación de incorporar herramientas que permitan un procedimiento de constitución y registro íntegramente electrónico o

---

ha realizado en el marco del Proyecto de investigación PID-2019-104019-R, titulado: "Gobierno corporativo: desafíos regulatorios ante la digitalización del derecho de sociedades" (PID-2019-104019RB-I00), financiado por MCIN/AEI /10.13039/501100011033). Un trabajo más profundo sobre esta misma cuestión se ha publicado en el Libro Homenaje al Profesor Quijano.

1 https://ec.europa.eu/info/publications/company-law-package_en.

2 Plan de acción: Derecho de sociedades europeo y gobierno corporativo – un marco jurídico moderno para una mayor participación de los accionistas y la viabilidad de las empresas, COM (2012) 740 final.

3 En el contexto de este Plan de acción, la Comisión lanzó una convocatoria de expertos en derecho de sociedades, que se denominó *Informal Company Law Expert Group* (ICLEG) y asesoró a la Comisión en la elaboración del *Company Law Package* (*http://ec.europa.eu/transparency/regexpert/index.cfm?do=groupDetail.groupDetail&groupID=3036*). Sus componentes son: John Armour, Gintautas Bartakus, Blanaid Clarke, Pierre-Henri Conac, Harm-Jam de Kluiver, Holger Fleischer, Mónica Fuentes, Jesper L. Hansen, Vanessa Knapp, Marco Lamandini, Arkadiusz Radwan, Christoph Teichmann, Robbert van Het Kaar, Martin Winner.

4 Directiva 2017/1132, del Parlamento y el Consejo de 14 de junio de 2017 sobre ciertos aspectos de derecho de sociedades (codificación) (2017) OJ L 169/46.

5 https://eur-lex.europa.eu/legal-content/EN/TXT/?uri=COM%3A2018%3A239%3AFIN

telemático de nuevas sociedades y sucursales. La segunda Propuesta (núm. 2018/0114 sobre transformaciones, fusiones y escisiones transfronterizas)[6] abordaba tres operaciones de movilidad transfronteriza: (1) las denominadas *conversions* o transformaciones transfronterizas (si se quiere, volviendo a su clásica denominación, traslado internacional –europeo en este caso– de domicilio social), (2) las fusiones y (3) las escisiones transfronterizas. Con ella se pretendía la reforma puntual de la regulación ya existente de las fusiones transfronterizas y, muy especialmente, la incorporación de un nuevo y completo régimen de transformaciones y escisiones con ese mismo carácter transfronterizo[7].

La primera Propuesta fue aprobada finalmente como Directiva 2019/1151 del Parlamento Europeo y del Consejo, de 20 de junio de 2019, por la que se modifica la Directiva 2017/1132 en lo que respecta a la utilización de herramientas y procesos digitales en el ámbito del Derecho de sociedades[8] (en adelante, también referida como la "Directiva de digitalización" o "DDig"). Su transposición reclamaba incorporar a nuestro derecho de sociedades de capital importantes modificaciones antes del 1 de agosto de 2022, fecha en la que vence la prórroga de un año otorgada a los derechos nacionales para su implementación (cfr. art. 2.1 DDig) a la que numerosos países, entre ellos España, se han acogido. Quedan no obstante a salvo de ese plazo dos relevantes aspectos de

---

6 https://eur-lex.europa.eu/legal-content/EN/TXT/HTML/?uri=COM:2018:241:FIN&from=EN

7 Esta última fue aprobada como Directiva 2019/2121, del Parlamento Europeo y del Consejo de 27 de noviembre de 2019, por la que se modifica la Directiva 2017/1132 en lo que atañe a las transformaciones, fusiones y escisiones transfronterizas, pendiente de transposición en nuestro país.

8 BOE de 11 de julio de 2019 (https://www.boe.es/doue/2019/186/L00080-00104.pdf). Puede verse una referencia extensa al contenido de la Directiva (UE) 2017/1132 en FUENTES NAHARRO, M., "La digitalización del derecho de sociedades: de la SUP al company law package", *AAMN*, 2019, p. 677 y ss.

la Directiva que cuentan con otro año adicional para su implementación (así, el 1 de agosto de 2023): por un lado, parte de la digitalización del denominado "ciclo vital" de la sociedad; por otro lado, el régimen relativo al intercambio de información transfronteriza a través de los Registros mercantiles de los Estados miembros sobre la inhabilitación de los administradores, aspecto en el que nos centraremos.

Aunque, como decíamos, muchos Estados miembros –entre ellos España– se han acogido al plazo de prórroga referido, algunos países no se acogieron a ella. Ese fue el caso de Bélgica, primer ordenamiento –cuando menos por nosotros conocido– donde entró en vigor la correspondiente Ley de implementación[9]; tampoco ha sido el caso de Italia, que implementó la Directiva a través del Decreto legislativo 183/2021, de 8 de noviembre, de *Recepimento della direttiva (UE) 2019/1151 del Parlamento europeo e del Consiglio, del 20 giugno 2019, recante modifica della direttiva (UE) 2017/1132 per quanto concerne l'uso di strumenti e processi digitali nel diritto societari*, cuya entrada en vigor tuvo lugar el 14 de diciembre de 2021. Algo particular también en el contexto europeo es el caso del ordenamiento alemán que, a pesar de tener con anterioridad al 1 de agosto de 2022 una ley ya redactada y aprobada (*Gesetz zur Umsetzung der Digitalisierungsrichtlinie*, de 5 de julio de 2021, "DiRUG"), ha preferido posponer su entrada en vigor a la fecha límite de la prórroga otorgada, esto es, hasta el 1 de agosto de 2022[10]. Este apla-

9 Ley de 12 de julio de 2021, de implementación de la Directiva 2019/1151, publicada en el Boletín Oficial belga el 15 de julio de 2021, en cuya virtud se modifica el Código de sociedades belga.

10 Algunos aspectos de la propia DiRUG se han modificado por la denominada "DiREG" (*Entwurf eines Gesetzes zur Ergänzung der Regelungen zur Umsetzung der Digitalisierungsrichtlinie und zur Änderung weiterer Vorschriften*), de julio de 2022 (disponible en: https://www.bgbl.de/xaver/bgbl/start.xav?startbk=-Bundesanzeiger_BGBl&jumpTo=bgbl122s1146.pdf#__bgbl__%2F%2F*%-5B%40attr_id%3D%27bgbl122s1146.pdf%27%5D__1663493310970), si

zamiento se ha debido a la voluntad del legislador alemán de proporcionar tiempo de transición suficiente a sus notarios para adaptarse al nuevo sistema de constitución íntegramente electrónica o telemática. Por su parte, aunque cuando esta conferencia se impartió, España contaba sólo con un Anteproyecto de Ley por el que se transponía al ordenamiento jurídico español la Directiva de digitalización, en la fecha de corrección de pruebas de este trabajo contamos ya con una Ley de trasposición (así nos referiremos generalmente a ella, puesto que la Ley 11/2023 de 8 de mayo, es ómnibus[11])[12].

La Directiva de digitalización se construye en torno a los siguientes cuatro grandes elementos caracterizadores:

1. El primer elemento es la imposición del procedimiento íntegra o puramente electrónico para constituir sociedades de capital. Este procedimiento, que ya hemos estudiado en otro lugar[13], es el núcleo esencial de la Directiva y en él se centra el núcleo de las proyectadas reformas del

---

bien, por el carácter de este trabajo y la temática en que se centra, no haremos referencia a ella.

11 De hecho, en su virtud se traspusieron diversas Directivas de la Unión Europea en materia de accesibilidad de determinados productos y servicios, migración de personas altamente cualificadas, tributaria y digitalización de actuaciones notariales y registrales; y por la que se modifica la Ley 12/2011, de 27 de mayo, sobre responsabilidad civil por daños nucleares o producidos por materiales radiactivos

12 Ese Anteproyecto, cuando se publicó, formaba parte entonces del también Anteproyecto de Ley de eficiencia digital del servicio de justicia (disponible en: https://www.mjusticia.gob.es/es/AreaTematica/ActividadLegislativa/Documents/APLEficienciaDigitalAudPubeinformes_actual.pdf), que luego, se ha tramitado de forma separada como Proyecto de Ley de Eficiencia Digital.

13 FUENTES NAHARRO, M., "La digitalización del derecho de sociedades: de la SUP al company law package", cit., p. 677 y ss; y más recientemente, haciendo una primera aproximación al Anteproyecto: "La Directiva 2019/1151, de herramientas y procesos digitales y la constitución integrante telemática de sociedades de capital", *Derecho de Sociedades, Concursal y de los Mercados Financieros. Libro homenaje al profesor Adolfo Sequeira Martín*, (coords. Ca-

Reglamento del Registro Mercantil ("RRM") y de la Ley de Sociedades de Capital ("LSC") incorporadas en el Anteproyecto de Ley.

2. El segundo elemento que caracteriza la Directiva es la extensión de ese procedimiento íntegramente electrónico al denominado "ciclo vital" de todas las sociedades de capital (cfr. art. 13 *undecies* sobre "Presentación en línea de documentos y de información societarios"). En su virtud se impone a los Estados miembros la obligación de velar porque los documentos e información a que se refiere el artículo 14 de la Directiva 2017/1132, incluida cualquier modificación posterior, puedan "*completarse íntegramente en línea*" ante el Registro Mercantil en el plazo previsto por el Derecho del Estado miembro en el que esté registrada la sociedad (art. 13 *undecies*.1 DDig). El significado de esa expresión –"*completarse íntegramente en línea*"– es también el de excluir la necesidad de que los solicitantes comparezcan en persona ante cualquier autoridad del Estado miembro. De ahí que la Directiva se refiera constantemente a lo largo de su texto, en plural, a "*los procedimientos en línea*". Con ello alude, en definitiva, a soluciones íntegramente electrónicas para presentar la documentación e información necesaria en el Registro Mercantil a lo largo de todo el ciclo de vida de la sociedad. Ello, sin embargo, no excluye que se sigan empleando las tradicionales formas de presentación (en papel, por ejemplo; cfr. art. 13 *undecies*.5 DDig).

Como ya indicábamos, el artículo 2.2 ("Transposición") de la Directiva observa un plazo mayor para la implementación de algunos aspectos de su régimen, concretamente "*...en lo que atañe al artículo 13 decies y al artículo 13 undecies, apartado 2, de la Directiva (UE) 2017/1132, y a lo dispuesto en el artículo 1, punto 6, de la presente Directiva, en lo que atañe al artículo 16, apartado 6, de la Directiva*

ñabate, Freire, García, Muñoz, Sacristán y Vargas), Sepin, Madrid, 2022, p. 89 y ss.

(UE) 2017/1132, a más tardar el 1 de agosto de 2023". Ello significa que la Directiva otorga un plazo más amplio (hasta el 1 de agosto de 2023) para implementar lo dispuesto (i) sobre el régimen de información transfronteriza de inhabilitación de administradores (art. 13 *decies* DDig) y (ii) sobre la presentación electrónica de los documentos e información societaria referidos en el artículo 14 de la Directiva 2017/1132 (esto es, de los principales actos que afectan al ciclo vital de la sociedad) y a que estos documentos puedan, tanto en cuanto respecta a su origen como integridad, verificarse electrónicamente (exigencia contenida en el art. 13 *undecies*. 2 DDig).

Probablemente, a este plazo más amplio se deba la parca atención que la doctrina ha dedicado a la cuestión que hoy nos ocupa[14] y que la Ley 11/2023 transpone –de forma no del todo acertada, como más adelante se explicará– añadiendo un apartado tercero al artículo 213 LSC. Por otro lado, el Real Decreto 442/2023, de 13 de junio, ha incorporado en los nuevos artículos 308 *quinquies* ("Información societaria europea") y 308 *sexties* ("Información sobre sucursales europeas") del RRM, las menciones imprescindibles al intercambio de información sobre estas inhabilitaciones. A todo ello nos referiremos más adelante, a propósito del análisis que hagamos del régimen contenido en la Directiva de digitalización[15].

---

14 Hasta donde conocemos, sólo la profesora Boquera ha dedicado atención a esta específica cuestión: v. BOQUERA MATARREDONA, J., "Intercambio europeo sobre administradores sociales inhabilitados", *La Ley Mercantil*, núm. 76, enero 2021 (disponible en www.smarteca.es).

15 La Ley de transposición modifica el artículo 213 LSC, mediante la introducción de un apartado 3º que dice: "*A los efectos de lo dispuesto en este artículo, podrá tomarse en consideración cualquier inhabilitación o información pertinente a efectos de inhabilitación vigente en otro Estado miembro de la Unión Europea*". A fin de que pueda cumplirse con lo dispuesto en este precepto tal y como está proyectado, y para cumplir con las exigencias que la Directiva de digitalización impone a los derechos nacionales (poder proporcionar esa información sobre

3. En tercer lugar, los procedimientos íntegramente en línea se extienden, *mutatis mutandis*, a las sucursales[16] (tanto a su registro como a la documentación e informaciones que deban presentar, lo que incluye también en el régimen de información sobre administradores inhabilitados). De ello se ocupan los artículos 28 *bis*, *ter*, *quater* y 30 *bis* de la Directiva, en los que se prevé que también sea posible abrir y registrar una sucursal en otro Estado miembro de manera íntegramente electrónica, para lo cual, se utilizaría el Sistema Interconexión Registros Mercantiles ("SIRM", más conocido como "BRIS", sus siglas en inglés, que en adelante emplearemos). Además, obliga a los Estados miembros a informarse mutuamente, a través del BRIS, sobre los cierres de sucursales y sobre las modificaciones de razón social o de domicilio social (tratando de aplicar, en definitiva, el principio de "solo una vez" en un contexto transfronterizo). También el Real Decreto 442/2023 recoge este régimen en los nuevos artículos 308 *bis* a 308 *sexties* del RRM.

4. En cuarto y último lugar, la Directiva afecta a la publicidad registral y a su coste. Son varias –e importantes– las reformas que se introducen en el sistema de publicidad legal y de funcionamiento de nuestros Registros mercantiles y que atienden al referido principio de "solo una vez" del que la Directiva hace gala y que implica que los empresarios no tengan que reiterar la presentación ante ninguna administración pública de una misma información (Considerando 28)[17].

---

la inhabilitación de los administradores a cualquier otro Estado miembro), será imprescindible que nuestro Registro mercantil aglutine y haga disponible a través del SIRM esa información.

16 En relación con este tema, puede consultarse: DE VIVERO DE PORRAS, C., "El registro en línea de sucursales: a propósito del Anteproyecto de Ley de Medidas de Eficiencia Digital de 2021", *La Ley Mercantil*, núm. 89, marzo 2022 (disponible en www.smarteca.es).

17 "*Con el fin de reducir los costes y la carga administrativa y la duración de los procedimientos para las sociedades, los Estados miembros deben aplicar en materia de Derecho de sociedades el principio de «solo una vez», que, como demuestran,*

En primer lugar, se modifica de forma sustancial el actual artículo 16 ("Publicidad en el registro") y se inserta un artículo 16 *bis* ("Acceso a la información publicada"). El artículo 16 impone en su nuevo texto a los Estados miembros la obligación de velar:

(i) "porque se asigne a las sociedades un identificador único europeo ("EIUD") que permita identificarlas inequívocamente en las comunicaciones entre los Registros a través del BRIS" (a ello responde el nuevo artículo 94 bis del RRM[18]);

---

por ejemplo, el Reglamento (UE) 2018/1724, el Plan de Acción de la Comisión sobre Administración Electrónica o la Declaración de Tallin sobre la administración electrónica, está asentado en la Unión. La aplicación del principio de «solo una vez» implica que las sociedades no tengan que presentar la misma información a la administración pública más de una vez. Por ejemplo, las sociedades no deben presentar la misma información al registro nacional y al boletín nacional. En su lugar, el registro debe suministrar la información ya presentada directamente al boletín nacional. Del mismo modo, cuando una sociedad se constituya en un Estado miembro y quiera registrar una sucursal en otro Estado miembro, debe poder utilizar los documentos o la información previamente presentados en un registro. Además, cuando una sociedad se constituya en un Estado miembro, pero tenga una sucursal en otro Estado miembro, debe poder presentar determinados cambios de su información societaria solo ante el registro en el que esté registrada, sin necesidad de presentar la misma información ante el registro en el que esté registrada la sucursal. En su lugar, datos tales como la modificación de la denominación o del domicilio social de la sociedad deben intercambiarse electrónicamente entre el registro en que esté registrada la sociedad y el registro en que esté registrada la sucursal a través del sistema de interconexión de registros".

18 El artículo 94 bis RRM tiene la siguiente redacción: "*Se asignará a las sociedades de capital y a las sucursales de sociedades de otros Estados miembros un identificador único europeo ("EUID"), que permita identificarlas inequívocamente en las comunicaciones entre los registros a través del sistema de interconexión de registros mercantiles. Dicho identificador único europeo se compone de prefijo del país (ES); código del Registro Mercantil seguido de un punto; identificador único de sociedad o sucursal y, en su caso, un dígito de verificación que permita evitar errores de identificación*".

(ii) y porque el Registro convierta a formato electrónico todos los documentos e información que se presenten en papel "en el plazo más breve posible".

En segundo lugar, la nueva Directiva en su artículo 16 también prevé que los registros mercantiles de los Estados miembros puedan –si así lo decide el legislador nacional– dar publicidad a los documentos e informaciones del artículo 14 de la Directiva 2017/1132 a través de "*una plataforma electrónica central*". Dice el artículo 16 en su nuevo apartado tercero que "*los Estados miembros podrán exigir también que algunos o todos los documentos e información* –refiriéndose a los del artículo 14– *se publiquen en el boletín nacional designado a tal efecto, o por medios igualmente efectivos*". Y esos medios "igualmente efectivos" hacen referencia a un sistema de publicidad que permita acceder a los documentos e información publicada que, necesariamente, sea accesible para el público a través de la plataforma electrónica central, tal y como apunta a continuación la norma: "*Dichos medios* [igualmente efectivos] *implicarán, al menos, el uso de un sistema mediante el cual se pueda acceder a los documentos y la información publicada por orden cronológico a través de una plataforma electrónica central*".

Así, la publicidad en cualquiera de ambos soportes (boletín o sistema que proporcione la información a través de la plataforma electrónica central) produciría efectos jurídicos (oponibilidad). Ello significa que la Directiva otorga a cada Estado miembro la posibilidad de que, al incorporar la plataforma electrónica central, disponga que la publicación en el BORME (en el caso de España) deje de ser necesaria a efectos de oponibilidad y que la publicidad registral produzca efectos desde que sea accesible para el público a través de esa plataforma (ello constituiría un "medio igualmente efectivo" que sustituiría al BORME).

La publicidad de esa información societaria en el Registro y su acceso (accesibilidad) a través de la plataforma electrónica central (denominada en la Ley de trasposición "plataforma central europea") gracias al identificador único europeo ("EUID") de cada sociedad, se halla prevista en los nuevos artículos 17 del Código de comercio y 308 *quinquies* y ss. del RRM. Sin embargo, no parece que la Ley de trasposición otorgue efectos de oponibilidad a la *sola* publicación de los documentos e información societaria del artículo 14 de la Directiva 2017/1132 en esa plataforma; dicho de otro modo: no parece que prescinda de la necesaria publicación en el BORME.

Por último, como decíamos, también el coste de la publicidad registral se ha visto modificado (abaratándose) o, incluso en ocasiones, se ha hecho gratuito. Por un lado, se ha incorporado el principio del "coste administrativo" como referencia del precio máximo que el Registro Mercantil puede cobrar por emitir una copia de la documentación e información mencionada en el artículo 14 de la Directiva 2017/1132 (ya sea en papel o en formato electrónico), si bien ese coste administrativo incluirá el coste de desarrollo y mantenimiento de los registros (art. 16 *bis*.2, 13 *quinquies* y 19.1 DDig). Dichas copias, además, tendrán –salvo que el solicitante renuncie a ello– el carácter de certificadas (art. 16 *bis*.3 DDig). Por otro lado, se ha incrementado la información accesible de forma gratuita a través del BRIS, que pasará a incluir, entre otros datos, la identidad de las personas facultadas para representar a la sociedad frente a terceros como órgano o como miembro del órgano de administración [art. 19. 2º, g)]. Estas cuestiones también han quedado recogidas en el nuevo apartado 5 del artículo 17 del Código de comercio[19].

---

19 El nuevo apartado 5 del artículo 17 del C. de c. dice: *"El Registro Mercantil asegurará la interconexión con la plataforma central europea en la forma que se determine por las normas de la Unión Europea y las normas reglamentarias que las desarrollen. El intercambio de información a través del sistema facilitará de interconexión facilitará gratuitamente información sobre las indicaciones referentes a: a) La denominación y forma jurídica de la sociedad, su domicilio*

II. NOMBRAMIENTO E INFORMACIÓN TRANSFRONTERIZA SOBRE INHABILITACIONES DE ADMINISTRADORES: PLANTEAMIENTO DE LA PROBLEMÁTICA Y ANTECEDENTES DE DERECHO EUROPEO

En el mercado único no es raro que haya personas que, habiendo sido inhabilitadas como administradores en un Estado miembro, sean designadas como tales en una sociedad en otro Estado miembro aprovechando la circunstancia de que aquella inhabilitación carece de efectos transfronterizos. De esta problemática se había hecho eco la Comisión Europea hace ya casi una década, cuando trató de sacar adelante el que puede considerarse como texto predecesor de la Directiva que ahora analizamos: la Propuesta de Directiva sobre la Sociedad Unipersonal de Responsabilidad Limitada, conocida como *Societas Unius Personae* o "SUP" (en adelante, "Propuesta de Directiva SUP")[20]. Ya entonces la

---

social, el Estado miembro en el que estuviera registrada, su número de registro y su Identificador Único Europeo (EUID). b) Detalles del sitio web de la sociedad, cuando consten en el Registro. c) Estado de la sociedad, como si ha sido cerrada, suprimida del Registro, disuelta, liquidada o está económicamente activa o inactiva. d) Objeto de la sociedad. e) Datos de las personas que, como órgano o como miembros de tal órgano, estén actualmente autorizadas por la sociedad para representarla en las relaciones con terceros y en los procedimientos jurídicos, y si las personas autorizadas a representar a la sociedad pueden hacerlo por sí solas o deben actuar conjuntamente. f) Información sobre cualquier sucursal de la sociedad en otro Estado miembro, que incluya la denominación, el número de registro EUID y el Estado miembro en que esté registrada la sucursal. El Registro Mercantil facilitará igualmente de manera gratuita información sobre las indicaciones antes señaladas, bien de manera directa o bien redirigiendo al interesado a la plataforma central europea".

20 Propuesta de Directiva del Parlamento Europeo y del Consejo relativa a las sociedades unipersonales de responsabilidad limitada" que había elaborado la Comisión Europea (COM 2014/212 final, de 9 de abril de 2014, disponible en: https://ec.europa.eu/transparency/regdoc/rep/1/2014/ES/1-2014-212-ES-F1-1.Pdf). Este texto inicial de 9 de abril de 2014 fue aprobado pos-

Comisión incorporó a aquel texto la idea de dotar de "efectos transfronterizos" a la inhabilitación de los administradores en un Estado miembro. Y es que la Propuesta de Directiva SUP, tanto en este aspecto como en otros[21], ya contenía (casi) todas las líneas esenciales de política jurídica que han informado el régimen de la Directiva de digitalización.

1. Antecedentes: la Propuesta de Directiva SUP

Como decíamos, la previsión de un régimen de información transfronteriza (y sus eventuales efectos) sobre administradores inhabi-

---

teriormente como "orientación general" por el Consejo de Competitividad, el 28 de mayo de 2015 (Doc. 9050/15 DRS 41 CODEC 751, de 29 de mayo de 2015, disponible en: http://data.consilium.europa.eu/doc/document/ST-9050-2015-INIT/es/pdf). Sobre ambos textos, son referencia los trabajos de ESTEBAN VELASCO, G., "La propuesta de Directiva sobre la "Societas Unius Personae" (SUP): las cuestiones más polémicas", en *El Notario del siglo XXI*, marzo-abril 2015 (nº 60), p. 148 y ss. (http://www.elnotario.es); y más recientemente: "La Propuesta de Directiva sobre la "Societas Unius Personae" (SUP): El nuevo Texto del Consejo de 28 de mayo de 2015", en *AAMN*, 2015, p. 105 y ss. También de imprescindible consulta: VIERA GONZÁLEZ, J./TEICHMANN, C., (dirs.) *Private companies in Europe. The societas unius personae (SUP) and recent developments in the EU Member States,* Cizur Menor, 2016; VELASCO SAN PEDRO, L., "De la *Societas Privata Europaea* a la *Societas Unius Personae* en las Propuestas Europeas", *Cuadernos de Derecho Transnacional,* vol. 9, nº 1, 2017, p. 327 y ss; GALÁN LÓPEZ, C., "La informatización de las sociedades: la constitución de la "societas unius personae" y la problemática que suscita", (coord. Fernández/Arias/Martínez) *Derecho de sociedades y derecho de los mercados financieros: libro homenaje a Carmen Alonso Ledesma,* 2018, p. 341 y ss.

21 Con algo más de detalle sobre esta cuestión pueden verse nuestros trabajos ya referidos: "La digitalización del derecho de sociedades: de la SUP al company law package", cit., p. 677 y ss.; y "La Directiva 2019/1151, de herramientas y procesos digitales y la constitución integrante telemática de sociedades de capital", cit., p. 89 y ss.

litados no es una iniciativa estrictamente original de la Directiva de digitalización. Se trata ésta de una cuestión que viene preocupando al legislador europeo desde hace prácticamente una década[22]. Así, el texto de la Propuesta de Directiva SUP (en su versión aprobada por el Consejo) ya exigía al fundador o a su representante, para el entonces previsto "registro en línea" de aquella sociedad, que se facilitasen a las autoridades encargadas del registro (cfr. art. 13.2), entre otras cuestiones: "*d) información que indique si los administradores y, en su caso, los miembros del órgano de vigilancia, han sido inhabilitados por ley o resolución judicial o administrativa del Estado miembro de registro o de cualquier otro Estado miembro para actuar como administradores o miembros de un órgano de vigilancia*". A partir de esa información, la Propuesta iba más allá, dotando de efectos transfronterizos a aquellas inhabilitaciones: disponía que no podrían ocupar el cargo de administrador (ni, en su caso, ser miembro del consejo de vigilancia) las personas físicas que "*hayan sido excluidas por ley o resolución judicial o administrativa del Estado miembro de registro*" (art. 22.4)[23].

---

22 Téngase en cuenta que la Propuesta de Directiva SUP se presentó por la Comisión en 2014 (COM 2014/212 final, de 9 de abril de 2014,) y el texto del Consejo en 2015 (Doc. 9050/15 DRS 41 CODEC 751, de 29 de mayo de 2015).

23 En el texto inicial de la Propuesta presentada por la Comisión, se iba más allá y permitía al Estado miembro, incluso, negar la inscripción de la sociedad: "*un Estado miembro podrá denegar, como cuestión de orden público, el registro de una sociedad si un administrador es objeto de una exclusión en vigor en otro Estado miembro*" (art. 22.6). Parecía excesiva, como ya apuntó nuestra doctrina (G. Esteban Velasco) la opción de que un Estado miembro pudiera denegar la inscripción de una sociedad por esa circunstancia. En el texto de la Propuesta del Consejo, con mejor criterio, se permitía que un Estado miembro pudiera negarse a aceptar que una persona ejerza como administrador o miembro de un órgano de vigilancia, en caso de que haya sido inhabilitada por ley o resolución judicial o administrativa aún vigente en otro Estado miembro (art. 22.4). Así: ESTEBAN VELASCO, G., "La Propuesta de Directiva sobre la "Societas Unius Personae" (SUP): El nuevo Texto del Consejo de 28 de mayo de 2015", cit., p. 105 y ss.

2. De la Propuesta de la Comisión a la directiva de digitalización

2.1. Antecedentes y fines de política jurídica

En la Propuesta de Directiva de digitalización, de 25 de abril de 2018 (2018/0113 COD) planteada por la Comisión, el artículo 13 *nonies* era el dedicado a los "Administradores inhabilitados" [24]. En ella ya se apuntaban los elementos esenciales del régimen proyectado[25]: ofrecer un marco jurídico para que la información relativa a los administradores inhabilitados pueda ser compartida (cfr. art. 13 *nonies.* 1 y 2 de la Propuesta de DDig)[26] y, en su caso, si el derecho nacional así lo decidía, denegar el nombramiento, dotando así de efectos transfronterizos a la

---

24 https://eur-lex.europa.eu/resource.html?uri=cellar:063411b2-4935-11e8-be1d-01aa75ed71a1.0022.02/DOC_1&format=PDF

25 En la parte del documento dedicada a "Explicación detallada de las disposiciones específicas de la propuesta" se decía lo siguiente: "*El artículo 13 nonies ofrece un marco jurídico para que un Estado miembro solicite a los demás Estados miembros información relativa a los administradores inhabilitados. Se permite a los Estados miembros comprobar con otros Estados miembros si una persona registrada en calidad de administrador de una sociedad está inhabilitada para el ejercicio de esa función en otro Estado miembro sobre la base del Derecho nacional de dicho Estado miembro. La disposición obliga a los demás Estados miembros a facilitar esta información previa solicitud. Los Estados miembros podrán denegar el nombramiento como administrador de una sociedad o sucursal de una persona que esté inhabilitada para el ejercicio de esa función en otro Estado miembro*".

26 "*1. Cuando los Estados miembros establezcan normas relativas a la inhabilitación de los administradores a que se refiere el artículo 13 septies, apartado 4, letra d), el registro en el que la sociedad esté registrada podrá, a través del sistema de interconexión de registros a que se refiere el artículo 22, solicitar la confirmación por los registros de los demás Estados miembros de la inhabilitación de la persona que vaya a ser nombrada administrador de una sociedad para el ejercicio de esa función en esos otros Estados miembros. A efectos del presente artículo, se entenderá por administrador toda persona a la que se refiere el artículo 14, letra d)*".

inhabilitación dictada en otro Estado miembro (cfr. art. 13 *nonies*.3 de la Propuesta de DDig)[27].

El texto de la Directiva finalmente aprobado profundiza en la explicación de los fines que persigue el régimen de información transfronteriza sobre inhabilitaciones que ahora se contiene en el artículo 13 *decies*. Son varios los Considerandos en los que se hace referencia a esos fines, esencialmente tuitivos del tráfico mercantil: así, por ejemplo, los Considerandos 14[28] y 16[29]; si bien, los más explicativos son los Considerandos 23 y 24, donde se advierte que este régimen pretende "*garantizar la protección de todas las personas que interactúan con las sociedades*" (cfr. Considerando 23) y "*con las sucursales*" (cfr. Considerando 24), y que para ello concede a los Estados la facultad

---

27 "*3. Los Estados miembros podrán denegar el nombramiento de una persona como administrador de una sociedad cuando esa persona se encuentre inhabilitada para el ejercicio de la función de administrador en otro Estado miembro*".

28 "*Asimismo, los Estados miembros deben ayudar a quienes deseen constituir una sociedad o registrar una sucursal proporcionándoles determinada información a través de la pasarela digital única [la que en el Anteproyecto de ley de denomina "plataforma central europea"] y, en su caso, en el Portal Europeo de e-Justicia, de forma clara, concisa y de fácil utilización sobre los procedimientos y los requisitos para la constitución de las sociedades de capital, el registro de sucursales y la presentación de documentos e información, las normas relativas a la inhabilitación de administradores y una descripción de las competencias y las responsabilidades de los órganos de administración, gestión y control de las sociedades*".

29 "*No obstante, en caso de que surjan dudas sobre el cumplimiento de las formalidades necesarias, incluso sobre la identidad de un solicitante, la legalidad de la denominación de la sociedad, la inhabilitación de un administrador o el cumplimiento de requisitos jurídicos por parte de cualquier otra información o documento, o en casos de sospecha de fraude o abuso, la constitución en línea puede durar más tiempo y el plazo para las autoridades no debe iniciarse hasta que se hayan cumplido dichas formalidades. En cualquier caso, cuando no sea posible completar el procedimiento dentro de plazo, los Estados miembros deben velar por que se notifiquen al solicitante los motivos de cualquier retraso*".

de prevenir comportamientos fraudulentos o abusivos, "*denegando el nombramiento como administrador de una sociedad*" o "*de una sucursal*" (Cfr. Considerando 24) de personas que hayan sido inhabilitadas en otro Estado miembro.

No obstante, el artículo 13 *decies,* como a continuación veremos, aunque continuista de la línea marcada por su precedente, va más allá en muchos aspectos que antes el artículo 13 *nonies* de la Propuesta no apuntaba (o lo hacía sin la suficiente precisión), desarrollando notablemente aquel primer régimen e incorporando algunas normas imperativas que avanzan (aunque sea, mínimamente, como se verá) en la armonización de los derechos nacionales sobre esta cuestión.

2.2. *El régimen sobre administradores inhabilitados. Consideraciones generales*

Como decíamos, la Directiva de digitalización incorpora al artículo 13 *decies* un régimen que, sustancialmente, sigue la línea de su predecesor (información transfronteriza sobre inhabilitaciones y facultad de los Estados miembros de extender sus efectos), pero desarrollándolo y, en algunos relevantes aspectos, apartándose del texto inicial de la Comisión. Basta observar uno y otro texto en el siguiente cuadro comparativo para ver que las diferencias son notables:

Artículo 13 *nonies* de la Propuesta de la Comisión	Artículo 13 *decies* de la Directiva de digitalización
1. Cuando los Estados miembros establezcan normas relativas a la inhabilitación de los administradores a que se refiere el artículo 13 septies, apartado 4, letra d), el registro en el que la sociedad esté registrada podrá, a través del sistema de interconexión de registros a que se refiere el artículo 22, solicitar la confirmación por los registros de los demás Estados miembros de la inhabilitación de la persona que vaya a ser nombrada administrador de una sociedad para el ejercicio de esa función en esos otros Estados miembros. A efectos del presente artículo, se entenderá por administrador toda persona a la que se refiere el artículo 14, letra d).	1. Los Estados miembros se asegurarán de que disponen de normas sobre inhabilitación de administradores. Esas normas incluirán la posibilidad de tener en cuenta cualquier inhabilitación vigente, o información pertinente a efectos de inhabilitación, en otro Estado miembro. A efectos del presente artículo, se entenderá que los administradores incluyen, al menos, a las personas a las que se refiere el artículo 14, letra d), inciso i).
2. Los Estados miembros adoptarán las disposiciones necesarias para garantizar que sus registros estén en condiciones de proporcionar, a través del sistema a que se refiere el artículo 22, la información mencionada en el apartado 1 del presente artículo y el período de inhabilitación en vigor. Esta información se facilitará a efectos del registro y los Estados miembros también podrán indicar los motivos de la inhabilitación.	*2. Los Estados miembros podrán exigir que las personas que soliciten convertirse en administradores declaren si tienen conocimiento de circunstancias que pudieran dar lugar a la inhabilitación en el Estado miembro de que se trate. Los Estados miembros podrán denegar el nombramiento de una persona como administrador de una sociedad cuando esa persona se encuentre inhabilitada para el ejercicio de la función de administrador en otro Estado miembro.*
3. Los Estados miembros podrán denegar el nombramiento de una persona como administrador de una sociedad cuando esa persona	*3. Los Estados miembros garantizarán que están en condiciones de responder a una solicitud de otro Estado miembro de información pertinente a efectos de*

se encuentre inhabilitada para el ejercicio de la función de administrador en otro Estado miembro.	*inhabilitación de administradores con arreglo al Derecho del Estado miembro que responda a la solicitud*
4. Los apartados 1, 2 y 3 se aplicarán mutatis mutandis a los casos en que una sociedad presente la información sobre el nombramiento de un nuevo administrador ante el registro a que se refiere el artículo 16".	*4. Para responder a una solicitud según lo contemplado en el apartado 3 del presente artículo, los Estados miembros adoptarán al menos las disposiciones necesarias para garantizar que están en condiciones de facilitar sin demora información sobre si una determinada persona está inhabilitada o está registrada en cualquiera de sus registros que contienen información pertinente a efectos de inhabilitación de administradores, a través del sistema a que se refiere el artículo 22. Los Estados miembros también podrán intercambiar información adicional, por ejemplo, sobre el período y los motivos de la inhabilitación. Ese intercambio se regirá por el Derecho nacional.*
	5. La Comisión establecerá las modalidades y los detalles técnicos para el intercambio de la información contemplada en el apartado 4 del presente artículo mediante los actos de ejecución a que se refiere el artículo 24.
	6. Los apartados 1 a 5 del presente artículo serán de aplicación mutatis mutandis cuando una sociedad presente información sobre el nombramiento de un nuevo administrador ante el registro a que se refiere el artículo 16.

	7. Los datos personales de las personas a que se refiere el presente artículo serán tratados de conformidad con el Reglamento (UE) 2016/679 y el Derecho nacional a fin de permitir que la autoridad o la persona u organismo habilitado en virtud del Derecho nacional evalúe la información necesaria relativa a la inhabilitación de una persona como administrador con el fin de prevenir comportamientos fraudulentos u otros comportamientos abusivos y de garantizar la protección de todas las personas que interactúen con sociedades o sucursales de sociedades. Los Estados miembros velarán por que los registros a que se refiere el artículo 16, las autoridades o personas u organismos habilitados en virtud del Derecho nacional para tratar cualquier aspecto de los procedimientos en línea no almacenen los datos personales transmitidos a efectos del presente artículo por más tiempo del necesario y, en cualquier caso, no por más tiempo que durante el que se almacene cualquier dato personal relacionado con la constitución de una sociedad, el registro de una sucursal o la presentación de documentos por una sociedad o una sucursal".

Sin perjuicio del análisis más detallado que haremos luego, a partir de la simple lectura de este cuadro se pueden identificar –sintéticamente– con cierta facilidad cuáles son las novedades más relevantes en el régimen finalmente aprobado.

En el primer apartado del artículo 13 *decies* DDig se han incorporado diversas cuestiones con extraordinaria relevancia material o de fondo. En primer lugar, mientras el artículo de la Propuesta solamente preveía el intercambio de información transfronteriza para el caso de que el Estado miembro ya tuviera un régimen de inhabilitación de administradores ("*Cuando los Estados miembros establezcan normas relativas a la inhabilitación de los administradores ...* "), ahora, la Directiva incluye un mandato dirigido a todos los legisladores nacionales de incorporar a sus respectivos ordenamientos –caso de que no dispusiesen de ellas– normas sobre inhabilitación de los administradores ("*Los Estados miembros se asegurarán de que disponen de normas sobre inhabilitación de administradores*"). Ello, como luego veremos, representa un paso hacia una mínima armonización de los ordenamientos de los distintos Estados miembros. En segundo lugar, el apartado primero del precepto incluye a continuación un –críptico–texto que dice: "*Esas normas incluirán la posibilidad de tener en cuenta cualquier inhabilitación vigente, o información pertinente a efectos de inhabilitación, en otro Estado miembro*". Se trata de una redacción ciertamente oscura, en tanto introduce un mandato ("*esas normas incluirán*") seguido de una facultad ("*la posibilidad de tener en cuenta cualquier inhabilitación vigente o información pertinente a efectos de inhabilitación, en otro Estado miembro*"). En otro sitio hemos profundizado sobre esta cuestión, que, a nuestro juicio, ha dado lugar a una incorrecta redacción del nuevo apartado tercero del artículo 213 LSC[30]. Finalmente, la última frase del primer apartado mantiene la redacción original del Propuesta y se limita a remitirse al concepto de administrador contenido en el artículo 14 de la Directiva 2017/1132.

El segundo apartado del artículo 13 *decies* DDig dispone que los derechos nacionales "*podrán exigir que las personas que soliciten convertirse en administradores declaren si tienen conocimiento de circuns-*

---

30 V. Capítulo 3 de nuestro trabajo monográfico: *La digitalización del derecho de sociedades. La Directiva 2019/1151 y su trasposición al Derecho español*, Aranzadi, 2023.

tancias que pudieran dar lugar a la inhabilitación en el Estado miembro de que se trate". Resulta fácil apreciar que este apartado incorpora una importante novedad: permite a los Estados miembros que así lo decidan –puesto que se trata de una norma facultativa– exigir a los administradores lo que podríamos calificar de "declaración de habilitación". A continuación, este mismo apartado reproduce la facultad –ya contenida en términos idénticos en el apartado 3 del artículo 13 *nonies* de la Propuesta– que se otorga a cada Estado miembro de aplicar dentro de sus fronteras la inhabilitación impuesta por otro Estado.

El tercer apartado del artículo 13 *decies* DDig, aunque recoge en lo sustantivo el texto de la Propuesta, lo hace con mayor claridad y detalle, introduciendo algún importante matiz. Mientras el primer apartado del artículo 13 *nonies* de la Propuesta sólo hacía alusión al mecanismo de transmisión –el BRIS– y al contenido de la información que debía compartirse (el hecho mismo de la inhabilitación y el período en que esta estuviese en vigor), ahora, el nuevo apartado tercero elimina la referencia –antes imperativa– de tener que compartir el período de vigencia de la inhabilitación y, con mejor técnica jurídica, precisa que sólo se obliga al Estado miembro a compartir información sobre inhabilitaciones que lo sean en su derecho nacional ("...*garantizarán que están en condiciones de responder a una solicitud de otro Estado miembro de información pertinente a efectos de inhabilitación de administradores con arreglo al Derecho del Estado miembro que responda a la solicitud*").

El cuarto apartado del artículo 13 *decies* DDig también es novedoso y complementa o desarrolla el mandato del apartado tercero, obligando a los Estados miembros a estar "*en condiciones*" de poder compartir "*sin demora*" a través del sistema BRIS (lo que hace mediante una remisión al art. 22 DDig) información sobre el hecho de que una determinada persona esté o no inhabilitada en el Estado miembro requerido. A esa información, como se verá, se la califica de "*perti-*

nente" y es la única información obligatoria que la Directiva impone a los Estados miembros. Luego, en ese mismo apartado se habilita a los Estados –medida facultativa, por tanto– para compartir información "*adicional*", poniéndose como ejemplo "*el período y los motivos de la inhabilitación*".

El apartado quinto del artículo 13 *decies* DDig se refiere a los actos de ejecución que la Comisión deberá adoptar para completar –sobre todo en su vertiente técnica– el sistema de intercambio de información sobre administradores inhabilitados. A ello responde el Reglamento de Ejecución (UE) 2020/2244 de la Comisión, de 17 de diciembre de 2020, por el que se establecen disposiciones de aplicación de la Directiva (UE) 2017/1132 del Parlamento Europeo y del Consejo en lo que respecta a las especificaciones y los procedimientos técnicos necesarios para el sistema de interconexión de registros, y por el que se deroga el Reglamento de Ejecución (UE) 2015/884 de la Comisión (en adelante, el "Reglamento de Ejecución 2020/2244"). Este Reglamento resulta imprescindible, como se verá, para entender correctamente tanto el ámbito subjetivo como objetivo de aplicación de los deberes de información impuestos por la Directiva.

A continuación, el apartado sexto del artículo 13 *decies* DDig reproduce el antiguo apartado cuarto de la Propuesta y prevé que se aplique, *mutatis mutandis*, el régimen que acabamos de referir (en los apartados 1 a 5) a la información que presente una sociedad al Registro Mercantil sobre el nombramiento de administradores a que se refiere el artículo 16 (como se sabe, rubricado "Publicidad en el registro").

Por último, el apartado séptimo del artículo 13 *decies* DDig también es novedoso. Incorpora una serie de cautelas vinculadas a la protección de los datos personales de los administradores, exigiendo que las autoridades correspondientes no almacenen los datos personales transmitidos "*por más tiempo del necesario y, en cualquier caso, no por más tiempo que durante el que se almacene cualquier dato personal relacionado con la constitución de una sociedad, el registro de una sucursal o la presentación de documentos por una sociedad o una sucursal*".

Bibliografía

BOQUERA MATARREDONA, J., "Intercambio europeo sobre administradores sociales inhabilitados", *La Ley Mercantil,* núm. 76, enero 2021.

DE VIVERO DE PORRAS, C., "El registro en línea de sucursales: a propósito del Anteproyecto de Ley de Medidas de Eficiencia Digital de 2021", *La Ley Mercantil,* núm. 89, marzo 2022.

ESTEBAN VELASCO, G., "La propuesta de Directiva sobre la "Societas Unius Personae" (SUP): las cuestiones más polémicas", en *El Notario del siglo XXI*, marzo-abril 2015 (núm. 60), p. 148 y ss. (http://www.elnotario.es);

– "La Propuesta de Directiva sobre la "Societas Unius Personae" (SUP): El nuevo Texto del Consejo de 28 de mayo de 2015", en *AAMN*, 2015, p. 105 y ss.

FUENTES NAHARRO, M., "La digitalización del derecho de sociedades: de la SUP al company law package", *AAMN*, 2019, pp. 677 y ss.

– "La digitalización del derecho de sociedades: de la SUP al company law package", cit., p. 677 y ss.

– "La Directiva 2019/1151, de herramientas y procesos digitales y la constitución integrante telemática de sociedades de capital", *Derecho de Sociedades, Concursal y de los Mercados Financieros. Libro homenaje al profesor Adolfo Sequeira Martín*, (coords. Cañabate, Freire, García, Muñoz, Sacristán y Vargas), Sepin, Madrid, 2022, pp. 89 y ss.

– *La digitalización del derecho de sociedades. La Directiva 2019/1151 y su trasposición al Derecho español,* Aranzadi, 2023.

GALÁN LÓPEZ, C., "La informatización de las sociedades: la constitución de la "Societas Unius Personae" y la problemática que suscita", (coord.

Fernández/Arias/Martínez) *Derecho de sociedades y derecho de los mercados financieros: libro homenaje a Carmen Alonso Ledesma, Iustel,* 2018, pp. 341 y ss.

VELASCO SAN PEDRO, L., "De la *Societas Privata Europaea* a la *Societas Unius Personae* en las Propuestas Europeas", *Cuadernos de Derecho Transnacional,* vol. 9, núm. 1, 2017, pp. 327 y ss.

VIERA GONZÁLEZ, J./TEICHMANN, C., (dirs.) *Private companies in Europe. The societas unius personae (SUP) and recent developments in the EU Member States,* Cizur Menor, 2016.

EL REGISTRO MERCANTIL: DE LA CONSTITUCIÓN DE SOCIEDADES A LA TRANSFERENCIA INTERNACIONAL DE DATOS*

DR. ÁNGEL MARINA GARCÍA-TUÑÓN
Catedrático de Derecho Mercantil
Universidad de Valladolid

SUMARIO: I. INTRODUCCIÓN. II. EL REGISTRO MERCANTIL COMO INSTRUMENTO DE PUBLICIDAD LEGAL: CONSIDERACIONES GENERALES. III. SOBRE EL REGISTRO MERCANTIL Y LA CONSTITUCION DE SOCIEDADES. 1. Antecedentes y propuestas en el marco de la Unión Europea. 2. La propuesta de trasposición de la Directiva 2019/1151 elaborada por Comisión General de Codificación. 3. Propuestas contenidas en el AP de Ley de medidas de eficiencia digital del servicio público de justicia (trasposición de la directiva 2019/1151). IV. REFLEXION FINAL. Bibliografía.

I. INTRODUCCIÓN

El ejercicio de actividades económicas, en tanto generador de un riesgo susceptible de afectar a una diversidad de personas e intereses, exige contar con diferentes instrumentos que posibiliten suministrar información, destinada, sino a eliminarlo, sí al menos a permitir su evaluación, su trascendencia, cuando no su reducción. Desde el punto de vista de la materialización del poder de decisión que implica aquel ejercicio, resulta absolutamente imprescindible contar con ese conocimiento y es aquí donde es preciso tomar en consideración las dife-

---

* El presente trabajo reproduce el destinado al Libro Homenaje al Profesor Jesús Quijano González.

rentes vías a través de las cuales los intervinientes en el tráfico pueden aprehenderlo. No cabe duda que la institución registral en general y la mercantil en particular, está llamada a jugar un papel fundamental en este sentido, más aún, insustituible, teniendo en cuenta las reglas y principios que rigen su funcionamiento.

En el plano que implica hoy por hoy el tráfico económico, son reglas a considerar todas aquellas que sustentan lo que tiene que ver con la fe pública y la seguridad del tráfico. Se atienda a una u otra perspectiva, se considere la cuestión desde el punto de vista de quien es titular de un derecho, de su protección, o en atención al que pretende su adquisición, es lo cierto que para dar respuesta a sendos intereses la institución registral representa el instrumento garante por antonomasia. En la misma línea, tanto desde el punto de vista de las personas, de sus organizaciones o de los bienes en su acepción más amplia, ninguna otra institución es capaz de ofrecer una funcionalidad tan amplia como la que hoy personifica el Registro Mercantil en particular, como registro de sujetos especiales, de sus actos y de sus contratos.

II. EL REGISTRO MERCANTIL COMO INSTRUMENTO DE PUBLICIDAD LEGAL: CONSIDERACIONES GENERALES

No por sabido y reconocido ha de obviarse poner de manifiesto la relevancia que la institución registral en general y en particular la que representa el Registro Mercantil, ha tenido y tiene en el desarrollo y auge del tráfico económico. En la doble perspectiva que reflejan conceptos ya mencionados y tan esenciales como el de la seguridad jurídica y su complementario de la seguridad del tráfico, hoy por hoy encuentran en el instrumento registral un soporte fundamental, hasta convertirse en un parámetro a evaluar a la hora de medir el grado o nivel alcanzado por aquellos en un determinado territorio.

Buscando una primera referencia histórica, hay que recordar, siquiera sea muy sucintamente, que fue el Código de Comercio de 1829 el que introdujo con carácter general la institución del Registro Mercantil, que carecía de antecedentes en España, si bien las anotaciones llamadas a ser incorporadas al mismo eran ya conocidas. La novedad consistió, factor más que relevante en lo que ahora interesa destacar, en desarrollar la idea de agruparlas en un único registro, a través de dos secciones, una, relativa a la matrícula general de los comerciantes; la segunda, de esencia documental, recogiendo escrituras de sociedad, cartas dotales, capitulaciones y poderes otorgados[1]. Ya en esta incipiente operatividad como instrumento de publicidad al servicio del tráfico económico, la necesidad de la inscripción respondía en un primer momento a fines fundamentalmente internos, aflorando a renglón seguido una vertiente externa, faceta esta que actualmente resulta preponderante. El elemento publicitario, de hacer factible el conocimiento por terceros de sujetos, actos y circunstancias, dejando de lado en este momento el, a veces, estéril debate eficacia declarativa versus eficacia constitutiva, ha venido a encontrar complementación con un incremento de las competencias y funciones atribuidas, que van desde la legalización de libros, art. 16.2 Código de Comercio, el depósito de cuentas anuales, el mismo precepto citado con el complemento de los arts. 279 y siguientes de la Ley de Sociedades de Capital, en adelante LSC, el nombramiento de experto independiente para valoración de aportaciones no dinerarias en sociedades anónimas, art. 67.1 de la LSC, la designación a petición de la minoría de auditor de cuentas en

---

1 Al respecto, cita obligada MENÉNDEZ MENÉNDEZ, A., "*Leyes hipotecarias y registrales de España. Fuentes y evolución*", Tomo V, Volumen I, Editorial Castalia, Madrid, 1991, pp. 17 y ss.; también, PAU PEDRÓN, A., "*Leyes hipotecarias y registrales de España. Registro Mercantil*", Tomo V, Volumen II, Editorial Castalia, Madrid, 1991, pp. 13 y ss. en relación a la aportación de la legislación comunitaria.

sociedades no obligadas, art. 265.2 de la LSC, o en el ámbito de la jurisdicción voluntaria el supuesto del art.169 de la LSC; fundamentación legal antedicha que por lo general encuentra complementación y desarrollo con diferentes previsiones en el vigente Reglamento del Registro Mercantil.

Ampliando la relación que precede, especial mención cabe hacer en este momento a la última de las decisiones legislativas que viene a incrementar el resumido ámbito funcional del Registro Mercantil. En efecto, la Disposición Adicional séptima de la LC 2022 atribuye a la institución la elaboración de lo que denomina informe sobre posición de riesgo. A la espera del imprescindible desarrollo reglamentario, la norma en cuestión señala en su literalidad que, "*En el plazo máximo de 6 meses desde la entrada en vigor de esta ley se determinarán las condiciones y requisitos bajo los cuales el Colegio de Registradores de la Propiedad, Mercantiles y Bienes Muebles de España, pondrá a disposición del administrador societario que lo solicite un informe sobre la posición de riesgo de la sociedad en base a la información contenida en las cuentas*". Muchas y muy variadas son las cuestiones que suscita la norma transcrita, que van desde el propio desarrollo reglamentario indicado, sobre el que habrá que estar a la espera de su publicación, pasando por el contenido del informe a emitir, los datos y referencias sobre los que se sustente o, incluso, la idoneidad de esta nueva función que se atribuye al Registro Mercantil; analicemos siquiera sea brevemente cada una de estas temáticas apuntadas.

No ofrece dudas que los Registros Mercantiles en su conjunto, al margen de su demarcación según el criterio, por lo general, de la territorialidad provincial, son depositarios de una información relevante, la que deriva de los diferentes estados financieros que integran las cuentas anuales, en principio cinco, reconducibles en algunos casos a tres, a saber, el balance de situación, la cuenta de pérdidas y ganancias, la memoria, el estado de cambios del patrimonio neto y el estado de flujos de efectivo. Si a todo esto se une el dato de que el propio Colegio gestiona el Registro Público Concursal y, en consecuencia, tiene acceso a las situaciones pre concursales y concursales, el conjunto de información del que dispone la organización registral es enorme, susceptible de generar datos muy relevantes, con un valor añadido que puede ir más allá de la simple, por individual, referencia numérica.

De esta manera se explica la pretensión del legislador que ha venido a plasmarse en la LC 2022 de, como ya se ha apuntado, poner en valor toda esa información, a fin de que puedan conjugarse datos que permitan obtener variables o referencias susceptibles de convertirse en un mecanismo de alerta, que anticipe la eventualidad de una situación de insolvencia de una sociedad. Sin mayores detalles, se ha creado un algoritmo conjugando la información de sociedades solventes y de sociedades insolventes. Ello da lugar a un modelo de categorización, que consigue clasificar a una sociedad de acuerdo a su similitud con una sociedad insolvente respecto del sector económico en el que opera. El resultado es que se llega a definir cuando una sociedad se encuentra en esa circunstancia, que incluye a las que están inmersas en un procedimiento concursal, las que hayan comunicado su voluntad de llegar a un plan de restructuración, las que figuran como deudor fallido a efectos fiscales y las que cuentan con un patrimonio neto negativo. Se han conjugado diferentes variables, unas cualitativas, por ejemplo, ausencia de depósito de cuentas en el Registro Mercantil, la revocación del número de identificación fiscal o la baja provisional en la Agencia Tributaria; en el orden cuantitativo se han considerado el tamaño, actividad y localización de la sociedad, la estructura del activo, el endeudamiento, gastos operativos, liquidez, resultados de la actividad, gastos financieros e impuestos sobre beneficios. Según fuentes del propio Colegio, se han realizado más de novecientas mil observaciones de datos, se han seleccionado cerca de setecientas mil cuentas anuales, con el resultado de que alrededor de ochenta y cinco mil se han podido calificar de insolventes. Concluir señalando que la información a suministrar por el Registro Mercantil rompe el principio de publicidad que lo informa con carácter general, ya que a tenor de lo dispuesto en la propia Disposición Adicional séptima de la LC 2022, aquella información estará disponible exclusivamente para el administrador de la sociedad de que se trate; parece razonable esta limitación teniendo en cuenta la trascendencia que pudiera tener el indicado informe.

Es evidente que estamos en presencia de una herramienta que puede resultar de cierta utilidad, aunque considero con eficacia limitada. Si se atiende al propio concepto de insolvencia, con independencia de su concreta modalidad –probable, inminente o actual-aquél presupone una situación de incumplimiento de obligaciones, que podrá concretarse en diferentes escenarios temporales, en cada uno de los cuales aflora como marco de referencia una coyuntura de falta de liquidez. Resulta cuando menos lógico pensar que esa circunstancia va a estar unida a la generación de "cash flow", es decir, del flujo de efectivo o tesorería, dato este de difícil extracción de los estados financieros que integran las cuentas anuales. Aun así, ha de valorarse positivamente la nueva previsión, una propuesta más dentro de los mecanismos preventivos, de alerta, fomentados en la mayoría de los ordenamientos jurídicos sobre la materia concursal y muy especialmente por la Directiva 2019/1023, resumidamente, sobre marcos de restructuración preventiva, exoneración de deudas e inhabilitaciones, de 20 de junio de 2109.

Teniendo en cuenta cuanto antecede, resulta evidente que el tiempo y las decisiones de política legislativa adoptadas en coyunturas muy diversas, han hecho del Registro Mercantil un mecanismo cuando menos plurifuncional, lo que en algunas ocasiones desvirtúa su operatividad más tradicional, aquella que se asiente sobre el control de legalidad, que alcanza, recuérdese, "*las formas extrínsecas de los documentos de toda clase en cuya virtud se solicita la inscripción, así como la capacidad y legitimación de los que los otorguen o suscriban y la validez de su contenido, por lo que resulte de ellos y de los asientos del Registro*", art. 6 RRM. Disparidad de funciones que en cualquier caso se sustentan en un principio de tipicidad, que obliga a la consideración de una diversidad de planos, por ejemplo, de inscripción en sentido estricto o de mero depósito, actuaciones dispares en su alcance, pero vinculadas por el denominador común que representa el deber de calificación del titular del registro[2] .

No participando, como es lógico y razonable, de algunas de las resoluciones adoptadas a nivel de responsables individuales, por el propio Centro Director[3], e incluso en el plano legal, por la excesiva influencia que alcanza el marco normativo hipotecario en la operatividad de lo mercantil, ello no obsta para considerar en términos generales la idoneidad de la institución, que en algunos comentarios y blogs se ha llegado a tildar de freno, de cortapisa para el buen funcionamiento de los mercados. Rechazando tales excesos, soy de la opinión que considera que de no existir aquella, habría que inventarla, por el simple hecho de que ninguna otra es capaz de ofrecer a los partícipes en el ejercicio de actividades económicas, un conjunto de información susceptible de incidir tan eficientemente en la garantía de la doble posición jurídica de quien "tiene" y de quien quiere "tener", es decir, en relación a las ya aludidas seguridad jurídica y del tráfico.

---

2 Sobre el aludido principio de tipicidad, PAU PEDRÓN, A, "*Leyes...*", op. cit. pp 23 y ss; CASADO URBANO, P., "*Los principios registrales mercantiles*", Servicio de Estudios del Colegio de Registradores, Madrid, 2002, pp. 24 y ss.; sobre el alcance del control de legalidad, en particular, sobre el depósito de cuentas anuales, MARINA GARCÍA-TUÑÓN, A., "Depósito de cuentas y calificación registral", en AA.VV., "Estudios sobre Derecho de Sociedades. Liber Amicotum Profesor Luís Fernández de la Gándara", Thomson-Reuters Aranzadi, Cizur Menor, 2016, pp. 453 y ss.

3 Sirva de ejemplo de discrepancia y en razón a su actualidad, la Resolución de 30 de octubre de 2018, en materia de retribución de administradores, en relación a la Sentencia del Tribunal Supremo de 28 de febrero de 2018

Estamos, art. 81 RRM, ante un registro de personas, de inscripción obligatoria en sus propios términos, cuyo listado responde al carácter de <numerus clausus>; a lo que la norma citada añade que, inscrito previamente el sujeto, también lo serán los actos o circunstancias que les afectan, especificados por las leyes o en el propio RRM. En suma, a través de esta dualidad de sujeto y actos-circunstancias, el objetivo perseguido, con el lógico respaldo normativo, no es otro que procurar a cuantos participan de un particular tráfico jurídico, en este caso el vinculado al hecho económico, una información –conocimientos–, dotada del viso de validez y exactitud, art. 7 RRM, todo lo cual se considera indispensable para el buen funcionamiento de un modelo de economía que hace del mercado su núcleo fundamental.

Apuntaba ya tiempo atrás el Profesor Garrigues [4] una doble finalidad de la publicidad suministrada por el Registro Mercantil, una próxima o inmediata, consistente en "*dar certidumbre a las relaciones de responsabilidad*"; la segunda, remota o mediata, concretada en este caso en la "*protección del comerciante o del tercero*" , planteamiento que refrendaba una Resolución del Centro Director de 17 de julio de 1934 recordada por el insigne autor. Siendo muchos y muy variados los cambios producidos en estas últimas décadas, tales recordatorios siguen hoy plenamente vigentes, aunque redefinidos funcionalmente desde la óptica de la necesidad de la información, a modo de presupuesto fundamental para el ejercicio eficiente de un poder de decisión.

Como tuve ocasión de poner de manifiesto hace algún tiempo[5], el auge de la institución registral no solo puede atribuirse al hecho de que

---

4 GARRIGUES, J., "Curso de Derecho Mercantil", Tomo I, Madrid 1976, edición revisada por A. Bercovitz, pp. 627 y ss.

5 MARINA GARCÍA-TUÑÓN, A., "*Gobierno corporativo, información económica y Registro Mercantil*", Centro de Estudios-Fundación Registral, Madrid, 2006, pág. 209.

las sociedades contemporáneas han venido a elevar al máximo rango el papel de la información. Sustentado en esta realidad escasamente cuestionable, su reconocimiento se sustenta sobremanera en el valor añadido que su intervención supone respecto de la misma. De este modo el control de legalidad, la presunción de veracidad y exactitud no solo caracterizan e identifican a la institución, sino que cumplen también una función diferenciadora de otras a las que igualmente se atribuyen funciones publicitarias, pero carentes de ese valor añadido. En suma, no se trata solo de valorar la relevancia que en la toma de decisiones tiene el contar con un determinado conocimiento, más allá de ello, la intervención registral viene a dotarlo de un plus, de un elemento añadido de garantía, de valor, que se ampara en el conjunto de reglas –principios– que guían su funcionamiento.

El hecho, ya citado anteriormente, de destacar la naturaleza del Registro Mercantil como registro de personas y de determinados actos que afectan a estas, viene a reflejar un planteamiento de política legislativa, de establecer un principio de unidad del sistema de publicidad que atribuye idénticas consecuencias respecto de unos y otros. Se trata, pues, de unificar alrededor de un instrumento de publicidad, en este caso el Registro Mercantil, todo un conjunto de informaciones vinculadas <*rationae materia*>, pero no solo por el hecho de lograr esa unidad de sistema, sino también y fundamentalmente, por el valor añadido que aporta la propia institución elegida.

Cuanto antecede permite reafirmar la premisa puesta de manifiesto al comienzo de estas líneas, de que estamos ante una institución que hace del objetivo informativo su prioridad, de posibilitar un conocimiento que tiene que ver con los sujetos, actos y circunstancias determinados en su individualidad por el propio ordenamiento jurídico. Sin entrar a considerar en este momento los efectos de orden legal, o de simple reconocimiento, que cabe atribuir al hecho de la inscripción, lo que ahora interesa destacar tiene que ver en exclusiva con el hecho mismo de encontrarnos ante un mecanismo de publicidad. Si, además, toda esa información encuentra justificación para su agrupación en la circunstancia de su vinculación en razón a la materia y que afecta a un determinado sujeto sometido al deber de inscripción, la conclusión no puede ser otra que encontrar plenamente justificada las sucesivas decisiones legislativas de incrementar sus funciones. En suma, nos encontramos con propuestas normativas que presentan una especie de vinculación natural, cuyo nexo de unión se concreta, en el caso que nos ocupa, en la obligatoriedad de la inscripción que afecta a determinados sujetos; de ahí que resulte cuando menos justificado que todo aquello que tenga que ver con los mismos encuentre un soporte informativo único, tanto al tiempo de su creación –constitución–, como en relación al desarrollo de su actividad.

III. SOBRE EL REGISTRO MERCANTIL Y LA CONSTITUCION DE SOCIEDADES.

1. Antecedentes y propuestas en el marco de la Unión Europea

Bien sabido es que el legislador español ha vinculado el proceso de constitución de la sociedad mercantil al doble trámite del otorgamiento de escritura pública y su posterior inscripción en el Registro Mercantil del domicilio social. Tanto el art. 119 del Código de Comercio, como el art. 20 de la LSC son claros al respecto, y por recordar lo establecido en este último precepto, "*la constitución de las sociedades de capital exigirá escritura pública, que deberá inscribirse en el Registro Mercantil*".

Partiendo de estos antecedentes, el legislador comunitario viene debatiendo de tiempo atrás considerar nuevos, por complementarios, procedimientos de creación de empresas, tratando de dar cumplimiento a los objetivos programáticos de simplificación del Derecho de sociedades, así como el de facilitar al máximo la aparición de nuevas organizaciones que participen del tráfico económico, finalidad esta última que ha de considerar necesariamente el recurso a las nuevas tecnologías. A todo esto responde, en general, la Directiva 2019/1151, de 20 de junio de 2019, sobre la utilización de herramientas y medios electrónicos en el ámbito del Derecho de sociedades, que ha venido a modificar la Directiva de recopilación en la materia, 2017/1132, y de obligada trasposición antes del 1 de agosto de 2022[6]. De forma más concreta, la propuesta comunitaria centra sus fines en cuatro objetivos, a saber, la constitución en línea de sociedades, el registro en línea de sucursales, la presentación en línea de documentos y la información a suministrar por parte de sociedades y sucursales; objetivos que encuentran desarrollo a lo largo de su contenido y que, a los efectos de delimitar el ámbito del comentario, centraremos la atención en lo que tiene que ver con la constitución de sociedades.

Siguiendo la tónica de la gran mayoría de las iniciativas de la UE en materia legislativa sustantivo-societarias, la Directiva de referencia está llena de excepciones a sus propios principios, lo que permite afirmar, por un lado, que los procesos de armonización que se desarrollan en lo que tiene que ver con el Derecho de sociedades vienen `produciendo un acervo normativo carente de sistema; de otro, en alguna medida son consecuencia de la disparidad de criterios existente entre los ordenamientos de los Estados miembros, que obliga a reconocer de forma expresa un último poder de decisión de éstos al tiempo de su trasposición.

Son los arts. 13 y siguientes de la Directiva 2017/1132, modificados por la Directiva 2019/1151, los que recogen el marco de referencia a trasponer, partiendo de la obligación de todos los Estados miembros de implementar un procedimiento, siempre facultativo, de

---

6 Se posibilita que algunas disposiciones de la Directiva sean objeto de trasposición el 1 de agosto de 2023, según establece el art. 2.

constitución de sociedades en línea, sin necesidad de presencia física alguna y que ha de incluir, también, la inscripción de sucursales, la presentación de documentos y la obtención de información; salvo decisión de cada Estado, la propuesta se refiere a la sociedad de responsabilidad limitada, quedando a su voluntad la inclusión en el procedimiento de las sociedades anónimas.

Junto al mandato transcrito, el procedimiento en línea encuentra complementación con diferentes previsiones, unas de alcance general, otras específicas de la constitución de sociedades. Sobre las primeras, se parte del principio de la no necesidad de la presencia física, planteamiento que obliga a su vez a la utilización de medios de identificación electrónica, ya regulados en la UE, Reglamento 910/2014[7]; solo excepcionalmente podrá exigirse esa comparecencia ante la autoridad prevista, por lo general cuando exista sospecha fundada de falsedad de identidad, incumplimiento de reglas en materia de capacidad o sobre el poder de representación que ostente el solicitante. También con carácter general, de mayor relevancia en el proceso de constitución de sociedades, los Estados miembros deberán implementar sistemas o medios de control de la identidad y capacidad de las personas participantes en la constitución; se trata de una de las previsiones más importantes de todo el procedimiento, consecuencia directa de la ausencia de presencia física de los solicitantes, que implica la necesidad de idear y concretar herramientas técnicas garantes de una y otra, identidad y capacidad.

Por lo que se refiere a reglas de carácter específico de la constitución de sociedades, ya se ha mencionado la posibilidad de los Estados miembros de ampliar el ámbito del procedimiento a otro tipo de socie-

---

7 Relativo a la identificación electrónica y los servicios de confianza parta las transacciones en el mercado interior y por el que se deroga la Directiva 1999/93/CE, de 23 de julio de 2014; dedica los arts. 25 a 34 a la regulación de la firma electrónica.

dades de capital. Junto a esto, la propuesta comunitaria circunscribe el mandato en relación a las sociedades de responsabilidad limitada constituidas mediante aportaciones dinerarias y al igual que en el supuesto anterior, los Estados podrán incluir también supuestos de constitución mediante aportaciones no dinerarias. Implementado el procedimiento correspondiente, los Estados miembros vendrán obligados a la elaboración de modelos de documentos de constitución y de los estatutos que han de regir la sociedad, que podrán ser modificados por los fundadores mediante la correspondiente firma electrónica reconocida; a mayores de lo anterior, la presentación de documentos o de cualquier otra información deberá llevarse en formato electrónico debidamente autenticados. A mayores de lo antedicho, el art. 13 octies, impone la incorporación obligatoria al sistema de otras herramientas, que tienen que ver con los medios de comprobación de la legalidad del objeto social, de la denominación social y el nombramiento de administradores; de forma voluntaria podrán incluirse en el sistema otras, como medios que garanticen la legalidad sobre el uso correcto de los modelos o el más problemático, como se verá más adelante, de la función del Notario en la constitución en línea de una sociedad.

Del resumen de las previsiones contenidas en la Directiva, dos temáticas son susceptibles de presentar dudas, la primera, en relación a la posibilidad o no de constituir sociedades de responsabilidad limitada sin el condicionante de la escritura pública, en suma, sin la intervención notarial[8];

---

8 Resulta evidente, por obvio, que la Directiva no busca que los Estados miembros prescindan de los notarios en el proceso de constitución de las sociedades de capital, tal y como señala, BOQUERA MATARREDONA, J., "La digitalización de las sociedades de capital española tras las Directivas europeas sobre utilización de herramientas digitales en el ámbito del Derecho de Sociedades", en Revista de Derecho Mercantil, núm. 320, 2021, en particular en el apartado "II. Constitución en línea"; la cuestión relevante no es esa, sino, como se apunta en el texto, si es acorde a su contenido que un ordenamiento nacional posibi-

la segunda, el interrogante de la supresión del BORME[9]; veamos de forma separada cada una de las problemáticas apuntadas.

En relación a la primera, de partida debe indicarse que la Directiva no resulta mínimamente clara al tiempo de exigir o no la escritura como requisito constitutivo. La simple lectura del texto refleja que en varias ocasiones el legislador comunitario alude a la escritura y a la intervención del fedatario público, pero también señala que el procedimiento en línea debe desarrollarse sin la necesidad de presencia física alguna. Complementando estas declaraciones iniciales, a renglón seguido se indica de forma expresa que deberán respetarse los derechos nacionales. Si estos planteamientos se trasladan al vigente Derecho español, resulta más que evidente que tanto desde el punto de vista de las previsiones más generales, las contenidas en el Código de Comercio, art. 119, como las más especiales, art. 20 de la LSC, ambas ya citadas, la intervención notarial resulta imprescindible. Dicho esto, teniendo en cuenta lo ordenado por la disposición comunitario, de la no exigencia de presencia física, surge nuevo interrogante, que tiene que ver con el desarrollo de la función notarial. Al respecto, el art. 1 del RN apunta que la función del Notario, como funcionario que ejerce la fe pública notarial, presenta un doble contenido: "*a) en la esfera de los hechos, la exactitud de los que el notario ve, oye o percibe por sus sentidos; b)*

---

lite tal proceso sin esa intervención, siempre, claro está, de forma voluntaria y a la vez complementaria con otros procedimientos.

9 Al respecto, GARCÍA-VALDECASAS BUTRÓN, J.A., "Aproximación al estudio de la Directiva (UE) 2019/1151 de 20 de junio de 2019, sobre la utilización de medios digitales en el Derecho de Sociedades.", texto en línea, en http://notariosyregistradores, entrada 04/03/2020; entre muy variadas aportaciones en el ámbito notarial, ALVAREZ ROYO-VILLANOVA, S., "Constitución de sociedades en línea: cómo adaptar la Directiva de digitalización", en Notario del Siglo XXI, núm. 88, 2019; LUCINI MATEO, A., "La nueva Directiva sobre utilización de herramientas y procesos digitales en el ámbito del Derecho de Sociedades", en El Notario del Siglo XXI, núm. 86, 2019.

y en la esfera del Derecho, la autenticidad y fuerza probatoria de las declaraciones de voluntad de las partes en el instrumento público redactado conforme a las leyes". Dejando de lado los casos en los que la intervención notarial presencial resulta obligatoria, indicados en la propia Directiva, la duda a plantear resulta evidente, en el sentido de si la disposición transcrita puede o no cumplimentarse teniendo en cuenta el principio de la no presencialidad física. Hasta qué punto el fedatario se encuentra en situación de, en la esfera de los hechos, determinar la exactitud de cuanto ve, oye o percibe, es algo que, cuando menos, puede ponerse en duda. Dos alternativas cabe barajar frente a lo manifestado, una, un cambio legislativo que tenga en cuenta estas circunstancias; la segunda, se ha llegado a proponer la utilización de nuevas tecnologías, que posibilitan soslayar los inconvenientes derivados de la exigencia de la no presencia física, en particular, a través del sistema de la videoconferencia. Respecto del cambio normativo a considerar, entiendo que las modificaciones legislativas a proponer deberían ir en el camino de redefinir el papel notarial en este tipo de procedimientos de constitución de sociedades, limitándose como mucho y no de forma exclusiva, a configurar el ámbito del control de la capacidad del interviniente. Y en lo que se refiere a la utilización de medios audiovisuales a distancia, creo que los problemas derivados de la no presencia física se mantienen intactos, por lo que no parece solución aceptable.

Otro principio de la Directiva se ha llegado a apuntar para poner en duda la intervención notarial en el procedimiento de constitución de sociedades en línea. Me refiero a la regla de "*una sola vez*", art. 10 de la Directiva, que viene a indicar que las sociedades únicamente deberán presentar la misma información una sola vez a la administración pública o instituciones que la representen. Mostrando serias dudas sobre el significado y alcance real de la regla, una de las interpretaciones que puede hacerse es aquella que signifique que en el proceso de constitución solo deberá intervenir una institución, por lo que ésta sería la insustituible del Registro Mercantil.

Sea suficiente cuanto antecede para poner de manifiesto la complejidad que puede llegar a presentar la trasposición a nuestro ordenamiento de la Directiva de referencia. Como se verá más adelante, se intuyen cambios en la regulación de los procesos de constitución de sociedades mercantiles de capital, cuyo alcance a fecha de hoy está por determinar, a la espera de un próximo debate legislativo.

En lo que tiene que ver con la eventual supresión del BORME, el art. 16 de la Directiva establece la obligación de los Estados miembros de posibilitar el acceso a la información registral a través del propio registro, añadiendo que se podrá exigir también que determinados documentos se publiquen en un boletín creado a tal efecto o por otros medios igualmente efectivos. La cuestión planteada tiene, entiendo, menos relevancia y viene a reconocer la posibilidad de que el Estado de referencia suprima el medio de difusión utilizado, en nuestro caso el BORME, o su sustitución. Factor a considerar será, en todo caso, la función de control y gestión que realiza el Registro Mercantil Central, lo que pudiera cuando menos no aconsejar la desaparición de aquél.

2. La propuesta de trasposición de la Directiva 2019/1151 elaborada por Comisión General de Codificación

Mediante Orden del Ministerio de Justicia de 25 de octubre de 2019 se constituyó una Ponencia de la Sección de Derecho Mercantil de la Comisión General de Codificación, cuya misión consistió en elaborar un texto que recogiera la trasposición de la Directiva de referencia al ordenamiento jurídico español. Tras diferentes reuniones, con fecha 21 de abril de 2021 se suscribió el documento correspondiente, dividido en dos grandes apartados, el primero, rotulado bajo la referencia consideraciones generales sobre la trasposición, el segundo, proponiendo las modificaciones normativas necesarias para la correcta trasposición, que afectaban al Código de Comercio, al RRM y a la LSC;

en cuanto sigue se analizarán los aspectos más relevantes de cada uno de esos apartados.

En relación al primero, que opera de alguna manera a modo de exposición de motivos de las modificaciones legislativas que se proponen, debe decirse que peca de reiterativo y escasa claridad, a pesar de que se divide en cinco apartados, en principio diferentes, al menos por sus respectivas rotulaciones. Entiendo necesario recoger algunos de los planteamientos de partida asumidos por la Ponencia, ya que en buena lógica vienen a justificar las propuestas de modificación legislativas que formula.

Teniendo en cuenta la diversidad legislativa existente entre los Estados miembros, la propuesta hace expresa mención a las dificultades inherentes a la trasposición, que llega a calificar como operación compleja, actuación legislativa que debe asumir el objetivo de favorecer el mercado único, en parte distinto al preexistente, al que se incorporan herramientas digitales propias del estado actual de la tecnología. Como sucede en la mayoría de las propuestas de armonización, los contenidos a incorporar permiten a los Estados un margen de maniobra en verdad amplio, de manera que los cambios a introducir en los respectivos ordenamientos no resulten excesivamente traumáticos; ejemplo paradigmático de ese amplio margen lo encontramos en la posibilidad de aplicar sus previsiones a la sociedad anónima, decisión que quedan en manos exclusivamente de cada Estado. Último planteamiento de referencia consiste en que, a los fines de concretar el ámbito de la trasposición, es preciso abordar modificaciones en diferentes textos legales hoy vigentes, cambios legislativos que se consideran imprescindibles y de alguna manera obligados por la propia Directiva, al menos con la interpretación asumida por la Ponencia.

Respecto al segundo bloque del documento, recoge el texto concreto de las modificaciones que considera imprescindible introducir en nuestro ordenamiento. Antes de entrar en su detalle, conviene poner de manifiesto que la ponencia ha asumido un criterio hermenéutico amplio, en el sentido de acoger el máximo de posibilidades ofrecidas por la Directiva, con la única excepción de plantear la aplicación de sus previsiones a la sociedad anónima. Por concretar algo más la posición de partida esgrimida, se propone que el proceso de digitalización que ha de caracterizar esa nueva modalidad de mercado único permita la constitución, siempre voluntaria, de sociedades de responsabilidad limitada sin intervención notarial, tanto con aportaciones dinerarias, como con aportaciones in natura o no dinerarias. Se considera que esta propuesta es perfectamente acorde con la norma a transponer, ya que, de un lado, posibilita la coexistencia de diferentes procedimientos de constitución de sociedades limitadas, incluido el más tradicional en nuestro ordenamiento de la escritura pública ante Notario y su posterior inscripción en el Registro Mercantil; de otro, la utilización del procedimiento digitalizado ante el fedatario Registrador Mercantil es libre, de modo que serán los socios fundadores lo que elijan el que resulte más conveniente a sus intereses.

La propuesta objeto de análisis introduce una primera modificación en el art. 17 del Código de Comercio, apartados 5 y 6; limitando la referencia al primero de los apartados citados, su contenido se dirige a hacer real el objetivo, ya iniciado tiempo atrás, de la interconexión entre registros a través de la plataforma central europea; la modificación supone recoger una descripción detallada de la información a obtener de forma gratuita, que va desde el nombre y la forma jurídica, pasando por la escritura de constitución, estatutos y sus eventuales modificaciones, administradores y apoderados y, entre otros datos, cuentas anuales.

El segundo de los textos a modificar es el RRM, que en este caso presenta con cierta lógica mayor amplitud, por regla general a través de preceptos nuevos. Sin pretender en ningún caso un análisis exhaustivo de cada uno, el art. 94 bis, rotulado bajo la referencia "identificador único europeo (EUID)", instaura un sistema de identificación de sociedades de capital y de las sucursales establecidas en otros Estados miembros, lo que ha de permitir en última instancia la operatividad del sistema de interconexión registral.

Se añaden a la sección 1ª[10] del Capítulo XI del Título II, bajo la referencia, "*De la inscripción de los empresarios y sus actos*", disposiciones relativas a la creación en línea de sucursales de una sociedad establecida en otro estado miembro de la Unión Europea, art. 308 bis; sobre documentación a presentar para la creación en línea de una sucursal, art. 308 ter; y sobre cierre en línea de una sucursal, art. 308 quater. Sin entrar en el análisis pormenorizado de los preceptos citados, solamente hacer referencia a lo establecido en el texto de la propuesta del primero, al guardar relación directa con las modificaciones que tienen por objeto la LSC y por pura coherencia como luego se verá. En concreto, el párrafo inicial del art. 308 bis señala que, resumidamente, las sociedades de otro Estado miembro podrán crear sucursales en España mediante el procedimiento íntegramente electrónico previsto para las sociedades de responsabilidad limitada, sin perjuicio de poder utilizar otros procedimientos legalmente reconocidos conforme al nuevo art. 20 bis del texto legal societario.

Complemento a las modificaciones propuestas para el texto reglamentario, se añade una nueva sección al Capítulo XI, rotulada bajo la referencia "*Información societaria europea y su acceso mediante la plataforma central europea y el Identificador Único Europeo (EUID)*", arts. 308 quinquies a 308 septies, preceptos que resultan plenamente acordes con uno de los objetivos de la Directiva, ordenando la utilización de herramientas y procesos digitales en el ámbito del Derecho de

---

10 En el texto del documento de la Ponencia se alude a la sección 2ª, lo que entiendo un simple error de identificación.

Sociedades, del que forma parte integrante la institución del Registro Mercantil como instrumento de publicidad legal por excelencia. El nuevo marco instaura la obligación del Registro Mercantil de asegurar la interconexión con la plataforma central europea, a los fines de hacer posible el intercambio de información de la que disponga cada registro. El apartado 2. del art. 308 quinquies enumera los datos que podrán obtenerse de una sociedad a través de la plataforma, mientras que el art. 308 sexties recoge los relativos a las sucursales; en el primer caso, van desde el nombre, forma societaria y domicilio, pasando por escritura, estatutos y sus modificaciones, administradores y apoderados o cuentas anuales; en lo que afecta a las sucursales, domicilio y actividades, denominación y forma jurídica de la sociedad, apoderados y diferentes situaciones por las que pueda atravesar aquella. En última instancia el art. 308 septies obliga a los Registros Mercantiles a una actualización constante e inmediata a través del sistema de interconexión entre registros, de diferentes datos que afecten a sociedades matrices inscritas en España y que tengan sucursales en otros Estados miembros.

Las modificaciones que afectan al RRM incorporan una disposición adicional, que tiene por objeto regular las tasas aplicables a los documentos e información obtenidos mediante el sistema de interconexión de registros. Parte del principio de que su cuantía no podrá superar su coste administrativo, incluido el coste de desarrollo del sistema y del mantenimiento de los registros. Como excepción a la regla antedicha, se dispondrá de una información gratuita a través del mencionado sistema de interconexión que afecta a diferentes datos, entre otros, denominación y tipo societario, domicilio social, su EUID, web, estado y objeto de la sociedad y administradores.

Pero sin ninguna duda el contenido más relevante, tanto desde el punto de vista de su trascendencia práctica, como del debate que a buen seguro suscita, es el relativo a las modificaciones que se proponen por la ponencia respecto de la LSC. Como ha quedado afirmado en otro momento, la propuesta emanada de la Comisión General de Codificación asume un criterio de interpretación de la disposición comunitaria que debe calificarse de amplio, que justifica por el hecho de responder al objetivo de crear un mercado nuevo, que admita una regulación compatible con la española. Obviamente, de mantenerse en todos sus términos el marco regulador hoy vigente en España en materia de constitución de sociedades de capital, haría imposible las reglas que se proponen, al ser manifiestamente contrarias al art. 20 de la LSC.

Siendo cierto que la Directiva recoge reiteradas referencias a lo establecido en las legislaciones nacionales y a la intervención notarial en los procesos constituyentes de las sociedades de capital, lo es igualmente que también repetidamente se alude a un procedimiento íntegramente en línea, al principio de sólo una vez, a la posible exigencia de la presencia física en situaciones excepcionales y al establecimientos de recursos tecnológicos plenamente garantes de la identidad, de la capacidad o del poder de representación de los solicitantes. Todas estas referencias son las que en última instancia ha asumido la Ponencia para justificar una serie de modificaciones de la LSC, que suponen incorporar nuevos preceptos, a saber, arts. 20 bis, 21 bis, 22 bis, 23 bis, 24 bis, 25 bis, 26 bis, 27 bis, 28 bis, 29 bis, 30 bis, 31 bis y añadiendo un nuevo apartado, el tercero, al 213; se complementan con la correspondiente disposición final; veamos siquiera sea en términos muy elementales su contenido más relevante.

La propuesta parte de un principio en virtud del cual se posibilita que la constitución de sociedades de responsabilidad limitada, de cualesquiera operaciones que requieran de registro y del cumplimiento de las obligaciones legales impuestas a aquellas, se realice a través de un proceso tecnológico electrónico. A modo de complemento y en términos similares a los establecidos en la Directiva, el art. 21 bis recoge una serie de definiciones tales como medio de identificación electrónica, sistema de identificación electrónica o registro de una sucursal. Mención especial cabe hacer respecto de lo que entiende por constitución y por modelo; en relación a lo primero, la constitución implica el proceso de fundación de una sociedad, incluidos el otorgamiento de escritura o la firma del documento privado electrónico de constitución, y las actuaciones necesarias para la inscripción registral de la sociedad; en relación al modelo, se trata del documento privado electrónico de constitución de una sociedad, elaborado por los Estados miembros de conformidad con el derecho nacional y que se utiliza para la constitución en línea de sociedades conforme al art. 26 bis.

Los preceptos que siguen recogen propiamente el desarrollo de los diferentes conceptos, configurando el art. 22 bis el punto de partida, "*acto de constitución e inscripción registral*", declarando que la constitución de las sociedades de capital podrán llevarse a cabo, bien mediante escritura pública otorgada en soporte papel o electrónico, o bien, solo respecto de sociedades de responsabilidad limitada, mediante documento privado electrónico de constitución, firmado por todos los fundadores por medio de firmas electrónicas cualificadas; en todo caso, al margen del procedimiento elegido, el acto fundacional deberá inscribirse en el Registro Mercantil del domicilio social, disponiendo el Registrador de un plazo máximo de cinco días para calificar e inscribir contados desde el momento en el que disponga de toda la documentación, art. 29 bis.

Trascendente resulta el art. 24 bis, "*libertad de elección de soporte documental*", en virtud del cual los fundadores de una sociedad limitada podrán optar libremente por cualquiera de los instrumentos de constitución anteriormente mencionados, establecidos en el art. 22 bis, con la excepción de los supuestos mencionados en el art. 30 bis.

Viniendo de algún modo a sustituir lo que representa la escritura de constitución, el art. 25 bis "*documento privado electrónico de constitu-*

ción", define a éste como el documento electrónico que recoge la voluntad de los fundadores de constituir una sociedad de responsabilidad limitada, debiendo estar firmado por aquellos con sus respectivas firmas electrónicas cualificadas; añade el precepto que deberá contener, además, lo establecido en los números 1 y 2 del art. 22, menciones que se podrán presentar como anexo del documento privado electrónico, incluidas copias electrónicas certificadas de documentos e información inscritos o depositados en el Registro Mercantil.

Por su parte el art. 26 bis, "*modelos electrónicos para la constitución de sociedades*", representa el desarrollo que posibilita la alternativa del proceso de constitución en línea del art. 22 bis, (ii). En efecto, el precepto de referencia contiene dos previsiones de distinto alcance, en un caso como mandato, en el segundo como posibilidad o facultad. Así, se establece la obligación para los Ministerios de Justicia y Economía de que en sus respectivos sitios web incorporen modelos del documento privado electrónico de constitución y de sus estatutos sociales; complemento al mandato antedicho, tanto el Colegio de Registradores como el Consejo General del Notariado, podrán incluir en sus respectivos sitios web sus propios modelos, tanto del documento privado, como de los estatutos sociales. Dos reglas se añaden a lo anterior, de un lado, los documentos deberán redactarse en español, lenguas cooficiales e inglés; la segunda, la repetida documentación será accesible a través de la pasarela única europea.

Cuestión compleja y que de alguna manera representa, teóricamente, el mayor obstáculo de los procesos en línea, es la regulada en el art. 27 bis, "*identificación y comprobación de capacidad de los fundadores y de su apoderamiento*". Consecuencia lógica del propio procedimiento, se atribuye al Registrador Mercantil la comprobación de la identidad y capacidad de los fundadores, así como de la regularidad del documento electrónico y sus anexos. Respecto de lo primero, identificación de los fundadores, la solución resulta relativamente sencilla, ya que podrá materializarse por medio del certificado de firma electrónica cualificada. Evidentemente y a los efectos que ahora interesan, la cuestión relevante es determinar que se entiende o en que consiste la indicada firma electrónica cualificada, sobre lo que cabe afirmar en primer lugar que se trata del procedimiento más seguro y completo para poder suscribir documentos en línea o a distancia, lo que supone en última instancia acreditar la identidad de un sujeto de forma indubitada. De acuerdo con las disposiciones europeas sobre la materia, la "QES", del inglés "*qualified electronic signature*", otorga el mayor nivel de seguridad y veracidad, hasta el punto de aportar un nivel de legitimidad incluso superior a la firma tradicional manuscrita. La obtención de dicha firma se realiza con un certificado cualificado con la finalidad de identificar al firmante, certificado que consiste en un documento electrónico que vincula los datos del firmante y la validación de la firma a la inequívoca identidad del sujeto titular, lo que supone en última instancia que ha de ser expedido por autoridad de certificación cualificada. Se afirma, además, que la firma electrónica cualificada goza de las mismas características de la firma electrónica avanzada, al estar vinculada al firmante de forma única e intransferible y estar ligada al documento a firmar, de manera que tanto la firma como el documento no podrán alterarse con posterioridad.

En relación a la capacidad de los fundadores, se parte igualmente de la idoneidad del certificado de firma electrónica cualificada, a lo que se añade cualesquiera datos públicos electrónicos disponibles, en especial los aportados por el Registro Civil, y los derivados de las aportaciones realizadas en concepto de capital social de la sociedad. Hasta qué punto este procedimiento será capaz de soslayar situaciones no por extraordinarias menos factibles, por ejemplo, aquellas que vengan a representar algunos de los tradicionales vicios del consentimiento, es algo que puede suscitar dudas, pero, también, no deja de ser menos cierto que la apuesta por una obligada intervención notarial, por sí sola evita aquéllas.

Se completa el precepto con dos referencias, una relativa a la comprobación por el Registrador de la realidad y valoración de las aportaciones de los socios fundadores; la segunda en relación al poder de representación de quienes actúen por cuenta de terceros, que deberá acreditarse mediante la correspondiente escritura pública electrónica de apoderamiento.

Por su parte el art. 28 bis, "*aportaciones*", incide sobre una temática que ya ha sido parcialmente regulada en el precepto anterior, lo que de alguna manera trasluce un defecto de sistematización en la propuesta de la Comisión. Dejando esta cuestión al margen, establece este artículo que las aportaciones dinerarias serán efectuadas mediante un instrumento de pago electrónico de amplia difusión en la Unión Europea, que ha de permitir la identificación del aportante y ha de ser proporcionado por un prestador de servicios de pago electrónico o entidad financiera establecida en un Estado miembro. Tratándose de aportaciones no dinerarias, se establece que la documentación, valoración y transmisión de las aportaciones se llevará a cabo electrónicamente, siendo decisión del Registrador si lo considere necesario, comprobar su realidad y valoración. Cuándo y por qué medios podrá acontecer una u otra circunstancia, son cuestiones que la norma deja en manos del titular del registro, sin perder en ningún caso la perspectiva de que cualesquiera decisiones que pueda adoptar deberán ir en la línea de constatar, precisamente, realidad y valoración. Para concluir y aunque la norma no diga nada al respecto, entiendo de aplicación en cuanto acordes con el propio sistema implementado, las diferentes disposiciones que regulan con carácter general las aportaciones, dinerarias y no dinerarias, en sede de sociedad de responsabilidad limitada, arts. 62.2 y 73 de la LSC.

La propuesta de la Comisión tal y como se ha visto por lo comentado hasta el momento, polariza alrededor del Registro Mercantil el procedimiento de constitución de sociedades en línea. El resto de las previsiones vienen de alguna manera a completar esa intervención, de modo que el art. 29 bis, "*Registro Mercantil e inscripción*", atribuye la competencia territorial para recibir el documento privado electrónico de constitución y sus anexos documentales al del domicilio social. Su titular deberá proceder a la correspondiente calificación y posterior inscripción en el plazo máximo de cinco días, cuyo cómputo se iniciará a partir del momento en el que tenga total accesibilidad a unos y otros documentos.

En la misma línea de propuestas de la Directiva, el texto de la Comisión asume el principio general de sus propuestas, con el complemento de eventuales excepciones al mismo. En efecto, el art. 30 bis, "*Excepciones*", parte de afirmar con carácter general que la constitución electrónica de la sociedad se llevará íntegramente en línea, sin necesidad de la presencia personal o mediática de sus fundadores ante el Registrador Mercantil o cualquier otro funcionario público. Pero a renglón seguido prevé la eventualidad de que, ante determinadas circunstancias se excepcione tal regla, lo que podrá suceder por razones de interés público o a fin de evitar cualquier falsificación de identidad; de ser así, podrá requerir la presencia física en el Registro por una sola vez. Supuesto de exigir esa presencia física que podrá tener lugar también a los efectos de comprobar la capacidad del otorgante y, en su caso, sus poderes de representación. Se completa el precepto señalando que la exigencia de la eventual presencia física no impedirá que las restantes actuaciones del procedimiento de constitución de la sociedad puedan ser completadas electrónicamente; a lo que cabría añadir, en lógica concordancia con lo anterior, cualesquiera otras actuaciones que requieran de su constatación registral.

Una última previsión se propone a través del art. 31 bis, "*Constitución en línea de sociedades*", determinante del plazo en el que el

Registrador Mercantil ha de cumplimentar su deber de calificación y posterior inscripción. Así, en el supuesto de constitución de sociedad por personas físicas que utilicen los modelos electrónicos previstos en el art. 26 bis, el procedimiento deberá estar completado en cinco días laborables; en los restantes supuestos el plazo es de diez días laborables; en ambos casos, de no poderse completar el procedimiento, el Registrador Mercantil vendrá obligado a comunicar al solicitante los motivos del retraso. Cuestión relevante será, también, determinar el término inicial de los plazos mencionados, con dos posibilidades, la primera, a partir de la fecha en que se completen todos los trámites requeridos para la constitución en línea, incluidos la total recepción de documentos; la segunda partir de la fecha de pago de las tasas registrales, el desembolso efectivo del capital social o la suscripción del capital mediante una aportación en especie.

A modo de conclusión sobre la propuesta de la Ponencia de la Sección de Derecho Mercantil de la Comisión General de Codificación, nos encontramos ante un conjunto normativo que resulta plenamente acorde con la Directiva de referencia, tanto de sus previsiones más concretas, como en atención a sus objetivos más finalistas. Así, si la pretensión declarada del legislador comunitario es facilitar la constitución de organizaciones que instrumentalicen el ejercicio de actividades económicas, resulta indudable que la utilización del cauce registral resulta plenamente idóneo a tal fin. Polarizar alrededor del Registro Mercantil todo el procedimiento de constitución en línea, parece la solución más acorde con el conjunto de intereses que rodean a la sociedad mercantil, que requieren para su protección de la función de publicidad legal que aquel representa. Sin entrar en ningún caso en el debate, siempre partidista, de poner en duda la viabilidad de la dualidad de mecanismos de control de legalidad que representan notarios y registradores, el interrogante a plantearse no es tanto lo antedicho, y sí en cambio hasta qué punto el procedimiento, del que se ha realizado un análisis lineal, es susceptible de garantizar en debida forma el cumplimiento de los mandatos legales establecidos en el proceso de constitución de una sociedad. Dicho de otro modo, la cuestión a resolver es si, en un sentido, la intervención notarial resulta imprescindible para identificar y determinar la capacidad de un sujeto en el proceso constituyen, o, alternativamente, esa doble tarea de identificar y determinar la capacidad puede trasladarse a sede registral. Resulta a mi parecer evidente que los recursos tecnológicos de los que hoy disponemos, junto a la utilización de otros recursos, caso por ejemplo del Registro Civil, permiten con las suficientes garantías que identidad y capacidad queden acreditadas en forma más que suficiente en sede registral. En definitiva, de alguna manera lo que se trata de indicar es que el hecho de la exigencia de la presencia física o, como se ha llegado a apuntar, su sustitución a través de un medio audiovisual presenta un nivel de seguridad jurídica que resulta similar al ofrecido por la propuesta que representa el documento privado electrónico y sus complementos.

Pero, además, si cuanto antecede justifica sobradamente a mi entender la idoneidad de la repetida propuesta, ha de tenerse en cuenta el carácter voluntario que presenta el procedimiento electrónico de constitución en línea. Al respecto, recuérdese que el nuevo art. 22 bis posibilita diferentes vías para la constitución de una sociedad, ya en escritura pública otorgada en soporte papel o electrónico, ya, para las sociedades limitadas, a través del documento privado electrónico, firmado por todos los fundadores mediante el sistema de firma electrónica cualificada. Serán los protagonistas del tráfico económico los que, en el ejercicio de su poder de decisión, opten por una u otra vía, la que resulte más acorde con sus necesidades e intereses.

Al margen de todo cuanto antecede y como se verá en las líneas que siguen, no parece ser la propuesta emanada de la Comisión General de Codificación la que se considera a nivel gubernamental, tal y como podrá comprobarse.

3. Propuestas contenidas en el AP de Ley de Medidas de Eficiencia Digital del Servicio Público de Justicia (Trasposición de la Directiva 2019/1151)[11]

Al hilo de la obligada trasposición de la Directiva 2019/1151, el legislador español ha utilizado la ocasión para introducir en nuestro ordenamiento jurídico una serie de modificaciones que afectan a una gran variedad de disposiciones legales, de distinta índole y naturaleza e, incluso, con distinta trascendencia según los casos. No es este momento o lugar para siquiera realizar la mera enumeración de textos legales afectados por la reforma, de ahí que centraremos la referencia en exclusiva en lo que tiene que ver con la constitución en línea de sociedades mercantiles.

Siguiendo la lógica de la propuesta analizada en el apartado anterior, son igualmente tres los textos legales que se ven afectados por el contenido del AP, el Código de Comercio, el RRM y la LSC, aunque como se verá a continuación, sus contenidos resultan menos ambiciosos, en alguna medida continuistas con el estado actual de nuestra regulación y, probablemente, apartados de las pretensiones últimas del legislador comunitario.

El art. 17 del Código de Comercio ve modificado su apartado 5 y se añade uno nuevo, el 6. Respecto de lo primero, simplemente se establece que el Registro Mercantil asegurará la interconexión con la plataforma central europea, a fin de posibilitar el intercambio gratuito de información sobre una serie de datos, entre otros, nombre, forma jurídica y domicilio, estado de la sociedad, su objeto, integrantes del órgano de administración y sucursales en otros Estados miembros. Por su parte, el nuevo apartado viene a indicar que el acceso a la informa-

---

11 Téngase en cuenta que el citado AP se ha convertido en la Ley 11/2023, de 8 de mayo, BOE de 9 de mayo, reproduciendo prácticamente en su totalidad las propuestas que son objeto de comentario en el epígrafe.

ción del sistema de interconexión de registros se llevará a cabo a través del portal correspondiente y de los puntos de acceso que se establezcan al efecto.

En lo que tiene que ver con las modificaciones del RRM, son varias las propuestas que recoge el AP, la primera y directamente relacionada con la operatividad del sistema de interconexión de los registros mercantiles, art. 94 bis, se refiere al identificador único europeo, el EUID, que en el caso español vendrá configurado por el prefijo del país, ES, al que seguirá el código atribuido al Registro Mercantil seguido de un punto, el identificador único de sociedad o sucursal y, en su caso, un dígito de verificación, a los fines de evitar errores de identificación.

Junto a esta primera novedad, se modifica la rúbrica de la Sección 2ª del Capítulo XI del Título II, que pasa a identificarse por "*De la inscripción de los empresarios y sus actos*", añadiéndose, además, los nuevos artículos 308 bis a 308 quáter, y una nueva Sección 3ª, arts. 308 quinquies a 308 septies, bajo la referencia "*Información societaria europea y su acceso mediante la plataforma central europea y el Identificador único Europeo (EUID)*"; a todo esto se añade una nueva disposición final, en concreto la séptima, relativa a precios y tasas, que en ningún caso podrán superar su coste administrativo, siendo gratuita una parte de esa información, al menos la referida a los datos esenciales de identificación, estado de la sociedad y representantes legales; veamos siquiera sea muy brevemente los cambios que se proponen.

En lo que tiene que ver con los nuevos arts. 308 bis a 308 quáter, se destinan a posibilitar, siempre con carácter voluntario, la creación en línea de sucursales de una sociedad establecida en otro Estado de la Unión Europea, así como a su eventual cierre. A tal fin se utilizará el procedimiento diseñado para la constitución de sociedades de responsabilidad limitada, art. 20 bis y concordantes de la LSC, recogiendo el art. 308 ter, la documentación necesaria para la creación en línea de una sucursal, entre otra, el documento que acredite la existencia de la sociedad y de creación de la sucursal, actividades y representantes nombrados con carácter permanente para la sucursal, con sus facultades.

Por su parte los arts. 308 quinquies a 308 septies concretan el alcance de la información que podrá obtenerse a través de la plataforma central europea y mediante el sistema de interconexión vinculado a la misma. Así, el primero de los preceptos de referencia recoge los diferentes datos que podrán obtenerse y que tienen que ver, entre otros, con los relativos a la identificación de una sociedad, escritura de constitución y estatutos, modificaciones de éstos, órgano de administración y sus integrantes, documentos contables y documentación sobre la eventual disolución, liquidación y extinción de aquélla; información la precedente que, con las lógicas diferencias y limitaciones, podrá obtenerse en relación a las sucursales, art. 308 sexties. Complemento indispensable para el buen funcionamiento de todo el sistema es la previsión que se recoge en el art. 308 septies, en virtud de la cual los Registros Mercantiles notificarán a través del sistema de interconexión y a la mayor brevedad posible, las modificaciones que afecten a sociedades inscritas en España con sucursales en otros Estados miembros, relativas a denominación, domicilio, forma jurídica, administradores, depósito de documentos contables y sobre procedimientos de liquidación e insolvencia; deber de comunicación que se extenderá a la apertura, cierre o supresión de sucursales en España de sociedades inscritas en otros Estados miembros.

Pero sin ninguna duda las propuestas más trascendentes, teniendo en cuenta el ámbito del comentario, tienen que ver con el texto refundido de la LSC, con la introducción nuevos preceptos, en particular, arts. 20 bis, 22 bis y 40 bis a 40 quinquies; también, se añade un apartado 3 al art. 213; al igual que respecto de los otros textos legales modificados, más justificadamente siquiera en este caso, comentaremos de modo individual sus particulares contenidos.

El primero de los preceptos citados, siguiendo el criterio establecido por la propia Directiva que sirve de argumento, se destina a las llamadas "*definiciones*", con seis referencias, a saber, medio de identificación electrónico, sistema de identificación electrónica, medios electrónicos, constitución, registro de una sucursal y modelo. Si bien, en principio, podría pensarse que se trata de referencias más o menos genéricas y acordes con lo indicado por el legislador comunitario, ya se puede anticipar por donde irá el resto de propuestas; sirva de ejemplo la definición que da de constitución, que expresamente incluye el otorgamiento de la escritura de constitución.

La propuesta básica se recoge en el art. 22 bis, rotulado bajo la expresión, "*Constitución de sociedades en línea*", precepto que viene a concretar de alguna manera el verdadero alcance del AP de Ley. En efecto, el legislador español se ha decantado por una interpretación de la Directiva un tanto restrictiva, podría decirse de mínimos[12], ya que, por un lado, circunscribe la opción de la constitución en línea a las sociedades de responsabilidad limitada, ya que la Directiva deja en manos de los Estados miembros ampliar la propuesta a otros modelos; en segundo lugar, igual limitación se observa, al excluir del procedimiento en línea la constitución de sociedades en las que todas o parte de las aportaciones sean no dinerarias, si bien no resulta del todo claro el texto del precepto; por último, lo más trascendente en mi opinión, aboga por la obligatoria intervención notarial, planteamiento que la Directiva, de nuevo, deja en manos del legislador del Estado miembro.

Dejando de lado, por el momento, las cuestiones suscitadas, el AP viene a establecer una posibilidad, la constitución en línea de una so-

---

12 Planteamiento acogido por Boquera Matarredona, J., "La digitalización...", op. cit., que viene a considerar imprescindible esa intervención notarial.

ciedad de responsabilidad limitada, procedimiento que cohabita con cualquier otro establecido legalmente. A renglón seguido, lo que viene a reflejar la obligada intervención notarial apuntada, se afirma que los otorgantes podrán utilizar en la escritura pública notarial el modelo de constitución con estatutos tipo, a determinar reglamentariamente.

Sin mayores detalles al respecto, el resto de previsiones a incorporar a la LSC resultan complemento indispensable para la puesta en funcionamiento del procedimiento. Así, el art. 40 bis, "*Modelos electrónicos para la constitución electrónica*", establece la obligación de elaborar los textos necesarios, estatutos tipo y escritura pública estandarizada, y su posterior inclusión en la sede electrónica correspondiente, con el añadido de la previsión de establecer un nudo de comunicación con la plataforma notarial.

En cuanto al art. 40 ter, "*Aportaciones*", se permiten exclusivamente en el procedimiento las dinerarias, a efectuar mediante un instrumento de pago electrónico, que permita la identificación de la persona que realiza el pago y proporcionado por un prestador de servicios de pago electrónico o entidad financiera establecida en un Estado miembros. Complemento consustancial a lo anterior, aunque no dejando de presentar cierto contrasentido, es que la documentación, valoración y transmisión de las aportaciones, siempre dinerarias recuérdese, se instrumentarán electrónicamente; no queda claro, a mi entender, la referencia explícita a que el Notario, cuando sea necesario, comprobará la realidad y, en su caso, valoración de las aportaciones, lo que resulta en alguna medida contradictorio con la propia esencia, no solo de la aportación dineraria, sino también las garantías que ofrecen los sistema de servicios de pago electrónico. Y lo mismo sucede con el apartado tercero del precepto, al establecer que no será necesario la acreditación de la realidad de las aportaciones dinerarias, en tanto que los socios fundadores manifiesten su voluntad de responder solidariamente de las mismas, art. 62.2 de la LSC; sirva al efecto como reflexión crítica lo expuesto anteriormente.

Los arts. 40 quater y quinquies completan el procedimiento en el AP, el primero relativo a la inscripción en el Registro Mercantil y el segundo posibilitando la presencia ante Notario de los fundadores. En el primer caso, se establece un plazo de inscripción cuando se utilicen los formatos estandarizados, de seis horas hábiles contadas desde el siguiente al día de la fecha de presentación, teniendo en cuenta los horarios reglamentados de apertura; no deja de resultar, cuando menos, aleatorio la fijación de un plazo que, de no poderse cumplir, deberá notificarse al interesado; en el caso de que no se utilicen tales formatos, el plazo, igualmente aleatorio en su concreta determinación, será de cinco días laborables a contar desde el siguiente a la fecha de presentación.

La exigencia de presencia física podrá requerirse por el Notario en base a razones de interés público, para evitar cualquier atisbo de falsificación de identidad o para la completa comprobación de la capacidad del otorgante y, en su caso, de sus poderes de representación; de resultar alguna de estas situaciones, deberá reflejar en anexo los motivos, exigencia de presencia que no impedirá que las restantes actuaciones del procedimiento puedan ser enteramente en forma electrónica.

IV. REFLEXION FINAL

Resulta evidente la influencia que las nuevas tecnologías están adquiriendo en cualesquiera de las actividades de las personas, coyuntura que alcanza incluso mayor trascendencia en tanto que aquéllas se vinculen con el tráfico económico. En efecto, el ejercicio de actividades económicas lleva parejo un factor de medición, en verdad de eficiencia, que se concreta en la necesidad de determinar la idoneidad de todos los medios que permiten y posibilitan su desarrollo.

Semejante planteamiento ha sido acogido ya desde hace algún tiempo por diferentes legisladores, de manera que, con el objetivo de alcanzar el mayor grado de eficiencia posible, se conectan dos ideas, una, la de la simplificación de los esquemas legales que dan forma y organizan esas actividades; la segunda, considerar que las nuevas tecnologías se convierten en un instrumento complementario, cada vez más imprescindible.

Pues bien, al amparo de estas reflexiones, tanto en legislador comunitario, Directiva 2019/1151, de 20 de junio de 2019, sobre la utilización de herramientas y medios electrónicos en el ámbito del Derecho de sociedades, como derivativamente los legisladores nacionales de los Estados miembros, en el caso español vía Anteproyecto de Ley de Medidas de Eficiencia Digital del Servicio Público de Justicia, persiguen acoger y dar cabida a los nuevos recursos tecnológicos en sectores muy diversos de los ordenamientos jurídicos.

En lo que ahora interesa destacar, teniendo en cuenta el ámbito del comentario que nos ocupa, el tema central del debate es el relativo a la constitución de sociedades mercantiles en línea, más concretamente, en el papel a desarrollar por el Notario en ese proceso constituyente. Es incuestionable que con arreglo al régimen legal vigente, art. 20 de la LSC, tal proceso se configura por la doble intervención de fedatario público, Notario y Registrador mercantil, cada uno asumiendo sus particulares funciones; en el primer caso, art. 1 del Reglamento Notarial, ejerciendo la fe pública notarial con el doble contenido que implica determinar la exactitud de los hechos que ve, oye o percibe y en la esfera del derecho determinar igualmente la autenticidad y fuerza probatoria de las declaraciones de voluntad; en el segundo, ejercer el control de legalidad que le ordena el art. 6 del RRM.

Con las particularidades que implica cada una de estas actuaciones, el interrogante a dilucidar es determinar cómo afecta a este modelo la implementación de la propuesta comunitaria. De alguna manera, la Directiva deja en manos de los Estados miembros la concreción de los requisitos que condicionan el proceso de constitución de sociedades en línea, pero siempre sin perder de vista la apuntada simplificación, de agilización de trámites y del objetivo de la creación de una nueva idea de mercado interior, en el que el uso de nuevas tecnologías se convierta en presupuesto de nuevas oportunidades, susceptibles en última instancia de generar riqueza. Objetivos a los que añadir un dato nada baladí, de que el sistema propuesto en modo alguno opera con carácter exclusivo y excluyente, antes al contrario, se trata de otro mecanismo más, complementario de los existentes, cuya utilización se hace depender de la decisión de los socios fundadores.

Como ha podido comprobarse, las propuestas legislativas formuladas difieren sustancialmente, lo que de alguna manera es reflejo de la disparidad de criterios que desde hace ya algún tiempo viene dándose en el ámbito de la seguridad y fe pública y que, incluso, ha llegado a generar la aparición de dos grandes bloques de opinión, en defensa de unos u otros postulados, con la finalidad de generar en última instancia un marco de referencia sobre el que sustentar, en verdad influir, determinadas iniciativas legislativas.

Siendo evidente el criterio de quien suscribe el comentario, entiendo que la cuestión verdaderamente trascendente a resolver radica en si con una u otra propuesta, la del AP de Ley o la de la ponencia de la Comisión General de Codificación, se logran, no solo los objetivos anteriormente recordados, sino que, también, queda garantizado el de la seguridad del tráfico que hasta el momento se personifica en la dualidad de funciones de notarios y registradores. Obviamente, la iniciativa gubernamental es plenamente garantista, de alguna manera continuista con el sistema actual, sin olvidar al mismo tiempo que la intervención notarial queda en cierta medida devaluada cuando se utilicen escritura y estatutos tipo, limitándose a una cuestión de identidad más que de capacidad. No por redicha debería obviarse en este momento recordar aquella observación, de que no es conveniente poner puertas al campo, ya que de una u otra manera terminarán desmontándose por la fuerza de los hechos.

Por el contrario, la alternativa elaborada por la ponencia de la Comisión General de Codificación casa perfectamente con los objetivos de la U.E., trasladándose los eventuales problemas al ámbito de la comprobación de la capacidad de los otorgantes. Es aquí, precisamente, donde el recurso a las nuevas tecnologías ha de posibilitar soslayar cualquier duda al respecto y hoy por hoy puede sustentarse que el nivel de garantías alcanzado por los sistemas de firma electrónica, permiten cotas de seguridad muy similares al mero hecho de la presencia física, condicionante éste, no se olvide, del que se pretende prescindir.

Bibliografía

ALVAREZ ROYO-VILLANOVA, S., "Constitución de sociedades en línea: cómo adaptar la Directiva de digitalización", en *Notario del Siglo XXI,* núm. 88, 2019. pp. 16-21.

BOQUERA MATARREDONA, J., "La digitalización de las sociedades de capital española tras las Directivas europeas sobre utilización de herramientas digitales en el ámbito del Derecho de Sociedades", en *Revista de Derecho Mercantil,* núm. 320, 2021, pp. 11-62.

CASADO URBANO, P., *Los principios registrales mercantiles,* Servicio de Estudios del Colegio de Registradores, Madrid, 2002.

GARCÍA-VALDECASAS BUTRÓN, J.A., "Aproximación al estudio de la Directiva (UE) 2019/1151 de 20 de junio de 2019, sobre la utilización de medios digitales en el *Derecho de Sociedades,* texto en línea, en http://notariosyregistradores, entrada 04/03/2020.

GARRIGUES, J., *Curso de Derecho Mercantil,* Tomo I, Madrid 1976

LUCINI MATEO, A., "La nueva Directiva sobre utilización de herramientas y procesos digitales en el ámbito del Derecho de Sociedades", en *El Notario del Siglo XXI*, núm. 86, 2019, pp. 42-47.

MARINA GARCÍA-TUÑÓN, A., "Depósito de cuentas y calificación registral", en AA.VV., *Estudios sobre Derecho de Sociedades. Liber Amicotum Profesor Luís Fernández de la Gándara*, Thomson-Reuters Aranzadi, Cizur Menor, 2016, pp. 453 y siguientes.

MARINA GARCÍA-TUÑÓN, A., *Gobierno corporativo, información económica y Registro Mercantil*, Centro de Estudios-Fundación Registral, Madrid, 2006,

MENÉNDEZ MENÉNDEZ, A., *Leyes hipotecarias y registrales de España. Fuentes y evolución*, Tomo V, Volumen I, Editorial Castalia, Madrid, 1991, pp. 17 y ss.

PAU PEDRÓN, A., *Leyes hipotecarias y registrales de España. Registro Mercantil*, Tomo V, Volumen II, Editorial Castalia, Madrid, 19

PARTE II.
Impacto de la normativa comunitaria en los órganos y los socios, el gobierno corporativo y los derechos del socio

LA REFORMA DEL ARTÍCULO 225.1 LSC Y LA RESPONSABILIDAD DE LOS ADMINISTRADORES

Dr^a^. Elena Boet Serra
Profesora Titular Derecho Mercantil
Universidad de Girona

SUMARIO: I. LA REFORMA DEL ARTÍCULO 225.1 LSC Y LA RESPONSABILIDAD SOCIAL CORPORATIVA. II. EL "INTERÉS DE LA EMPRESA" EN EL DEBER DE DILIGENCIA DE LOS ADMINISTRADORES. III. EL NUEVO "DEBER DE DILIGENCIA REFORZADO" Y LA RESPONSABILIDAD DE LOS ADMINISTRADORES. 1. Acción individual. Lesión del interés de empresa. 2. Acción social. Regla de la discrecionalidad. Bibliografía.

I. LA REFORMA DEL ARTÍCULO 225.1 LSC Y LA RESPONSABILIDAD SOCIAL CORPORATIVA

La Ley 5/2021, de transposición de la Directiva (UE) sobre la implicación de accionistas a largo plazo[1], ha modificado el art. 225.1 LSC para añadir la referencia al "interés de la empresa" en el deber ge-

---

[1] Ley 5/2021, de 12 de abril, *por la que se modifica el Texto Refundido de la Ley de Sociedades de Capital, aprobado por el Real Decreto Legislativo 1/2010, de 2 de julio, y otras normas financieras, en lo que respecta al fomento de la implicación a largo plazo de los accionistas en las sociedades cotizadas* (BOE nº 88, de 13 de abril de 2021).
La Ley 5/2021 incorpora al ordenamiento jurídico español la Directiva 2017/828/UE, del Parlamento Europeo y del Consejo, *por la que se modifica la Directiva 2007/36/CE, de 11 de julio de 2007, en lo que respecta al fomento de la implicación a largo plazo de los accionistas* (DOUE L 132, de 20 de mayo de 2017). La Directiva 2017/828/UE entró en vigor el 9 de junio de 2017

neral de diligencia de los administradores. Esta reforma la ha llevado a cabo el legislador español aprovechando el trámite de modificación de la LSC para transponer la Directiva, pero al margen de ésta, que no impone la modificación operada en el art. 225.1 LSC, aunque conectándola con las exigencias de buen gobierno corporativo y la promoción de una visión a largo plazo de la empresa.

El art. 225.1 LSC tenía la siguiente redacción: *Los administradores deberán desempeñar el cargo y cumplir los deberes impuestos por las leyes y los estatutos con la diligencia de un ordenado empresario, teniendo en cuenta la naturaleza del cargo y las funciones atribuidas a cada uno de ellos.* La reforma operada incorpora el siguiente añadido final al referido precepto: "*y subordinar, en todo caso, su interés particular al interés de la empresa*", quedando la norma redactada con el siguiente tenor literal (en el que resaltamos en negrita la novedad introducida):

---

y el plazo para su transposición a los ordenamientos internos finalizó el 10 de junio de 2019.

El objetivo de la Directiva es fomentar la implicación a largo plazo de los accionistas en aras de garantizar que las decisiones de la sociedad se adopten para su estabilidad a largo plazo y tengan en cuenta factores medioambientales y sociales. El Preámbulo de la Ley 5/2021, apartado I, señala que "los efectos de la Directiva para el fomento de la implicación a largo plazo de los accionistas claramente trascienden el ámbito propio del gobierno corporativo y la rentabilidad de la empresa, y pueden tener un impacto positivo en la economía y la sociedad en su conjunto", tras afirmar que "las estrategias de inversión a largo plazo integran de forma natural otros objetivos no financieros, como el bienestar de los trabajadores y la protección del medio ambiente, garantizando la sostenibilidad de las empresas a largo plazo (...). Una mayor implicación de los accionistas en el gobierno corporativo constituye uno de los instrumentos que pueden contribuir a mejorar el rendimiento financiero y no financiero de esas sociedades, también por lo que se refiere a factores medioambientales, sociales y de gestión, en particular como los que se mencionan en los Principios de Inversión Responsable que las Naciones Unidas sostiene".

Los administradores deberán desempeñar el cargo y cumplir los deberes impuestos por las leyes y los estatutos con la diligencia de un ordenado empresario, teniendo en cuenta la naturaleza del cargo y las funciones atribuidas a cada uno de ellos; ***y subordinar, en todo caso, su interés particular al interés de la empresa.***

El Preámbulo de la Ley 5/2021 expone que el añadido en la norma tiene por finalidad *reforzar el deber de diligencia de los administradores, en consonancia con las exigencias del buen gobierno corporativo.*[2]

Para un mejor entendimiento de la reforma operada es oportuno atender a su tramitación parlamentaria. La modificación legislativa, que no estaba en el Proyecto de Ley elaborado por el Gobierno[3], fue introducida en la tramitación parlamentaria con la incorporación de la enmienda transaccional presentada por el Grupo Socialista a la enmienda inicial presentada por el Grupo de Unidas Podemos. En efecto, la enmienda núm. 16, presentada por el Grupo Parlamentario Confederal de Unidas Podemos-En Comú Podem-Galicia Común proponía la modificación del art. 225.1 LSC para añadirle la siguiente adición final "y subordinar, en todo caso, su interés particular al interés de la empresa y, en última instancia, al interés general, de acuerdo con el artículo 128.1 de la Constitución." La enmienda va acompañada de la siguiente justificación: "El objetivo es el de dar una mayor concreción al viejo "deber de diligencia de un ordenado empresario", especificando la vinculación de dicho deber con los objetivos que persigue la presente ley, que no son otros que el buen gobierno corporativo y la promoción de una visión a largo plazo de la empresa. Y se trata, por úl-

---

2 En relación con esta modificación, el Preámbulo, apartado VIII, explica que *se ha considerado oportuno aprovechar esta Ley para introducir, al margen de la Directiva, otras mejoras normativas en materia de gobierno corporativo y de funcionamiento de los mercados de capitales.*

3 BOCG, Serie A, núm. 28-1, de 7 de septiembre de 2020.

timo, de integrar todo ello en el marco constitucional del Estado social y democrático de Derecho y en el papel que la Constitución española atribuye a la empresa como elemento generador de riqueza individual y social"[4]. Finalmente, se aprobó por mayoría incorporar la enmienda transaccional núm. 3, sobre la base de la referida enmienda núm.16, que ha operado la vigente redacción del art. 225.1 LSC[5].

El trámite parlamentario de la modificación del art. 225.1 LSC y, principalmente, el contenido del Preámbulo de la Ley que ha operado la reforma de la norma, que disciplina con carácter general el deber de diligencia de los administradores para todas las sociedades de capital –cotizadas y no cotizadas–, nos lleva a entender que ha sido voluntad del legislador incorporar la denominada responsabilidad social corporativa en el deber general de diligencia de los administradores[6].

La referencia a la figura jurídica de la responsabilidad social corporativa (en adelante, RSC), y la categoría más amplia de la sostenibilidad o del entorno ambiental ambiental, social y de gobernanza (ASG o, en inglés, *Enviromental, Social, Governance –ESG–),* se ha inserido en la última década en textos normativos internacionales, comunitarios y nacionales de nuestro entorno jurídico en relación con el gobierno corporativo de las sociedades de capital, en particu-

---

4 BOCG, Serie A, núm. 28-3, de 18 de diciembre de 2020, pp. 13 y 14.

5 BOGC, Serie A, núm. 28-4, de 3 de marzo de 2021, pp. 9 y 14.

6 Antes de la vigente reforma, la LSC ya contenía una referencia expresa a la RSC, sin embargo, limitada a la sociedad cotizada [*art. 529 ter. Facultades indelegables. 1. El consejo de administración de las sociedades cotizadas no podrá delegar las facultades de decisión a que se refiere el artículo 249 bis ni específicamente las siguientes: a) La aprobación del plan estratégico o de negocio, los objetivos de gestión y presupuesto anuales, la política de inversiones y de financiación, la política de responsabilidad social corporativa y la política de dividendos*]. El art. 529 ter fue introducido a la LSC por la Ley 31/2014, de 3 de diciembre, *por la que se modifica la ley de Sociedades de Capital para la mejora del gobierno corporativo.*

lar de las cotizadas[7]. Así, debe destacarse, en el denominado *soft law*, el Código de Buen Gobierno de 2020 que incorpora recomendaciones específicas en materia de RSC y señala "la conveniencia de desarrollar el contenido mínimo de la política de responsabilidad social o sostenibilidad en materia medio ambientales y sociales (Principio 24)[8]; también, en el ámbito internacional, los *Principios de Gobierno*

---

7 EMBID IRUJO, J.M., "Aproximación al significado jurídico de la responsabilidad social corporativa", *RDM,* núm. 316, 2020, pp. 11 y ss.; Sobre la relación entre la RSC, la ESG y gobierno corporativo véase SEQUEIRA, A., "El desarrollo de la responsabilidad social corporativa versus sostenibilidad, y su relación con el gobierno corporativo en las directivas comunitarias y en el derecho español de sociedades cotizadas, RdS, núm. 61, 2021; PEINADO GRACIA, J.I. "La sostenibilidad y el deber de diligencia de los administradores: Una primera reflexión sobre la sostenibilidad de la sociedad mercantil y la responsabilidad por falta de diligencia de los administradores", *RDM,* núm. 311, 2019, pp. 23-25.; RECALDE CASTELLS, A., "Los intereses colectivos en la gestión de sociedades anónimas: RSC, sostenibilidad y objetivos ESG", en *Almacén de Derecho,* 1 abril de 2022, quien señala que no hay diferencias sustanciales entre los términos de RSC, ESG o sostenibilidad y que todos ellos hacen *referencia a la facultad de los administradores ejecutivos de considerar en la dirección de la corporación otros intereses distintos a los de los accionistas;* Véase SÁNCHEZ-CALERO GUILARTE, J., "La modificación del deber de diligencia", RDBB, núm. 163, 2021, pp.. 231 y ss, para un examen de las distintas iniciativas legislativas y tendencias sobre la ESG.

8 La Recomendación 12, en relación con el Principio 9 relativo a la responsabilidad del consejo de administración sobre la administración social y la supervisión de la dirección de la sociedad, *con el propósito común de promover el interés social,* señala que "en la búsqueda del interés social, además del respeto de las leyes y reglamentos y de un comportamiento basado en la buena fe, la ética y el respecto a los usos y a las buenas prácticas comúnmente aceptadas, procure conciliar el propio interés social con, según corresponda, los legítimos intereses de sus empleados, sus proveedores, sus clientes y los de los restantes grupos de interés que pueden verse afectados, así como el

Corporativo del G20 y la OCDE de 2015[9] y los Principios para la Inversión Responsable promovidos por Naciones Unidas (UN-PIR). En el ordenamiento comunitario[10] debe destacarse la Propuesta de Directiva sobre diligencia debida de las empresas en materia de sos-

---

impacto de las actividades de la compañía en la comunidad en su conjunto y en el medio ambiente".

9 Los *Principios,* dirigidos principalmente a sociedades cotizadas pero que, como se expresa en los mismos, también constituyen "una herramienta útil para mejorar el gobierno corporativo de empresas no cotizadas", disponen en el Capítulo VI, sobre las responsabilidades del consejo de administración, lo siguiente: "Otra función importante es supervisar el sistema de gestión de riesgos y aquellos otros mecanismos que tienen por fin garantizar que la empresa cumple con la legislación aplicable, incluido en materia fiscal, de competencia, laboral, medioambiental, igualdad de oportunidades, sanidad y seguridad. (...) El Consejo no sólo deberá rendir cuentas a la empresa y a sus accionistas, sino que también está obligado a actuar en interés de los mismos. Además, se espera que tenga debidamente en cuenta y aborde con imparcialidad los intereses de otros actores, incluidos trabajadores, acreedores, clientes, proveedores y comunidades locales. Reviste especial importancia cumplir las normativa medioambiental y social". Debe significarse que la OCDE está revisando los *Principios* y, en particular, el referido capítulo de las responsabilidades del Consejo de administración que se reenumera como Capítulo V, además de incluir un nuevo capítulo VI sobre sostenibilidad y resiliencia, que integra el actual capítulo IV sobre el papel de los actores interesados en el ámbito del gobierno corporativo. La revisión, que se inició en noviembre de 2021, está prevista que finalice en el próximo año 2023.

10 Comunicación de la Comisión titulada E*uropa 2020 – Una estrategia para un crecimiento inteligente, sostenible e integrador*, COM (2010) 2020 final, de 3 de marzo; Comunicación de la Comisión titulada *Plan de acción: Derecho de sociedades europeo y gobierno corporativo – un marco jurídico moderno para una mayor participación de los accionistas y la viabilidad de las empresas*, COM/2012/0740/final; Resolución del Parlamento Europeo, de 10 de marzo de 2021, con recomendaciones destinadas a la Comisión sobre diligencia debida de las empresas y responsabilidad corporativa.

tenibilidad[11] y en, particular, sus artículos 25 y 26[12], cuyo tenor li-

---

11 Propuesta de Directiva del Parlamento Europeo y del Consejo, *sobre diligencia debida de las empresas en materia de sostenibilidad y por la que se modifica la Directiva (UE) 2019/1937*, de 23 de febrero de 2022, COM (2022) 71 final. Su Exposición de Motivos explica que la propuesta "regula las obligaciones de diligencia debida en materia de sostenibilidad de las empresas y, al mismo tiempo, abarca, en la medida en que están vinculados a dicha diligencia debida, las obligaciones de los administradores de empresas y los sistemas de gestión empresarial para aplicar la diligencia debida. Por lo tanto, la propuesta se refiere a los procesos y medidas para la protección de los intereses de los miembros y las partes interesadas de las empresas" (pág. 12). Debemos destacar, sin embargo, que la última versión de la Propuesta, aprobada el 15 de marzo de 2024, ha suprimido todas las referencias a los administradores (Documento ST-6145-2024-INIT, en el procedimiento 2022/0051/COD).

12 En relación con los artículos 25 y 26, deben destacarse los considerandos 63 y 64 de la Propuesta de Directiva, que rezan como sigue:
"(63) En la legislación nacional de todos los Estados miembros, los administradores tienen un deber de diligencia frente a la empresa. A fin de garantizar que este deber general se comprenda y aplique de manera coherente y congruente con las obligaciones de diligencia debida introducidas por la presente Directiva y que los administradores tengan sistemáticamente en cuenta las cuestiones de sostenibilidad en sus decisiones, la presente Directiva debe aclarar, de manera armonizada, el deber general de diligencia de los administradores de actuar en el mejor interés de la empresa, estableciendo que los administradores tengan en cuenta las cuestiones de sostenibilidad a que se refiere la Directiva 2013/34/UE, incluidos, cuando proceda, los derechos humanos, el cambio climático y las consecuencias medioambientales, a corto, medio y largo plazo. Esta aclaración no requiere modificar las estructuras empresariales nacionales existentes."
"(64) La responsabilidad de la diligencia debida debe asignarse a los administradores de la empresa, en consonancia con los marcos internacionales de diligencia debida. Por consiguiente, los administradores deben ser responsables de poner en marcha y supervisar las medidas de diligencia debida establecidas en la presente Directiva y de adoptar la política de diligencia debida de la empresa, teniendo en cuenta las aportaciones de las partes interesadas y las organizaciones de la sociedad civil e integrando la diligencia debida en los sistemas de gestión empresarial. Asimismo, los administradores deben adaptar la estrategia

teral es el siguiente:

Artículo 25. Deber de diligencia de los administradores

1. *Los Estados miembros velarán por que, al cumplir su deber de actuar en el mejor interés de la empresa, los administradores de las empresas a las que se refiere el artículo 2, apartado 1, tengan en cuenta las consecuencias de sus decisiones en materia de sostenibilidad, incluidas, cuando proceda, las consecuencias para los derechos humanos, el cambio climático y el medio ambiente a corto, medio y largo plazo.*

2. *Los Estados miembros se asegurarán de que sus disposiciones legales, reglamentarias y administrativas que regulen el incumplimiento de las obligaciones de los administradores se apliquen también a lo dispuesto en el presente artículo.*

Artículo 26. Puesta en marcha y supervisión de las medidas de diligencia debida

1. *Los Estados miembros velarán por que los administradores de las empresas a las que se refiere el artículo 2, apartado 1, sean responsables de poner en marcha y supervisar las medidas de diligencia debida a las que se refiere el artículo 4 y, en particular, la política de diligencia debida a la que se refiere el artículo 5, tomando para ello debidamente en consideración las aportaciones pertinentes de las partes interesadas y las organizaciones de la sociedad civil. Los administradores informarán al consejo de administración a ese respecto.*

2. *Los Estados miembros se asegurarán de que los administradores hacen lo necesario para adaptar la estrategia de la empresa de forma que tenga en cuenta los efectos adversos reales y potenciales detectados de conformidad con el artículo 6 y cualquier medida adoptada en virtud de los artículos 7 a 9.*

Sin embargo, el 1 de diciembre de 2022 el Consejo de la Unión Europea ha hecho pública su posición sobre la propuesta de Directiva en la que suprime los referidos artículos 25 y 26. El Consejo justifica

---

empresarial a los efectos reales y potenciales identificados y a las medidas de diligencia debida adoptadas".

la supresión en la gran preocupación expresada por los Estados miembros sobre la interferencia inadecuada que constituía el art. 25 con las normas nacionales sobre el deber de diligencia de los administradores y que la regulación propuesta por la Directiva podía menoscabar el deber de los administradores de actuar en el mejor interés de la sociedad[13].

Por último, debemos citar en el derecho español, el artículo 217.4, 529 ter LSC[14] y los nuevos artículos 529 novodecies 3.a)[15] y art. 541.5.a) LSC. En el derecho comparado, son destacables la *Loi Pacte* 2019 de Francia[16] y el art. 172 de la *Companies Act 2006* del Reino

---

13 15024/1/22 REV 1, de 30 de noviembre de 2022, apartados 30 a 32.
La última versión de la Propuesta, aprobada el 15 de marzo de 2024, no contiene ninguna referencia al deber de diligencia de los administradores (Documento ST-6145-2024-INIT, en el procedimiento 2022/0051/COD).

14 Véase supra nota 6.

15 En materia de retribuciones de los administradores, el art. 217.4 dispone que el sistema de remuneraciones "deberá estar orientado a promover la rentabilidad y sostenibilidad a largo plazo de la sociedad (...)" y el apartado 3.a del art. 529 *novodecies*, introducido por la Ley 5/2021, dispone en relación con la aprobación de la política de remuneraciones de los consejeros que "3. La política de remuneraciones deberá cumplir los siguientes requisitos: a) deberá contribuir a la estrategia empresarial y a los intereses y la sostenibilidad a largo plazo de la sociedad y explicar de qué modo lo hace". También el art. 541.5.a) redactado por la misma Ley 5/2021, en relación con las remuneraciones de los consejeros, precisa que deberá explicarse "la forma en que la remuneración total devengada cumple con la política de remuneraciones objeto de aplicación y previamente adoptada, en particular cómo contribuye al rendimiento sostenible y a largo plazo de la sociedad".

16 El artículo 169 de la *Loi Pacte* (*Loi nº 2019-486, relative à la croissance et la transformation des entreprises*) de 22 de mayo de 2019, modifica el artículo 1833 del Code Civil, añadiéndole el siguiente párrafo: «*La société est gérée dans son intérêt social, en prenant en considération les enjeux* sociaux et environnementaux de son activité» y, también, añade un nuevo párrafo final al art. 1835 del Code Civil: «Les statuts peuvent préciser une raison d'être, consti-

Unido[17], así como, también, la legislación de Portugal, que dispone el deber de los consejeros de tener en cuenta los intereses de *stakehol-*

tuée des principes dont la société se dote et pour le respect desquels elle entend affecter des moyens dans la réalisation de son activité». Asimismo, modifica los artículos L 225-35 y L 225-64 del Code de commerce, relativos a la sociedad anónima. Así, complementa el art. L 225-35 "*Le conseil d'administration détermine les orientations de l'activité de la société et veille à leur mise en oeuvre*" con la siguiente adición «, conformément à son intérêt social, en prenant en considération les enjeux sociaux et environnementaux de son activité. *Il prend également en considération, s'il y a lieu, la raison d'être de la société définie en application de l'article 1835 du code civil*»; y el artículo L 225-64 que tiene la siguiente nueva redacción: "*Le directoire est investi des pouvoirs les plus étendus pour agir en toute circonstance au nom de la société. Il les exerce dans la limite de l'objet social et sous réserve de ceux expressément attribués par la loi au conseil de surveillance et aux assemblées d'actionnaires. Il détermine les orientations de l'activité de la société et veille à leur mise en œuvre, conformément à son intérêt social, en considérant les enjeux sociaux, environnementaux, culturels et sportifs de son activité. Il prend également en considération, s'il y a lieu, la raison d'être de la société définie en application de l'article 1835 du code civil.*"

17 Por ejemplo, en el Reino Unido cuya *Companies Act 2006,* sección *172,* dispone el deber de los administradores de atender a los intereses de los *stakeholders:*
"*172. Duty to promote the success of the company*
(1) A director of a company must act in the way he considers, in good faith, would be most likely to promote the success of the company for the benefit of its members as a whole, and in doing so have regard (amongst other matters) to-
(a) the likely consequences of any decision in the long term,
(b) the interests of the company's employees,
(c) the need to foster the company's business relationships with suppliers, customers and others,
(d) the impact of the company's operations on the community and the environment.
(e) the desirability of the company maintaining a reputation for high standards of business conduct, and
(f) the need to act fairly as between members of the company.
(2) Where or to the extent that the purposes of the company consist of or include purposes other than the benefit of its members, subsection (1) has effect as if the

ders, como los empleados, los clientes y los acreedores, y la de los Países Bajos, que establece explícitamente que los intereses de los accionistas no tienen prioridad sobre los intereses de otros *stakeholders*[18].

II. EL "INTERÉS DE LA EMPRESA" EN EL DEBER DE DILIGENCIA DE LOS ADMINISTRADORES

El nuevo art. 225.1 LSC incluye en el deber general de diligencia de los administradores el "*interés de la empresa*" al que, *en todo caso*, los administradores deberán *subordinar su interés particular*.

Afirma el legislador que se refuerza el deber de diligencia de los administradores[19], añadiendo un nuevo deber: subordinar el interés particular del administrador al interés de la empresa; y ello, "en consonancia con las exigencias del buen gobierno corporativo". Lo que nos lleva a entender, a pesar de la brevedad de la justificación dada por el legislador, que la referencia a "interés de la empresa" no se ha introducido como equivalente al concepto de "interés social" ni, tampoco, para incidir en el deber de lealtad del art 227 LSC, que exige a los administradores actuar en el "mejor interés de la sociedad", sino para incorporar en el deber general de diligencia de los administradores la RSC o los intereses de los *stakeholders* (intereses distintos a los de los

---

reference to promoting the success of the company for the benefit of its members were to achieving those purposes.
(3) The duty imposed by this section has effect subject to any enactment or rule of law requiring directors, in certain circumstances, to consider or act in the interests of creditors of the company."
Sobre este precepto véase PEINADO GRACIA, *cit.* pp. 38-41.

18 Conforme se afirma en el anexo 8 de la evaluación de impacto que acompaña a la propuesta de Directiva *sobre diligencia debida*, pág. 153.

19 Conforme señala el legislador en la Exposición de Motivos (VIII) al indicar el fin de la modificación: "reforzar el deber de diligencia de los administradores, en consonancia con las exigencias del buen gobierno corporativo"

socios relacionados con la actividad de la sociedad), alineándose con las tendencias normativas expuestas en el epígrafe anterior[20].

Son muchos los interrogantes que arroja la interpretación del nuevo añadido al deber general de diligencia, inclusive para poder concluir si se trata realmente de un "nuevo o reforzado" deber[21]; pero, siguiendo a la doctrina que ya se ha ocupado de su estudio, podemos formular las siguientes consideraciones concretas de la nueva norma *ex* art. 225.1 LSC.

1) Ámbito de aplicación.–Se aplica a todos los administradores en el desempeño de su cargo, cualquiera que sea la forma del órgano de administración (administrador único, administradores mancomunados, administradores solidarios o consejo de administración), de todas las sociedades de capital (sociedades anónimas –cotizadas o no– y sociedades de responsabilidad limitada).

   La norma, el deber de subordinar el interés particular de los administradores al interés de la empresa, es imperativa ("en todo caso")[22]. La inclusión de la expresión "en todo caso" persigue abortar una interpretación favorable a su exclusión o limitación por los estatutos sociales o por acuerdo unánime de todos los socios.

2) Interés de empresa *vs* Interés social.–La norma introduce un concepto nuevo en la LSC, "interés de la empresa", para contraponerlo y jerarquizarlo respecto al "interés particular" –otro término nuevo en la LSC– de los administradores y sin definir ninguno de los dos.

   Por "interés particular" debe entenderse un interés propio del administrador (personal o de personas vinculadas con él) distinto

20 Véase *supra* epígrafe I.

21 Véase *infra* epígrafe III.

22 En ese sentido, véase Sánchez-Calero Guilarte, "La modificación del deber de diligencia", cit., pág. 25.

de los intereses ajenos que gestiona por razón de su condición de administrador de la sociedad (gestor y representante de la sociedad), esto es, distinto del interés de la sociedad que administra.[23] Y también habrá que incluir en ese "interés particular" un interés propio distinto de los intereses que integren el "interés de la empresa", que, como ya hemos señalado, consideramos que es un concepto distinto del "interés social" o "interés de la sociedad" y que se alinea con el concepto de sostenibilidad o responsabilidad corporativa o ESG. Así, el interés de empresa es, conceptualmente, un interés más amplio y heterogéneo que el interés social[24], que puede o no ser coincidente con éste[25], pero que comprende el interés de otros grupos distintos de los accionistas (*stakeholders)* y que impacta sobre el interés público en materia de derechos humanos, cambio climático y medio ambiente.

3) Primacía del interés de la empresa frente al interés particular del administrador. Esto es, se subordina el interés particular del administrador al interés de empresa, no se subordina el interés de la

---

23 Afirma SÁNCHEZ CALERO-GUILARTE, "La modificación del deber de diligencia", cit., pág. 27, que el adjetivo "particular" debiera incluir "todo interés vinculado con el administrador que sea particular, por ser distinto del propio de la sociedad".

24 Sobre el concepto de interés social, la STS 889/2021, de 21 de diciembre, afirma que "puede hablarse de un interés propio de la sociedad que no se identifica con el de los socios, pero que se nutre de éstos".

25 Como pone de relieve RECALDE, A., "La inclusión de los objetivos públicos en la gestión de las sociedades de capital" en *Estudios jurídicos en homenaje al Profesor Ricardo Alonso Soto,* Civitas, 2022, a menudo, los fines ESG son compatibles con un interés de los socios a largo plazo. También, PEINADO, J.I., "La sostenibilidad y el deber de diligencia de los administradores", RDM núm. 311, 2019, pág. 17, quien afirma que en nuestro ordenamiento societario "la sostenibilidad a largo plazo se incorpora al interés social e incluye indirectamente la relación con terceros grupos de interés –en el sentido de que el interés social incorpora la creación de valor a largo plazo y se pretende sostener que las relaciones con los grupos de interés de la sociedad afectan a esa creación de valor a largo plazo–".

sociedad. La norma no impone al administrador el deber de actuar "en el mejor interés de empresa"[26] y entendemos, conforme a una interpretación literal, que tampoco el deber general de actuar en defensa del "interés de la empresa"[27]. Lo que impone la norma es que, en el desempeño de sus funciones, el administrador considere y tenga en cuenta el interés de la empresa con carácter prioritario a su propio interés y, ello, aunque en el caso concreto su interés particular no esté conflictuado con el interés social. Ante un conflicto de intereses entre los particulares del administrador y el "interés de empresa", el administrador debe priorizar este último.

III. EL NUEVO "DEBER DE DILIGENCIA REFORZADO" Y LA RESPONSABILIDAD DE LOS ADMINISTRADORES

El nuevo art. 225.1 LSC introduce en el deber general de diligencia de los administradores la consideración de un grupo de intereses más amplio que el de los accionistas, para priorizarlos frente al interés particular del administrador, con el fin de "reforzar el deber de diligencia", conforme declara el legislador[28], lo que suscita la cuestión de si ello conlleva también una responsabilidad reforzada del administrador o, en su caso, cambios en el régimen de responsabilidad[29]. Son dos las principales cuestiones que se plantean, a saber:

---

26 La norma del art. 225.1 no altera el deber de lealtad del administrador que le impone desempeñar su cargo "en el mejor interés de la sociedad" (art. 227.1 LSC).

27 Sí lo impone, en cambio, el art. 25.1 de la Propuesta de Directiva sobre diligencia debida cuando señala "al cumplir su deber de actuar en el mejor interés de la empresa, (...) tengan en cuenta las consecuencias de sus decisiones en materia de sostenibilidad (...).

28 Vid. Apartado VIII del Preámbulo de la Ley 5/2021.

29 Además de plantear importantes reflexiones de mayor alcance: si el reforzamiento del deber de diligencia altera algunos criterios inspiradores del derecho de sociedades, atribuyendo al derecho de sociedades una función de ordena-

(a) si el incumplimiento por los administradores del nuevo deber puede comportar su responsabilidad por acción individual *ex* art. 241 LSC frente a los titulares del "interés de la empresa", esto es, frente a los *stakeholders* o titulares de los intereses, distintos del interés de la sociedad, pero comprendidos en el "interés de la empresa";

(b) si el cumplimiento por los administradores del nuevo deber de diligencia aumenta la discrecionalidad empresarial *ex* art. 226 LSC y, por ello, reduce su responsabilidad en el ejercicio de una acción social de responsabilidad.

Así, a pesar de que la Ley 5/2021 no ha modificado expresamente el régimen de responsabilidad de los administradores[30], debe valorarse si la

---

ción económica orientadora de la actividad de las empresas que no le corresponde, como señala Sánchez-Calero Guilarte, "La modificación del deber de diligencia", cit., pág. 35.

30 Por el contrario, la Propuesta de Directiva sobre diligencia debida vincula el deber de los administradores de atender y actuar en el mejor interés de la empresa con su responsabilidad civil por el incumplimiento de ese deber. Así resulta del art. 26 de la Propuesta (suprimido en la posición del Consejo de la Unión Europea hecha pública el 1 de diciembre de 2022, véase supra epígrafe II) y del Considerando 64 (también suprimido en la referida posición del Consejo UE), que dispone: *La responsabilidad de la diligencia debida debe asignarse a los administradores de la empresa, en consonancia con los marcos internacionales de diligencia debida. Por consiguiente, los administradores deben ser responsables de poner en marcha y supervisar las medidas de diligencia debida establecidas en la presente Directiva y de adoptar la política de diligencia debida de la empresa, teniendo en cuenta las aportaciones de las partes interesadas y las organizaciones de la sociedad civil e integrando la diligencia debida en los sistemas de gestión empresarial. Asimismo, los administradores deben adaptar la estrategia empresarial a los efectos reales y potenciales identificados y a las medidas de diligencia debida adoptadas*. Tras declarar, la responsabilidad civil de las empresas por los daños y perjuicios derivados del incumplimiento de las obligaciones de diligencia debida en el art. 22 de la Propuesta de Directiva (modificado en la Posición del Consejo UE) y en su considerando 54: *A fin de garantizar una*

novedad introducida en el estándar de la conducta antijurídica ("deber de diligencia reforzado") de los presupuestos de la responsabilidad del administrador puede derivar una alteración del ámbito de la responsabilidad.

A título de conclusión, ya avanzamos que, a nuestro juicio, la reforma no comporta una modificación del régimen de responsabilidad del administrador, ni en el ámbito de la acción individual ni en el de la acción social.

1. Acción individual. Lesión del interés de empresa

Como hemos señalado, tras admitir que el "interés de la empresa" integra intereses distintos del interés de la sociedad, cabe cuestionar si los titulares de esos otros intereses ostentan legitimación activa para el ejercicio de la acción de responsabilidad del art. 241 LSC frente al administrador que ha incumplido el deber de diligencia "reforzado".

El éxito de la acción de responsabilidad requiere la concurrencia de los presupuestos del art. 241 LSC, que son los propios del art. 1902 CC[31]. En particular, los siguientes: (i) determinar la conducta antijurídica del administrador, identificando claramente el concreto deber que se denuncia incumplido. Esto es, en este caso, no subordinar el interés

---

indemnización efectiva a las víctimas de efectos adversos, debe exigirse a los Estados miembros que establezcan normas que regulen la responsabilidad civil de las empresas por los daños y perjuicios derivados del incumplimiento del proceso de diligencia debida. La empresa debe ser responsable de los daños y perjuicios si no ha cumplido las obligaciones de prevenir y mitigar los efectos adversos potenciales o de eliminar los efectos adversos reales y minimizar su alcance y si, como consecuencia de este incumplimiento, se ha producido un efecto adverso que debería haberse identificado, prevenido, mitigado, eliminado o minimizado a través de las medidas adecuadas y ha dado lugar a daños y perjuicios.

31 Para un estudio de los presupuestos de la acción individual de responsabilidad, véase ALFARO ÁGUILA-REAL, J., "La llamada acción individual de responsabilidad o responsabilidad "externa de los administradores sociales", *Indret*, 1/2007.

particular al interés de la empresa y, además, concretar cuál es ese interés de la empresa lesionado y la norma o el deber general que lo impone en beneficio del demandante; (ii) acreditar el daño directo en los intereses de la actora, que deben ser los directamente protegidos por la finalidad del deber o norma infringida y (iii) probar (o argumentar suficientemente con inversión de la carga de la prueba con base en la regla de la facilidad y disponibilidad probatoria del art. 217 LEC[32]) el nexo causal; es decir, probar que el daño o perjuicio reclamado podría haberse evitado con la adopción de las medidas adecuadas de diligencia debida por el administrador.

En relación con la conducta antijurídica, queremos significar, primero, que la norma no impone expresamente el deber de actuar en interés de los *stakeholders* sino de priorizarlos frente a los intereses particulares del administrador[33]. Antes de la reforma, los administradores también "podían" en el ejercicio de su cargo considerar los intereses de los *stakeholders,* sin anteponerlos al interés de la sociedad, ahora, tras la reforma, tampoco se impone el "deber" de tener en cuenta esos otros intereses ni de priorizarlos frente al de los socios. Y, segundo, la adición de esa norma en el deber general de diligencia del administrador no modifica la relación de fiducia o agencia que existe únicamente entre la sociedad y los administradores y no entre los *stakeholders* y los administradores[34].

---

32 Como admite la doctrina del Tribunal Supremo, por ejemplo, en la STS 253/2016, de 18 de abril.

33 Como advierte JUSTE MENCÍA, J., "Artículo 225. Deber general de diligencia", en García Cruces/Sancho Gargallo (dirs), *Comentario a la Ley de Sociedades de Capital,* 2021, T. III, pág. 3102, la reforma no subraya la necesidad de considerar otros intereses además del de los socios.

34 Así lo afirmaba ya antes de la reforma del art. 225.1 LSC, PEINADO, J.I., "La sostenibilidad y el deber de diligencia de los administradores", cit., precisando que los *stakeholders* no se convierten por sí mismos en titulares de derecho alguno.

La conducta antijurídica del administrador consiste, en consecuencia, en una gestión indebida por no subordinar su interés personal al interés de la empresa, y será necesario que la parte actora concrete cuál es ese interés de empresa (y en conflicto con el particular del administrador) que ha resultado lesionado con la conducta imputable subjetivamente al administrador demandado, así como la norma o el deber general que lo impone en beneficio del demandante.

Además, conforme resulta de la doctrina jurisprudencial, para que pueda prosperar la acción individual ejercitada por los *stakeholders*, la lesión o el daño es preciso que lo sufran directamente éstos y no consista en un lesión o daño indirecto o reflejo del causado al interés social o a la sociedad. Como ya se ha dicho, interés de la sociedad e interés de la empresa son conceptualmente distintos, pero no necesariamente la defensa de los intereses de los *stakeholders* es incompatible con el interés de la sociedad, sino que pueden ser coincidentes si se admite que los objetivos de la RSC (sostenibilidad o ESG) son compatibles con un interés de maximizar el valor de la compañía a largo plazo porque, por ejemplo, refuercen la reputación de la sociedad especialmente a largo plazo. En ese caso, habrá que valorar si el daño cuya indemnización se reclama lo es al interés social o directamente al interés de los *stakeholders* y, es en este último caso que, de cumplirse además con los otros presupuestos, podría prosperar la acción individual con arreglo a la doctrina jurisprudencial[35].

---

35 La doctrina jurisprudencial requiere para el éxito de la acción individual del art. 241 LSC que el daño sea directo o primario al titular de la acción ejercitada. Así, por ejemplo, la STS 679/2021, de 6 de octubre declara: "incluso en el caso de que los administradores sociales no hubieran sido diligentes en la gestión social y hubieran llevado a la sociedad a la insolvencia, el daño directo se habría causado a la sociedad administrada por ellos, que habría incurrido en pérdidas, no a los acreedores sociales, que sólo habrían sufrido el daño de modo indirecto, al no poder cobrar sus créditos de la sociedad. Los daños sufridos por el acreedor no serían daños directos o primarios, sino reflejos o secundarios, derivados de la insolvencia de la sociedad (...). No es directo, sino indirecto, el daño sufrido por

No resultará fácil, pues, la prueba del daño directo y del nexo causal con la conducta antijurídica imputable al administrador y, respecto de ésta, la prueba del concreto interés de empresa que el administrador no ha considerado para priorizarlo respecto de su interés particular.

En conclusión, consideramos que la reforma introducida en el art. 225.1 LSC no altera ("refuerza") el ámbito de la responsabilidad de los administradores *ex* art. 241 LSC.

2. Acción social. Regla de la discrecionalidad

El administrador en el cumplimiento de su deber fiduciario de diligencia debe respetar todas las normas (cumplimiento normativo), no sólo las de derecho societario, sino también todas aquéllas relativas al medioambiente, derechos humanos, etc., es decir, las que pueden integrar la denominada RSC (sostenibilidad o ESG). El incumplimiento normativo imputable al administrador constituye una infracción del deber de diligencia exigible por la sociedad, que permite fundar una acción de responsabilidad ex art. 236 LSC. También cabe que la conducta del

---

el patrimonio de la sociedad que repercute en los socios o acreedores (...). En el caso de que el acreedor haya sufrido daños como consecuencia de la insolvencia de la sociedad deudora, la acción que puede ejercitarse no es por regla general la individual, sino la social, que permite reintegrar el patrimonio de la sociedad. También SÁNCHEZ-CALERO GUILARTE, "La modificación del deber de diligencia", cit., pp. 33 y 34, afirma que podrá entablarse la acción social por la infracción del inciso final del art. 225.1 LSC si se entiende que interés social y el de empresa son una misma cosa. Y en caso de reconocer dentro del interés de empresa otros grupos de intereses distintos podría ejercitarse la acción individual si el actor pudiera acreditar que sufrió un daño directo. Pero advierte que el reconocimiento dentro del interés de empresa distinto del interés social, de los socios minoritarios y de los acreedores (arts. 239.1 y 240 LSC), "no resulta suficiente para admitir que sus titulares estarían legitimados para demandar a los administradores en el ejercicio de esta acción".

administrador cumpla objetivos RSC no impuestos y que esa conducta caiga en el ámbito de las *decisiones estratégicas y de negocio* sujetas a la regla de la discrecionalidad empresarial del art. 226 LSC, que modula el estándar de diligencia para determinar la responsabilidad del administrador. En ese caso, el administrador podrá oponer a la acción social de responsabilidad la regla de la discrecionalidad a efectos de acreditar que cumplió con el *estándar de diligencia de un ordenado empresario*.

En efecto, la inclusión del "interés de la empresa" en el deber de diligencia del art. 225 LSC, y partiendo de que muchas de las decisiones relativas a la RSC son *decisiones estratégicas y de negocio,* permite vincular su cumplimiento con la regla de discrecionalidad. Así, la adopción por el administrador de decisiones que persigan objetivos RSC no impuestos normativamente (ley, estatutos sociales o acuerdos sociales) se adecuaran al deber de diligencia exigido si superan el test de la regla de la discrecionalidad, que requiere el cumplimiento de los siguientes cuatro requisitos: actuar de buena fe, no tener interés personal en el asunto objeto de decisión, disponer de información suficiente y seguir un procedimiento de decisión adecuado.

De tal suerte, la nueva norma permite afirmar que la adopción de una decisión en "interés de la empresa" que, en su caso, no sea adecuada para el mejor interés de la sociedad podrá beneficiarse de la BJR y, en ese sentido, ampliaría el ámbito de aplicación de la regla de la discrecionalidad. Ahora bien, el cumplimiento del test de la BJR y, en particular, del requisito de actuar sin interés personal del administrador nos lleva a concluir que la nueva norma del art. 225.1 no implica una extensión de la BJR y una reducción del ámbito de responsabilidad del administrador[36]. Y ello por cuanto a nuestro juicio la nueva norma no impone un deber

36 En ese sentido, SÁNCHEZ CALERO-GUILARTE, "La modificación...", cit., pág. 33, advierte de *la dificultad de que una actuación en contra del deber de subordinación pudiera encontrar alguna protección en la regla del artículo 226.LSC".*

general de defender el interés de empresa, sino que se constriñe al deber de subordinar el interés particular del administrador al interés de empresa y, como dispone el art. 226 LSC, sólo cabe la aplicación de la regla de discrecionalidad cuando el administrador haya actuado "sin interés personal". Así, una conducta del administrador quedará amparada por la BJR si el administrador ha actuado sin interés personal y una conducta del administrador infringirá la nueva norma del deber de diligencia si el administrador ha actuado con interés personal.

De lo que se sigue que el supuesto de infracción del deber de diligencia que estipula la nueva norma incorporada en el inciso final del art. 225.1 LSC no incluye las conductas adoptadas desinteresadamente por el administrador, que son las únicas a las que cabe aplicar la BJR, y, por tanto, no habrá infracción del "nuevo" deber de diligencia cuando el administrador adopte una decisión desinteresadamente o sin conflicto entre su interés particular y el interés de la empresa. En otras palabras, sin conflicto de interés –e imposición normativa– no hay infracción del nuevo deber de diligencia, aunque se adopten decisiones en interés de la sociedad que no beneficien el interés de empresa (o el interés de los *stakeholders*) o que no se adopten decisiones en su beneficio.

En conclusión, en el sentido expuesto, consideramos que el nuevo inciso del art. 225.1 LSC no amplia la discrecionalidad empresarial del art. 226 LSC ni altera el régimen de la acción social de responsabilidad civil del administrador[37].

---

37 Como afirma JUSTE MENCÍA, J., "Artículo 225. Deber general de diligencia", en García Cruces/Sancho Gargallo (dirs), *Comentario a la Ley de Sociedades de Capital,* 2021, T. III, pág. 3102, si el legislador ha pretendido "que la gestión ordenada al que está llamado el administrador debe tener en cuenta la pluralidad de intereses que confluyen en la actividad empresarial, el nuevo inciso añade poco a la cláusula general, que obliga a examinar la conducta respecto de la que hubiera realizado un ordenado empresario. Esta cláusula está abierta a actualizaciones que pueden venir dadas por la realidad social del tiempo en

Bibliografía

ALFARO ÁGUILA-REAL, J., "La llamada acción individual de responsabilidad o responsabilidad "externa de los administradores sociales", *Indret*, 1/2007

EMBID IRUJO, J.M., "Aproximación al significado jurídico de la responsabilidad social corporativa", *RDM,* núm. . 316, 2020, pp. 11 y ss.

JUSTE MENCÍA, J., "Artículo 225. Deber general de diligencia", en García Cruces/Sancho Gargallo (dirs), *Comentario a la Ley de Sociedades de Capital,* 2021, T. III, pp. 3093-3104.

PEINADO GRACIA, J.I. "La sostenibilidad y el deber de diligencia de los administradores: Una primera reflexión sobre la sostenibilidad de la sociedad mercantil y la responsabilidad por falta de diligencia de los administradores", *RDM*, núm. 311, 2019;

RECALDE CASTELLS, A., "Los intereses colectivos en la gestión de sociedades anónimas: RSC, sostenibilidad y objetivos ESG", en *Almacén de Derecho,* 1 abril de 2022.

RECALDE, A., "La inclusión de los objetivos públicos en la gestión de las sociedades de capital" en *Estudios jurídicos en homenaje al Profesor Ricardo Alonso Soto,* Civitas, 2022, pp. 439-473.

SÁNCHEZ-CALERO GUILARTE, J., "La modificación del deber de diligencia", *RDBB*, núm. 163, 2021, pp. 231 y ss.

SEQUEIRA, A., "El desarrollo de la responsabilidad social corporativa versus sostenibilidad, y su relación con el gobierno corporativo en las directivas comunitarias y en el derecho español de sociedades cotizadas, *RdS,* núm. 61, 2021, pp 33-133.

---

que deba ser aplicada" y añade que si lo pretendido era añadir *la atención a otros intereses distintos de los de los socios cuando* la sociedad es gestionada, *la reforma debería haber ido encaminada a subrayar la necesidad de considerar otros intereses además del de sus miembros.*

EL ÓRGANO DE ADMINISTRACIÓN DE LAS ENTIDADES DE CRÉDITO[*]

Dr. Vicenç Ribas Ferrer
Profesor Contratado Doctor de Derecho Mercantil
Universidad de Alcalá de Henares.

SUMARIO: I. INTRODUCCIÓN. II. GOBIERNO CORPORATIVO 1. Ordenación general. 2. Deberes de los administradores. III. GESTIÓN DE RIESGOS 1. Políticas y estrategias de riesgos. 2. Comité de riesgos. 3. Función de riesgos. IV. REMUNERACIÓN DE LOS ADMINISTRADORES. 1. Política de remuneración. 2. Remuneración variable. 3. Obligaciones de transparencia. V. DOCUMENTACIÓN.

I. INTRODUCCIÓN

La ordenación europea del órgano de administración de las entidades de crédito se configura, en lo fundamental, a través de un conjunto de disposiciones reguladoras de su gobierno corporativo. Atendiendo a las singularidades de los mercados financieros y al régimen prudencial que los caracteriza, el marco de la administración corporativo financiero europea se estructura a través de los ejes fundamentales que lo sostienen: el gobierno corporativo y el control interno, la gestión de riesgos y las políticas y prácticas de remuneración.[1]

---

* Este trabajo forma parte de los proyectos de investigación "La transformación digital de los servicios bancarios y financieros: nuevos retos normativos y modelos de negocio (eFINBANK)" con Referencia PID2021-127594OB-I00, financiado por MCIN/AEI/ 10.13039/501100011033 / FEDER, UE y "FINTECH, START-UPS Y PYMES" con Referencia: SBPLY/19/180501/000266.

1 El legislador europeo no ha establecido un régimen jurídico sobre la administración de sociedades en general, si bien ha dispuesto determinados principios

El vigente régimen prudencia de las entidades de crédito se encuentra contenido en la Directiva 2013/36/UE del Parlamento Europeo y del Consejo, de 26 de junio de 2013 y en el Reglamento 575/2013 del Parlamento Europeo y del Consejo, de 26 de junio de 2013.[2] Aunque inicialmente el régimen prudencial de las entidades de crédito y las empresas de inversión se articularon en la misma directiva, con posterioridad las normas aplicables a estas últimas se han separado y se encuentran en el Reglamento 2019/2033, de 27 de noviembre de y en la Directiva 2019/2034, de 27 de noviembre de 2019.[3]

---

sobre la representación orgánica aplicable a las sociedades de capital, a las que las entidades de crédito e inversión también están sujetas. V. arts. 1, 7.1 y 9 y Anexo II Directiva 2017/1132, para las sociedades de capital; arts. 37.1, 42.1 y 47 Reglamento 1435/2003, para la Sociedad Cooperativa Europea y art. 20 Reglamento 2137/1985, para la AEIE.
Por otro lado, el Derecho europeo ha regulado las estructuras de la administración de determinados tipos asociativos mediante disposiciones normativas que regulan sendos tipos societarios de alcance europeo: la Agrupación Europea de Interés Económico (AEIE) (Reglamento 2137/1985), la Sociedad Anónima Europea (SE) (Reglamento 2157/2001 y Directiva 2001/86 y la Sociedad Cooperativa Europea (SCE) (Reglamento 1435/2003).

2 La Directiva 2013/36/UE del Parlamento Europeo y del Consejo, de 26 de junio de 2013, relativa al acceso a la actividad de las entidades de crédito y a la supervisión prudencial de las entidades de crédito, por la que se modifica la Directiva 2002/87/CE y se derogan las Directivas 2006/48/CE y 2006/49/CE, es la versión consolidada a partir de distintas modificaciones operadas por las siguientes directivas: Directiva 2014/17/UE, Directiva 2014/59/UE, Directiva 2015/2366, Directiva 2018/843 y Directive (EU) 2019/2034. V. Directrices sobre políticas de remuneración adecuadas con arreglo a la Directiva 2013/36/UE.

3 Reglamento 2019/2033 del Parlamento Europeo y del Consejo de 27 de noviembre de 2019 relativo a los requisitos prudenciales de las empresas de servicios de inversión, y por el que se modifican los Reglamentos n. 1093/2010, n. 575/2013, n. 600/2014 y n. 806/2014. OJ L 314, 5.12.2019 y Directiva 2019/2034 del Parlamento Europeo y del Consejo de 27 de noviembre de 2019 relativa a la supervisión prudencial de las empresas de servicios de

El sistema financiero, en general, y el crediticio y de inversión, en particular, se caracteriza por ciertas particularidades que son las que determinan la exigencia de especialidades en su régimen jurídico. En primer lugar, la protección jurídica no atiende sólo a los intereses de los socios o accionistas, sino que se extiende a otros interesados, como pueden ser los ahorradores, depositarios, titulares de pólizas de seguro, beneficiarios de planes de pensiones, etc.[4] Mientras que los accionistas y los directivos pueden beneficiarse de una maximización de las ganancias a corto plazo, los ahorradores pueden sufrir las consecuencias a largo plazo. En segundo lugar, también es preciso tutelar el interés general, considerando que la estabilidad del propio sistema financiero es un elemento esencial de protección, sobre la base de los riesgos sistémicos que pueden ser generados por una parte significativa de los agentes financieros.[5]

La regulación prudencial mencionada, que afecta al gobierno de las entidades, al control de riesgos y a la remuneración de los administradores y directivos, afecta subjetivamente a la generalidad de entidades de crédito y las empresas de inversión.[6] Sin embrago, debido la diversidad de entidades afectadas, se reconoce de forma expresa que los sistemas, procedimientos y mecanismos prudenciales serán proporcionados a la naturaleza, escala y complejidad de los riesgos correspondientes a sus modelos empresariales y las actividades que desarrollen.[7] El mencionado principio de proporcionalidad pretende facilitar que cada entidad

---

inversión, y por la que se modifican las Directivas 2002/87/CE, 2009/65/CE, 2011/61/UE, 2013/36/UE, 2014/59/UE y 2014/65/UE. OJ L 314, 5.12.2019. V. Directrices sobre políticas de remuneración adecuadas con arreglo a la Directiva 2019/2034.

4 Libro Verde 2010 § 2.

5 Libro Verde 2010 §§ 1 y 2.

6 Arts. 3 y 74.1 Directiva 2013/36/UE.

7 Art. 74.2 Directiva 2013/36/UE.

pueda individualizar sus políticas a su perfil de riesgo y a su estrategia de negocio.[8] El principio de proporcionalidad también se observa para las entidades de inversión, a la par que el criterio de empresa de servicios de inversión pequeña y no interconectada.[9]

II. GOBIERNO CORPORATIVO

1. Ordenación general

A. Principios generales. Las entidades de crédito y a las empresas de servicios de inversión están obligadas a establecer procedimientos de gobierno corporativo sólidos, que incluyan una estructura organizativa clara, con responsabilidades bien definidas, transparentes y coherentes.[10] En particular, el órgano de administración está obligado a definir un sistema de gobierno corporativo que garantice una gestión eficaz y prudente de la entidad, incluyendo el reparto de funciones en la organización y la prevención de conflictos de interés, debiendo vigilar su aplicación y responder por ella.[11] El sistema de gobierno corporativo debe configurarse a partir de determinados principios generales que, en buena parte, están orientados a asegurar que el órgano de administración retiene y ejercita determinadas competencias sobre la estrategia y el control de la gestión de la entidad. En particular, destaca la responsabilidad de los objetivos estratégicos de la entidad, con particular referencia a la estrategia de riesgo, la integridad y control sobre la información contable y financiera, la supervisión de la divulgación de la información, así como la supervisión efectiva de la alta direc-

---

8 Recomendación 2009/384/CE § 1.3.

9 EM § 41, 44, y arts. 5.1.c), 25.1, 26.3, 30.1.a y 36.2 Directiva 2019/2034.

10 Arts. 3, 74.1 y 88.1 Directiva 2013/36/UE y 4.1.3 Reglamento 575/2013; art. 25 Directiva 2019/2034.

11 Art. 88.1 Directiva 2013/36/UE; cfr. Anexo V y art. 22 Directiva 2006/48/CE; Libro Verde 2010 § 5.8.

ción.[12] Otro principio se refiere a la prohibición de que el presidente del consejo de administración ejerza las funciones de consejero delegado de la entidad, salvo que la entidad lo justifique y las autoridades lo aprueben.[13] Con ello se refuerza la idea de que el consejo debe retener las competencias de supervisión de los ejecutivos, con separación de funciones supervisoras y ejecutivas, tanto en las estructuras monistas como dualistas.[14] El órgano de administración debe controlar y evaluar periódicamente la eficacia del sistema de gobierno de la entidad, debiendo tomar las medidas adecuadas para solventar sus deficiencias.[15] De su parte, las autoridades nacionales revisarán y evaluarán los sistemas de gobierno corporativo de las entidades, así como la capacidad de los consejeros para el desempeño de sus funciones.[16]

B. Deberes de transparencia. Con el objetivo de facilitar la supervisión de las prácticas de gobierno corporativo y mejorar la disciplina de mercado, las entidades de crédito deben hacer públicas sus estructuras de gobierno corporativo. Para cumplir con este objetivo, el órgano de administración debe aprobar y publicar una declaración, al menos anualmente, que ofrezca garantías de que las estructuras de gobierno corporativo son adecuadas y eficientes.[17] Los elementos del sistema de gobierno corporativo que quedan sujetos a publicación atañen, fundamentalmente, a los deberes de dedicación y profesionalidad. En este marco, se precisa que se haga público el número de mandatos concurrentes que ocupan los consejeros, sus conocimientos, competencias y experiencia.[18] También debe publicarse la política de selección de los consejeros y, en

---

[12] Art. 88.1.a-d Directiva 2013/36/UE.

[13] Art. 88.1.e Directiva 2013/36/UE.

[14] Directiva 2013/36/UE EM §§ 56 y 57; Libro Verde 2010 § 5.1.

[15] Art. 88.1.III Directiva 2013/36/UE.

[16] Art. 98.7 Directiva 2013/36/UE.

[17] Art. 435.2 y EM § 114 Reglamento 575/2013.

[18] Art. 435.2.a-b Reglamento 575/2013.

lo que hace referencia a la política de diversidad, se debe informar sobre los aspectos relativos a la selección de los consejeros y a los objetivos y metas establecidos y en qué medida se han alcanzado.[19] En relación con la gestión de riesgos, debe informarse, por un lado, sobre si se ha creado el comité de riesgos y, en su caso, el número de reuniones que ha tenido; por otro, se debe describir qué flujo de información se ha facilitado al consejo de administración.[20] Finalmente, las entidades que tengan sitio web deben explicar cómo cumplen los requisitos sobre el sistema de gobierno corporativo, tanto en relación con los temas organizativos y gestión de riesgo, como en los aspectos sobre remuneración.[21] Para fortalecer el cumplimiento de la ley y el gobierno corporativo se deben establecer mecanismos que fomenten la notificación de infracciones, dando protección a los empleados respecto de las denuncias realizadas.[22] Las entidades de auditoría también asumen un deber de alerta a los supervisores si tienen conocimiento de infracciones graves sobre las condiciones de autorización o de ejercicio de la actividad de las entidades.[23]

C. Comité de nombramientos. Las entidades importantes por su tamaño, organización y naturaleza de sus actividades, cuyo órgano de administración tenga competencias en el proceso de selección y nom-

---

19 Art. 435.2.b-c Reglamento 575/2013.

20 Art. 435.2.d-e Reglamento 575/2013.

21 Art. 96 Directiva 2013/36/UE.

22 Art. 71 y EM § 61 Directiva 2013/36/UE.

23 Art. 63 y EM § 33 Directiva 2013/36/UE; Libro Verde 2010 §§ 3.7, 5.1 y 5.3. De su parte, las empresas de servicios de inversión deben publicar información sobre los mecanismos de gobierno interno. Por un lado, deben informar sobre el número de cargos de consejero que desempeñan los miembros del órgano de dirección. En segundo lugar, debe comunicar la política de diversidad que aplican en la selección de los miembros del órgano de dirección, junto a los objetivos establecidos y alcanzados. Finalmente, deberán informar si disponen de un comité de riesgos y las veces que se ha reunido anualmente. V. Arts. 48 y 46 Reglamento 2019/2033.

bramiento de sus miembros, deben establecer un comité de nombramientos, integrado por consejeros no ejecutivos.[24] Para desarrollar su cometido, el comité podrá utilizar los recursos que considere adecuados, incluyendo el asesoramiento externo, para lo que recibirá la financiación oportuna.[25] Una de las misiones que se asigna al comité consiste en tener en cuenta la necesidad de velar por que la toma de decisiones en el consejo no se vea dominada por un individuo o por un grupo reducido que pudiera perjudicar los intereses de la entidad.[26] El comité se encarga de la identificación, evaluación y recomendación de los candidatos a consejero, debe describir las funciones y aptitudes para los nombramientos concretos, además de evaluar el equilibrio de conocimientos, capacidad, diversidad y experiencia del órgano de administración.[27] En relación con el equilibrio de género, el comité debe establecer un objetivo de representación para el sexo menos representado en el órgano de administración y debe elaborar orientaciones para alcanzar el objetivo propuesto.[28] El comité también tiene la misión de evaluar periódicamente al consejo (estructura, tamaño, composición y actuación) y a los administradores (conocimientos, competencias y experiencia).[29] En cuanto a la política de selección y nombramiento de la alta dirección, el comité debe revisarla y formular recomendaciones al órgano de administración.[30]

2. Deberes de los administradores

A. Deberes de profesionalidad y honorabilidad. Los miembros del órgano de administración del sector financiero están sujetos a un

---

24 Art. 88.2 Directiva 2013/36/UE.
25 Art. 88.2.IV Directiva 2013/36/UE.
26 Art. 88.2.III Directiva 2013/36/UE.
27 Art. 88.2.II.a.I Directiva 2013/36/UE.
28 Art. 88.2.II.a.II Directiva 2013/36/UE.
29 Art. 88.2.II.b-c Directiva 2013/36/UE.
30 Art. 88.2.II.d Directiva 2013/36/UE.

deber de profesionalidad específico, requiriendo la idoneidad y las competencias adecuadas para poder ejercer sus funciones.[31] En este sentido, los consejeros individualmente considerados deben acreditar conocimientos, competencias y experiencia para cumplir con sus funciones y el órgano de administración en su conjunto deberá poseer tales cualidades para poder entender las actividades de la entidad, incluyendo la exposición a los principales riesgos.[32] En todo caso, las entidades dedicarán los recursos oportunos a la integración y formación de los consejeros.[33] Además, todos los consejeros deben tener en todo momento la oportuna honorabilidad y reputación necesaria para ejercer el cargo. A este respecto, cuando una autoridad competente evalúe a un candidato, consultará la base de datos de la ABE sobre sanciones administrativas.[34]

B. Deberes de diversidad y de independencia. La composición del consejo de administración debe reflejar una amplia gama de experiencias. En esta dirección, las entidades y sus comités de nombramiento, cuando seleccionen los miembros del órgano de administración, deben tener en cuenta una amplia gama de cualidades y competencias, estableciendo una política que favorezca la diversidad en el órgano de administración.[35] La falta de diversidad en el seno del órgano de administración favorece el pensamiento de grupo y con ello se dificulta el control sobre los ejecutivos.[36] Además de la política de diversidad, el fomento del control sobre los directivos se manifiesta a través del deber de actuar con independencia de juicio dirigido a todos los administradores. En este sentido, los administradores deben actuar con hones-

---

31 Art. 91 y 212 Directiva 2013/36/UE; Libro Verde 2010 § 5.1.

32 Art. 91.1 y 7 Directiva 2013/36/UE.

33 Art. 91.9 Directiva 2013/36/UE.

34 Art. 69.2 Directiva 2013/36/UE.

35 Art. 91.1, 10 y 11 Directiva 2013/36/UE.

36 EM § 60 Directiva 2013/36/UE.

tidad, integridad e independencia de ideas, debiendo evaluar y, en su caso, cuestionar las decisiones de la alta dirección, debiendo así vigilar y controlar de manera efectiva el proceso de decisión de la dirección.[37] De su parte, las entidades, al evaluar la independencia de ideas de los miembros del órgano de administración, valorarán si poseen habilidades de comportamiento, tales como, la fortaleza para evaluar y cuestionar de manera efectiva las decisiones propuestas por otros miembros de órgano de administración, la capacidad para formular preguntas a los consejeros ejecutivos o la capacidad para resistirse al "pensamiento gregario".

C. Deberes de dedicación. Finalmente, todos los consejeros están obligados por un deber de dedicación que les exige que destinen el tiempo necesario para el cumplimiento de sus funciones.[38] Las entidades evaluarán si un miembro del órgano de administración puede o no dedicar tiempo suficiente para cumplir sus responsabilidades, entre las que se incluyen la de comprender el negocio, sus riesgos principales, el modelo de negocio y la estrategia de riesgos. Los consejeros deben poder cumplir sus obligaciones en períodos de especial actividad, como pueden ser las operaciones de reestructuración, traslados de la entidad o cuando existan dificultades importantes en sus operaciones. Directamente relacionado con el deber de dedicación, se corresponde la eventual limitación de mandatos concurrentes o cargos que un consejero puede desempeñar simultáneamente.[39] El número de mandatos se determinará teniendo en cuenta las circunstancias particulares y las características de la entidad, tales como su dimensión o la complejidad de las actividades.[40] Sin embargo, los administradores de las entidades importantes por tamaño, organización y complejidad de sus activida-

---

37 Art. 91.8 Directiva 2013/36/UE; Libro Verde 2010 § 5.1.

38 Art. 91.2 Directiva 2013/36/UE.

39 Libro Verde 2010 § 5.1.

40 Art. 91.3 Directiva 2013/36/UE.

des, tiene limitado el número de cargos simultáneos a una administración ejecutiva junto a dos no ejecutivas o a cuatro no ejecutivas.[41] A estos efectos se establece cierta flexibilidad para grupos, entidades participadas y sistemas instituciones de protección, a la par que las autoridades podrán autorizar la ocupación de un puesto adicional.[42] En todo caso, la regla de limitación de mandatos no resulta aplicable a los puestos directivos en entidades que no tengan carácter empresarial, como puedan ser organizaciones sin fines lucrativos.[43]

III. GESTIÓN DE RIESGOS

1. Políticas y estrategias de riesgos

Las entidades de crédito y a las empresas de inversión deben dotarse de procedimientos eficaces que permitan identificar, gestionar, controlar y comunicar los riesgos actuales y futuros.[44] Los procedimientos y sistemas de gestión de riesgos deberán ser proporcionados a la naturaleza, escala y complejidad de los riesgos relativos al modelo empresarial y las actividades de la entidad.[45]El órgano de administración debe aprobar y revisar periódicamente las estrategias y políticas de asunción, gestión, supervisión y reducción de los riesgos a los que la entidad esté o pueda estar expuesta.[46] La Comisión estudiará la eventual inclusión de riesgos relacionados con el cambio climático y otros factores ambientales en las políticas de gestión de riesgos de las entidades de crédito con el fin de salvaguardar la eficacia del mar-

41 Art. 91.3 Directiva 2013/36/UE.

42 Art. 91.4 y 6 Directiva 2013/36/UE.

43 Art. 91.5 Directiva 2013/36/UE.

44 Art. 74.1 Directiva 2013/36/UE; art. 26.1 Directiva 2019/2034; Libro Verde 2010 § 5.2.

45 Art. 74.2 Directiva 2013/36/UE; art. 26.3 Directiva 2019/2034.

46 Art. 76.1 Directiva 2013/36/UE; art. 189.1 Reglamento 575/2013.

co prudencial y la estabilidad financiera.[47] El consejo debe tener una participación activa en la gestión de los riesgos sustanciales, en la valoración de los activos, el uso de calificaciones crediticias y los modelos internos. Concordando con tales exigencias, los administradores deben dedicar un tiempo suficiente a la gestión de los riesgos.[48] Para que los consejeros puedan cumplir su función, las entidades deben establecer los canales de información necesarios para conocer los riesgos importantes, así como las políticas de gestión de riesgos y sus modificaciones.[49] Con el fin de cumplir su función supervisora, el órgano de administración y, en su caso, el comité de riesgos podrá acceder a la información sobre la situación de riesgos de la entidad, a la función de riesgos y a asesoramiento externo. A este respecto, los mencionados órganos determinarán la naturaleza, cantidad y frecuencia de la información que desean recibir.[50]

2. Comité de riesgos

Las entidades importantes por su tamaño, organización y naturaleza y complejidad de sus actividades deben disponer de un comité de riesgos, integrado por consejeros no ejecutivos, con conocimientos, capacidad y experiencia que les permita entender plenamente y controlar la estrategia de riesgo y la propensión al riesgo de la entidad.[51] Los ordenamientos nacionales decidirán si las entidades no consideradas importantes deben crear un comité mixto de auditoría y riesgos, en cuyo caso, sus miembros deberán tener los conocimientos, capacidad

47 Plan de acción 2018 Acción § 8.1.

48 Art. 76.2 Directiva 2013/36/UE.

49 Art. 76.2 Directiva 2013/36/UE.

50 Art. 76.4 Directiva 2013/36/UE.

51 Art. 76.3.I Directiva 2013/36/UE y art. 28.4 Directiva 2019/2034.

y experiencia necesarios para pertenecer a los dos comités.[52] El comité de riesgos desempeña una función asesora del órgano de administración, que conserva la responsabilidad global en materia de riesgos, en relación con la propensión de riesgo de la entidad, asistiéndole en la estrategia de riesgo en su aplicación por la alta dirección.[53] Por otro lado, el comité desarrolla una función de examen de riesgos, analizando si los precios de los activos y pasivos ofrecidos a los clientes se adecúan al modelo empresarial y a la estrategia de riesgo de la entidad. En caso contrario, el comité debe presentar al consejo de administración un plan para subsanarlo. Finalmente, el comité de riesgos, con independencia de las funciones del comité de remuneraciones, debe examinar los incentivos previstos en el sistema de remuneración. A este respecto, el comité contribuye al establecimiento de una política racional analizando si los incentivos previstos consideran adecuadamente el riesgo, el capital, la liquidez y la probabilidad y la oportunidad de los beneficios.[54]

3. Función de riesgos

Las entidades de crédito y a las empresas de inversión que les resulte proporcionado por su naturaleza, complejidad y actividades dispondrán de una función de gestión de riesgos independiente de las funciones operativas de la entidad.[55] Las empresas de inversión disponen de un régimen especial, por lo que las reglas generales les son de aplicación subsidiaria.[56] Esta área funcional debe disponer de autoridad,

---

52 Art. 76.3.IV Directiva 2013/36/UE.

53 Art. 76.3.II Directiva 2013/36/UE y art. 28.4 Directiva 2019/2034.

54 Art. 76.4.II Directiva 2013/36/UE.

55 Art. 76.5.I Directiva 2013/36/UE.

56 Art. 5.VI Directiva 2013/36/UE, en relación con el art. 7.2 Directiva 2006/73/CE.

rango y recursos suficientes para poder ejercitar su actividad y tener acceso al órgano de administración para poder comunicar directamente cualquier problema relacionado con el riesgo.[57] El núcleo central de responsabilidades de la función de riesgos reside en determinar, cuantificar y notificar adecuadamente los riesgos importantes. Además, la función de riesgos debe participar en la elaboración de la estrategia de riesgo de la entidad y en todas las decisiones importantes de gestión de riesgos.[58] El jefe de la función de gestión de riesgos (*chief risk officer*) será un alto directivo de la entidad, que asumirá la responsabilidad con dedicación exclusiva de función de riesgos, salvo que la entidad, por su naturaleza y complejidad, no lo justifique, en cuyo caso, podrá desempeñar la función otro directivo, siempre que no se encuentre en una situación de conflicto de intereses.[59] Sólo el órgano de administración, en el marco de su función supervisora, puede revocar el cargo de jefe de función de gestión de riesgos, con quien tendrá acceso directo, también en ejercicio de su función supervisora.[60]

IV. REMUNERACIÓN DE LOS ADMINISTRADORES

1. Política de remuneración

A. Remuneración y gestión de riesgo. El régimen vigente sobre remuneración de los administradores es deudor de la experiencia derivada de la crisis financiera. El hecho de que se generalizaran prácticas de remuneración con pagos significativos a corto plazo sin tener en cuenta los riesgos creados a largo plazo, se ha venido considerando uno de los factores que contribuyeron a la crisis y una amenaza al siste-

57 Art. 76.5.I Directiva 2013/36/UE.
58 Art. 5.II Directiva 2013/36/UE.
59 Art. 5.IV Directiva 2013/36/UE.
60 Art. 5.V Directiva 2013/36/UE.

ma financiero global.[61] Para dar respuesta a este problema, de un lado, las instituciones internacionales de coordinación prudencial han recomendado el establecimiento de principios y estándares sobre prácticas de remuneración dirigidos a evitar los riesgos excesivos. Tales principios orientan sus objetivos hacia el control efectivo de la remuneración, la alineación entre remuneración y riesgo y efectiva supervisión. De otro lado, la Unión Europea, comprometida con la aplicación de los principios internacionales, ha desplegado una amplia regulación dirigida a las entidades de crédito y a las empresas de inversión con la obligación general de que se doten de políticas y prácticas de remuneración que sean compatibles con una gestión adecuada y eficaz de riesgos.[62]

B. Principios generales. En esta dirección las normas se fundamentan en una serie de principios orientados a afectar la estructura de las políticas de remuneración en relación con la excesiva asunción de riesgos y a los resultados a corto plazo. Los principios aplicables a las entidades financieras se pueden organizar en dos grandes grupos: los que afectan directamente a la política de remuneración y aquellos que se refieren al órgano de administración y al personal que ejerce funciones de control. Los principios relativos a la política de remuneración se estructuran en cuatro apartados. Primero, la compatibilidad y promoción de una gestión adecuada y eficaz de los riesgos, con la prohibición de la creación de incentivos que rebasen el nivel de riesgo tolerado por la entidad.[63] Segundo, la orientación al largo plazo, por lo que deberán tenerse en cuenta los riesgos actuales y los futuros.[64] Tercero, la incorporación de medidas dirigidas a evitar los conflictos

---

61 Libro Verde 2010 §§ 3.1-7.

62 Art. 74.1 y EM § 62 Directiva 2013/36/UE; Anexo I Directiva 2010/76/UE.

63 Arts. 74.1 y 91.2.a Directiva 2013/36/UE.

64 Art. 91.2.b y EM § 63 Directiva 2013/36/UE y art. 30. 1.d Directiva 2019/2034.

de intereses.[65] Y cuarto, la distinción clara entre los criterios para la remuneración fija de los criterios para la remuneración variable.[66] De su parte, los principios relativos al órgano de administración se centran en la responsabilidad del consejo de administración en la adopción y revisión de los principios generales de la política de remuneración y en la supervisión de su aplicación.[67] El comité de remuneraciones y, en caso de no haberse creado, el consejo de administración supervisará directamente la remuneración de los altos directivos con funciones de gestión de riesgos y de cumplimiento.[68]

C. Ámbito objetivo y subjetivo. Desde el punto de vista objetivo, la política de remuneración y los principios que le son aplicables afecta a la remuneración global, incluyendo salarios y beneficios discrecionales de pensiones.[69] La remuneración comprende cualquier forma de remuneración fija o variable que incluya pagos o beneficios, sean o no monetarios, a cambio de servicios profesionales, el pago de participaciones a cuenta u otro tipo de pagos. Desde el punto de vista de las entidades de crédito y las empresas de inversión afectadas, les resulta de aplicación el principio de proporcionalidad, para lo que para el diseño y aplicación de la política de remuneración tendrán en cuenta su tamaño, organización interna y la naturaleza y complejidad de sus actividades.[70] De su parte, las personas físicas afectadas, son aquellas cuyas actividades profesionales tienen una incidencia importante en el perfil de riesgo de la entidad (personal identificado) (*material risk takers*).[71]

---

65 Art. 91.2.b Directiva 2013/36/UE; Recomendación 2009/384/CE § 6.1 y art. 30. 1.d Directiva 2019/2034.

66 Art. 91.2.g Directiva 2013/36/UE y art. 30. 1.j Directiva 2019/2034.

67 Art. 91.2.c Directiva 2013/36/UE.

68 Art. 91.2.f Directiva 2013/36/UE.

69 Art. 91.2.I Directiva 2013/36/UE.

70 Arts. 74.2 y 92.2 Directiva 2013/36/UE.

71 Arts. 91.2.I, 92.2 y 94.2 Directiva 2013/36/UE.

De ello se sigue, que el concepto incluye tanto a administradores ejecutivos, en su función de dirección, como a no ejecutivos, estos en su función supervisora, además de a los altos directivos y empleados en general, que cumplan los criterios, cualitativos o cuantitativos, que comportan un alto perfil de riesgo.[72]

D. Comité de remuneraciones. Las entidades de crédito que sean significativas por su tamaño, organización y complejidad deben establecer, a nivel individual, de empresa matriz o de grupo, un comité de remuneraciones.[73] Las empresas de servicios de inversión deben establecer un comité de remuneraciones cuando los activos tengan un valor superior a 100 millones de euros durante un período de cuatro años. [74] El comité estará compuesto por administradores no ejecutivos y el presidente y la mayoría de sus miembros deben reunir la condición de independientes. Su composición está orientada a facilitar un juicio competente e independiente sobre los incentivos, las políticas y las prácticas de remuneración.[75] Entre otras funciones, el comité de remuneraciones preparará las decisiones sobre remuneración que va a tomar el órgano de administración en su función de supervisión, en particular, respecto de los administradores ejecutivos y de las demás personas con un perfil de riesgo importante.[76] El comité de remuneraciones tendrá en cuenta los intereses a largo plazo de accionistas, inversores y otras partes interesadas, debiendo contemplar, además el interés público.[77]

---

72 Arts. 3.1.9 y 92.2 Directiva 2013/36/UE.

73 Art. 95.1 Directiva 2013/36/UE.

74 Art. 33.1 en relación con el art. 32.4.a Directiva 2019/2034.

75 Art. 95.1-2 Directiva 2013/36/UE. La norma que tutela las empresas de inversión indica expresamente que el comité tendrá una composición equilibrada en cuanto al género; v. Art. 33.1 Directiva 2019/2034.

76 Art. 95.2 Directiva 2013/36/UE y 2.5 y art. 33.2 Directiva 2019/2034.

77 Art. 95.2 Directiva 2013/36/UE y art. 33.3 Directiva 2019/2034.

2. Remuneración variable

A. Principios adicionales para la remuneración variable. El Derecho europeo distingue entre remuneración fija y remuneración variable, estableciendo principios comunes para ambas remuneraciones y unos principios con requisitos específicos para la remuneración variable.[78] En base a los mencionados principios, las entidades deben establecer los criterios para asignar los distintos componentes de la retribución de cada empleado a la remuneración fija o a la remuneración variable. Todos los criterios deben ser claros, objetivos, predeterminados y transparentes, de acuerdo con los parámetros generales distintivos de cada categoría.[79] Los principios especiales para la remuneración variable no se ordenan de una forma estructurada, si bien, según los requisitos exigidos pueden agruparse en los siguientes capítulos: estructura de la remuneración, remuneración de funciones específicas, política de remuneración, y proceso de alineación al riesgo. En esta última parte, se distingue entre proceso de evaluación de resultados y riesgos, de concesión y pago de la remuneración variable.[80]

B. Estructura de la remuneración. La estructura de la remuneración variable comprende diferentes componentes sujetos, cada uno de ellos, a requisitos específicos. En primer lugar, es preciso distinguir entre remuneración variable y remuneración fija. Se considera variable aquella remuneración que no tiene la condición de fija. En lo fundamental, la remuneración fija se basa en criterios determinados, no discrecionales, que reflejen el nivel de experiencia profesional y la antigüedad del personal, son permanentes en el tiempo, irrevocables, no pueden reducirse, suspenderse o cancelarse, no ofrecen incentivos para la asunción de riesgos y no dependen de los resultados. Por

---

78 Arts. 92 y 94 Directiva 2013/36/UE y art. 32 Directiva 2019/2034.

79 Art. 92.2.g Directiva 2013/36/UE.

80 Art. 94.1.a-q Directiva 2013/36/UE.

el contrario, la remuneración variable está basada en rendimientos o resultados y adaptada al riesgo.[81]

C. Política de remuneración. La política de remuneración incorporará todos los principios, generales y especiales, con la finalidad de ser aplicados a las diferentes categorías de personal identificado y adecuando los mecanismos de alineación al riesgo al perfil de riesgo de la entidad y de la remuneración de cada categoría de personal.[82] La política de remuneración debe ser plenamente flexible en relación con los componentes variables de la remuneración del personal identificado.[83] Por un lado, el importe de variable concedido se debe corresponder con los cambios en los resultados del miembro del personal, de la unidad de negocio y de la entidad hasta el punto de que las variaciones en los resultados comporten una reducción de la remuneración a cero. Por otro, el importe de la remuneración fija será lo suficientemente elevado para permitir una reducción a cero de la parte variable.[84] En este sentido, al buscar el equilibrio entre los componentes fijos y variables, el personal afectado no puede depender de la concesión de variable, en la medida que ello significaría un incentivo excesivo para la asunción de riesgos a corto plazo. En ese equilibrio, los pagos del componente fijo que no sean en efectivo deben incorporarse a la política de y la parte del fijo que se pague en instrumentos no puede menoscabar la capacidad de la entidad de aplicar una política de variable plenamente flexible remuneración.

3. Obligaciones de transparencia

A. Requisitos sobre la divulgación de la información. Las entidades deben hacer público de forma anual información relativa al cum-

81 Art. 92.2.g Directiva 2013/36/UE.
82 Arts. 91-94 Directiva 2013/36/UE.
83 Art. 94.1.f Directiva 2013/36/UE.
84 Art. 94.1.f Directiva 2013/36/UE.

plimiento de las políticas y prácticas de remuneración.[85] El contenido a divulgar comprende los principios y objetivos de los objetivos retributivos, así como de las características básicas de sus políticas y prácticas de remuneración. El cumplimiento de las exigencias de divulgación de información tendrá en cuenta el principio de proporcionalidad, atendiendo al tamaño, organización y complejidad de sus actividades. En todo caso, las entidades más importantes facilitarán la información cuantitativa respecto de los miembros del órgano de administración.[86]

B. Información cualitativa. Las entidades describirán el proceso de decisión seguido para elaborar la política de remuneración, indicando los órganos que han participado, su composición y mandato, la intervención del comité de remuneración, los consultores externos y otras personas que hayan participado en el proceso de revisión periódica de la política de remuneración.[87] La información sobre la conexión entre remuneración y resultados incluirá los principales objetivos de resultados, el personal para quien se hace previsión de recibir remuneración variable y la variación de la remuneración variable ante cambios en los resultados de la entidad.[88] En relación con las características más importantes del sistema de remuneración, informarán sobre la definición y estructura del sistema, atendiendo, entre otros aspectos, a los criterios de evaluación de resultados, criterios para aplicar los ajustes ex ante y ex post al riesgo, la política de aplazamientos y las distintas formas de abonar la remuneración fija y variable.[89] Las entidades proporcionarán detalle de las ratios entre remuneración fija y variable,

---

85 Art. 450 Reglamento 575/2013.

86 Art. 450.2 Reglamento 575/2013. V. art. 51 Reglamento 2019/2033 para las exigencias de publicación relativas a la política y prácticas de remuneración de las empresas de servicios de inversión.

87 Art. 450.1.a Reglamento 575/2013.

88 Art. 450.1.b Reglamento 575/2013.

89 Art. 450.1.c Reglamento 575/2013.

mostrando por separado la información relativa al órgano de administración. En caso de aplicar un porcentaje superior al 100 % entre los componentes, las entidades divulgarán información sobre el acuerdo social que lo aprobó y las ratios aprobadas.[90] En relación con los criterios en materia de resultados en que se basa el derecho a acciones, a opciones o a los componentes variables de la remuneración, las entidades harán pública información sobre los indicadores de resultados específicos utilizados para determinar los componentes variables de la remuneración y sobre los criterios empleados para establecer el equilibrio entre los diferentes tipos de instrumentos concebidos.[91] Respecto de los eventuales planes de remuneración variable y otras ventajas pecuniarias se hará pública la información relativa a los principales parámetros y su motivación, incluyendo los planes de incentivos a largo plazo y otros elementos de práctica no rutinaria, como pueden ser los complementos salariales o prestaciones discrecionales.[92]

C. Información cuantitativa. Las entidades proporcionarán información cuantitativa agregada sobre las remuneraciones, desglosada por ámbito de actividad, indicando por separado las principales áreas de negocio, incluyendo banca de inversión, banca minorista y gestión de activos, y por altos directivos y empleados, facilitando información sobre el número total de empleados y su remuneración total desglosada en componentes de remuneración fija y variable.[93] Las entidades significativas publicarán información cuantitativa sobre los consejeros, con cifras agregadas separadas para los administradores en su función ejecutiva y para los administradores en su función supervisora.[94] Las entidades harán pública el número de personas que reciben una

---

90 Art. 450.1.d Reglamento 575/2013.

91 Art. 450.1.e Reglamento 575/2013.

92 Art. 450.1.f Reglamento 575/2013.

93 Art. 450.1.g-h Reglamento 575/2013.

94 Art. 450.1.h y 2 Reglamento 575/2013.

remuneración de 1 millón de euros o más por ejercicio, desglosado en distintos escalones.[95] Cuando un Estado miembro lo exija se publicará la remuneración total de cada administrador ejecutivo o de cada miembro de la alta dirección.[96]

V. DOCUMENTACIÓN

- Autoridad Bancaria Europea, Directrices sobre políticas de remuneración adecuadas en virtud de los artículos 74, apartado 3, y 75, apartado 2, de la Directiva 2013/36/UE y la divulgación de información en virtud del artículo 450 del Reglamento n. 575/2013 (EBA/GL/2015/22).
- Autoridad Bancaria Europea, Directrices sobre la evaluación de la idoneidad de los miembros del órgano de administración y los titulares de funciones clave. EBA/GL/2017/12.
- Autoridad Bancaria Europea, Directrices sobre políticas de remuneración adecuadas con arreglo a la Directiva 2013/36/UE. EBA/GL/2021/04. 02.07.2021.
- Autoridad Bancaria Europea, Directrices sobre políticas de remuneración adecuadas con arreglo a la Directiva 2019/2034. EBA/GL/2021/13. 22.11.2021.
- Directiva 2001/86/CE del Consejo, de 8 de octubre de 2001, por la que se completa el Estatuto de la Sociedad Anónima Europea en lo que respecta a la implicación de los trabajadores. OJ L 294.

---

95 Art. 450.1.i Reglamento 575/2013.

96 Art. 450.1.j Reglamento 575/2013.

- Directiva 2006/48/CE del Parlamento Europeo y del Consejo, de 14 de junio de 2006, relativa al acceso a la actividad de las entidades de crédito y a su ejercicio.
- Directiva 2013/36/UE del Parlamento Europeo y del Consejo, de 26 de junio de 2013, relativa al acceso a la actividad de las entidades de crédito y a la supervisión prudencial de las entidades de crédito, por la que se modifica la Directiva 2002/87/CE y se derogan las Directivas 2006/48/CE y 2006/49/CE.
- Directiva 2017/1132 del Parlamento Europeo y del Consejo, de 14 de junio de 2017, sobre determinados aspectos del Derecho de sociedades, que deroga las Directivas 82/891/CEE, 89/666/CEE, 2005/56/CE, 2009/101/CE, 2011/35/UE y 2012/30/UE.
- Directiva 2019/2034 del Parlamento Europeo y del Consejo, de 27 de noviembre de 2019, relativa a la supervisión prudencial de las empresas de servicios de inversión, y por la que se modifican las Directivas 2002/87/CE, 2009/65/CE, 2011/61/UE, 2013/36/UE, 2014/59/UE y 2014/65/UE.
- Libro Verde 2010. El gobierno corporativo en las entidades financieras y las políticas de remuneración, 2.6.2010 (COM/2010/0284 final).
- Recomendación 2009/384/CE. Recomendación de la Comisión, de 30 de abril de 2009, sobre las políticas de remuneración en el sector de los servicios financieros (2009/384/CE).
- Reglamento 2137/1985 del Consejo, de 25 de julio de 1985, relativo a la constitución de una agrupación europea de interés económico (AEIE).
- Reglamento 2157/2001 del Consejo, de 8 de octubre de 2001, por el que se aprueba el Estatuto de la Sociedad Anónima Europea (SE).

- Reglamento 1435/2003 del Consejo de 22 de julio de 2003 relativo al Estatuto de la sociedad cooperativa europea (SCE).
- Reglamento 575/2013 del Parlamento Europeo y del Consejo, de 26 de junio de 2013, sobre los requisitos prudenciales de las entidades de crédito y las empresas de inversión, y por el que se modifica el Reglamento 648/2012.
- Reglamento Delegado (UE) 2021/923 de la Comisión de 25 de marzo de 2021 por el que se complementa la Directiva 2013/36/UE del Parlamento Europeo y del Consejo en lo que respecta a las normas técnicas de regulación por las que se establecen los criterios de definición de las responsabilidades de dirección, las funciones de control, las unidades de negocio importantes y la incidencia significativa en el perfil de riesgo de una unidad de negocio importante, y se establecen los criterios para determinar los miembros del personal o las categorías de personal cuyas actividades profesionales tienen una incidencia en el perfil de riesgo de la entidad comparable en importancia a la de los miembros del personal o las categorías de personal a que se refiere el artículo 92, apartado 3, de dicha Directiva.
- Reglamento 2019/2033 del Parlamento Europeo y del Consejo, de 27 de noviembre de 2019 relativo a los requisitos prudenciales de las empresas de servicios de inversión, y por el que se modifican los Reglamentos n. 1093/2010, n. 575/2013, n. 600/2014 y n. 806/2014.

ALGUNOS PROBLEMAS CON RELACIÓN AL EJERCICIO DE DERECHOS DEL SOCIO MINORITARIO EN LA JUNTA DE LA SOCIEDAD DE CAPITAL CERRADA"*

Dr. Ramón Morral Soldevila
Prof. Titular de Derecho Mercantil
Universidad Autónoma de Barcelona

I. INTRODUCCIÓN

La Ley de Sociedades de Capital contempla diversos derechos inherentes a la condición de socio, de naturaleza económica o política. Sin embargo, su forma de ejercicio en sede de Junta puede causar perjuicios a la sociedad o a los demás socios. En otros casos, su ejercicio

---

* El presente trabajo reproduce por escrito en gran parte el texto de la conferencia pronunciada en la Universidad Pontificia de Comillas el día 26.04.2022 en el marco de la Jornada de Derecho de Sociedades Europeo. El autor desea agradecer a los Codirectores de la Cátedra Garrigues Dª Mónica Martín de Vidales Godino y Dr. Pablo Sanz Bayón y a su Coordinador Académico, Dr. Juan Ignacio Peinado Gracia su amable invitación a participar en la Jornada.

legítimo y tempestivo no alcanza a satisfacer las necesidades de quien los está ejerciendo. En esta exposición se pretende exponer muy sumariamente algunos ejemplos extraídos de la práctica que han de permitir reflexionar sobre una posible necesidad de reforma del ejercicio de los derechos de socio en sede de Junta de la sociedad de capital cerrada que hasta el momento no ha sido objeto de preocupación por nuestro legislador español y por supuesto de ninguna Directiva de la Unión Europea.

1. Derecho de la Unión Europea y armonización del Derecho Mercantil en general. La ausencia de Directiva Europea en materia de órganos

Desde la incorporación del Estado español a la Comunidad Económica Europea –hoy Unión Europea– en 1986, nuestra legislación mercantil ha experimentado una profunda reforma. La porosidad de nuestra disciplina con relación al Derecho europeo ha sido profunda. Seguramente el Derecho Concursal ha ido claramente a la cola. Pero el Derecho de Sociedades fue precisamente una de las materias más prontamente armonizadas.

Con todo, a diferencia de otras materias del Derecho Societario, el régimen de la junta ha estado huérfano de una armonización[1]. La explicación se encuentra en el fracaso de Quinta Directiva que no llegó a aprobarse y que precisamente versaba sobre los órganos de la sociedad. Esta circunstancia seguramente ha podido influir en la problemática que aquí se expone

---

1 Nos hemos ocupado de esta cuestión, a la que nos remitimos, en MORRAL SOLDEVILA, R., "La influencia de las Directivas europeas en materia de sociedades sobre la junta de la sociedad de capital", en AA.VV., MIQUEL RODRÍGUEZ, J. y PÉREZ TROYA, A. (Coord.), *Derecho de sociedades europeo*, Aranzadi, Cizur Menor, 2019, pp. 171 y ss.

Quizá, como excepción, y muy tangencial, podría mencionarse la Directiva 89/667/CEE, de 21 diciembre de 1989 relativa a las sociedades de responsabilidad limitada de socio único. Su artículo 4.1 señala que *"El socio único ejercerá los poderes atribuidos a la junta general"*. Como es de recordar, dicho precepto se incorporó al art. 127 de la Ley 2/1995 LSRL (hoy art. 15.1 LSC). Pues bien, seguramente esa es la única y escasa referencia que podemos encontrar con relación a los socios y su posible ejercicio de derecho en el seno de la junta como materia europea armonizada en las sociedades cerradas. En todo caso, nada relativo a la problemática que se pretende tratar en la presente exposición que, desde luego, está totalmente huérfana de tratamiento por el legislador europeo o español. En especial, lo relativo al ejercicio de derechos por parte del socio en la junta de la sociedad de capital cerrada.

II. PROBLEMAS CON RELACIÓN AL EJERCICIO DE DERECHOS

Así las cosas, tal y como hemos anunciado, existen varios supuestos huérfanos de tratamiento en nuestra legislación societaria que tampoco lo han sido por parte del legislador europeo. Estos supuestos implican un ejercicio legítimo de derechos, pero eventualmente con consecuencias fatales para la propia sociedad o los socios. En fin, se trata de situaciones perturbadoras pues implican un ejercicio legítimo de derechos que a la vez perjudican a la sociedad o a los socios. Veamos, pues, algunos de estos supuestos.

1. El socio minoritario rebelde

El caso representativo es el contemplado en la Sentencia de la Audiencia Provincial de Barcelona (Secc. 15ª) de 27.08.2020[2]. Se trataba

---

2 ROJ SAPB 4370/2021 – ECLI:ES:APB:2021:4370

de una sociedad formada por tres socios a razón cada uno de los cuales ostentaba el 33,33% del capital social. El Consejo de Administración, formado por los tres socios, requería un quórum de constitución de la mitad más uno de los consejeros. Y por lo que se refiere a la junta, precisaba la concurrencia del 80% del capital social en primera convocatoria y del 70% en la segunda convocatoria. En resumidas cuentas, tanto en las reuniones del Consejo como de la Junta se requería la asistencia de los tres socios. Es decir, el 100% de los administradores en las reuniones del Consejo y el 100% del capital social en las de la Junta.

Una serie de desavenencias o puntos de vista discrepantes comportó que uno de los socios tomase la decisión de no asistir a las reuniones del Consejo ni de la Junta. El resultado fue el bloqueo del funcionamiento de los órganos y la aparición de una causa de disolución por paralización de los órganos sociales (art. 363.1 d) LSC).

La solución a esta situación de bloqueo puede resultar muy fácil. Si hay bloqueo, la Ley dice que hay que disolver. Esa solución legalmente impecable puede carecer de sentido y puede llevar a consecuencias fatales para la propia sociedad y todo lo que su funcionamiento implica como elemento de creación de riqueza. En efecto, el impacto que esto puede tener en el empleo, los proveedores, etc. no puede depender de un socio con actitud rebelde. Es decir, de una persona que ha decidido, por los motivos que sea, no asistir a las reuniones de los órganos y bloquearlas a conciencia.

Resulta evidente que dicho socio no está obligado a asistir a las reuniones de los órganos. Hay que recordar que, en principio, la asistencia es un derecho, no una obligación, por lo menos en sede de Junta. Más dudas podría plantear con relación al consejo si se espera que el administrador actúe con la diligencia de un ordenado empresario. En todo caso, su inasistencia causa bloqueo en los órganos de la sociedad hasta el punto de poder provocar su disolución y como consecuencia su liquidación y extinción.

La disolución parece ser la solución para estos casos. Pero seguramente no la más convincente ni la más conveniente. Es el absurdo de un razonamiento jurídico correcto. Pero un problema de este calado en una sociedad de tamaño medio con una plantilla de trabajadores relevante y grandes activos patrimoniales no puede depender su futuro de un ejercicio caprichoso de derechos de uno de sus socios. El Derecho, en nuestro caso el Derecho de sociedades, debe dar una solución a este tipo de problemas que tampoco pueden depender de una previsión estatutaria, habitualmente inexistente.

2. El socio minoritario tirano

El presente supuesto se ha planteado con relación al derecho de separación por no reparto de dividendos contemplado por el art. 348 bis LSC, sobre el que tanto se ha escrito, aunque, a lo mejor, se ha dicho menos. Lo cierto es que la apabullante literatura jurídica sobre ese derecho no resuelve ni plantea todos los problemas posibles con relación a ese precepto habiendo ya incluso quien defiende su derogación[3]. Por lo demás, recuérdese que no estamos ante un derecho estricto de minoría, pues no hace falta ostentar un porcentaje de acciones o participaciones mínimo –generalmente del 5 por 100 del capital social– para ejercerlo como ocurre en otros supuestos previstos en la Ley de Sociedades de Capital.

Pues bien, la aplicación literal del artículo 348 bis LSC puede comportar situaciones no deseables cuando quien ejerce ese derecho lo hace sin importarle a él las consecuencias que puede provocar. La duda que nos invade consiste en determinar si ese precepto ampara aquellas situaciones en las que la persona que adquiere la condición de socio

---

3 *Vid.* JIMÉNEZ SÁNCHEZ, G. y PEINADO GRACIA, J.I., "Reflexiones sobre el artículo 348 bis de la Ley de Sociedades de Capital", en *Revista de Derecho Mercantil*, núm. 321, 2021.

sea porque acaba de comprar un paquete de acciones o participaciones o porque las ha heredado, tiene derecho a separarse de la sociedad tras un acuerdo de no distribución de dividendos en la primera junta inmediatamente convocada tras la adquisición de las acciones o participaciones. Por ejemplo, adquirir la condición de socio en abril y en la junta de junio asistir y ejercer el derecho de separarse por no reparto, aunque eso pueda implicar el concurso de la sociedad al carecer de liquidez para dar satisfacción al derecho del socio.

En nuestra opinión, el Derecho no debe amparar ese tipo de situaciones. La aplicación literal del artículo 348 bis LSC carece de sentido. El precepto solo tiene sentido para resolver aquellas situaciones de sequía de dividendos provocada que deja al socio minoritario en permanente "fuera de juego" debido al voto mayoritario abusivo que acuerda destinar sistemáticamente el resultado a reservas. Pero no en casos claramente de tiranía del socio, es decir, de pretender imponer una regla de forma literal sin haber sufrido sequía de dividendos porque es la primera vez que acude a la junta en su reciente condición de socio y sin importarle las consecuencias negativas para la sociedad. En ese sentido compartimos la solución que la Sala Primera del Tribunal Supremo ha dado en su Sentencia de 25.01.2022 donde el socio minoritario pretendía ejercer el derecho de separación por no reparto de dividendos cuando la propia sociedad había convocado una nueva junta rectificando el acuerdo y acordando el reparto[4].

Aunque los hechos de esta Sentencia no coinciden con el supuesto de hecho expuesto, sí es coincidente en el sentido de que el socio

---

4 Sobre esta Sentencia véase nuestro comentario en MORRAL SOLDEVILA, R., "Sobre el fundamento del derecho de separación del artículo 348 bis Ley de Sociedades de Capital. (A propósito de la Sentencia del Tribunal Supremo (Sala 1ª) de 25 de enero de 2022)", *Revista de Derecho de Sociedades*, núm. 65, 2022. Se trata de la Sentencia número 38/2022 (JUR 2022\52796). Ponente Excelentísimo Señor Don Pedro José Varela Torres.

minoritario no puede ejercer el derecho de forma abusiva, de forma tiránica. Es decir, exigiendo la aplicación del art. 348 bis LSC sin importar las consecuencias que esto implique cuando ya se satisface, en el caso de la Sentencia, su pretensión que es la de obtener el dividendo. Queremos decir que esta Sentencia del Tribunal Supremo viene a realizar una interpretación finalista del artículo 348 bis LSC, lo que nos parece un acierto y puede ayudar a resolver otros supuestos parecidos como el que hemos apuntado.

3. El socio minoritario ninguneado

En ocasiones el socio minoritario ejerce sus derechos de forma totalmente legítima y tempestiva, pero fracasa en su pretensión sin encontrar amparo alguno en nuestro Derecho. Es el supuesto previsto por el artículo 265.2 LSC que prevé el derecho del socio minoritario que ostente por lo menos el 5 por 100 del capital social de solicitar al registrador mercantil del domicilio social que nombre a un auditor de cuentas para que revise las cuentas de un determinado ejercicio. No hay que decir que este derecho es el típico derecho que suele ejercerse en contextos tensos, de desconfianza, de conflicto entre el socio minoritario y el socio o socios mayoritarios, que además suelen ser los administradores de la sociedad. Es, por tanto, en ese contexto que planteamos esta problemática.

Pues bien, ese derecho de minoría es muy fácil que se convierta en una aspiración permanente sin que jamás se llegue a materializar. La razón es muy sencilla. Basta con que el administrador de la sociedad a auditar le niegue al auditor designado sus honorarios. O, dicho de otra forma, que el administrador de la sociedad a auditar no firme ninguna propuesta de honorarios que le haga el auditor designado por el Registro Mercantil. Porque obviamente esto es lo primero que hace el auditor, esto es, solicitar un compromiso de honorarios o una provisión de fondos. Por otra parte, legítimamente, pues va a realizar un trabajo y va a emitir opinión. Pues bien, esta es una forma de entorpecer y encallar la labor del auditor. Pero no es la única de las artimañas posibles. Otras pueden consistir en no atender al auditor, no permitirle el acceso a la empresa, no devolver sus llamadas y así hasta un largo etcétera.

¿Cuál es la receta para estos casos? Sencillamente no existe. ¿El Derecho Penal? No es una receta válida. Los socios quieren información veraz y tempestiva de las cuentas anuales. No meterse en un pozo del que no se sabe cuándo y cómo se va a salir. ¿Un procedimiento civil ordinario? Tampoco, no es barato, tendrá una duración no menos de dos años y siempre de resultado incierto.

El final en estos casos suele ser la renuncia del auditor de cuentas presentada mediante escrito ante el mismo Registro Mercantil que le nombró. Tras lo cual el Registro Mercantil realizará un nuevo nombramiento cuyo auditor sufrirá idénticas tretas por parte del administrador de la sociedad que el anterior. Y así sucesivamente pueden nombrase tantos auditores conforme se vayan cansando y renunciando. Habrán transcurrido tres o cuatro años tranquilamente sin que el socio minoritario logre jamás tener un informe en sus manos y pueden haberse nombrado en ese tiempo media docena de auditores de cuentas. El ninguneo del socio minoritario en este caso es patente. El sistema, pues, tiene serias fisuras y merece ser reformado para hacer real un derecho que reconoce la Ley. Urge, pues, tomar medidas legislativas adecuadas.

4. El socio minoritario atrapado

La presente hipótesis pretende llamar la atención de la deficiente y/o nula regulación de nuestra Ley de Sociedades de Capital en lo concerniente al régimen de las acciones o participaciones que se encuentran en una comunidad hereditaria.

El artículo 126 LSC es el que debería dar respuesta a las situaciones como la apuntada. Pero ese precepto guarda absoluto silencio. Basta pensar en una comunidad hereditaria que, entre otros bienes, contiene un paquete de acciones o participaciones. Por tanto, de titularidad todavía desconocida mientras no se lleve a cabo la división de la herencia. Resulta evidente que no es posible designar a ningún socio para que acuda a la junta. No estamos en presencia de una supuesto de copropiedad. Ni en esa hipótesis resulta fácil la designación si existen únicamente dos herederos, es decir, dos socios que están totalmente enfrentados. Tampoco el nombramiento de un administrador judicial resuelve el problema si éste, como supuesto representante, debe recibir instrucciones de los socios-herederos enfrentados que obviamente mantienen posiciones diametralmente opuestas.

El resultado de esa situación es que el socio se encuentra totalmente atrapado en la comunidad hereditaria, sin poder ejercer los derechos de socio y sin poder delegar la representación a un tercero. De manera que el resto de socios de la sociedad podrán tomar las decisiones sin oír al socio atrapado. Especialmente dramática es la situación cuando uno de esos socios es precisamente uno de los dos herederos, pues la situación de indivisión le favorece al lograr mantener al otro heredero alejado *sine die* de su presencia en la junta.

Obviamente la solución pasa por materializar la división de la herencia, pero eventualmente esto puede ser muy difícil en caso de discrepancias. Discusiones que pueden prolongarse durante años en los tribunales. Nuestra Ley debería contemplar una mínima regulación mientras no se haya producido la división de la herencia. Por ejemplo, contemplando la designación de un administrador judicial a instancias de cualquier interesado para que en nombre de la comunidad hereditaria y bajo su responsabilidad acuda a la junta adoptando las decisiones que razonablemente considere más beneficiosas para la comunidad hereditaria y en definitiva ejerciendo los derechos en su nombre y representación.

5. El socio minoritario competidor

El presente supuesto no encierra en sí mismo el ejercicio de un derecho del socio minoritario en la junta. No obstante, el ejercicio de los derechos inherentes a la condición de socio en sede de junta puede comportar un daño a la propia sociedad y en ese sentido el supuesto merece atención. Se trata de la hipótesis, no extraña, del socio competidor.

Dentro del capítulo de los deberes de los administradores, la Ley de Sociedades de Capital ha regulado en los últimos años los deberes de lealtad (arts. 225 y ss). Sin embargo, no existe una regulación del deber de lealtad o de fidelidad de los socios de las sociedades de capital. En las sociedades cerradas esto puede ser especialmente relevante.

En efecto, nuestra Ley de Sociedades de Capital ha puesto el acento en los administradores. Por lo que ahora resulta de interés queremos mencionar la obligación de no competencia (art. 230.3 LSC). No existe en nuestra Ley de Sociedades de Capital una obligación idéntica o parecida con relación a los socios.

Esta distorsión puede causar daños a la sociedad. Basta pensar en que un socio minoritario realice la misma actividad que constituye el objeto social de la sociedad. Es decir, que haga la competencia a la sociedad de la que ostenta participaciones o acciones. Sea directamente o a través de otra sociedad íntegramente participada por el socio minoritario. Repárese, por ejemplo, en el derecho que el socio minoritario ostenta en la sociedad limitada con ocasión de la celebración de la junta de aprobación de cuentas anuales (art. 272.3 LSC). La Ley le permite hurgar en los antecedentes contables y demás documentación que sirve de soporte para la elaboración de las cuentas anuales. Es decir, si no en todo, sí en casi todo. O por lo menos en lo suficiente para obtener información confidencial en beneficio propio. Esta es una anomalía que la Ley no debería permitir.

El Derecho de sociedades, por tanto, tiene que reaccionar regulando estas situaciones abusivas que no tratan de tutelar al socio, sino que éste pretende obtener información con otra finalidad en beneficio suyo y en perjuicio de la sociedad. Por tanto, deberían ponerse limitaciones al ejercicio de los derechos en sede de junta cuando pueda acreditarse que el ejercicio del derecho que se persigue está alejado de su fundamento o finalidad.

III. POR UN DEBER DE FIDELIDAD DEL SOCIO

Salvo la hipótesis que jocosamente hemos denominado de socio ninguneado, los demás supuestos expuestos sumariamente tienen en común un comportamiento del socio que rompe los esquemas del ejercicio objetivo de los derechos. Tal vez pueda afirmarse que estamos ante un ejercicio de derechos que no respeta los parámetros de lealtad. Lo difícil es saber cuáles son los parámetros de esa lealtad, pues no existe regulación con relación a los socios.

Probablemente todo deba reconducirse a la exigencia de la buena fe y la prohibición del ejercicio abusivo del derecho, según exige el Código Civil. Pero en nuestra opinión esto no es suficiente. Debe existir una regulación expresa, especial, tal y como en su momento se hizo con relación a los administradores de sociedades mercantiles. Su actuación no se ha fiado a los parámetros de la buena fe y el abuso de derecho del Código Civil. Al contrario, se reguló de forma expresa. Es el Derecho Mercantil, el Derecho especial el que debe ofrecer soluciones.

La Ley de Sociedades de Capital, pues, carece de una regulación del deber de fidelidad del socio. Por ello es difícil que pueda determinarse si se produce una infracción o cuál es la consecuencia de la infracción. Deberá analizarse en cada caso. Seguramente recurriendo a los parámetros de la buena fe y el abuso de derecho, no pocas veces insatisfactorio. Todo ello aunque se pueda fundamentar en el contrato de sociedad y pueda ensayarse una indemnización recurriendo al deber general de indemnizar del Código Civil o incluso, en hipótesis, pensar en la exclusión del socio. En fin, seguramente y mientras no exista una regulación expresa del deber de fidelidad del socio de la sociedad de capital cerrada la solución podría pasar por integrar esta laguna mediante una previsión estatutaria. Aún así no debemos ver esa posibilidad como una solución y relajarnos porque es muy frecuente que los estatutos no contemplen nada al respecto.

IV. EJERCICIO DE DERECHOS EN LA JUNTA DE LA SOCIEDAD CONCURSADA

Para finalizar esta exposición sumaria interesa hacer ni que sea muy brevemente una referencia al ejercicio de derechos del socio en caso de concurso de acreedores de la sociedad.

Es una cuestión tratada muy fragmentariamente en el Texto Refundido de la Ley Concursal y por la doctrina. Por otra parte, ninguna reforma concursal se ha ocupado de esta cuestión ni mucho menos la reciente reforma que ha comportado la transposición de la Directiva (UE) 2019/1023 de 20.06.2019 sobre marcos de restructuración[5].

La idea central descansa en que el concurso de acreedores no tiene ningún efecto sobre los órganos de la sociedad en el sentido de que se mantienen durante todo el procedimiento concursal (art. 126 TRLC). Otra cosa son los efectos que puedan recaer sobre los titulares del órgano. Por ejemplo, los administradores, que pueden ver limitadas

---

5 DIRECTIVA (UE) 2019/1023 DEL PARLAMENTO EUROPEO Y DEL CONSEJO de 20 de junio de 2019 sobre marcos de reestructuración preventiva, exoneración de deudas e inhabilitaciones, y sobre medidas para aumentar la eficiencia de los procedimientos de reestructuración, insolvencia y exoneración de deudas, y por la que se modifica la Directiva (UE) 2017/1132 (Directiva sobre reestructuración e insolvencia) (DOUE L 172/18 de 26.06.2019).

sus competencias pero que necesariamente siguen en el ejercicio de su cargo, incluso durante la liquidación concursal (arts. 129 y 413.2 TRLC), pues el órgano debe tener necesariamente un titular, aunque sus competencias sean residuales y neutras[6]. Y lo mismo hay que decir con relación a la junta. Debe convocarse con carácter ordinario para la aprobación de las cuentas anuales o las veces que sea necesario de forma extraordinaria. Es el órgano de reunión de los socios que, obviamente, tampoco desaparecen.

Pues bien, dentro de esas competencias neutras de los administradores sociales se encuentra la ejecución de tareas que están directamente relacionadas con el ejercicio de derechos del socio. Por ejemplo, la convocatoria de una junta, pues carece de trascendencia patrimonial alguna. El socio de la sociedad concursada que pretenda la convocatoria de una junta deberá, pues, requerir al administrador social, y no al administrador concursal, que proceda a convocar la junta. La negativa permitirá al socio dirigirse a los tribunales o al Registro Mercantil para su convocatoria (arts. 168 y 170 LSC).

Facilitar la información a los socios en ejercicio de su derecho con ocasión de la celebración de la junta (arts. 196, 197 y 272.3 LSC) también podrá ser exigida al administrador social así como interesar que se entregue copia del acta de la reunión (art. 26.2 C. de Com). La Directiva recientemente traspuesta ni el Derecho europeo en general hacen referencia a esta problemática que frecuentemente sacude los concursos de acreedores. En fin, el legislador está más interesado en los procedimientos de reestructuración que en regular de forma clara y expresa los derechos de los socios de la sociedad concursada.

---

6 De ello nos hemos ocupado exhaustivamente en MORRAL SOLDEVILA, R., "Cese y nombramiento de administradores de sociedades de capital durante la liquidación concursal", en *Anuario de Derecho Concursal*, núm. 56, 2022, pp. 9 y ss.

V. REFLEXIÓN FINAL

No vemos razón alguna que impida regular en nuestra Ley de Sociedades de Capital el deber de fidelidad de los socios de las sociedades de capital cerradas en vez de seguir fiando la solución de estos problemas al posible abuso del Derecho y a la infracción de la buena fe. Debería existir un régimen especial. El legislador no puede ignorar que la inmensa mayoría de sociedades de capital son sociedades de responsabilidad limitada o sociedades anónimas cerradas. A las estadísticas nos remitimos. Sin embargo, por la razón que sea, las sociedades cotizadas suelen ser las que mayor atención suscitan. Pero esas sociedades no forman el verdadero tejido empresarial. Algo similar ocurre con el Derecho concursal. Se presta una atención desmesurada a las reestructuraciones que están pensadas para las grandes empresas y no para el pequeño deudor insolvente, sea personas naturales o sociedades cerradas. El resultado es claro. El 90 por 100 de los concursos van a liquidación. Así lo dicen las estadísticas. Pero el legislador sigue obnubilado por las grandes operaciones de reestructuración llevando ya más de 20 años de fracaso estrepitoso de la disciplina concursal y seguramente lo que falta.

Pues bien, el legislador, sea español o sea europeo, debe abordar sin demora el problema del ejercicio de los derechos de socio y el deber de fidelidad en el marco de la sociedad de capital cerrada para dar mayor confort al verdadero tejido empresarial que resulta ser el verdadero creador de riqueza.

Bibliografía

JIMÉNEZ SÁNCHEZ, G. y PEINADO GRACIA, J.I., "Reflexiones sobre el artículo 348 bis de la Ley de Sociedades de Capital", en *Revista de Derecho Mercantil*, núm. 321, 2021. Pp. 11-50.

MORRAL SOLDEVILA, R., "La influencia de las Directivas europeas en materia de sociedades sobre la junta de la sociedad de capital", en AA.

VV., MIQUEL RODRÍGUEZ, J. y PÉREZ TROYA, A. (Coord.), *Derecho de sociedades europeo*, Aranzadi, Cizur Menor, 2019, pp. 171 y ss.

MORRAL SOLDEVILA, R., "Cese y nombramiento de administradores de sociedades de capital durante la liquidación concursal", en *Anuario de Derecho Concursal*, núm. 56, 2022, pp. 9 y ss.

MORRAL SOLDEVILA, R., "Sobre el fundamento del derecho de separación del artículo 348 bis Ley de Sociedades de Capital. (A propósito de la Sentencia del Tribunal Supremo (Sala 1ª) de 25 de enero de 2022)", *Revista de Derecho de Sociedades*, núm. 65, 2022.pp. 255-277.

PARTE III.
Las modificaciones estructurales, la movilidad y reestructuración societaria y el régimen de OPAs en la Unión Europea

LA TRANSPOSICIÓN DE LA DIRECTIVA DE MOVILIDAD TRANSFRONTERIZA. LA PROTECCIÓN DE LOS SOCIOS*

Drª. Adoración Pérez Troya
Profesora Titular de Universidad
Universidad de Alcalá
Vocal de la Comisión General de Codi icación

I. LA DIRECTIVA DE MOVILIDAD Y LA PROTECCIÓN DE LOS STAKEHOLDERS

1. El nuevo escenario abierto por la Directiva de movilidad

La Directiva sobre transformaciones, fusiones y escisiones transfronterizas por la que se modifica la Directiva (UE) 2017/1132 –co-

---

* Estudio con origen en la ponencia presentada el 24 de mayo de 2022 en el *Ciclo de Jornadas: Derecho de Sociedades Europeo: análisis y nuevas perspectivas*, organizadas por la Cátedra Garrigues de modernización del Derecho de sociedades-Facultad de Derecho (ICADE). Estudio enmarcado en los Proyectos de investigación Ref. SBPLY/19/180501/000266, financiando por la JCLM/FEDER, y Ref. PID2021-127594OB-I00, financiado por MCIN/AEI/ 10.13039/501100011033 / FEDER, UE.

nocida como Directiva de movilidad– se aprobó el 27 de noviembre de 2019[1]. Hasta su aprobación únicamente se hallaba armonizada la fusión transfronteriza, cuyo régimen ha experimentado notables cambios, incluyendo bastantes que afectan, entre otros interesados, a los socios. Con la aprobación de la Directiva han venido a regularse, además, dos nuevas operaciones: el traslado del domicilio social de un Estado a otro con cambio de *lex societatis*, operación denominada "transformación transfronteriza" (en los textos preparatorios se denominaba "conversión transfronteriza") y la escisión transfronteriza, limitada, no obstante, a las escisiones con creación de nuevas sociedades[2].

La fecha tope para la transposición de la Directiva a los ordenamientos de los Estados miembros es el 31 de enero de 2023 (art. 3.1), lo que en nuestro caso hace necesario llevar a cabo, dentro del plazo previsto, una reforma de la Ley 3/2009, de 3 de abril, sobre modificaciones estructurales de las sociedades mercantiles. Dicha reforma resulta ineludible para adaptar a las novedades de la Directiva el régimen de las operaciones transfronterizas reguladas en la Ley –las fusiones transfronterizas intracomunitarias (arts. 64-67) y el traslado internacional del domicilio social (arts. 92-103)–, así como para regular *ex novo* la escisión transfronteriza europea[3]. La Ley sobre modificacio-

---

1 Directiva (UE) 2019/2121 del Parlamento Europeo y del Consejo de 27 de noviembre de 2019 por la que se modifica la Directiva (UE) 2017/1132 en lo que atañe a las transformaciones, fusiones y escisiones transfronterizas (DOUE L 321/1, 12.12.2019).

2 El art. 4 de la Directiva prevé que la Comisión lleve a cabo una evaluación sobre su aplicación antes del 1 de febrero de 2027 (art. 4.1) y, entre otros aspectos de posible reforma, considerará a viabilidad de establecer disposiciones relativas a las escisiones transfronterizas mediante absorción (art. 4.3).

3 Para un estudio de gran detalle sobre las necesarias modificaciones de la Ley sobre modificaciones estructurales centrado en la fusión, *vid.* CABANAS TREJO, R., "La fusión transfronteriza en la Directiva 2019/2121 y su posible repercusión en la Ley española de modificaciones estructurales", *CDC*, nº

nes estructurales también regula la cesión global internacional (art. 84), pero esta operación no ha sido objeto de atención por la Directiva, probablemente porque, además de carecer de armonización como operación nacional, no está comprendida dentro del régimen de neutralidad fiscal armonizado del que se benefician otras modificaciones estructurales traslativas[4].

Antes de entrar en las novedades de la Directiva concernientes a los socios, que es el principal tema que abordaremos, conviene observar, para partir de un punto general que aporte cierta perspectiva sobre el tema, que estamos, por su fecha de aprobación, ante una Directiva pre-pandémica que debe ser incorporada a nuestro ordenamiento en un momento que la contextualiza con otras reformas recientes provenientes también de la Unión europea, como la derivada de la Directiva 2019/1151, relativa a la utilización de herramientas y procesos digitales en el ámbito del Derecho de sociedades, y la llevada a cabo para transponer la Directiva 2019/1023, sobre marcos de reestructu-

---

73, 2020, pp. 37 ss. Para un estudio sintético pero general *vid.* ÁLVAREZ ROYO-VILLANOVA, S., "Modificaciones necesarias para la transposición de la Directiva 2019/2021 de movilidad de sociedades, *Diario La Ley*, núm. 10077, 26 de mayo de 2022. Por nuestra parte, realizamos un estudio general de la Directiva centrado en la tutela de los socios, del que retomamos algunas reflexiones, en PÉREZ TROYA, A., "La Directiva sobre transformaciones, fusiones y escisiones transfronterizas. Una primera aproximación, con particular referencia a la tutela de los socios", *RdS*, nº 58, 2020, pp. 53 y ss. Para una visión sucinta pero panorámica de la Directiva, *vid.* HERRERO MORANT, R., "Nueva Directiva (UE) 2019/2121 del Parlamento Europeo y del Consejo de 27 de noviembre de 2019 por la que se modifica la Directiva (UE) 2017/1132 en lo que atañe a las transformaciones, fusiones y escisiones transfronterizas", *RdS*, nº 58, 2020, pp. 475 y ss.

4 *Vid.* MENÉNDEZ GARCÍA, G., "El régimen tributario de la cesión global de activo y pasivo", AA.VV., *Las modificaciones estructurales de las sociedades mercantiles*, Coords. ROJO, A. *et al.*, Ed. Thomson Reuters-Aranzadi, Cizur Menor, Navarra, 2015, pp. 1111 y ss.

ración preventiva[5]. La interrelación con la primera se refleja en la que ahora nos ocupa en las previsiones sobre la presentación en línea de la documentación necesaria para la realización de las operaciones transfronterizas, sin necesidad de que los solicitantes comparezcan ante las autoridades competentes[6]. Las relaciones con la Directiva sobre marcos de reestructuración preventiva quedan patentes en la definición del propio ámbito de la Directiva de movilidad, que, finalmente, ha dejado en manos de los Estados miembros el poder decidir si ésta se aplica o no a las sociedades que sean objeto de procedimientos de insolvencia o marcos de reestructuración preventiva[7]. La fórmula es de *opting out*,

---

5 La Directiva (UE) 2019/2121 es resultado de la Propuesta presentada por la Comisión en abril de 2018, junto con la Propuesta de modificación de la Directiva (UE) 2017/1132 en lo que respecta a la utilización de herramientas y procesos digitales en el Derecho de sociedades. COM/2018/239 final, 2018/0113 (COD) y COM (2018) 241 final, 2018/0114 (COD). Ambas Propuestas se presentaron integradas en un mismo "*paquete*" de Derecho societario (*Company Law Package*), anunciado en su día como "*un conjunto completo de medidas en pro de un Derecho de sociedades de la UE justo, habilitante y moderno*" (Exposición de Motivos de ambas Propuestas, pág. 1). Al presentarse las dos Propuestas en un mismo *paquete* fueron objeto de un Informe de Evaluación de Impacto conjunto (https://ec.europa.eu/info/publications/company-law-package_en).

6 *Vid.* FUENTES NAHARRO, M., "Las propuestas de modificación de la Directiva 2017/1132 consolidada de derecho de sociedades: digitalización y movilidad transfronteriza", *Revista de Derecho Bancario y Bursátil*, nº 153, enero-marzo 2019, pp. RR-14.1; FERNÁNDEZ-TRESGUERRES, A., La digitalización y movilidad de sociedades en Derecho Europeo, *RdS*, núm. 58, 2020, pp. 95 y ss.; COHEN BENCHETRIT, A., "Panorámica general de la Directiva de digitalización y de la Propuesta de Directiva de movilidad transfronteriza: impacto en la legislación nacional", AAVV., *Nuevas tendencias de Derecho europeo y del Derecho español de sociedades*, Dirs., MARTÍNEZ MARTÍNEZ, M.T./SÁNCHEZ-CALERO GUILARTE, J., Servicio de Pub, Facultad de Derecho, Univ. Complutense de Madrid, Madrid, 2019, pp. 287 ss.

7 *Cfr.* Art. 86 bis.4, nuevo art. 120.5, art. 160 bis.5.

por lo que los legisladores nacionales que quieran excluir su aplicación deberán establecerlo de manera expresa. Sin duda, este es un punto importante de decisión que plantea la Directiva de movilidad, máxime porque su transposición vendrá a realizarse en un contexto pospandémico y tensionado, además, por otras coyunturas, algunas de rabiosa actualidad y otras aún no digeridas, como el Brexit. En este contexto, con tanta incidencia en el campo económico, la facilitación de la reorganización y movilidad transfronteriza societaria dentro de la Unión Europea, que es el principal objetivo de la Directiva, a buen seguro será bienvenida en el ámbito empresarial[8].

Por otro lado, conviene observar que, en cuanto a la manera de tender a esa facilitación, la Directiva da por buena la doctrina del Tribunal de Justicia de la Unión Europea, coronada por la Sentencia Polbud, de 25 de octubre de 2017, conforme a la cual la libertad de establecimiento ampara que las sociedades puedan cambiar su domicilio social

---

8 Su objetivo principal es, desde un punto de vista jurídico, profundizar en el alcance del principio de libertad de establecimiento en el mercado interior (arts. 49 y 54 TFUE) mediante la facilitación de la realización de las tres operaciones transfronterizas reguladas. Con ello, se pretende, por ende, contribuir a la mejora de la competitividad de las empresas europeas en un entorno cada vez más globalizado, en cuyo contexto el hecho de que una inmensa mayoría de las empresas existentes (actualmente, alrededor de 24 millones) sean sociedades de capital y, a la vez, pymes, justifica que la Directiva busque ofrecer un marco apropiado para que el mayor número de ellas –la Directiva se aplica a las sociedades de capital– puedan aprovechar todas las ventajas del mercado interior, y, para ello, trasladarse y reestructurarse a nivel transfronterizo. *Cfr.* Exposición de Motivos de la Propuesta de Directiva, pág. 1, destacando que, de los 24 millones de empresas existentes en la actualidad, un 80% aproximadamente son sociedades de capital y de éstas un 98-99% pymes. *Cfr.* Consejo de la UE, Comunicado de prensa de 18 de noviembre de 2019, destacando análogo dato y subrayando que son las pymes las principales beneficiarias de la Directiva: https://www.consilium.europa.eu/es/press/press-releases/2019/11/18/eu-makes-it-easier-for-companies-to-restructure-within-the-single-market/.

de un Estado miembro a otro sin necesidad de trasladar su sede real[9]. En este marco legal y contexto político-económico, no hay duda de que la transposición de la Directiva se presenta para los legisladores nacionales de los 27 Estados miembros como una oportunidad remarcable para atraer a la propia *lex societatis,* al menos, el mayor número de sociedades posibles. Y, siendo ello así, es lógico que la Directiva, y en ello consiste su contenido fundamental, se preocupe por establecer unos derechos mínimos de los socios y otros *stakeholders,* como modo de asegurar en el mercado interior un *level playing field* que evite un *dumping* regulatorio y un "efecto Delaware".

La Directiva ha tratado, en efecto, de encontrar un punto de equilibrio entre los distintos intereses y derechos en liza, y en ella se reconoce, expresamente, que: "*Los derechos de las sociedades a realizar transformaciones, fusiones y escisiones transfronterizas deben ir de la mano y estar debidamente equilibrados con la protección de los trabajadores, los acreedores y los socios*" (Considerando 4º, *in fine*). En este sentido, se ha destacado, con razón, que la Propuesta trata de combinar dos perspectivas de política jurídica: la facilitadora de la operación (*enabling law*) y la protección de los intereses en juego (*protective law*)[10]. Ello explica, hasta cierto punto, que tanto desde algunos sectores se considere que la Directiva puede entorpecer la realización de estas operaciones por los controles a los que se las somete, como que

9 *Cfr.* Sentencia C-106/2016 de 25 de octubre de 2017 (caso Polbud). *Vid.*, entre otros, ÁLVAREZ ROYO-VILLANOVA, S., "El traslado internacional del domicilio social: novedades jurisprudenciales y legislativas", *El Notario del Siglo XXI*, 2018, núm. 80, pp. 144 y ss.

10 FUENTES NAHARRO, M., "El Company Law Package", *RdS*, núm. 53, 2018, p. 319. *Vid.*, en sentido similar, COHEN BENCHETRIT, A., "Impacto de la nueva propuesta de directiva sobre las modificaciones estructurales de las sociedades de capital", *El Notario del Siglo XXI*, nº 84, marzo-abril 2019, http://www.elnotario.es/hemeroteca/revista-84/

desde otros se achaque, por el contrario, que resulta descompensada en favor del derecho a la movilidad de las empresas (*too business friendly*), y que, por tanto, subestima que, como primer mandato, el mercado interior debe obrar en pro del desarrollo sostenible de Europa, y que, para ello, la Unión debe fomentar la cohesión económica, social y territorial y la solidaridad entre los Estados miembros (art. 3 TUE)[11]. En cualquier caso, y reconociendo que el logro de un equilibrio justo entre ambas perspectivas no resultaba sencillo, lo cierto es que la Propuesta de Directiva inicial, presentada por la Comisión el 25 de abril de 2018, establecía una armonización mayor que el texto finalmente aprobado, lo que ha ido en detrimento de los derechos de los socios y otros interesados, y, en línea con ello, las disposiciones a transponer vienen a ofrecer a los legisladores nacionales mayores posibilidades de opción, sea mediante disposiciones de *opting in* o de *opting out*.

2. Los riesgos de las operaciones transfronterizas para socios y otros stakeholders. Los esquemas de tutela

Aunque el nivel de armonización podía haber resultado superior, visto con perspectiva histórica, la Directiva (UE) 2019/2121 supone,

---

11 En el primer sentido, *vid.*, entre otros, ÁLVAREZ ROYO-VILLANOVA, S., "La propuesta de la Comisión sobre fusiones, escisiones y transformaciones transfronterizas: un paso adelante y otro atrás", *Diario La Ley*, núm. 9223, 2018. En el segundo, *vid.*, entre otros, KOWALSKY, W., "Business Takes All – Or Win-Win?", *Social Europe*, 8 de junio 2018, https://www.socialeurope.eu/old-fashioned-and-unfair-internal-market-policy-revisited; HOFFMANN, A./ VITOLS, S., "The EU company law package: how it should be improved to strengthen workers´ rights and avoid abuse through cross-border company mobility", *ETUI Policy Brief*, nº 11/2018, pp. 1 y ss. Especialmente, *vid.* el Informe de la Comisión de Asuntos Jurídicos del Parlamento Europeo sobre la Propuesta presentada por la Comisión, de 9 de enero de 2019 (A8-0002/2019), incluyendo numerosas enmiendas en favor de un reenfoque de la "*filosofía*" de la Directiva hacia un sentido más social y de economía productiva.

con todo, un importante avance armonizador, pues establece una protección equivalente mínima para socios y otros interesados en las tres operaciones transfronterizas reguladas, sin perjuicio, además, de ciertas normas específicas que atienden a los distintos riegos que implican cada una de ellas[12]. En este sentido, no es baladí recordar que la transformación transfronteriza no implica de por si ninguna alteración patrimonial ni de composición en la titularidad del capital de la sociedad que se transforma, mientras que la fusión y la escisión transfronteriza comportan cambios patrimoniales y subjetivos societarios. Asimismo, la fusión y la escisión, a diferencia de la transformación transfronteriza, sólo determinan para algunos *stakeholders* un *cambio reflejo* de *lex societatis* aplicable (la sociedades que se extinguen o escinden no cambian su *lex societatis*, pero a los *stakeholders* se aplica, por regla, la legislación a la que venga sujeta la sociedad absorbente o nueva, sin que, además, haya ningún cambio de ley para los socios de la sociedad absorbente y para los de la sociedad escindida que no reciban acciones o participaciones de las nuevas sociedades beneficiarias)[13].

Los peligros y posibles conflictos son, por tanto, muy distintos en unas y otras operaciones; y mientras que en la transformación no hay riesgo de inadecuada valoración patrimonial, este riesgo puede suponer en la fusión un potencial conflicto entre las sociedades que se fusionan, que se reduce en la escisión transfronteriza a un potencial conflicto intrasocietario, puesto que las sociedades beneficiarias, como hemos indicado, sólo pueden ser, en el planteamiento de la Directiva,

---

12 PÉREZ TROYA, A., "Las etapas en la conformación de un marco europeo sobre fusiones y escisiones societarias", AAVV., *Derecho de la Unión Europea e integración regional: liber amicorum al profesor Dr. Carlos Francisco Molina del Pozo*, Tirant lo blanch, Valencia, 2020, pp .1259 y ss.

13 *Vid.* GARCIMARTÍN, F., "Modificaciones estructurales transfronterizas: la Directiva de movilidad", 18 de diciembre de 2019, https://almacendederecho.org/modificaciones-estructurales-transfronterizas-la-directiva-de-movilidad/

de nueva creación. Consiguientemente, el riesgo de inadecuada valoración de las sociedades que se fusionan o de las diferentes masas patrimoniales que se separan en la escisión conlleva el de una determinación del tipo de canje inequitativa, que es un problema al que no ha lugar en la transformación transfronteriza, al igual que tampoco puede darse, en principio, el problema de empeoramiento de su solvencia, que, en cambio, sí puede presentarse en la fusión y, con más peligro si cabe, en la escisión. La potencial afectación de los intereses de los socios y de los acreedores en las operaciones de fusión y escisión es, por tanto, muy distinta a la que supone la transformación (cambio de foro y de *lex* aplicable a la deudora)[14]. De otra parte, cabe observar, que, en línea de principio, la escisión transfronteriza puede afectar negativamente a los intereses de los trabajadores en un modo distinto a las demás operaciones, pues la división del patrimonio empresarial que entraña puede dejarlos vinculados a sociedades con mayor o menor viabilidad económica, lo que, a la larga –no de modo inmediato por la regla de sucesión y continuidad de los contratos de trabajo–, podrá determinar su despido por la empresa.

En atención a la diversidad de intereses potencialmente afectados y la tipología de las operaciones transfronterizas, los esquemas para la tutela de socios, acreedores y trabajadores subyacentes en la Directiva de movilidad presentan, en líneas generales, una adecuada coherencia.

En torno a los intereses de los socios giran múltiples aspectos novedosos de la Directiva, y el *iter* procedimental de las nuevas operaciones se estructura, en gran medida, alrededor de sus derechos, siguiendo

---

14 *Vid.*, ampliamente, PULGAR, J., "El traslado de domicilio social: protección de socios y acreedores", *RDM*, n. 309, 2018, pp. 2 y ss., advirtiendo, además, que los acreedores financieros suelen negociar cláusulas contractuales de sumisión a una determinada ley, por lo que el traslado de la sociedad deudora no les afectará como a los acreedores no financieros.

el esquema conocido de la fusión transfronteriza, aunque su régimen también se haya modificado en aspectos remarcables. Hasta la aprobación de la Directiva de movilidad, la Directiva (UE) 2017/1132 se limitaba a prever, en relación a la fusión transfronteriza, que los ordenamientos nacionales pudieran establecer una protección adecuada de los socios que votasen en contra de la operación (antiguo art. 121.2). En el nuevo escenario, para las tres operaciones reguladas se prescriben, en cambio, mecanismos de protección específicos, estableciéndose, así, una tutela mínima común, que los Estados miembros pueden reforzar, ampliando el ámbito de los instrumentos previstos o, en su caso, reconociendo otros mecanismos de protección adicionales[15]. Como mecanismo de protección común a las tres operaciones se ha previsto un derecho de separación de los socios, junto con un derecho a revisar la relación de canje en el caso de fusión y escisión. Y siguiendo el modelo de esquema ya consolidado para las operaciones de fusión, el procedimiento de las distintas operaciones transfronterizas se desarrolla a través de múltiples exigencias arbitradas en interés de los socios, que sirven para que la decisión que por mayoría adopten en Junta general resulte fundamentada, así como para tutelar mediatamente los derechos de minoría que se les reconocen, y, en su caso, permitirles ejercitar las acciones de defensa que pudieran resultar procedentes.

---

15 *Cfr.* Considerando 17, indicando que los Estados miembros deben poder mantener o introducir normas adicionales de protección de los socios, siempre que no entren en conflicto con las previstas en la Directiva o con la libertad de establecimiento. Ello refleja que la Directiva no persigue un grado de armonización completa (*full harmonistation*), contra lo estimado deseable por algunos, que, precisamente, consideran desafortunado el planteamiento de poder adicionar nuevos mecanismos de protección. En este sentido, *vid.* ECLE, "The Commission's 2018 Proposal on Cross-Border Mobility-An Assessment", pág. 4, https://europeancompanylawexperts.wordpress.com/publications/the-commissions-2018-proposal-on-cross-border-mobility-an-assessment-september-2019/

Por lo que se refiere a la protección de los acreedores, hasta la aprobación de la Directiva de movilidad, su tutela en la fusión transfronteriza quedaba, asimismo, remitida a lo que dispusieran las legislaciones nacionales, mientras que, conforme al nuevo régimen armonizado, de modo similar a la fusión y escisiones nacionales, para las tres operaciones se contemplan medidas de protección del derecho de crédito en sí, aun cuando, en verdad, ello sólo tiene razón de ser en la fusión y escisión[16]. Según lo previsto, los Estados miembros han de establecer para las tres operaciones un "*sistema de protección adecuado*" de los intereses de los acreedores con créditos nacidos antes de la publicación del proyecto y aún no vencidos en el momento de dicha publicación (arts. 86 *undecies*, 126 *ter* 1, y 160 *undecies*)[17]. Sea cual sea dicho sistema –¿permite, por ejemplo, la previsión de un derecho de oposición?–, la Directiva obliga a que en el proyecto se les ofrezcan garantías (tales como fianzas o prendas), y a que los acreedores insatisfechos con las ofrecidas puedan solicitar a la autoridad administrativa o judicial pertinente otras adecuadas en el plazo de tres meses a partir de la publicación del proyecto [arts. 86 *quinquies*, letra f), art. 122, nueva letra n), y 160 *sexies*, letra q)]. Para que esta solicitud sea estimada deberán demostrar, de forma creíble, que la satisfacción de sus derechos se pone en juego por la operación y no han obtenido garantías

---

16 Ello, entre otros ejemplos, nos lleva a pensar que los distintos riesgos para los *stakeholders* y su diversa incidencia en función de las diferentes operaciones son atendidos por la Directiva pecando en ciertos casos de defecto y en otros, como en este, de exceso.

17 *Vid.*, para mayores consideraciones, FUENTES NAHARRO, M., "La protección de los acreedores en las operaciones transfronterizas en la nueva Directiva 2019/2121", *I&R*, núm. 2, 2021, pp. 123 y ss. Sobre la exigencia de prever un sistema de protección adecuado, *vid.* ESTEBAN RAMOS, L.M, *Los acreedores sociales ante los procesos de fusión y escisión de sociedades anónimas: instrumentos de protección*, Thomson-Reuters-Aranzadi, Cizur Menor (Navarra), 2ª ed. 2017, pp. 113 y ss.

suficientes[18]. En relación a las tres operaciones se contempla, además, que las legislaciones, facultativamente, puedan exigir a las sociedades una *declaración de solvencia* manifestando que no conocen motivos por los que no vayan a poder cumplir las obligaciones a su vencimiento[19]. Adicionalmente, para la escisión se prevé como norma específica una regla de responsabilidad solidaria de las sociedades participantes en el caso de que alguna de las sociedades beneficiarias incumpla las obligaciones atribuidas, que no se extiende al posible incumplimiento de las obligaciones que queden a cargo de la sociedad escindida[20]. Y en relación a la transformación se prevé que los acreedores con créditos nacidos antes de la publicación del proyecto también puedan iniciar procedimientos contra la sociedad en el Estado de origen dentro de los

---

18 Esta exigencia, que hace recaer el *onus probandi* sobre los acreedores, cuando es, en realidad, la sociedad quien mejor puede conocer si la operación les perjudica o no, no estaba prevista en la Propuesta inicial, que, establecía un sistema para presumir la *falta de perjuicio* que desapareció en el texto final.

19 *Cfr*. art. 86 *undecies*, apdo 2; art. 126 *ter*, apdo 2; y art. 160 *quaterdecies*, apdo 3, disponiendo que las legislaciones nacionales puedan exigir que el órgano de administración o dirección de las sociedades realicen una declaración reflejando con exactitud la situación financiera actual de la sociedad y en la que hagan constar que, sobre la base de la información disponible, y después de haber efectuado las averiguaciones razonables, no conocen ningún motivo por el que la sociedad o sociedades no puedan atender sus obligaciones a su vencimiento. Esta declaración, de exigirse, deberá ser objeto de publicación junto con el proyecto.

20 Según lo previsto, cuando un acreedor no obtenga satisfacción de la sociedad a la que se haya atribuido el elemento del patrimonio pasivo, las demás sociedades beneficiarias y, en el caso de una escisión parcial o de una escisión por segregación, la sociedad escindida junto a la sociedad a la que se atribuya el elemento del patrimonio pasivo serán responsables solidarias de dicha obligación (art. 160 *quaterdecies*, apdo 2). El importe máximo de la responsabilidad solidaria se limita al valor, en la fecha de eficacia de la escisión, de los activos netos atribuidos (art. 160 *quaterdecies*, apdo 2, *in fine*).

dos años siguientes desde que la transformación haya surtido efecto (art. 86 *undecies*.4)[21].

En cuanto se refiere a los trabajadores, para las tres operaciones se establece un régimen de protección equivalente, que pasa por la previsión de normas que, por un lado, disponen derechos de información y consulta sobre la operación (art. 86 *duodecies*, nuevo art 126 *quater,* y art. 160 *duodecies*). Por otro lado, siguiendo de cerca lo ya previsto en relación a la fusión transfronteriza, que, a su vez, seguía, *mutatis mutandis,* lo dispuesto para la Sociedad anónima europea, se establecen normas para evitar la laminación de los derechos de representación y participación que pudieran tener en los órganos de decisión de la empresa conforme a la legislación del Estado de origen[22]. Para ello, cuando en la nueva legislación aplicable no se reconociesen tales derechos –o sí pero no con el mismo nivel–, siguiendo el principio "*no escape but no extensión*", la sociedad podrá optar bien por aplicar las llamadas "*normas estándar de participación*" –en cuyo caso los trabajadores o sus representantes tendrán derecho a elegir, designar, recomendar, u oponerse a la designación de determinado número de miembros del órgano de administración–, o bien por entablar negociaciones en el marco de un órgano especial para intentar llegar a un acuerdo con los trabajadores sobre tales derechos (art. 86 *terdecies*, art. 133 parcial-

21 A la vista de esta regla, que atiende al genuino efecto que la transformación transfronteriza implica para estos *stakeholders*, parece que las restantes reglas de tutela patrimonial sobrarían para esta operación.

22 *Vid.* ESTEBAN VELASCO, G., "Protección de los derechos de participación de los trabajadores en las operaciones de movilidad transfronteriza (Directiva que modifica la Directiva 2017/1132)", AAVV., *Nuevas tendencias de Derecho europeo y del Derecho español de sociedades*, Dirs., MARTÍNEZ MARTÍNEZ, M.T./SÁNCHEZ-CALERO GUILARTE, J., Servicio de Publicaciones Facultad de Derecho, Univ. Complutense de Madrid, Madrid, 2019, pp. 301 y ss.

mente modificado, y art. 160 *terdecies*)[23]. Además, para evitar que mediante operaciones posteriores –internas o trasfronterizas– el nivel mínimo de representación aplicable tras la operación transfronteriza sea burlado –algo que venía ocurriendo–, se ha previsto un plazo de cuatro años de mantenimiento desde que la operación sea efectiva (arts. 86 *terdecies*, 7, nuevo art. 133.7, y art. 160 *terdecies*.7)[24]. Esta norma de cautela mejora la prevista hasta ahora en la fusión transfronteriza y se suma a otras nuevas –*vgr.* inclusión de las sociedades que pretendan realizar una operación transfronteriza estando cerca del umbral que determina la cogestión en el Estado de origen–, aunque desde las entidades que representan los intereses de los trabajadores se considera insuficiente, porque, en el fondo, establece un plazo de caducidad para la codeterminación de cuatro años ("*expiry date*") [25]. No es baladí recordar que los trabajadores no gozan de ningún derecho de oposición o de exigir garantías y, asimismo, en relación a la escisión transfronteriza ni siquiera se exige, como sí reconoce *motu propio* la legislación española para la escisión interna, que la parte separada tenga que constituir una "*unidad económica*" (art. 70 y art. 71 LME). A falta de esta cautela, que, aunque de contornos difusos, tiende a preservar la viabilidad económica de las empresas, y, con ello, el futuro

---

23 Este órgano especial de negociación puede, por su parte, decidir no iniciar negociaciones o poner fin a las negociaciones ya entabladas y basarse en las normas de participación vigentes en los Estados miembros donde se radique la sociedad transformada o las sociedades resultantes.

24 Con arreglo al anterior apdo. 7 del art. 133, la sociedad resultante de la fusión transfronteriza venía obligada a tomar medidas para garantizar la protección de los derechos de los trabajadores en caso de ulteriores fusiones nacionales realizadas durante los tres años subsiguientes.

25 ACADEMY FOR EUROPEAN WORKS COUNCILS (EWC Academy), "New EU Directive includes expiry date for codetermination", *EWC news*, nº 3/2019, 4 de octubre 2019. http://www.ewc-news.com/en032019.htm

de los contratos de trabajo, la posición de estos *stakeholders* puede, ciertamente, resultar, a la larga, bastante comprometida[26].

II. PRINCIPALES ASPECTOS A REFORMAR DE LA LEY SOBRE MODIFICACIONES ESTRCUTURALES RELATIVOS A LA PROTECCIÓN DE LOS SOCIOS

1. Los informes internos y externos destinados a los socios

Siguiendo el esquema del modelo previamente armonizado de fusión transfronteriza, basado, a su vez, en el modelo de la fusión interna de la vieja Tercera Directiva, entre las garantías dispuestas en favor de los socios en las tres operaciones transfronterizas destacan los informes que deben emitirse "*para los socios*". Uno de ellos, puramente interno por razón de su autoría, es el informe del órgano de administración o dirección de la sociedad. En la transformación, debe elaborarlo el órgano de la sociedad que se transforma (art. 86 *sexies*), por lo que será único; en la fusión, el órgano de cada sociedad que se fusiona (art. 124), por lo que su número dependerá de las sociedades que se fusionen; y en la escisión transfronteriza, como las sociedades beneficiarias han de ser nuevas, solo ha lugar al informe del órgano de la escindida (art. 160 *sexies*), que, por ende, se exceptúa en el caso de escisión por segregación, que resulta una modalidad sumamente simplificada por esta y otras dispensas previstas (art. 160 *vicies*).

---

26 Por todo ello, es comprensible que la Directiva no haya sido bien recibida por los sectores que los representan. THANNISCH, R., "Neue Schlupflöcher zur Vermeidung von Mittbestimmung. Eu-Parlament beschliesst Company Law Package", DGB-BVV, 16 de julio de 2019. https://www.dgb.de/themen/++co++c36cbd98-a7c3-11e9-9f88-52540088cada; HOFFMANN, A./ VITOLS, S., "The EU company law package", *op. cit.*, pp. 1 y ss. ; ETUC, *ETUC position paper. The new company law package 2018 : A missed opportunity for more democracy at work*, Executive Committee, Junio 2018. https://www.etuc.org/en/

La función de este informe es similar al "*destinado a los socios*" para la fusión transfronteriza ya exigido anteriormente (antiguo art. 124) y mediante el que el órgano de administración o dirección había de explicar y justificar los aspectos legales y económicos de la operación, así como explicar sus implicaciones para socios, acreedores y trabajadores. Ahora, la Directiva de movilidad, en las tres operaciones, prevé un informe "*para los socios y trabajadores*", con partes comunes y sendas diferenciadas para ambos *stakeholders*, aunque la sociedad puede optar por elaborar un único informe con dos secciones o, como preceptuaba la Propuesta inicial, dos informes separados. El informe o sección para socios no es exigible si todos convienen su renuncia –lo que es una novedad destacable, pues la Directiva no preveía esta dispensa para la fusión transfronteriza–, y puede exonerarse por las legislaciones nacionales para las sociedades unipersonales. En caso de resultar necesario, como suele ser la regla en las grandes sociedades, deberá ponerse a disposición de socios y representantes de los trabajadores, al menos seis semanas antes de la fecha de la junta general que apruebe la operación –hasta ahora era un mes en el caso de fusión transfronteriza-[27].

Su contenido presenta novedades de interés si lo comparamos con el informe sobre la fusión que conocíamos. En la parte común deberá explicar y justificar los aspectos jurídicos y económicos de la operación y explicar sus consecuencias para trabajadores, así como, novedosamente, la actividad empresarial futura de la sociedad[28]. El informe o

---

27 En la Propuesta de Directiva inicial el plazo era de dos meses para la transformación y la escisión y se mantenía un mes para la fusión. Finalmente, para las tres operaciones se ha establecido un mismo plazo de seis semanas, con el que parece que se ha querido procurar que los trabajadores puedan ser informados con suficiente antelación para poder ejercitar sus respectivos derechos.

28 Conforme al anterior art. 124, en el informe debían explicarse también las implicaciones de la fusión para los acreedores, exigencia que actualmente no se prescribe.

sección para socios ha de explicar, además: i) la relación de canje en la fusión y la escisión y el método de determinación empleado; ii) en las tres operaciones, la compensación en efectivo prevista en caso de separación y el método de determinación empleado; iii) las consecuencias de la operación para los socios; iv) los derechos y recursos a disposición de los socios. Estos tres últimos aspectos resultan novedosos y están conectados a los nuevos instrumentos específicos de protección que también se prevén (*i.e.* derecho de separación, facultad de reclamar una compensación complementaria, revisión de la relación de canje). En consecuencia, si reparamos en el conjunto de las novedades que atañen a este informe, podemos convenir en que se refuerza su funcionalidad en interés de los socios. Por el contrario, no será necesario incluir una explicación sobre las implicaciones de la operación para los acreedores, como se exigía hasta ahora para la fusión transfronteriza (antiguo art. 124), aunque cabría como contenido voluntario y que *motu proprio* se requiriera por los legisladores nacionales[29].

Junto al informe *interno*, también se exige, por regla, un informe pericial independiente *destinado a los socios*, que, tal como se preveía hasta ahora para la fusión transfronteriza, deberá ponerse a disposición de los socios, al menos, un mes antes de la fecha de la junta general que apruebe la operación[30]. Este informe tampoco es exigible cuando

---

No obstante, ahora, al regular la protección de los acreedores, se prevé que los Estados puedan exigir al órgano de administración o de dirección una declaración acerca de la inexistencia de motivos para que la sociedad no cumpla con sus obligaciones a su vencimiento, en cuyo caso tal declaración ha de publicarse junto al proyecto.

29 Podría pensarse que no se ha previsto referencia a los acreedores por la novedad de permitir la renuncia de este informe por unanimidad de los socios, pero cabe recordar que dicha referencia, al menos conforme a nuestra legislación actual sobre fusión interna, no impide que los socios puedan renunciar al informe (*cfr.* art. 33 en relación al 42 LME).

30 Los Estados miembros pueden exigir la publicación y puesta a disposición del informe de expertos en el Registro, excluyendo la información confidencial que

lo acuerden todos los socios y tampoco si los Estados lo excluyen en el caso de sociedades unipersonales[31]. En el caso de escisión por segregación este informe también está exceptuado.

Tiene interés recordar que este informe *externo* es uno de los elementos que más cambios ha sufrido en su regulación desde la presentación de la Propuesta de Directiva inicial. En relación con la transformación y la escisión transfronteriza se concebía como un auténtico examen de la operación –ilustrativamente, el precepto se denominaba "*examen por un perito independiente*"–. Mediante este examen, el perito debía evaluar, detalladamente, la "*exactitud*" de los informes e informaciones presentados por la sociedad, debía incluir cálculos de los importes obtenidos sobre la relación de canje, además de establecer su justificación, así como describir multitud de elementos relativos a la sociedad transformada o escindida (establecimientos, objeto, sector, inversiones, cifras de negocios neta y cifra de pérdidas y ganancias, composición del balance, activos y ubicación, número de trabajadores, centros y lugares de cotización, riesgos mercantiles asumidos, etc). El fin primordial de este completísimo "*examen*", que se exceptuaba para las micro y pequeñas empresas, era proporcionar a la autoridad competente encargada del *control ex ante* de la operación los elementos de juicio necesarios para determinar si la transformación o la escisión constituía o no "un *artificio*" encaminado a obtener ventajas fiscales indebidas o a perjudicar injustificadamente los derechos (jurídicos o contractuales) de trabajadores, acreedores o socios. Este *control ex ante* ha quedado, no obstante, disminuido en el texto de la Directiva aprobada [*vid. infra*.5], por lo que el contenido del informe también ha

pudiera contener (art. 86 *octies*, art. 123, art. 160 *octies*).

31 En la fusión transfronteriza se mantiene la regla de que cada sociedad debe solicitar un informe, pero cabe que sea único si *ex*. art. 125 lo solicitan conjuntamente.

resultado mucho más limitado y su papel, equivalente en las tres operaciones, se destina, primordialmente, "*a los socios*".

En la fusión y la escisión transfronteriza, el perito debe expresar en el informe su opinión sobre la adecuación de la relación de canje, y en las tres operaciones su opinión sobre la adecuación de la compensación en efectivo ofrecida a los socios en caso de separación, considerando, como ya habíamos indicado, el precio de mercado de las acciones o participaciones o el valor de la sociedad, descontando el efecto de la operación[32]. Este nuevo papel, relacionado con la ampliación de su contenido respecto de la valoración de las acciones o participaciones de los socios que se separen también refuerza su funcionalidad en punto a la protección de estos interesados.

2. Aprobación por las Juntas generales. Régimen de los acuerdos y causas de inimpugnabilidad

Para las tres operaciones transfronterizas se ha contemplado, por regla, la necesidad de su aprobación por las juntas generales y que el acuerdo venga respaldado por una "*solida mayoría*" (Considerando 15)[33]. La Directiva continúa remitiéndose a las legislaciones naciona-

---

32 Deben figurar las siguientes indicaciones mínimas: i) el método de determinación de la compensación propuesta; ii) el método de determinación de la relación de canje propuesta; iii) si ese método es el adecuado para evaluar la compensación y la relación de canje, con una indicación del valor al que conducen dichos métodos y una opinión sobre la importancia relativa dada a estos métodos en la determinación del valor considerado; iv) una descripción de las dificultades especiales de valoración que se hayan planteado. Si se utilizan métodos diferentes en las sociedades que se fusionan, debe indicarse la justificación del uso de métodos distintos.

33 En el caso de las fusiones transfronterizas se mantiene la regla de que las legislaciones nacionales puedan dispensar la aprobación de la junta general de la sociedad absorbente bajo cumplimiento de las mismas condiciones que lo

les en punto a los aspectos "*relativos al proceso de toma de decisiones sobre la fusión*" (art. 121.2), mientras que ha establecido normas de *armonización directa* para las operaciones nuevas, carentes del mismo *substratum* común, pues el régimen de la escisión interna era opcional y muchos Estados ni siquiera contaban con un procedimiento de traslado internacional del domicilio social. En relación a las operaciones nuevas, se establece, en concreto, que la aprobación del proyecto o su modificación requiere una mayoría no inferior a dos tercios, pero no superior al 90%, de los votos asociados a las acciones o al capital suscrito representado en la junta, añadiéndose que, en cualquier caso, el umbral no puede ser superior al previsto en la legislación nacional para la aprobación de las fusiones transfronterizas (art. 86 *nonies* y art. 160 *nonies*), lo que, en consecuencia, puede permitir, cuando la mitad al menos del capital suscrito esté representado, que la operación se apruebe por una mayoría simple de los votos relativos a los títulos representados o bien al capital suscrito representado (art. 93.1).

Por otro lado, cabe destacar que, en relación a las tres operaciones, la nueva Directiva prevé ciertas exigencias que tienden a primar que los socios tomen la decisión con el mayor fundamento posible y sin desconocer la opinión de los trabajadores de la empresa ni eventuales puntos de vista discrepantes. En este sentido, además de los derechos de información que asisten a los socios antes de la junta, conviene resaltar que el acuerdo de las operaciones transfronterizas sólo podrá aprobarse en la Junta "*tras tomar nota*" de los informes de administradores y de peritos independientes, de los dictámenes de los trabajadores, y, asimismo, de las eventuales "*observaciones*" que sobre el proyecto hayan presentado socios, acreedores o representantes de los trabaja-

---

permiten en la fusión nacional (*cfr.* art. 126.3, que remite al 94). En el caso de transformación y las escisiones no se reconoce esta dispensa.

dores (art. 86 *nonies,* art. 126.1 y art. 160 *nonies*)[34]. Esta facultad de presentar "*observaciones*" puede hacerse efectiva hasta los cinco días hábiles anteriores a la Junta general, se reconoce en favor de cualquier socio y merece ser considerada una novedad relevante, pues las observaciones que se formulen, además de tener que ser comunicadas a la Junta, han de remitirse, junto con la demás documentación preceptiva, a las autoridades competentes encargadas de expedir o denegar el "*certificado previo*" de la operación. De este modo, también pueden resultar un elemento de juicio relevante en orden al control *ex ante* al que se someten estas operaciones (*vid. infra*).

Otra novedad de gran importancia es la limitación de los motivos de impugnación de los acuerdos en relación con las tres operaciones transfronterizas. En concreto, se excluye que los acuerdos sociales puedan impugnarse únicamente porque: i) la relación de canje se haya fijado inadecuadamente; ii) la compensación en efectivo ofrecida en el caso de separación sea inadecuada; o iii) la información facilitada en relación a estos extremos no cumpla los requisitos legales (art. 86 *nonies,* art. 126.4 y art. 160 *nonies*). Esta limitación de las causas de impugnación, que sigue la tendencia general de limitar, en aras de la seguridad del tráfico, la impugnación de los acuerdos sociales, se contrarresta con los mecanismos *ad hoc* dispuestos para solventar las eventuales disputas sobre el tipo de canje o sobre la contraprestación ofrecida en caso de ejercicio del derecho de separación, aspectos que en estas operaciones son dos de los motivos que más usualmente suscitan discrepancias entre los socios.

---

[34] Las sociedades, al menos un mes antes de la junta general, junto con la publicación del proyecto, deberán incluir un anuncio –"*notificación*"– informando a los socios y demás legitimados sobre su derecho a realizar "observaciones" al proyecto.

4. La revisión de la relación de canje

En el caso de fusión y escisión transfronteriza –no así, en relación a la transformación porque no hay reorganización subjetiva, ni, por tanto, canje– se prevé que los socios que no tengan o no ejerzan el derecho a enajenar sus acciones o participaciones, pero consideren que la relación de canje propuesta en el proyecto es inadecuada, puedan impugnarla y reclamar un pago en efectivo (art. 126 *bis* y art. 160 *decies*). Este mecanismo, con origen inicial en la legislación alemana, no era desconocido por la Directiva (UE) 2017/1132, que lo preveía para la fusión transfronteriza, aunque en términos muy distintos[35]. En el nuevo escenario, el derecho a impugnar-revisar la relación de canje se reconoce como un derecho mínimo de los socios, siempre que no dispongan o no hayan ejercido el derecho a separarse. La delimitación del ámbito subjetivo del derecho se establece, pues, por relación excluyente respecto del derecho de separación, lo que es una limitación que no establecía la Propuesta inicial[36]. Ahora bien, considerando lo dispuesto como una norma de mínimos y la distinta protección ofrecida por los dos mecanismos (derecho *de salida* de la sociedad reestructurada *versus* control de la adecuación de la medida de la participación social), cabe entender que las legislaciones nacionales pueden optar

---

35 Lo que se establecía (art. 127.3) es que si el ordenamiento de una de las sociedades dispone de un procedimiento para controlar y modificar la proporción aplicable al canje o para compensar a los socios minoritarios, sin impedir la inscripción de la fusión transfronteriza, tal procedimiento es aplicable solo si las demás sociedades participantes, situadas en Estados que no lo prevean, aceptan explícitamente, al aprobar el proyecto, la posibilidad de que los socios recurran al mismo, en cuyo caso la decisión final deviene vinculante para la sociedad resultante y todos los socios.

36 El ámbito subjetivo mínimo del derecho a *impugnar-revisar* la relación de canje era más amplio en la Propuesta inicial, pues el derecho asistía a los socios "*que no se opongan*" a la operación.

por compatibilizarlos y, así, reforzar la tutela de los socios minoritarios.

En todo caso, los ordenamientos que no tengan reconocido este derecho *al menos* en los términos establecidos por la nueva Directiva, como sucede, por ejemplo, en el ordenamiento español –que no lo desconoce, pero lo prevé en otros términos (*cfr.* art. 38 LME)–, deberán incorporarlo a sus legislaciones de acuerdo con lo que ahora se prescribe. Según la Directiva, cualquier socio legitimado –en todo caso, quien no tenga o, teniéndolo, no haya ejercido el derecho de separación– podrá impugnar la relación de canje a los efectos de obtener una compensación si se determinara que dicha relación no se fijó adecuadamente. El procedimiento de *impugnación-reclamación* deberá iniciarse ante las autoridades designadas por la legislación de la sociedad fusionada o escindida –que debía ser un órgano jurisdiccional con arreglo a la Propuesta inicial–, dentro del plazo establecido, asimismo, por la legislación nacional[37]. Este procedimiento no obsta a la inscripción de la operación y la decisión estimatoria es vinculante para la sociedad resultante de la fusión, las sociedades beneficiarias de la escisión y, en caso de una escisión parcial, también para la sociedad escindida.

Los Estados pueden admitir que las sociedades entreguen acciones u otra compensación en vez de un pago en efectivo, sin que la Directiva reconozca, como sí hacía la Propuesta inicial, esta facultad electiva en favor de los socios, aunque entendemos que no hay obstáculo para que los Estados miembros la prevean. Sí se establece, expresamente, que los Estados puedan admitir que la relación de canje revisada sea válida respecto de todos socios de la sociedad que no tenían o no ejercieron el

---

37 En la Propuesta inicial, el plazo era de un mes desde que la operación surtiera efectos.

derecho a enajenar sus acciones o participaciones, aunque no hubieran impugnado la relación de canje.

5. El derecho de salida

En la Directiva, el régimen de las tres operaciones transfronterizas incluye, en sus respectivos capítulos, un precepto dedicado a la "*protección de los socios*" –el artículo 86 *decies* relativo a la transformación, el nuevo artículo 126 *bis* referente a la fusión transfronteriza, y el artículo 160 *decies* relativo a la escisión transfronteriza–. Los tres preceptos contemplan, como elemento armonizador común, un derecho de separación en favor los socios que voten en contra de la operación. La Directiva se refiere al derecho, descriptivamente, como el *derecho a enajenar las acciones o participaciones, a cambio de una compensación en efectivo adecuada*[38]. Aunque la Directiva (UE) 2017/1132 no lo prescribiera hasta ahora, algunas legislaciones, como la española, ya tienen reconocido *motu proprio* el derecho para la fusión transfronteriza (*cfr*. art. 62 de la Ley 3/2009 sobre modificaciones estructurales de las sociedades mercantiles). Asimismo, un grupo de legislaciones, entre ellas, también la española, cuentan con un procedimiento para el traslado internacional del domicilio social que incluye el derecho de separación en favor de los socios disidentes (*cfr*. art. 99 de la Ley 3/2009). En estas legislaciones, la incorporación de la Directiva en este punto probablemente no suponga cambios muy relevantes, al margen de tener que prever el derecho para la nueva operación de escisión transfronteriza –que, a diferencia de

---

[38] La singular configuración del derecho en la Directiva ha llevado a advertir a FUENTES NAHARRO, M., "El Company Law Package", *op. cit.*, pp. 27-28, sobre la posibilidad de no estar ante un derecho de separación en sentido estricto. No obstante, defendiendo la adhesión a la caracterización clásica del derecho de separación *vid.* BUSTILLO SAIZ, M., "El derecho de separación de los socios en las operaciones transfronterizas (primera parte)", *RdS*, nº 60, 2020, pp. 153-154 y 157-163.

la escisión interna, es una operación de obligado reconocimiento–. Con todo, la Directiva establece requisitos mínimos que hay que considerar al transponerla, junto con las opciones abiertas que deja, todo lo cual, ciertamente, obliga a una reconfiguración del viejo derecho de separación que conocíamos hasta ahora[39].

De acuerdo con lo previsto en la Directiva, el derecho debe reconocerse, al menos, en favor de los socios que en la transformación hayan votado en contra del proyecto; y en la fusión y escisión en favor de los socios que, además de votar en contra, reciban acciones o participaciones de alguna sociedad sujeta a otra legislación nacional. El requisito común a las tres operaciones (voto en contra) es, no obstante, una norma de mínimos, resultando claro que los Estados pueden, opcionalmente, reconocer el derecho en favor de otros socios. En línea de principio, ello permitiría incluir a los socios que no voten a favor de la operación, bien por no disponer de derecho de voto, bien por no asistir a la Junta o bien, porque, asistiendo a ella, se abstuvieran de la votación o fueron ilegítimamente privados de su derecho de voto[40]. En la idea de favorecer la realización de estas operaciones, se ha optado por restringir al máximo el ámbito subjetivo obligatorio del derecho, aunque dejando que los Estados miembros puedan ampliarlo y, así, reforzar la protección de los socios.

---

39 *Vid.* BUSTILLO SAIZ, M., "El derecho de separación de los socios en las operaciones transfronterizas (segunda parte)", *RdS*, nº 61, 2021, pp 231 y ss.; NAVARRO PÉREZ, A., "El derecho de separación en las fusiones transfronterizas intracomunitarias como instrumento de protección del socio minoritario ante las modificaciones introducidas por la Directiva (UE) 2019/2121, *RdS*, núm. 59, pp. 245 y ss.

40 La Propuesta de Directiva inicial presentada por la Comisión el 25 de abril de 2018 comprendía, como ámbito mínimo del derecho, a todos los socios "*que no votaron a favor*" de la operación, incluyendo, específicamente, a los titulares sin derecho de voto, por lo que el grado de armonización, y de protección mínima, resultaba, por consiguiente, superior al finalmente prescrito.

Por otro lado, en relación con la fusión y escisión transfronterizas el derecho ha quedado limitado doblemente, pues sólo es obligatorio reconocerlo en favor de los socios que, además de votar en contra de la operación, reciban acciones o participaciones de una sociedad sujeta a la legislación de otro Estado miembro. Con esta fórmula, quedan, pues, en principio, excluidos los socios de la sociedad absorbente en el caso de fusión transfronteriza. También, los socios de la sociedad escindida en la denominada escisión por segregación, que es una suerte de *segregación-filialización*, en la que sociedad escindida transmite parte de su patrimonio a una o varias sociedades nuevas, cuyas acciones o participaciones se asignan a la sociedad escindida en vez de a sus socios[41]. Además, en tanto caben las escisiones transfronterizas *subjetivas,* también pueden quedar excluidos los socios que permanezcan en la sociedad escindida y no reciban acciones o participaciones de alguna sociedad beneficiaria.

Ninguna de estas exclusiones resultaban de la Propuesta de Directiva inicial –que tampoco preveía la escisión por segregación–, deviniendo, pues, claro, a tenor del texto final, que el derecho se prescribe *al menos* en razón de las implicaciones que para los socios puede tener pasar a serlo de una sociedad regida por otra legislación europea (*Cfr*. Considerando 18). Ahora bien, las legislaciones nacionales también pueden ampliar el ámbito subjetivo del derecho en consideración de otros factores, y extenderlo, por ejemplo, en favor de los socios de la sociedad absorbente en todos o algunos casos de fusión (*vgr*. otorgando el derecho sólo cuando el aumento de capital de la sociedad absorbente sea de entidad para repercutir significativamente en la dilución

---

41 Se descarta la aplicación del derecho en el caso de la escisión por segregación (art. 160 *vicies*. *Formalidades simplificadas*) y en los casos de escisión total y escisión parcial se reconoce el derecho sólo a quienes, además de votar en contra, reciban acciones o participaciones de alguna sociedad beneficiaria regidas por la legislación de otro Estado (art. 160 *tercedecies*).

de la participación relativa). En el caso de escisión, en línea de principio, cabría comprender a todos los socios de la sociedad escindida, inclusive en la hipótesis de *segregación-filialización*, en la que el reconocimiento del derecho puede tener sentido, sea siguiendo la tesis del Tribunal Supremo de que la creación de una filial puede conllevar una modificación sustancial del objeto social y ser causa de separación (STS de 10 de marzo de 2011), o entendiendo, como se defiende desde otros puntos de vista, que el socio minoritario merece este *derecho de salida* cuando la mayoría decide *mediatizar* la titularidad de una parte relevante del patrimonio social a través de la creación de una filial, que en este caso, además, resulta constituida en un Estado distinto al de la sociedad escindida.

En suma, las disyuntivas que se plantean a la luz de la Directiva no dejan de suscitar interesantes reflexiones de fondo, incluso sobre la justificación misma del derecho en las operaciones transfronterizas europeas, pues resulta, ciertamente, discutible que, en el contexto de un mercado interior, con un Derecho de sociedades crecientemente armonizado, el derecho se fundamente en el cambio de legislación aplicable a los derechos de los socios[42]. Quizá hubiera sido oportuno plantear, en aras de un Derecho societario europeo más competitivo

---

42 Sobre el "*discutido fundamento*" del derecho en las operaciones transfronterizas europeas, *vid.*, entre otros, MARTÍNEZ SANZ, F./PUETZ, A., "El derecho de separación de los socios en las modificaciones estructurales", AA.VV., *Las modificaciones estructurales de las sociedades mercantiles*, Coords. ROJO, A. *et al.*, Ed. Thomson Reuters-Aranzadi, Cizur Menor, Navarra, 2015, pp. 315 y ss.; LEIÑENA MENDIZÁBAL, E., "El derecho de separación del socio minoritario en las modificaciones estructurales de la sociedad", AAVV., *Los intentos de reforzamiento del poder de la junta y de los socios en los grupos de sociedades*, Dir. EMPARANZA SOBEJANO, A., Marcial Pons, Madrid, 2018, pp. 221 y ss. Defendiendo su razón de ser en la Directiva sobre movilidad, *vid.* BUSTILLO SAIZ, M., "El derecho de separación ...(segunda parte)", *op. cit.*, pp. 235-245.

a nivel global, si, al menos para determinados tipos de inversores, el derecho podría haberse limitado en consideración de las repercusiones materiales que estas concretas operaciones determinasen para sus inversiones.

Por lo demás, en cuanto al ejercicio del derecho se refiere, la Directiva, dentro de ciertos límites, deja determinados aspectos a concretar por las legislaciones nacionales, como el plazo para que los socios comuniquen a la sociedad la decisión de separarse, que no podrá ser superior, sin embargo, a un mes desde la junta general que apruebe la operación[43]. Para esta comunicación, la sociedad deberá facilitar una dirección electrónica a los socios, aunque tampoco se excluye que puedan comunicar su decisión por otra vía. Por otro lado, el plazo para abonar a los socios la compensación correspondiente será el fijado por las legislaciones nacionales, con el límite de que no puede ir más allá de los dos meses siguientes a la fecha de efectos de la operación [44].

La compensación debe ser en efectivo y corresponderse con la ofrecida en el proyecto, que se configura como una de sus menciones mínimas obligatorias, lo cual establece un punto de partida para el diseño de la operación muy distinto al actual. Asimismo, según hemos visto, la compensación ofrecida debe ser objeto del informe pericial independiente que, por regla, exigen las tres operaciones (*vid. supra.*), cuya adecuación se enjuiciará, como habíamos indicado, atendiendo al precio de mercado de las acciones o participaciones de la sociedad antes del anuncio de la operación o el valor de la sociedad, excluido el efecto de la operación, conforme a los métodos de valoración generalmente aceptados.

---

43 Los Estados pueden exigir que la oposición explícita al proyecto se documente adecuadamente, a más tardar en la junta general, pudiendo permitir que el registro de la objeción al proyecto se considere documentación adecuada del voto negativo.

44 En la Propuesta inicial el máximo era un mes.

A mayor abundamiento, cualquier socio que opte por separarse, pero considere que la compensación ofrecida no es adecuada, tendrá derecho a reclamar una compensación complementaria ante las autoridades competentes designadas por las legislaciones nacionales. Esta autoridad, conforme la Propuesta inicial debía ser un órgano jurisdiccional, pero los Estados, finalmente, gozan de libertad al respecto. El plazo para reclamar esta compensación complementaria se determinará, asimismo, por las legislaciones naciones[45]. También éstas, por otro lado, pueden admitir que la decisión final estimatoria tenga efectos respecto de todos los socios que ejerzan el derecho, aunque no reclamen la compensación complementaria.

6. El control previo de las operaciones transfronterizas y otros mecanismos de tutela de los socios *ex post*

Por último, el control *ex ante* al que se someten estas operaciones, que sirve para asegurar que las distintas exigencias del procedimiento se han cumplimentado correctamente, tiende, por ende, a reforzar la protección de socios y otros interesados. Hasta la aprobación de la Directiva, este control exigía, en relación a la fusión transfronteriza, la expedición por las autoridades competentes nacionales de un "*certificado que demuestre de forma concluyente la correcta realización de los actos y trámites previos a la fusión*" (art. 127.2). A partir de su transposición, las tres operaciones transfronterizas exigirán un *certificado previo* que determinará si han cumplido todas las condiciones pertinentes o han observado todos los procedimientos y trámites necesarios, así como, en su caso, que la operación no se ha "*organizado con fines abusivos o fraudulentos que tengan por efecto u objeto sustraerse a la legis-*

45 La Propuesta inicial establecía el plazo de un mes a partir de la aceptación de la oferta, pero en el texto definitivo se dejó a discrecionalidad de los Estados miembros.

lación nacional o de la Unión o eludirla, o con fines delictivos" (art. 86 *quaterdecies*, art. 127.8, y art. 160 *quaterdecies*). Las autoridades no vienen obligadas a un análisis sistemático de posibles fraudes o abusos en todos los casos –sí lo obligaba la formulación inicial–, sino que este análisis queda limitado a los casos en los que, a través del control de legalidad, las circunstancias de la operación evidenciaran sospechas fundadas que hicieran necesario efectuar tal análisis (*vgr.* las "*observaciones*" presentadas por algún socio resultan reveladoras de un posible abuso, el informe pericial es indiciario de artificios sospechosos, etc). En estos casos, el control tendrá que ir, pues, más allá de un control de legalidad formal, pudiendo también servir para desactivar artificios encaminados a perjudicar injustificadamente derechos de los socios (*vgr.* la relación de canje ha sido inadecuadamente establecida en perjuicio de una minoría, aunque ningún socio la haya impugnado, la fusión se instrumenta para diluir posiciones de minoritarios que, a la postre, ni siquiera pueden separarse porque su sociedad es la absorbente, etc). No obstante, la Directiva, conforme a su texto final, apunta, de manera principal (*cfr.* Considerando 32), a otros tipos de fines abusivos o fraudulentos (*vgr.* elusión de derechos de los trabajadores, de obligaciones fiscales, creación de sociedades *pantalla*), pero tampoco hay que descartar que el certificado previo deba denegarse cuando se detecten fraudes o abusos que afecten a derechos de los socios[46].

Una vez que estas operaciones hayan superado el control *ex ante* y, finalmente, devengan eficaces, su nulidad "*absoluta*" queda descartada siguiendo la solución ya establecida para la fusión transfronteriza (art. 134), considerando que, si todos los controles realizados en cada Estado miembro habían sido concluyentes, resulta justificado, en

---

[46] En este sentido, *vid.* ÁLVAREZ ROYO-VILLANOVA, S., "Modificaciones necesarias para la transposición", op. cit., pág. 10, para quien "*no cabe excluir ningún ámbito de interesados del examen de abuso*".

aras de la seguridad jurídica, prohibir la nulidad absoluta de la operación (Considerando 61)[47]. Esta prohibición no excluye, sin embargo, la aplicación de la legislación sobre el control de las concentraciones entre empresas, ni que, por parte de los socios u otros interesados, puedan ejercitarse, en su caso, acciones de resarcimiento o de responsabilidad civil[48]. La Directiva se refiere, de forma específica, sólo a la responsabilidad de los peritos independientes (art. 86 *vicies*, art. 133 *bis,* art. 160 *unvicies*), pero, también, conforme a las normas de cada legislación, cabrá deducir las responsabilidades que correspondan frente los miembros de los órganos de administración, de dirección u otros sujetos[49]. Por todo ello, aun cuando *ex post* las posibilidades de defensa de los intereses de los socios resulten limitadas por la imposibilidad de solicitar la "*nulidad absoluta*" de estas operaciones, tampoco hay que descartar su defensa en el marco de otras posibilidades a su alcance.

---

47 *Cfr.* Propuesta de Directiva sobre fusión transfronteriza de 2003 destacando en su Exposición de Motivos que: "*(...) Sería, en efecto, muy peligroso que los terceros, sujetos a legislaciones de Estados miembros diferentes, se encontraran enfrentados a la nulidad de una operación después de que todos los controles realizados en cada Estado miembro en cuestión hubieran sido concluyentes*".

48 *Vid.*, para mayores consideraciones, ALONSO SOTO, R., "La aplicación del Derecho de la competencia a las fusiones y a otras modificaciones estructurales de las sociedades mercantiles: el control de las operaciones de concentración económica", AA.VV., *Las modificaciones estructurales de las sociedades mercantiles*, Coords. ROJO, A. *et al.*, Ed. Thomson Reuters-Aranzadi, Cizur Menor, Navarra, 2015, pp. 625 y ss. y pág. 648; DÍAZ MARTÍNEZ, S., *Remedios contra la fusion: Impugnación y resarcimiento*, Ed. Cívitas-Thomson Reuters, Cizur Menor, Navarra, 2016, pp. 447 y ss.

49 La Directiva también aclara que no quedan afectadas las competencias de los Estados miembros en el ámbito, en particular, del Derecho penal, la financiación del terrorismo, el Derecho social, la fiscalidad y el control del cumplimiento de la ley, para imponer medidas y sanciones, de conformidad con la legislación nacional, a partir de la fecha en que haya surtido efecto la operación transfronteriza (art. 86 *duovicies*, nuevo párrafo añadido al art. 134, y art. 160 *quatervicies*).

III. CONCLUSIONES

A la vista de todo lo expuesto, cabe esperar que la reforma de la Ley sobre modificaciones estructurales tenga un notable alcance. Sólo considerando las novedades de la Directiva en punto a los derechos de los socios, todos los aspectos del desarrollo procedimental de estas operaciones se verán afectados, empezando por la misma elaboración del proyecto de modificación estructural, que deberá incorporar nuevas rúbricas, como la relativa a la compensación en efectivo que se ofrezca a los socios que prefieran desvincularse de la sociedad enajenando sus acciones o participaciones. La adecuación de dicha compensación deberá acreditarse en los informes administradores y expertos independientes, que amplían, así, su contenido y refuerzan su funcionalidad; y, además, los socios que consideren que la compensación ofrecida no es adecuada dispondrán del derecho a reclamar una compensación complementaria ante las autoridades competentes que se designen, que pueden ser judiciales o de otra naturaleza.

Los acuerdos de las juntas también amplían su contenido en consonancia con las nuevas rúbricas del proyecto, pero no podrán impugnarse por discrepancias con la compensación propuesta y aprobada por mayoría –el discrepante dispondrá del recurso *ad hoc* para dirimir si la compensación ofrecida es adecuada o no–, ni tampoco por discrepancias sobre la relación de canje de la fusión y la escisión, que, de suscitarse, también podrá resolverse mediante un expediente *ad hoc*, configurado como un derecho a impugnar dicha relación y reclamar un pago en efectivo en caso de que dicha relación se demuestre inadecuada.

Las sociedades habrán de repensar, en consecuencia, el diseño de las operaciones transfronterizas sobre la base de los nuevos elementos que determinará la transposición, con los reajustes de calendario que, como hemos visto, también se imponen. En suma, deberán considerar en el diseño de su estrategia que la *filosofía de fondo* de la Directiva, acertada a nuestro juicio, busca otorgar una *máxima protección al valor económico de la participación de los socios*. Ello hará necesario una previsión sobre la suficiencia de recursos disponibles para, en su caso, afrontar posibles pagos a los socios derivados del ejercicio de los nuevos derechos que se les reconocen. Como contrapartida, las sociedades podrán llevar a cabo cambios de *lex societatis* (transformación transfronteriza), fusiones y escisiones transfronterizas con bastante facilidad en toda Unión Europea, pues una mayoría de los potenciales conflictos intra e intersocietarios podrán dirimirse sin perjuicio de la realización de estas operaciones, las cuales, además, una vez realizadas, sólo admiten, asimismo, soluciones reparadoras de tipo indemnizatorio.

Cuestión delicada que se plantea para los legisladores nacionales es si, ante el nuevo escenario abierto por la Directiva, conviene que, a través de la transposición, la tutela de los socios *se perfeccione* aprovechando las numerosas opciones que para ello ofrece la propia Directiva, o si conviene, por el contrario, en aras de facilitar la realización de estas operaciones y favorecer una orientación más *business friendly*, limitar la transposición a la armonización mínima impuesta, bastante rebajada sobre la Propuesta de Directiva inicial. No puede dejar de señalarse que, ateniéndonos a los mínimos, los socios que dispongan de derecho de separación (*vgr.* los socios de la sociedad absorbida) podrán optar por ejercer este derecho o el de *impugnar-revisar* la relación de canje, mientras que los que no dispongan de derecho de separación (*vgr.* los socios de la sociedad absorbente) sólo tendrán opción a *impugnar-revisar* la relación de canje; y los socios de la sociedad segregada (art. 160 *vicies*) no podrán ni separarse, porque están excluidos de este derecho, ni impugnar la relación de canje, que no se establece en este caso, en la medida que la sociedad o sociedades beneficiarias son nuevas y todas sus acciones o participaciones se asignan a la sociedad escindida. Todo ello determina, en consecuencia, unas diferencias entre los socios que, unidas a las que hemos visto que se admiten en relación con otras exigencias (*vgr.* ausencia de informes para los socios en caso de segregación), pueden resultar un tanto cuestionables desde el punto de vista de la protección de las minorías.

Es claro que cualquier refuerzo de los mínimos impuestos podría considerarse una opción menos *business friendly* y, en teoría, menos interesante para la inversión; cuya atracción sí aconseja, en cambio, sin duda, que se aprovechen otras posibilidades de opción permitidas –y que también pueden tener repercusiones en los intereses de los socios–, como la de no excluir la aplicación del nuevo régimen a las operaciones en las que participen sociedades que sean objeto de procedimientos de insolvencia o marcos de reestructuración preventiva. En favor de una orientación *pro-reorganizativa* también abunda la posibilidad de seguir admitiendo la realización de escisiones transfronterizas por absorción y cesiones globales internacionales, que no por no estar contempladas en la Directiva sobre movilidad deben pasar a considerarse irrealizables a partir de ahora.

Por último, no puede dejar de observarse que, aun cuando no venga exigido por la transposición de la Directiva de movilidad, la ocasión de reforma de la Ley sobre modificaciones estructurales posiblemente debiera aprovecharse, como ya se hizo en el pasado, para alinear el régimen de las fusiones y escisiones nacionales en algunos de sus puntos con el que resulte de la transposición de la Directiva. Carecería de sentido que las fusiones y escisiones transfronterizas pudieran realizarse con más facilidades que las operaciones nacionales, con el riesgo añadido de poder propiciar un efecto contrario al deseable, que es atraer el mayor número de sociedades a nuestra jurisdicción y evitar deslocalizaciones productivas.

Bibliografía

ACADEMY FOR EUROPEAN WORKS COUNCILS (EWC Academy), "New EU Directive includes expiry date for codetermination", *EWC news*, nº 3/2019, 4 de octubre 2019. http://www.ewc-news.com/en032019.htm

ALONSO SOTO, Ricardo, "La aplicación del Derecho de la competencia a las fusiones y a otras modificaciones estructurales de las sociedades mercantiles: el control de las operaciones de concentración económica", AA.VV., *Las modificaciones estructurales de las sociedades mercantiles*, Coords. ROJO, Ángel *et al.*, Ed. Thomson Reuters-Aranzadi, Cizur Menor, Navarra, 2015, pp. 625 y ss.

ÁLVAREZ ROYO-VILLANOVA, Segismundo, "El traslado internacional del domicilio social: novedades jurisprudenciales y legislativas", *El Notario del Siglo XXI*, 2018, núm. 80, pp. 144 ss.

– "La propuesta de la Comisión sobre fusiones, escisiones y transformaciones transfronterizas: un paso adelante y otro atrás", *Diario La Ley*, núm. 9223, 2018.

– Modificaciones necesarias para la transposición de la Directiva 2019/2021 de movilidad de sociedades, *Diario La Ley*, núm. 10077, 26 de mayo de 2022.

BUSTILLO SAIZ, Mar, "El derecho de separación de los socios en las operaciones transfronterizas (primera parte)", *RdS*, nº 60, 2020, pp. 149 ss.

– "El derecho de separación de los socios en las operaciones transfronterizas (segunda parte)", *RdS*, nº 61, 2021, pp. 231 y ss.

CABANAS TREJO, Ricardo, "Las fusiones y escisiones transfronterizas", AA.VV., *Las modificaciones estructurales de las sociedades mercantiles*, Coords. ROJO, Angel *et al.*, Ed. Thomson Reuters-Aranzadi, Cizur Menor, Navarra, 2015, pp. 403 y ss.

– "La fusión transfronteriza en la Directiva 2019/2121 y su posible repercusión en la Ley española de modificaciones estructurales", *Cuadernos de Derecho y Comercio*, nº 73, 2020, pp. 37 y ss.

COHEN BENCHETRIT, Amanda, "Impacto de la nueva propuesta de directiva sobre las modificaciones estructurales de las sociedades de capital", *El Notario del Siglo XXI*, nº 84, marzo-abril 2019, http://www.elnotario.es/hemeroteca/revista-84/

– "Panorámica general de la Directiva de digitalización y de la Propuesta de Directiva de movilidad transfronteriza: impacto en la legislación nacional", AAVV., *Nuevas tendencias de Derecho europeo y del Derecho español de sociedades*, Dirs., MARTÍNEZ MARTÍNEZ, M.T./ SÁNCHEZ-CALERO GUILARTE, J., Servicio de Publicaciones Facultad de Derecho, Univ. Complutense de Madrid, Madrid, 2019, pp 287 y ss.

DÍAZ MARTÍNEZ, Soledad, *Remedios contra la fusion: Impugnación y resarcimiento*, Ed. Cívitas-Thomson Reuters, Cizur Menor, Navarra, 2016.

ESTEBAN VELASCO, Gaudencio, "Protección de los derechos de participación de los trabajadores en las operaciones de movilidad transfronteriza (Directiva que modifica la Directiva 2017/1132)", AAVV., *Nuevas tendencias de Derecho europeo y del Derecho español de sociedades*, Dirs., MARTÍNEZ MARTÍNEZ, M.T./SÁNCHEZ-CALERO GUILARTE, J., Servicio de Publicaciones Facultad de Derecho, Univ. Complutense de Madrid, Madrid, 2019, pp. 301 y ss.

ETUC, *ETUC position paper. The new company law package 2018: A missed opportunity for more democracy at work*, Executive Committee, Junio 2018. https://www.etuc.org/en/

EUROPEAN COMPANY LAW EXPERTS (ECLE), "The Commission´s 2018 Proposal on Cross-Border Mobility – An assessment", September 2018, https://europeancompanylawexperts.wordpress.com/publications/the-commissions-2018-proposal-on-cross-border-mobility-an-assessment-september-2019/

FERNÁNDEZ-TRESGUERRES, Ana, La digitalización y movilidad de sociedades en Derecho Europeo, *RdS*, núm. 58, 2020, pp. 95 y ss.

FUENTES NAHARRO, Mónica, "El Company Law Package", *RdS*, núm. 53, 2018, pp. 315 y ss.

– "Las propuestas de modificación de la Directiva 2017/1132 consolidada de derecho de sociedades: digitalización y movilidad transfronteriza", *Revista de Derecho Bancario y Bursátil*, núm. 153, enero-marzo 2019.

– "La protección de los acreedores en las operaciones transfronterizas en la nueva Directiva 2019/2121", *Rev. General de Insolvencias & Reestructuraciones (I&R)*, núm. 2, 2021, pp.123 y ss.

GARCIMARTÍN ALFÉREZ, Francisco, "Modificaciones estructurales transfronterizas: la Directiva de movilidad", 18 de diciembre de 2019, https://almacendederecho.org/modificaciones-estructurales-transfronterizas-la-directiva-de-movilidad/

HERRERO MORANT, Rebeca, "Nueva Directiva (UE) 2019/2121 del Parlamento Europeo y del Consejo de 27 de noviembre de 2019 por la que se modifica la Directiva (UE) 2017/1132 en lo que atañe a las transformaciones, fusiones y escisiones transfronterizas", *RdS*, nº 58, 2020, pp. 475 y ss.

HOFFMANN, Aline/ VITOLS, Sigurt, "The EU company law package: how it should be improved to strengthen workers´rights and avoid abuse through cross-border company mobility", *ETUI Policy Brief*, nº 11/2018.

KOWALSKY, Wolfgang, "Business Takes All – Or Win-Win?", *Social Europe*, 8 de junio 2018, https://www.socialeurope.eu/old-fashioned-and-unfair-internal-market-policy-revisited

LEIÑENA MENDIZÁBAL, Elena, "El derecho de separación del socio minoritario en las modificaciones estructurales de la sociedad", AAVV., *Los intentos de reforzamiento del poder de la junta y de los socios en los grupos de sociedades*, Dir. EMPARANZA SOBEJANO, A., Marcial Pons, Madrid, 2018, pp. 203 y ss.

MARTÍNEZ SANZ, Fernando/PUETZ, Achim, "El derecho de separación de los socios en las modificaciones estructurales", AA.VV., *Las modificaciones estructurales de las sociedades mercantiles*, Coords. ROJO, Angel *et al.*, Ed. Thomson Reuters-Aranzadi, Cizur Menor, Navarra, 2015, pp. 309 y ss.

MENÉNDEZ GARCÍA, Gerardo, "El régimen tributario de la cesión global de activo y pasivo", AA.VV., *Las modificaciones estructurales de las sociedades mercantiles*, Coords. ROJO, Angel *et al.*, Ed. Thomson Reuters-Aranzadi, Cizur Menor, Navarra, 2015, pp. 1111 y ss.

NAVARRO PÉREZ, Andrea, "El derecho de separación en las fusiones transfronterizas intracomunitarias como instrumento de protección del socio minoritario ante las modificaciones introducidas por la Directiva (UE) 2019/2121, *RdS*, núm. 59, pp. 245 y ss.

PÉREZ TROYA, Adoración, "La Directiva sobre transformaciones, fusiones y escisiones transfronterizas. Una primera aproximación, con particular referencia a la tutela de los socios", *RdS*, núm. 58, 2020, pp. 53 y ss.

– "Las etapas en la conformación de un marco europeo sobre fusiones y escisiones societarias", AAVV., *Derecho de la Unión Europea e integración regional: liber amicorum al profesor Dr. Carlos Francisco Molina del Pozo*, Tirant lo blanch, Valencia, 2020, pp. 1259 y ss.

PULGAR EZQUERRA, Juana, "El traslado de domicilio social: protección de socios y acreedores", *RDM*, nº 309, 2018, pp. 2 y ss.

THANNISCH, Rainald, "Neue Schlupflöcher zur Vermeidung von Mittbestimmung. Eu-Parlament beschliesst Company Law Package", DGB-BVV, 16 de julio de 2019. https://www.dgb.de/themen/++co++c-36cbd98-a7c3-11e9-9f88-52540088cada

LAS TRANSFORMACIONES TRANSFRONTERIZAS COMO ELEMENTO DE MOVILIDAD SOCIETARIA: POSIBILIDAD O FICCIÓN

Dra. Paola Rodas Paredes*
Profesora Ay. Dr de Derecho Mercantil (acreditada a TU)
Universidad de Valencia

SUMARIO: I. INTRODUCCIÓN; II. CONTEXTO LEGISLATIVO EUROPEO Y ÁMBITO DE APLICACIÓN: 1. La Directiva (UE) 2019/2121 de 19 de noviembre. 2. Los elementos técnicos de coordinación del registro de sociedades en la Directiva (UE) 2019/1151. III. PERSPECTIVAS DE REGULACIÓN EN EL ORDENAMIENTO JURÍDICO INTERNO. 1. Las transformaciones transfronterizas después de la LME. 2. La evolución del traslado internacional de domicilio. 3. La necesidad de una auténtica integración de los registros públicos. IV. EPÍLOGO. Bibliografía.

I. INTRODUCCIÓN

Analizar el sistema normativo previsto en nuestro ordenamiento jurídico nacional y europeo relativo a la movilidad societaria en ámbito europeo es adentrarnos en un bosque tropical de considerable espesura y complejidad en el que *árboles* de diversa naturaleza y complexión – léase legislador y órganos jurisdiccionales nacionales y comunitarios– crecen, no necesariamente al unísono ni tampoco con una semblanza de más objetivo común que no sea la operatividad del mercado interior europeo – el sol de nuestra metáfora introductoria.

* ORCID 0000-0001-5711-9035

En efecto, este ámbito concreto del derecho de sociedades al ser expresión directa de la política de interoperabilidad de las sociedades mercantiles (como expresión jurídica de una organización empresarial) desde los inicios del proyecto unificador que ahora llamamos Unión Europea, ha sufrido constantes vaivenes en cuanto a su alcance y formas materiales de consecución, cuestión que creemos no es pertinente traer a colación *in extenso* en esta obra. Bástenos señalar que esta problemática ha seguido a lo largo del proceso de integración europea una dilatada trayectoria prelegislativa y jurisprudencial[1], que ha dado lugar a un sistema de fuentes de difícil simplificación si, tal como parece, el legislador comunitario quiere mantener el ámbito objetivo de aplicación que se ha fijado, finalmente, para este procedimiento[2], y dejar en manos de los Estados Miembros la adecuación de los elementos técnicos de operatividad práctica[3].

---

1 Ello ha quedado reflejado en la doctrina que ha estudiado este problema, entre otros, GRUNDMANN, S.; *European Company Law, organization, finance and capital markets*; Intersentia, Antwerpen-Oxford, 2007, pg. 120; BARNARD, C.; *The substantive law of the EU, the four freedoms*, 3ª. Ed., Oxford, 2010, pg. 322; RODAS PAREDES, P., *Libertad de establecimiento y movilidad internacional de las sociedades mercantiles*, Granada, 2010, p. 53 y sigs., LATORRE CHINER, N., "Reflexiones sobre el futuro del Derecho de sociedades europeo: *Report of the Reflection Group on the future of EU Company Law*, RDM, 281, 2011 p. 167, recientemente, SZYDLO, M., "Cross-border conversion of companies under freedom of establishment: Polbud and beyond", *CMLR* 55, 2018, p. 1555.

2 Art. 86 *bis* de la Directiva (UE) 2017/1132 del Parlamento Europeo y del Consejo de 14 de junio de 2017 sobre determinados aspectos del Derecho de sociedades, (DO L 169 de 30.6.2017, p. 46).

3 A nuestro juicio, esta es la opción escogida por la Directiva (UE) 2019/1151 del Parlamento Europeo y del Consejo, de 20 de junio de 2019, por la que se modifica la Directiva (UE) 2017/1132 en lo que respecta a la utilización de herramientas y procesos digitales en el ámbito del Derecho de sociedades (DO L 186 de 11.7.2019, p. 80/104), al respecto, BOQUERA MATARREDONA, J., "La digitalización de las sociedades de capital españolas tras las Directivas

Por este motivo, la estructura de este breve comentario abordará, en primer término, el contexto legislativo vigente a nivel europeo, ello con el fin de poner de relieve el amplio recorrido de este *nuevo* procedimiento de transformación transfronteriza. A continuación, será el turno de analizar el mandato del legislador comunitario desde el contexto de la legislación vigente en nuestro ordenamiento jurídico. En este punto, el énfasis ha de recaer, sin lugar a dudas en la normativa contenida en el Libro Primero del RDL 5/2023[4] que vino a derogar aquél establecido por la Ley de modificaciones estructurales (LME), en particular las modificaciones introducidas al régimen jurídico previsto para las transformaciones, que ha asumido el papel que el procedimiento de traslado internacional de sede social desempeñada, en nuestro ordenamiento jurídico como medio directo de movilidad societaria. Por último, a modo de conclusión, ofreceremos al lector nuestra perspectiva sobre la posibilidad de materialización de estas transformaciones transfronterizas.

II. CONTEXTO LEGISLATIVO EUROPEO Y ÁMBITO DE APLICACIÓN

Tal como hemos tenido ocasión de señalar[5], la consecución de la movilidad societaria interestatal en el mercado interior europeo ha sido, tradicionalmente, un elemento cuya aplicación práctica ha sido abandonada al empleo de mecanismos indirectos como las fusiones

---

europeas sobre la utilización de herramientas y procesos digitales en el ámbito del Derecho de sociedades", *RDM* 320, 2021.

4 Real Decreto-ley 5/2023, de 28 de junio, BOE núm. 154, de 29 de junio de 2023, págs.. 90565 a 90788.

5 RODAS PAREDES, P., "El crecimiento de las PYMES a través de las transformaciones intracomunitarias. Impacto en la operativa del capital-riesgo" *Revista Española de Capital Riesgo*, Nº 4, 2021, p. 42.

transfronteriz[6] e incluso formas corporativas de ámbito supranacional[7]. Sin embargo, una vez comprobada la necesidad auténtica de un texto legal unificador y clarificador de la interpretación del alcance de la libertad de establecimiento[8] por el TJUE en el Caso *Polbud* y anteriores[9], la Comisión Europea incluyo, las propuestas de Derecho material que, con posterioridad han pasado a formularse en la Directiva (UE) 2019/2121.

Sin embargo, a pesar de que analizaremos este cuerpo legal en primer término, es necesario hacer referencia –y resaltar la cronología de su adopción– a otros textos legislativos, uno de ellos también incluido en el *Company Law Package*[10], la Directiva de digitalización de los procedimientos relativos al derecho societario[11] y también, aunque de

---

6 "Plan de acción: Derecho de sociedades europeo y gobierno corporativo – un marco jurídico moderno para una mayor participación de los accionistas y la viabilidad de las empresas" *Comunicación de la Comisión al Parlamento Europeo, al Consejo, al Comité Económico y Social Europeo y al Comité de las Regiones*, COM (2012) 740 final, p. 12.

7 EIDENMÜLLER, H., ENGERT, A; HORNUF, L., "Incorporating under European Law: the Societas Europaea as a Vehicle for legal arbitrage" *EBOR* Vol. 10, 2009, p. 3

8 Art. 49 y Art. 54 del Tratado de Funcionamiento de la Unión Europea.

9 Sentencia del Tribunal de Justicia (Gran Sala) de 25 de octubre de 2017, Asunto C-106/16 Polbud – Wykonawstwo sp. z o.o., ECLI:EU:C:2017:804. Al respecto el comentario de SZYDLO, M., "Cross-border conversion of companies..." cit., p. 1558 y sigs., pone de relieve los problemas de interpretación del alcance de dicho ámbito, por su parte ARMOUR, J., RINGE, W-G., "European Company Law 1999–2010: Renaissance and crisis", *CMLR* 48, 2011, pp. 125 y sigs., exponen la situación anterior a *Cartesio*.

10 https://ec.europa.eu/info/publications/company-law-package_en (última visita 14/09/2022).

11 Directiva (UE) 2019/1151 del Parlamento Europeo y del Consejo, de 20 de junio de 2019, por la que se modifica la Directiva (UE) 2017/1132 en lo que respecta a la utilización de herramientas y procesos digitales en el ámbito del Derecho de sociedades *(DO L 186 de 11.7.2019, p. 80/104)*

manera más indirecta, la Directiva de reestructuraciones[12] en lo que afecta a las transferencias de activos y la posibilidad de transformación transfronteriza de sociedades de capital en liquidación.

1. La Directiva (UE) 2019/2121 de 19 de noviembre.

Tal como se deduce por su denominación, la Directiva UE 2019/2121 no solo aspira a regular las transformaciones intracomunitarias de sociedades de capital constituidas de acuerdo con las legislaciones internas de los Estados Miembros, sino también ha venido a actualizar el régimen jurídico de las fusiones transfronterizas[13] e introducir el de escisiones transfronterizas[14], sin duda como elemento de cierre a los procedimientos de modificación intraeuropea de la estructura jurídica y patrimonial de las sociedades a las que se aplican estos procedimientos.

La puntualización no es baladí, ya que, en nuestra regulación interna de modificaciones estructurales, al igual que queda patente en la Directiva (UE) 2017/113[15], no todos los procedimientos de modificación estructural son extensivos a todos los tipos sociales sujetos a la

---

12 Directiva (UE) 2019/1023 del Parlamento Europeo y del Consejo, de 20 de junio de 2019, sobre marcos de reestructuración preventiva, exoneración de deudas e inhabilitaciones, y sobre medidas para aumentar la eficiencia de los procedimientos de reestructuración, insolvencia y exoneración de deudas, y por la que se modifica la Directiva (UE) 2017/1132 (Directiva sobre reestructuración e insolvencia) (DO L 172 de 26.6.2019, p. 18/55).

13 A grandes rasgos, modificaciones al procedimiento de convocatoria y deberes de publicidad *ex ante*, elementos de protección de socios, acreedores y trabajadores y extensión al régimen de la fusión transfronteriza de los procedimientos *registrales*, etc.

14 Art. 160 *bis* a 160 *quatervicies* de la Directiva UE 2019/2121.

15 Arts. 86 *ter*, 119 y 160 *bis* según la redacción modificada por la Directica (UE) 2019/2121.

libertad de establecimiento[16]. A pesar de ello, no es menos cierto que las otras estructuras jurídicas no incluidas en el ámbito de aplicación de la Directiva (UE) 2019/2121 son –suelen ser– residuales en su utilización práctica[17].

1.1. *Ámbito de aplicación de las transformaciones transfronterizas*

El punto de partida del legislador comunitario en este sentido, ha sido siempre el de las *sociedades de capital*[18], cuando no el de las sociedades anónimas en exclusiva. Como hemos mencionado en la sección anterior, ello se condice con la importancia económica de estas organizaciones empresariales con respecto a otras formas jurídicas.

A pesar de ello, no es menos cierto que el mandato de Derecho primario de la Unión Europea, ha establecido un marco de aplicación de la libertad de establecimiento para las *personas jurídicas de Derecho público o privado* que realicen actividades económicas con ánimo de lucro[19]. Por tanto, es posible vislumbrar la posibilidad de que, incluso cuando el contenido de esta Directiva alcance su operatividad práctica, habrá situaciones en las que otras formas jurídicas –no necesariamente españolas– puedan ver mermado su acceso a la movilidad internacional y por tanto, la doctrina jurisprudencial emanada del TJUE deba seguir siendo el elemento de interpretación de su alcance.

---

16 Art. 54 TFUE.

17 REGISTRADORES DE ESPAÑA, *Estadística Mercantil Ejercicio 2021*, p. 16.

18 En nuestro caso, sociedades anónimas, comanditarias por acciones y de responsabilidad limitada.

19 FERNÁNDEZ DE LA GÁNDARA, L., CALVO CARAVACA. A. L., *Derecho mercantil internacional*, 2da.Ed., Madrid, 1995, p. 156.

1.2. Contenido del procedimiento de transformación

Llegados a este punto de desarrollo de la armonización europea del Derecho de sociedades, el contenido de la Directiva en cuanto a sus procedimientos pre y post transformación ha sabido aprovechar la experiencia acumulada en la regulación no solo de otros procedimientos transfronterizos intracomunitarios –básicamente las fusiones[20]– sino también de las formas jurídicas comunitarias[21].

En este sentido, la regulación contenida en los art. 86 *quinquies* a 86 *nonies* ha adoptado un sistema muy similar, si acaso optando por clarificar aspectos técnicos de los cuales, a nuestro entender, el más destacable –por novedoso en el ámbito regulatorio europeo– es la inclusión de un apartado exclusivamente dedicado a determinar la forma y alcance de la regulación que los Estados Miembros deben incluir en su normativa interna para normalizar el Informe pericial independiente que se ha reconocido como derecho potestativo de los socios en relación con el proyecto de transformación. Al respecto, el legislador ha previsto la enervación de este derecho tan solo por unanimidad[22] cuestión que nos da la mesura de su relevancia sistemática.

Otra de las novedades relativas a la publicidad obligatoria anterior a la celebración de la junta general que ha de aprobar la transformación transfronteriza, es la relativa al obligación –a los EM– de permitir la realización de ésta íntegramente en línea y sin que la sociedad o sus

---

[20] Directiva 2005/56/CE del Parlamento Europeo y del Consejo, de 26 de octubre de 2005, relativa a las fusiones transfronterizas de las sociedades de capital.

[21] Al estudiar el texto, es innegable la influencia del régimen jurídico previsto para el traslado de sede de la SE. *Vid.* Art. 8, Reglamento (CE) 2157/2001 del Consejo de 8 de octubre de 2001 por el que se aprueba el Estatuto de la Sociedad Anónima Europea.

[22] Art. 86 septies [...] *no se exigirá un examen del proyecto de transformación transfronteriza por un perito independiente ni un informe pericial independiente cuando así lo hayan acordado todos los socios de la sociedad...*

socios, deban comparecer ante la autoridad designada por el legislador nacional para controlar el correcto cumplimiento del procedimiento previo a la junta.

En particular en relación a los elementos de protección de los *stakeholders* (socios, acreedores, trabajadores) durante la tramitación del procedimiento, se observa, en el caso de la protección de los socios y acreedores, una clara preferencia por propugnar la continuación del procedimiento, una vez la junta general ha aprobado el proyecto, al preverse un sistema de resarcimiento cuasi automático, en el caso de socios[23], e imponerse el de garantías adicionales a los créditos nacidos con anterioridad a la publicación del proyecto de transformación, en el caso de acreedores. En este ámbito, la novedad es la inclusión de un periodo de 2 años, posterior a la transformación para que los acreedores puedan reclamar sus créditos en el foro previo a la efectividad de la transformación intracomunitaria[24].

En el caso de la protección de los intereses de los trabajadores, el sistema de control previsto, parte de un marco general que procura garantizar el acceso de los representantes de los trabajadores a la información contenida en el proyecto de traslado (Art. 86 *duodecies*), con elementos específicos previstos para los casos en los que la legislación interna del Estado de destino haya regulado la participación de los trabajadores.

Por último, y no por ello menos importante, la regulación de la tramitación procedimental de todo el expediente posterior a la aprobación del proyecto de transformación ha recaído en la *autoridad competente*, a designar por cada EM, quien deberá otorgar un Certificado

---

23 Esta apreciación se basa en la preferencia del legislador por regular la compensación en efectivo (Art. 86 *quinquies*) como elemente estrella de la protección de los intereses de los socios (Art. 86 *decies*) al incluir la posibilidad de aplicación de una compensación en efectivo complementaria a los socios disidentes.

24 Art. 86 *undecies*, apartado 4.

previo que conlleva la obligatoriedad de que dicha autoridad realice un *control de legalidad* de todo el procedimiento previo señalando, al mismo tiempo, a la autoridad competente del EM de destino como la llamada a velar, a su vez, por el cumplimiento de la legalidad post-transformación.

En cuanto a los efectos, es destacable que el legislador comunitario haya querido señalar expresamente su alcance ya no solo en materia de organización patrimonial –titularidad de los activos y pasivos de la sociedad transformada– sino en cuanto a la situación jurídica de los socios y el régimen legal aplicable a los contratos de trabajo o relaciones laborales de la sociedad.

2. Los elementos técnicos de coordinación del registro de sociedades en la Directiva (UE) 2019/1151[25]

De todo lo anterior, podemos afirmar, por tanto, que la regulación de la transformación transfronteriza descansa –en cuanto a su viabilidad técnica– en la correcta implementación de la Directiva (UE) 2019/1151. Ello se debe, no solo a las obligaciones de acceso a información societaria y tramitación en línea, en distintos momentos de sus respectivas tramitaciones, que ha impuesto la Directiva (UE) 2019/2121, sino también a que ésta última establece elementos de verificación obligatoria en línea a través del sistema de interconexión de los Registros mercantiles de los EM[26].

En este caso, la normativa ha optado por no pronunciarse en relación con los medios técnicos de digitalización y acceso, permitiendo un cierto

---

25 Directiva (UE) 2019/1151 del Parlamento Europeo y del Consejo, de 20 de junio de 2019, por la que se modifica la Directiva (UE) 2017/1132 en lo que respecta a la utilización de herramientas y procesos digitales en el ámbito del Derecho de sociedades (DO L 186 de 11.7.2019, p. 80/104).

26 A modo de ejemplo, Art. 86 *septecies* apartado 2 y 3, y Art. 123.7.

grado de libertad para que cada EM pueda cumplir con esta obligación de acuerdo con su sistema interno de acceso a la información registral y comprobación/verificación de la identidad de sus usuarios. En este sentido, el Art. 13 *ter*, establece que cada EM definirá los medios de identificación electrónica de los usuarios del sistema sin que exista una pronunciación expresa en relación con autoridades certificadoras.

Al respecto, no podemos sino poner de relieve que esta opción legislativa, permite libertad, pero al mismo tiempo, fragmentación de los sistemas de identificación, cuestión no poco importante en cuanto a que por estos medios se ha de poder identificar los participantes y/o sujetos de, en nuestro caso, las transformaciones transfronterizas. También sobre este punto, debe tenerse en cuenta que el sistema electrónico de cada EM tendrá que tener elementos técnicos suficientes –no necesariamente interconexión instantánea, pero sí algún sistema intraeuropeo de validación electrónica– para reconocer y verificar la identidad electrónica de los sujetos provenientes de los otros EM[27].

En este punto es necesario traer a colación el otro elemento que ha venido desarrollándose, a nivel europeo, en el último lustro y que, más recientemente, ha recibido un impulso innegable por necesidades coyunturales. Nos estamos refiriendo al *Mercado Único Digital*, una estrategia común de la Comisión Europea que ha venido a aunar diversas políticas comunitarias de digitalización de procesos vinculados al mercado único[28] y que, en nuestro caso, debe tener en cuenta sus objetivos de impulso de la competitividad mediante la interoperabilidad y la normalización, y más directamente aún en relación con la prestación

---

27 Ello se colige, entre otros, del contenido del Artículo 13 octies "constitución en línea de sociedades" de la Directiva UE 2019/1132.

28 COMUNICACIÓN DE LA COMISIÓN AL PARLAMENTO EUROPEO, AL CONSEJO, AL COMITÉ ECONÓMICO Y SOCIAL EUROPEO Y AL COMITÉ DE LAS REGIONES, *Una estrategia para el Mercado Único Digital de Europa* COM (2015) 192 final.

de servicios públicos a través de garantizar la interacción de los ciudadanos con la administración pública por estos medios.

Todo lo expuesto contextualiza el contenido general de la Directiva (UE) 2019/1151 que intenta, al igual que en su día *Cassis de Dijon*[29] hiciera con la libre circulación de mercancías, garantizar que la libertad de establecimiento de las personas jurídicas, también pueda realizarse de manera electrónica utilizando medios completamente digitales, en concreto, el contenido del Artículo 13 *ter*.1 tiene la virtud de otorgar un reconocimiento automático a nivel comunitario de los mecanismos de identificación electrónica adoptados por cada Estado miembro, de manera que, obtenida ésta todos los procedimientos en línea previstos por la normativa societaria –en nuestro caso– puedan llevare a cabo sin mayor dilación[30]. En el caso del procedimiento que nos ocupa, no cabe duda que su correcta implementación depende de la culminación *en todos* los EM de un proceso de digitalización similar, sino aún más completo[31] al que durante mucho tiempo ya, ha estado vigente en nuestro entorno en materia de Registros[32].

---

29 Asunto C 120/78, ECLI:EU:C:1979:42.

30 Tal como se ha señalado (LLOPIS BENLLOCH J. C., "Notaries and digitalisation of Company Law", *ERA Forum*, nº 19, 2018, p. 52) la digitalización es un proceso técnico de representación de información por medios electrónicos, que depende, por tanto, de los medios utilizados para su consecución.

31 No cabe duda que el legislador europeo ha incluido esta finalidad como objetivo preponderante del *Mercado Único Digital*. En este sentido, propuestas que exceden a la final de este breve comentario, pero que son procedimentalmente necesarias para la efectiva movilidad societaria europea, han sido incluidas en la Propuesta de Directiva del Parlamento Europeo y del Consejo que modifica las Directivas 2009/102/EC (UE) y 2017/1132 expandiendo y mejorando el uso de herramientas y procedimientos digitales en el derecho societario [COM(2023) 177 final].

32 LOPIS BENLLOCH J. C., "Notaries and digitalisation of Company Law" cit, p. 58.

III. PERSPECTIVAS DE REGULACIÓN EN EL ORDENAMIENTO JURÍDICO INTERNO

Así planteada la situación externa e interna, respecto de esta última nuestro legislador ha abordado recientemente la ejecución de una parte del mandato europeo: aquella relativa a la movilidad intraeuropea a través de *transformaciones transfronterizas*. El contenido jurídico material regulado será el que analizaremos en este apartado. La segunda, de contenido técnico, pero no menos importante, es la integración de los Registros españoles *digitalizados* en el ecosistema general del Servicio Público de Justicia que, de momento, no ha tenido una respuesta legislativa directa.

1. Las transformaciones transfronterizas después de la LME

Tal como hemos podido comentar[33], prueba clara de la influencia que el desarrollo jurisprudencial de este procedimiento ha tenido en el legislador comunitario es que este haya regulado las *conversions*, es decir transformaciones, y no el traslado de sede, de las sociedades mercantiles. Esta cuestión, aceptada en general por el resto de EM debido a la ausencia previa de legislación material interna de ambos procedimientos[34], tiene particular importancia en nuestro medio dado que la legislación española sí ha regulado ambos mecanismos[35].

---

33 RODAS PAREDES, P., "El crecimiento de las PYMES..." cit., p.43.

34 Nótese que tanto la *UwG* alemana –decana entre la normativa específica en esta materia– como las más recientes modificaciones a la Ley de sociedades de capital maltesa (Ley LX/2021) eligieron no regular el traslado de sede social, pero sí la transformación entre tipos societarios de sus respectivos Estados.

35 Respecto a la polémica de incluir en traslado internacional de domicilio en el texto de la LME, a pesar de las reticencias iniciales (SEQUEIRA MARTÍN, A.; "Comentario al Proyecto de Ley sobre modificaciones estructurales de las sociedades mercantiles: V. Traslado internacional", *Revista de Derecho de sociedades*, núm. 31, 2008, p. 83), creemos que, acertadamente, este procedi-

De acuerdo con el mandato europeo, la adecuación del régimen jurídico de las transformaciones *españolas* al contenido material de la Directiva (UE) 2019/2121 no exigía una adaptación especial en relación a su ámbito objetivo pues, a pesar de haberse considerado en nuestro medio, la necesidad de incluir la regulación de las transformaciones heterogéneas[36], esta no ha sido nunca una opción viable para nuestro legislador[37] y no estaría incluida como mandato de Derecho primario europeo[38]. El contenido general de la Directiva (UE) 2019/2121 sí obligaba a que el liegislador nacional decidiera, en cuanto al ejercicio del derecho de separación del socio que votase en contra del acuerdo de transformación transfronteriza, si su contenido normativo sería idéntico al de las fusiones transfronterizas, o si mantendría las características del régimen previsto en la LME para las transformaciones

miento, ha sido aceptado como tal, al producir *un cambio sustancial, decisivo, en la manera en la que se ha ostentado hasta ese momento la titularidad del patrimonio de la sociedad que experimenta la ME,* SÁNCHEZ ÁLVAREZ, M, "La ley de modificaciones estructurales y el concepto de Modificación Estructural"

36 [illegible] *ones estructurales de las sociedades mercantiles*, Tirant lo

37 [illegible]

38 [illegible]

internas[39]. Por último, en relación a la protección de acreedores y trabajadores, el legislador nacional debía adaptar el ordenamiento interno a otro de similiar contenido ya previsto para el régimen de fusiones transfronterizas.

2. La evolución del traslado internacional de domicilio

Como ha quedado expuesto, el legislador español, a pesar del retraso acumulado en la transposición de la Directiva (UE) 2019/2121, al igual que ocurriera con ocasión de la aprobación de la LME en 2009, ha decidido tomar la iniciativa, en este caso, de regular las modificaciones estructurales con una (re)organización interna que permitirá una sistematización, probablemente, mucho menos controvertida que con la técnica empleada en la LME[40].

En efecto, en relación con la estructura elegida para organizar el contenido normativo de *todas* las modificaciones estructurales, el RDL 5/2023 ha decidido establecer unas reglas comunes a todos los procedimientos[41] buscando, sin duda una unificación material de to-

---

39 En este sentido, habíamos comentado ya el surgimiento de esta necesidad de adaptación de la LME, pero solamente a los supuestos no previstos por el Art. 92 LMESM, como sería el caso de las sociedades colectivas o comanditarias no inscritas, sociedades civiles, sociedades cooperativas, y cualquier otra persona jurídica de Derecho público o privado con fines lucrativos, *vid.*, RODAS PAREDES, P. *La separación del socio en la Ley de sociedades de capital*, Marcial Pons, Madrid, 2013, p. 60.

40 Ello no empece para que lamentemos el recurso a la técnica legislativa del *Real Decreto Ley* que, como sabemos, obvia parte del procedimiento parlamentario que, en este caso creemos, habrían resultado en una mayor calidad y consenso del texto legislativo adoptado.

41 Art. 4 a 16 del RDL 5/2023, en los que se regula el contenido básico del proyecto de modificación estructural, el contenido del informe del órgano de administración y –si cabe– del experto independiente, el contenido de la publicidad preparatoria a la celebración de la junta general que conocerá de la propuesta, los requisitos de mayorías para aprobar la modificación estructural, las exclu-

das las modificaciones estructurales como categoría jurídica destinada a tratar ya no solo las modificaciones tipológicas y/o de reorganización patrimonial interna[42], sino también aquéllas con trascendencia europea[43] y extracomunitaria[44].

En el caso concreto del procedimiento de *traslado internacional de domicilio social* este ha sido – tal cual proponíamos en otra sede – adaptado a la nomenclatura propuesta por el legislador europeo, de manera tal que las *conversions* de la Directiva (UE) 2019/2121 asumen la denominación de *transformación transfronteriza intracomunitaria*. Incluida en el Título III de la norma a estudio, la regulación específica del procedimiento – para el caso de una sociedad de capital española que quiera transformarse en otra regulada por la legislación de otro EM – será la que resulte de aplicar, por ese orden, las normas

---

siones de supuestos de impugnación del acuerdo, regulación expresa sobre mecanismos de protección de socios y acreedores, así como las normas de eficacia y validez de la operación una vez inscrita en el Registro Mercantil.

42 RDL 5/2023, Título II *De las modificaciones estructurales* [de sociedades españolas], Arts. 17 a 79 que incluye la regulación de la transformación por cambio de tipo social, fusiones, escisiones, y cesión global de activo y pasivo.

43 RDL 5/2023, Título III *De las modificaciones estructurales transfronterizas intraeuropeas*, que en los Arts. 80 a 120 busca establecer normas comunes a aquellas modificaciones estructurales que, tanto por ámbito objetivo como subjetivo estén autorizadas: transformación, fusión, escisión, y cesión global de activo y pasivo de sociedades de capital. Al igual que en el caso del régimen previsto para las modificaciones estructurales internas, en este caso, el legislador ha optado por establecer un régimen común, llamado a incorporar normas relativas a información adicional a trabajadores y reglas especificas sobre la impugnación, formalización e inscripción, en particular en relación con el control de legalidad en caso de sospecha de abuso o fraude, cuestión que no ha impedido fijar, a continuación, normas específicas a cada tipo de operación transfronteriza prevista.

44 Art. 121 a 126 del RDL 5/2023, Título IV *De las modificaciones estructurales transfronterizas extraeuropeas*

generales aplicables a todas las modificaciones estructurales (Título I, Cap. 2), y las aplicables a las ME transfronterizas intracomunitarias (Título III, Cap. 2 y art. 96 al 100 del Cap. 3). Esta configuración normativa está llamada a permitir la adaptación de la configuración interna y patrimonial de la sociedad que se traslada a aquéllos marcados por la legislación de destino, siendo ésta la de un EM de la Unión Europea. Podría argumentarse que una transformación transfronteriza está pensada para mantener el tipo social más similar al que ya ostentaba –una anónima italiana se transforma en anónima eslovaca– cosa que ya era posible con la regulación anterior para el traslado internacional de domicilio. Sin embargo, ha sido el legislador europeo el que, tal como hemos puesto de relieve en este comentario, ha determinado la ampliación del ámbito subjetivo de aplicación de las transferencias incluyendo todos los tipos sociales *de capital*[45] sin que haya indicación de que una SL francesa sólo pueda transformarse en el tipo social equivalente en cualquiera de los otros EM. En este sentido, es resaltable el contenido del Art. 83.2 *Régimen aplicable a las sociedades españolas* que de forma expresa señala como límite al alcance del ejercicio de la movilidad societaria, la libertad de establecimiento, como principio fundamental del Derecho de la Unión Europea[46].

---

45 Ver Anexo II Directiva (UE) 2019/2121.

46 En este sentido, creemos pertinente traer a colación las palabras del maestro GARRIGUES, quien señalaba que "toda sociedad mercantil nace a la vida del tráfico con un *status jurídico* determinado que es la legislación nacional, a cuyo imperio queda sometida su existencia. Y siendo diversa la legislación que rige las sociedades mercantiles en cada país, es indudable que habrá que determinar respecto de una sociedad que actúe en dos o más países cuál es la legislación a que debe estar sometida" ("Teoría general de las sociedades mercantiles", *RDM* 142, 1976, p. 542), así pues, por transformación transfronteriza o traslado internacional, el resultado será la modificación de ese status jurídico.

3. La necesidad de una auténtica integración de los Registros públicos

Ya sea por regulación específica de la transferencia transfronteriza europea o por traslado internacional de sede queda, sin embargo, la salvedad técnica de su ejecución por procedimientos *digitales* que, al menos en nuestro entorno se encuentran insertos –ergo, dependientes– de su coordinación con el Servicio Público de Justicia.

En efecto, será necesario esperar a la correcta implementación de la Ley de Medidas de eficiencia digital del Servicio Público de justicia[47] para saber si el legislador nacional establece normas específicas de aplicación al sistema de comunicaciones electrónicas ya vigente en materia de registros[48]. En este punto, es necesario dejar establecido, tal como ya ha sido comentado[49] que la constitución de sociedades es un proceso jurídico complejo y que cada legislación debe velar porque sus mecanismos técnicos, además de eficientes, cuenten con elementos de interpretación de la realidad que permitan, a la autoridad registral, evitar el uso fraudulento de la tecnología. Por tanto, el nivel de rapidez técnica de los procesos registrales previstos por la Directiva (UE) 2019/1151 no es el de la inmediatez de "un click"[50], sino que debe otorgar al revisor de la legalidad del acto la posibilidad de detraer información suficiente de otros organismos públicos, cuando tenga sospechas de un uso fraudulento de estos mecanismos[51].

---

47 BOCGCD 121/000116 de 12 de septiembre de 2022.

48 *Vid.* ÁLVAREZ ROYO-VILLANOVA, S, "Digitalization: how will it work in practice?" *ERA Forum* vol. 21, (2020), p. 221 y sigs.

49 LLOPIS BENLLOCH J. C., "Notaries and digitalisation of Company Law", cit., p. 56.

50 ÁLVAREZ ROYO-VILLANOVA, S, "Digitalization..." cit., p 225

51 Art. 13 *ter* 2, de la Directiva (UE) 2017/1132 según las modificaciones a la misma por la Directiva (UE) 2019/2121.

En este contexto, falta por determinar el ámbito de aplicación y elementos técnicos necesarios para la interoperabilidad del sistema electrónico de Registros y nuestra Administración de justicia puesto que el proyecto de ley aquí comentado, señala al respecto la creación de un Consejo Consultivo para la Transformación Digital de la Administración de justicia, como mecanismo interinstitucional llamado a proponer las medidas de cooperación entre estas administraciones para asegurar el cumplimiento –entre otros– de las obligaciones dimanantes de textos europeos relativos a comunicaciones electrónicas transfronterizas[52].

Con todo, es necesario señalar que este texto proyectado deja claro que su ámbito de actuación es la interoperabilidad y automatización de interacciones entre el órgano judicial y el Registro/Notaría que no exijan el ejercicio de la función calificadora ni de la fe pública.

IV. EPÍLOGO

Sin duda debemos empezar con la buena noticia que es la regulación de un elemento más al alcance de los operadores económicos para organizarse bajo un régimen jurídico u otro. Transformación transfronteriza o traslado internacional de domicilio, el legislador comunitario ha ejercido –por fin– potestad reguladora en este ámbito y creemos que, independientemente de la aplicación práctica, esa es una buena noticia

Que esta regulación haya tenido que esperar el desarrollo de la técnica, léase comunicaciones electrónicas, para permitir a este legislador comunitario dar directrices comunes a todos los EM en materia de procesos vinculados al derecho societario, es sin duda una muestra más de la escasa relevancia que se otorga a estos elementos que, en muchos casos, son determinantes para que haya una auténtica posibilidad de

---

52 Art. 94 del proyecto.

uso funcional por sus destinatarios finales: ciudadanos y organizaciones empresariales de distinta composición y relevancia económica.

Sobre este último apunte, queda por ver si el *mercado único digital* tiene un recorrido de implementación más expedito que su versión analógica, con nosotros, en una forma u otra, desde 1957.

Bibliografía

ÁLVAREZ ROYO-VILLANOVA, S, "Digitalization: how will it work in practice?" *ERA Forum* vol. 21, (2020), pp. 221 y ss.

ANSÓN PEIRONCELY, R., "Traslado internacional de domicilio social" en *La reestructuración empresarial y las modificaciones estructurales de las sociedades mercantiles*, Tirant lo Blanch, Valencia, 2010.

ARMOUR, J., RINGE, W-G., "European Company Law 1999–2010: Renaissance and crisis", *CMLR* 48, 2011, pp. 125 y ss.,

BARNARD, C.; *The substantive law of the EU, the four freedoms*, 3ª. Ed., Oxford, 2010.

CORVESE, C., *La trasformazione eterogenea in società di capital* Giuffré, Milán, 2005.

EIDENMÜLLER, H., ENGERT, A; HORNUF, L., "Incorporating under European Law: the Societas Europaea as a Vehicle for legal arbitrage" *EBOR* , Vol. 10, 2009. pp. 1-33.

FERNÁNDEZ DE LA GÁNDARA, L./CALVO CARAVACA. A. L., *Derecho mercantil internacional*, 2da.Ed., Madrid, 1995.

GARRIGUES, J., "Teoría general de las sociedades mercantiles", *RDM* núm.142, 1976, pp. 519-552.

GRUNDMANN, S.; *European Company Law, organization, finance and capital markets; Intersentia*, Antwerpen-Oxford, 2007.

LATORRE CHINER, N., "Reflexiones sobre el futuro del Derecho de sociedades europeo: Report of the Reflection Group on the future of EU Company Law", *RDM*, 281, 2011, pp. 163-182.

LEÓN SANZ, F. J. "Los antecedentes y los aspectos generales de la transformación" en RODRÍGUEZ ARTIGAS, F. (coord.), *Modificaciones estructurales de las sociedades mercantiles*, T. 1, Thomson Reuters, 2009.

LLOPIS BENLLOCH J. C., "Notaries and digitalisation of Company Law", *ERA Forum*, nº 19, 2018, pp 49-61.

MERCADAL VIDAL, F., "El proyecto de las modificaciones estructurales" en ROJO, A., CORTÉS, L.J, et al.; *Las modificaciones estructurales de las sociedades mercantiles*, Aranzadi, Cizur Menor, 2015, pp. 55-134.

RODAS PAREDES, P., *Libertad de establecimiento y movilidad internacional de las sociedades mercantiles*, Granada, 2010.

RODAS PAREDES, P. *La separación del socio en la Ley de sociedades de capital*, Marcial Pons, Madrid, 2013

RODAS PAREDES, P., "El crecimiento de las PYMES a través de las transformaciones intracomunitarias. Impacto en la operativa del capital-riesgo" *Revista Española de Capital Riesgo*, Nº 4, 2021, pp. 39-55.

SÁNCHEZ ÁLVAREZ, M, "La ley de modificaciones estructurales y el concepto de Modificación Estructural" en *Modificaciones estructurales de las sociedades mercantiles* Tomo I, Aranzadi, Cizur Menor, 2009, pp. 39-86.

SEQUEIRA MARTÍN, A.; "Comentario al Proyecto de Ley sobre modificaciones estructurales de las sociedades mercantiles: V. Traslado internacional", *Revista de Derecho de sociedades*, núm. 31, 2008., pp 33-54.

SZYDLO, M., "Cross-border conversion of companies under freedom of establishment: Polbud and beyond", *Common market law review*, vol. 55, núm. 5, 2018, pp. 1549-1572.

REFLEXIÓN SOBRE ALGUNOS ASPECTOS DE GOBIERNO CORPORATIVO DE LA DIRECTIVA SOBRE REESTRUCTURACIÓN E INSOLVENCIA

Dr. Francisco Mercadal Vidal
Profesor Titular de Universidad.
Universidad Autónoma de Barcelona.

SUMARIO: I. PLANTEAMIENTO. II. OBLIGACIONES DE LOS ADMINISTRADORES SOCIALES EN CASO DE INSOLVENCIA INMINENTE. III. LA POSICIÓN DE LOS "TENEDORES DE PARTICIPACIONES" (ART. 12 DE LA DIRECTIVA) EN LA REESTRUCTURACIÓN. Bibliografía.

I. PLANTEAMIENTO

En la presente exposición me referiré, de una parte, a la Directiva (UE) 2019/1023 del Parlamento Europeo y del Consejo de 20 de junio de 2019 sobre marcos de reestructuración preventiva (Directiva sobre reestructuración e insolvencia).[1] De otra, al Proyecto de Ley de transposición de dicha Directiva que se está tramitando actualmente en las Cortes Generales.[2] Como anuncia el título de mi intervención, y sin perjuicio

1 En adelante, salvo indicación en contrario, se designará como la Directiva.

2 Con posterioridad a la celebración de las Jornadas, se publicó (*B.O.E.* núm. 214, de 6 de septiembre) la Ley 16/2022, de 5 de septiembre, de reforma del texto refundido de la Ley Concursal, aprobado por el Real Decreto Legislativo 1/2020, de 5 de mayo, para la transposición de la Directiva (UE) 2019/1023 del Parlamento Europeo y del Consejo, de 20 de junio de 2019, sobre marcos de reestructuración preventiva, exoneración de deudas e inhabilitaciones, y sobre medidas para aumentar la eficiencia de los procedimientos de reestructuración, insolvencia

de referirse las disposiciones citadas al ámbito concursal o preconcursal, me centraré en ciertos aspectos de gobierno corporativo presentes en ellas. Comenzaré con los deberes de los administradores sociales en las situaciones cercanas a la insolvencia que se contiene en el art. 19 de la Directiva, para proseguir luego con la posición de los socios (tenedores de las participaciones sociales, en los términos del art. 12 de la Directiva) al reestructurarse las compañías en situación de dificultades financieras.

II. OBLIGACIONES DE LOS ADMINISTRADORES SOCIALES EN CASO DE INSOLVENCIA INMINENTE

Según dispone el art. 19 de la Directiva, "*Los Estados miembros se cerciorarán de que, en caso de insolvencia inminente, los administradores sociales tomen debidamente en cuenta, como mínimo*" los elementos que vamos a enunciar a continuación.[3] En primer término, "*los intereses de los acreedores, tenedores de participaciones y otros interesados*". En segundo lugar, "*la necesidad de tomar medidas para evitar la insolvencia*". Y finalmente "*la necesidad de evitar una conducta dolosa o gravemente negligente que ponga en peligro la viabilidad de la empresa*".

En el Proyecto de Ley de transposición no se incorporan ni se desarrollan expresamente estas reglas del art. 19 de la Directiva (tampoco

---

y exoneración de deudas, y por la que se modifica la Directiva (UE) 2017/1132 del Parlamento Europeo y del Consejo, sobre determinados aspectos del Derecho de sociedades (Directiva sobre reestructuración e insolvencia). En lo sucesivo, se mantendrán en el texto las referencias efectuadas en la exposición oral al texto del Proyecto de Ley, complementándose, en aras de una mayor claridad, con las que resultan *a posteriori* de la indicada Ley 16/2022, de 5 de septiembre.

3 Resulta de interés la consulta de la *Guía Legislativa de la CNUDMI sobre el Régimen de la Insolvencia*
Cuarta parte: Obligaciones de los directores en el período cercano a la insolvencia (incluidos los grupos de empresas), 2ª ed., en especial, sus Recomendaciones 255-256.

en la Ley 16/2022, de 5 de septiembre). En definitiva, no se alteran en este aspecto ni la Ley de Sociedades de Capital (en especial, el catálogo de deberes de los administradores sociales), ni la Ley Concursal (en especial, el régimen de deberes de los administradores sociales y la disciplina de la calificación de la insolvencia). Ciertamente, no se trata de un lapsus del legislador. Según puede leerse en el Preámbulo, apartado VII, del Proyecto de Ley (ahora, en el apartado VII del Preámbulo de la Ley 16/2022, de 5 de septiembre), "*Las previsiones de la Directiva 2019/1023 respecto de los deberes de los administradores sociales se encuentran implícitas en la normativa vigente*". Esta opción del legislador suscita varios interrogantes. Veamos algunos de ellos.

En primer lugar, ¿desde qué momento entrarán en juego estos deberes especiales de los administradores a los que se refiere el art. 19 de la Directiva? Para empezar, conviene tomar nota de un punto sobre el que parece no haberse reparado lo suficiente. En la versión en español de la Directiva se habla en el precepto de "*insolvencia inminente*", mientras que en la versión en inglés se habla de "*likelihood of insolvency*" (en francés, de "*probabilité d'insolvabilité*"; en alemán, de "*wahrscheinlichen Insolvenz*"; en italiano de "*probabilità di insolvenza*").[4] Ciertamente, desde el punto de vista semántico, no es lo mismo insolvencia inminente que probabilidad de insolvencia. El problema cobra ahora mayor relieve desde el momento en que, como es notorio, en el Proyecto de Ley (ahora, en la Ley 16/2022, de 5 de septiembre), y por una serie de razones técnicas y sistemáticas, pasa a distinguirse con precisión entre ambos conceptos. En efecto, de un lado, el art. 2.3 de la Ley Concursal pasa a determinar que "*Se encuentra en estado de insolvencia inminen-*

---

4 *Vid.* CORNO, en PAULUS/DAMMANN, *European Preventive Restructuring. Directive (EU) 2019/1023*, Beck, Munich, 2021, Art. 19, p. 240; COIMBRA HENRIQUES, "Deveres e responsabilidade dos administradores (na Diretiva sobre restruturaçao e insolvencia)", en AAVV, *A directiva sobre Restruturaçao e Insolvencia*, Lisboa, 2021, pp. 73 y ss.

te el deudor que prevea que dentro de los tres meses siguientes no podrá cumplir regular y puntualmente sus obligaciones".[5] De otro, según el art. 584.2 de la Ley Concursal, ahora "*Se considera que existe probabilidad de insolvencia cuando sea objetivamente previsible que, de no alcanzarse un plan de reestructuración, el deudor no podrá cumplir regularmente sus obligaciones que venzan en los próximos dos años*".[6] Por tanto, al tratarse de dos horizontes temporales muy dispares (tres meses *versus* dos años), se genera la primera duda derivada de haberse optado por no desarrollar explícitamente el art. 19 de la Directiva. ¿Estos deberes entran en juego desde que concurre lo que la transposición española entiende como insolvencia inminente o desde mucho antes, esto es, desde lo que ahora se entenderá entre nosotros como probabilidad de insolvencia? Debe tenerse presente que, según el art. 2.2 de la Directiva, "*A efectos de la presente Directiva, los siguientes conceptos se entenderán según la definición de la normativa nacional: ...b) insolvencia inminente*".[7]

En segundo término, ¿cuáles de estos intereses (de los diversos *stakeholders* involucrados) deberán primar en caso de suscitarse conflicto entre ellos? ¿Cómo se jerarquizan entre sí? En los Considerandos de la Directiva hay algunos elementos interpretativos relevantes a este respecto.[8] En particular, se declara que los Estados miembros van

---

5 Redactado ahora por el artículo único, apartado Dos, de la Ley 16/2022, de 5 de septiembre.

6 Redactado ahora por el artículo único, apartado Ciento cincuenta y dos, de la Ley 6/2022, de 5 de septiembre.

7 Sobre esta cuestión, DEMISCH, en MORGEN (Hrsg.), *Präventive Restrukturierung. Kommentar zur europäischen Richtlinie über präventive Restrukturierungsrahmen*, Köln, 2019, Art. 19, números 23-25.

8 Según puede leerse, por ejemplo, en el Considerando 71, "*...es necesario garantizar que en tales casos los administradores sociales eviten toda actuación dolosa o gravemente negligente que resulte en beneficio propio en perjuicio de los interesados, y eviten aceptar transacciones a pérdida o tomando medidas conducentes a favorecer injustamente a uno o más interesados. Los Estados*

a poder jerarquizar estos intereses, cosa que la transposición española no ha hecho de manera expresa. Se trataría, nuevamente, de una decisión plenamente consciente, fundada en la tesis de que son suficientes a tales efectos las reglas generales en materia de deberes y, sobre todo, de responsabilidad concursal de los administradores sociales.[9]

Sea como fuere, es importante advertir que, según la tesis más extendida, con la que coincidimos, el establecimiento de estos deberes, en rigor, no convierte a los administradores sociales en fiduciarios de los acreedores. Es decir, llegada la situación de proximidad de la insolvencia, los administradores sociales no pasan *stricto sensu* a ser gestores de la empresa en interés de los acreedores. Más bien se trataría, acaecida dicha situación, de imponerles unos especiales deberes de cuidado o de prudencia (consistentes en "*tomar debidamente en cuenta*" los intereses a los que se refiere el art. 19 de la Directiva). En definitiva, la finalidad de esta regla sería evitar que los administradores caigan en la tentación de realizar operaciones excesivamente arriesgadas, que, si salen bien, pueden restablecer las expectativas económicas de los socios. Por el contrario, si salen mal, pueden arruinar del todo las perspectivas de cobro de los acreedores, empeorando, en mayor o menor medida, su situación.

Finalmente, ¿cómo cambia el contenido de los deberes en el tránsito desde la insolvencia inminente (interpretada según antes se dijo) a la in-

---

miembros deben poder aplicar las disposiciones correspondientes de la presente Directiva garantizando que las autoridades judiciales o administrativas, al evaluar si debe considerarse a un administrador social responsable de incumplimientos del deber de diligencia, tengan en cuenta las normas en materia de obligaciones de los administradores sociales establecidas en la presente Directiva. ***La presente Directiva no pretende establecer un orden de prelación entre las distintas partes cuyos intereses deben ser tenidos debidamente en cuenta. Ahora bien, los Estados miembros deben poder decidir establecer tal orden***" (énfasis nuestro).

9 Ante todo, véase el art. 442 de la Ley Concursal.

solvencia actual? Durante la situación de insolvencia inminente, entraría en juego el deber de evitar proactivamente la insolvencia (esto es, el deber de "*tomar medidas para evitar la insolvencia*"; o el deber de omitir "*una conducta dolosa o gravemente negligente que ponga en peligro la viabilidad de la empresa*"). Más allá de eso, se ha discutido si cabe hablar de un deber jurídico de sanear la empresa o, para ser más precisos, de intentar su saneamiento. Esto es, de un deber jurídico de reestructurar. Dicho de otra manera, en esta fase, si la empresa aún es viable, aunque se halle en situación de *distress*, ¿cabe optar directamente por la liquidación en lugar de la reestructuración o, por el contrario, existe el deber de promover la reestructuración? Según algún sector, sí existiría dicho deber. Por el contrario, en la Recomendación 256 de CNUDMI/UNCITRAL, de manera nos parece que más acertada, se admite expresamente como una medida razonable la de "*Iniciar o pedir que se inicie un procedimiento oficial de...liquidación*". A su vez, materializada la situación de insolvencia actual, estaríamos ya en rigor fuera del ámbito temporal específico del art. 19 de la Directiva, rigiendo entonces el régimen de deberes propio de dicha situación de insolvencia actual.[10]

III. LA POSICIÓN DE LOS "TENEDORES DE PARTICIPACIONES" (ART. 12 DE LA DIRECTIVA) EN LA REESTRUCTURACIÓN

Ante todo, nos interesa ahora el mandato dirigido a los Estados miembros de garantizar, por una u otra vía "*que no se permita a estos tenedores de participaciones impedir u obstaculizar injustificadamente*

---

10 Esto es, el deber de solicitar concurso (pudiendo pedirse, en su caso, la liquidación) o de realizar la comunicación de apertura de negociaciones con los acreedores, durante el plazo de dos meses a contar desde el momento en que se haya conocido o se debiera conocer el estado de insolvencia actual (véanse arts. 5.3, 585.2 y 611 del TRLC, los dos últimos redactados con arreglo a la Ley 16/2022, de 5 de septiembre.

la adopción, la confirmación o la ejecución de un plan de reestructuración".[11] Se trata del fenómeno planteado cuando los socios no cooperan con la reestructuración o directa o indirectamente la obstaculizan (*hold-out shareholders*). ¿Qué impacto va a tener esta importante regla de la Directiva en el ámbito del gobierno corporativo de las sociedades en situación de dificultades financieras?

Interesan ante todo las situaciones en las que se presenta un plan de reestructuración que contiene algunas actuaciones que requieren la cooperación de la junta general mediante el correspondiente acuerdo social (así, aumentos de capital por compensación de créditos; operaciones acordeón; modificaciones estructurales; operaciones de enajenación de activos o filialización que involucren activos esenciales; etc.).

Pues bien, la transposición de la Directiva, más allá de su naturaleza concursal o preconcursal, afecta a varias dimensiones propias del gobierno corporativo. En el marco de esta breve exposición no podemos, ni de lejos, entrar a desmenuzarlas en profundidad. Bastará con subrayar que, en algunos de los escenarios que van a considerarse, los socios preexistentes a la situación de dificultad financiera pueden llegar a perder el control de la compañía por obra de los mecanismos de reestructuración preventiva. Veamos varias situaciones básicas.

De un lado, los casos en que la junta adopta los acuerdos sociales requeridos por el plan (esto es, cuando nos hallamos ante los denominados "planes consensuales"). A su vez, en tales hipótesis podrá suceder que el acuerdo social sea unánime. O, por el contrario, que exista una mayoría favorable al plan y una minoría disidente que pretenda oponerse al acuerdo social. Aunque la norma no lo diga expresamente (y así llegamos a uno de los puntos cruciales), en esta impugnación parece

---

11 Vid. GARCIMARTÍN, en PAULUS/DAMMANN, *European Preventive Restructuring. Directive (EU) 2019/1023*, cit., Art. 12, pp. 190 y ss. y especialmente pp. 193-195.

que terminaría operando una suerte de test del interés superior de los acreedores (*Best Interest Creditor Test*).[12] Es decir, podría acreditarse que el acuerdo de la junta favorable al plan, respaldado por la mayoría del capital, debe estimarse contrario al interés social en la medida en que los socios resulten peor tratados en el marco del plan respecto de cómo lo serían en un escenario de liquidación concursal. Parece la interpretación más coherente con el modelo asumido por la Directiva. En definitiva, no podría prevalecer un plan que otorgase al socio menos valor del que recibiría en un escenario de liquidación concursal. De prosperar esta interpretación, estaríamos a un mecanismo relevante de tutela de la posición del socio en la compañía en reestructuración.

De otra parte, los casos en que la junta no adopta los acuerdos sociales requeridos por el plan (aquí estaríamos ante los llamados "planes no consensuales"). En tal circunstancia, el eventual arrastre de los socios y su sujeción a los efectos del plan deberán fundarse en un mecanismo de carácter preconcursal, no societario.[13] Hay que tener presen-

---

12 *Vid.* art. 654.7º del TRLC, redactado por la Ley 16/2022, de 5 de septiembre: "*Se considerará que el plan no supera esta prueba cuando sus créditos se vean perjudicados por el plan de reestructuración en comparación con su situación en caso de liquidación concursal de los bienes del deudor, individualmente o como unidad productiva. A los efectos de comprobar la satisfacción de esta prueba, se comparará el valor de lo que reciban conforme al plan de reestructuración con el valor de lo que pueda razonablemente presumirse que hubiesen recibido en caso de liquidación concursal. Para calcular este último valor, se considerará que el pago de la cuota de liquidación tiene lugar a los dos años de la formalización del plan*". Sobre esta cuestión, FERNÁNDEZ DEL POZO, "Socios y planes de reestructuración", *Almacén de Derecho*, 21 abril 2022 (https://almacendederecho.org/socios-y-planes-de-reestructuracion); PULGAR EZQUERRA, "El papel de los socios en reestructuraciones de empresas en crisis y la proyectada reforma del Texto refundido concursal", *El Notario del Siglo XXI*, núm. 102, 2022.

13 Aunque en la propia Ley Concursal se instituye ahora un régimen especial de decisión de los socios sobre la aprobación del plan. Según el art. 631.2 del TRLC (redactado con arreglo a la Ley 16/2022, de 5 de septiembre), "En el

tes varias reglas básicas a este respecto. [14] Ante todo, la que establece la necesidad de homologar el plan para lograr el efecto de arrastre de los socios disidentes. En efecto, "*La homologación judicial del plan de reestructuración será necesaria en los siguientes casos: 1.º Cuando se pretenda extender sus efectos...a los socios del deudor persona jurídica*" (art. 635.1º del TRLC).[15]

Sentado lo anterior, será necesario tomar nota de varios mecanismos básicos del nuevo régimen de la reestructuración.

En primer lugar, en la delimitación del presupuesto objetivo de la homologación del plan, de modo que "*La homologación judicial del plan de reestructuración aprobado de conformidad con lo previsto en este título se podrá solicitar cuando el deudor se encuentre en probabilidad de insolvencia o en estado de insolvencia inminente*". A su vez, "*Cuando el deudor se encuentre en estado de insolvencia actual, se podrá solicitar la homologación del plan siempre que no hubiera sido admitida a trámite solicitud de concurso necesario*" (art. 636 del TRLC; *vid.* asimismo los arts. 2.3 y 584.2 del TRLC).[16]

---

caso de las sociedades de capital, serán aplicables las reglas generales con las siguientes especialidades", consistentes, entre otras, en el establecimiento de medidas específicas relativas a una eventual inactividad en la convocatoria o celebración de la junta general; la limitación del contenido del orden del día y del derecho de información del socio; el quórum y la mayoría exigibles para la aprobación del plan y de los actos u operaciones que deban llevarse a cabo en su ejecución; o la impugnación del acuerdo de la junta que apruebe el plan de reestructuración.

14 En este sentido, se dispone la sujeción al régimen de los planes de reestructuración de aquellos que "*prevean una extensión de sus efectos frente a: ... 2.º Los socios de la persona jurídica cuando no hayan aprobado el plan*" (art. 615.1. 2º del TRLC, redactado con arreglo a la Ley 16/2022, de 5 de septiembre).

15 Redactado con arreglo a la Ley 16/2022, de 5 de septiembre.

16 Redactado con arreglo a la Ley 16/2022, de 5 de septiembre.

En segundo término, y de manera muy destacada, en la regla que determina los requisitos exigibles para la homologación del plan. Esta es, sin duda, una de las cuestiones más relevantes desde la perspectiva del gobierno corporativo en la que ahora nos ubicamos. Según el art. 640.2 del TRLC, "*Si el deudor fuera una persona jurídica, la homologación del plan de reestructuración requerirá que haya sido aprobado por los socios legalmente responsables de las deudas sociales. En caso de que estos socios no existieran, y el plan contuviera medidas que requieran acuerdo de la junta de socios, el plan de reestructuración se podrá homologar aunque no haya sido aprobado por los socios si la sociedad se encuentra en situación de insolvencia actual o inminente*".[17]

Por consiguiente, la junta general deberá necesariamente aprobar el plan de reestructuración si éste contiene medidas que requieran su acuerdo y la sociedad no se encuentra en situación de insolvencia actual o inminente. Dicho de otra manera, si la sociedad se encuentra tan solo en situación de probabilidad de insolvencia. En tal situación, no podrá prescindirse del acuerdo de la junta. O lo que es lo mismo, no cabrá el efecto de arrastre forzoso, no será jurídicamente viable imponer a los socios disidentes el plan de reestructuración.[18] *A contrario sensu*, si la sociedad deudora se encuentra en situación de insolvencia actual o inminente, la ausencia de aprobación de los socios no será óbice para obtener la homologación.[19] En consecuencia, en la sociedad en situa-

---

[17] Redactado con arreglo a la Ley 16/2022, de 5 de septiembre.

[18] DÍAZ MORENO, "El papel de los socios de la sociedad de capital deudora en la aprobación y homologación de los planes de reestructuración", *Gómez Acebo & Pombo. Análisis*, Abril 2022, p. 8.

[19] Es decir, "Los acreedores pueden –dicho más claramente– apropiarse de la empresa desde que la insolvencia es inminente, siempre que se cumplan determinadas salvaguardas" (IRIBARREN, "Socios y planes de reestructuración", *Almacén de Derecho*, 11 Julio, 2022, (https://almacendederecho.org/socios-y-planes-de-reestructuracion-2). Con posterioridad a la celebración de las Jornadas, se dictó la fundamental sentencia nº 26/2023, de 4 de septiembre de

ción de dificultades financieras, a los efectos de gobierno corporativo que ahora nos interesan, la frontera decisiva será la que separa la probabilidad de insolvencia (en la cual los socios mantendrán una posición en principio sólida) y la insolvencia inminente (en la cual, como con mayor razón en la insolvencia actual, los socios verán degradarse muy seriamente su posición).

El régimen de la oposición por los socios disidentes al efecto del arrastre, establecido en el art. 656 del TRLC,[20] permite lograr una mejor visión de conjunto. Centrándonos en los motivos de impugnación del auto de homologación que resultan de mayor interés a nuestros efectos, pueden destacarse los siguientes. Primero, como es lógico, "*Que el deudor no se encontrara en estado insolvencia actual o de insolvencia inminente*" (art. 656.1. 3º del TRLC). Se tratará, por tanto, como antes apuntaba, de probar que, en realidad, la compañía deudora se hallaba tan solo en situación de probabilidad de insolvencia. Segundo, "*Que el plan no ofrezca una perspectiva razonable de evitar el concurso y asegurar la viabilidad de la empresa en el corto y medio plazo*"(art. 656.1. 4º del TRLC). Tercero, "*Que una clase de acreedores afectados vaya a recibir, como consecuencia del cumplimiento del plan, derechos, acciones o participaciones, con un valor superior al importe de sus créditos*" (art. 656.1. 5º del TRLC).[21]

2023, del Juzgado de lo Mercantil nº 2 de Barcelona (caso CELSA). Respecto de la cuestiones aquí tratadas, pueden verse en particular los apartados 6.2 (Fundamento Jurídico Sexto), 8.1 (Fundamento Jurídico Octavo) y 11.1, 11.2 y 11.3 (Fundamento Jurídico Decimoprimero).

20 Redactado con arreglo a la Ley 16/2022, de 5 de septiembre.

21 Vid. GARCIMARTÍN, "The Spanish Approach to Corporate Restructuring: A "Pre-packaged Chapter 11", *European Insolvency and Restructuring Journal*, EIRJ-2022-6, p. 14.

Bibliografía

COIMBRA HENRIQUES, "Deveres e responsabilidade dos administradores (na Diretiva sobre restruturaçao e insolvencia)", en AAVV, *A directiva sobre Restruturaçao e Insolvencia*, Lisboa, 2021,

DEMISCH, en MORGEN (Hrsg.), *Präventive Restrukturierung. Kommentar zur europäischen Richtlinie über präventive Restrukturierungsrahmen*, Köln, 2019, Art. 19.

DÍAZ MORENO, "El papel de los socios de la sociedad de capital deudora en la aprobación y homologación de los planes de reestructuración", *Gómez Acebo & Pombo. Análisis*, Abril 2022,

FERNÁNDEZ DEL POZO, "Socios y planes de reestructuración", *Almacén de Derecho*, 21 abril 2022 (https://almacendederecho.org/socios-y-planes-de-reestructuracion)

GARCIMARTÍN, en PAULUS/DAMMANN, *European Preventive Restructuring. Directive (EU) 2019/1023*,

GARCIMARTÍN, "The Spanish Approach to Corporate Restructuring: A "Pre-packaged Chapter 11", *European Insolvency and Restructuring Journal*, EIRJ-2022-6,

PAULUS/DAMMANN, *European Preventive Restructuring. Directive (EU) 2019/1023*, Beck, Munich, 2021

PULGAR EZQUERRA, "El papel de los socios en reestructuraciones de empresas en crisis y la proyectada reforma del Texto refundido concursal", *El Notario del Siglo XXI*, núm. 102, 2022, pp. 50-57.

LAS TOMAS DE CONTROL Y LA ACTUACIÓN CONCERTADA EN EL DERECHO DE SOCIEDADES COMUNITARIO EUROPEO: ¿UNA REGULACIÓN "SUFICIENTE"?

Drª. Ana María Sala Andrés
Socia Cortés Abogados

SUMARIO: I. LA AMBIGÜEDAD DEL TÉRMINO ACTUACIÓN CONCERTADA. II. LA ACTUACIÓN CONCERTADA EN EL DERECHO COMUNITARIO EUROPEO DE LAS TOMAS DE CONTROL: 1. El régimen jurídico de las tomas de control en el Derecho Comunitario Europeo. 2. La actuación concertada como medio para adquirir el control. 3. La diferencia entre una toma de control y el ejercicio de los derechos de voto por un conjunto de accionistas. 4. Una propuesta de "Lista Blanca" como puerto seguro a la cooperación en el ejercicio de los derechos de voto. III. LA ACTUACIÓN CONCERTADA COMO TOMA DE CONTROL EN UN ESTADO MIEMBRO: 1. El régimen jurídico de las tomas de control en España. 2. Definición legislativa y reglamentaria de la actuación concertada como supuesto de hecho de toma de control en el régimen jurídico español. 3. Jurisprudencia relevante en torno a la definición del supuesto de hecho de toma de control basada en la actuación concertada.. IV. ALGUNAS CONCLUSIONES. Bibliografía.

I. LA AMBIGÜEDAD DEL TÉRMINO ACTUACIÓN CONCERTADA

La "actuación concertada" es un término comúnmente utilizado en diversas disciplinas jurídicas en el derecho comunitario europeo y en los ordenamientos de los distintos estados miembros cuya definición responde siempre a la existencia de una pluralidad o conjunto de personas (físicas o jurídicas) que alcanzan un acuerdo, expreso (escrito u oral) o tácito, para actuar con un fin determinado[1].

Si bien la definición teórica de este término es aparentemente sencilla, en la práctica la concreción de cada uno de sus elementos es extremadamente difícil, al igual que lo es la aplicación de las consecuencias jurídicas que implican dichas actuaciones. Ello se debe a que, con carácter general, el origen y la razón de ser de las actuaciones concertadas, en los distintos ámbitos, no es otro que evitar la aplicación de determinadas normas y, por lo tanto, esas actuaciones en la mayoría de los casos destacan por su falta de transparencia.

Las principales disciplinas jurídicas que recogen este término son el derecho de defensa de la competencia y el derecho del mercado de valores, dos disciplinas jurídicas en las que se protege intereses públicos y, por lo tanto, existen autoridades competentes que se ocupan de supervisar dichas actuaciones y sancionar, en su caso, el incumplimiento de las obligaciones que de ellas se deriven.

La diferencia en la práctica de la actuación concertada en estos dos ámbitos, no está ni en la pluralidad de personas ni en la existencia y forma del acuerdo, sino en la finalidad del mismo. Así, en términos muy generales y muy simples, podemos afirmar que si el acuerdo consiste en eliminar a competidores del mercado estaremos ante el ámbito de defensa de la competencia. Si esa actuación conjunta consiste en sumar derechos de voto para aumentar la influencia en una sociedad cotizada, estaremos frente al régimen de transparencia del mercado de valores. Y si con dicha actuación se pretende adquirir el control de una sociedad cotizada, estaremos ya en el ámbito específico que nos ocupa

---

1 Para un análisis completo en relación con la variedad en la utilización del término actuación concertada *vid.* MUÑOZ PÉREZ, A.F., *El concierto como presupuesto de la OPA obligatoria*, La Ley Madrid, 2007.

que es el régimen jurídico de las tomas de control y las ofertas públicas de adquisición ("OPAs").

En el desarrollo y aplicación del régimen jurídico de las tomas dc control, tanto en la Unión Europea como en los estados miembros, el concepto "actuación concertada" es uno de los más relevantes a la vez que, discutidos, conflictivos e indefinidos. Tal es su magnitud que la posibilidad de probar la existencia de una actuación concertada puede implicar la obligatoriedad de presentar una OPA, con todo lo que ello comporta.

Queremos avanzar que el objetivo de este artículo no es presentar una nueva definición de lo que es una actuación concertada en el mundo de las tomas de control, pero sí intentar responder a la pregunta que da título al presente artículo. Para ello vamos a realizar una aproximación a este término en el ámbito de las tomas de control desde su tratamiento legislativo y jurisprudencial. El objetivo deseado es poder identificar algunas claves que permitan distinguir cuándo un conjunto de accionistas coopera en ejercicio legítimo de sus derechos de voto y cuándo un conjunto de accionistas actúa ilegítimamente de forma concertada para tomar el control de una sociedad cotizada sin verse obligado a presentar una OPA total a favor del resto de accionistas.

II. LA ACTUACIÓN CONCERTADA EN EL DERECHO COMUNITARIO EUROPEO DE LAS TOMAS DE CONTROL

1. El régimen jurídico de las tomas de control en el Derecho Comunitario Europeo

La armonización del régimen jurídico sobre las tomas de control en la Unión Europa tiene lugar con la aprobación de la Directiva 2004/25/CE, del Parlamento Europeo y del Consejo, de 21 de abril de 2004, relativa a las ofertas públicas de adquisición ("la Directiva"), publicada el 30 de abril de 2004 y cuyo plazo de transposición finalizó el 20 de mayo de 2006.

Este texto comunitario, que pasa a formar parte del grupo de Directivas relativas a las sociedades cotizadas y mercados financieros, se ocupa de una de las disciplinas con mayor identidad nacional en el mercado de valores, esto es, la regulación del llamado mercado de control societario donde el objeto de adquisición es el control de las sociedades cotizadas.

El legislador europeo, siguiendo en gran medida lo ya previsto por los estados miembros y apartándose del régimen de las tomas de control de Estados Unidos, opta por establecer un régimen del mercado de control fundamentado en la figura de OPA obligatorias[2].

La aprobación de esta Directiva fue tardía, en comparación con la aprobación del resto de directivas sobre sociedades, debido, principalmente, a tener que superar largas discusiones entre los estados miembros en torno a temas esenciales tales como qué tipo de mercado de control se quería imponer, qué tipo de OPA obligatoria (total o parcial, *a priori* o *a posteriori*) y qué tipo de autoridad supervisora (privada o pública). Su publicación, al final, fue posterior al desarrollado de sendos regímenes sobre el mercado de control societario por los distintos estados miembros. De esta manera, el texto final de la Directiva tuvo que tener en cuenta las legislaciones existentes y las soluciones salomónicas sobre materias fundamentales lo que la convirtió en una directiva de consenso y, por lo tanto, de principios básicos.

En términos generales, la Directiva obliga a los Estados miembros a tomar las medidas oportunas "*para proteger a los titulares de los valo-*

2 Sobre los modelos de regulación del mercado de control societario vid. SALA ANDRÉS, A.M., *Las OPAs obligatorias ordinarias,* Ed. Bosch, Barcelona, 2000, pp. 59 y ss.; y GARCÍA DE ENTERRÍA, J., *La OPA obligatoria*, Civitas, Madrid, pp. 99 y ss.

res y, en especial, los que posean participaciones minoritarias, en caso de cambio de control de su sociedad" (considerando 9) y así conseguir un mercado de control societario ordenado. Esta protección deberá consistir en "*la imposición a todo comprador que haya adquirido el control de una sociedad de la obligación de presentar una oferta que proponga a todos los titulares de valores adquirir la totalidad de sus títulos a un precio equitativo que sea objeto de definición común*" (considerando 9).

Establece así el legislador comunitario como regla general la figura de las OPAs obligatorias *a posteriori* en el mercado de control societario europeo. Sin embargo, tal y como finaliza este considerando y reproduce el artículo 5, los estados miembros pueden establecer "*medios suplementarios para la protección de los intereses de los titulares de valores, tales como la obligación de presentar una oferta parcial cuando el oferente no adquiera el control de la sociedad o la obligación de presentar una oferta simultáneamente a la adquisición del control de la sociedad*".

Los principios básicos que asienta la Directiva para el mercado de control societario europeo de sociedades cotizadas pueden resumirse de la siguiente manera:

a) Trato equivalente para todos los accionistas cuando se encuentren frente a una toma de control de una sociedad cuyos valores estén admitidos a negociación en un mercado regulado en un estado miembro (art. 3.1a).

b) Protección de los accionistas minoritarios en caso de cambio de control a través, con carácter general, de la obligación de presentar una OPA obligatoria (art. 3.1 a) para aquellos que hayan adquirido el control.

c) Garantía de transparencia, información y tiempo necesario durante el proceso de la OPA para que los accionistas puedan tomar una decisión sobre el cambio de control (art. 3.1b).

d) Prohibición de manipulación o abuso del mercado en el mercado de control societario (art. 3.1 d) antes, durante y después de la toma de control.

Estamos pues, frente a una Directiva que, como hemos avanzado, se limita a establecer ciertos principios comunes y un reducido número de obligaciones materiales y requisitos formales para ordenar el mercado de control, a lo que los estados miembros habrán de dar cumplimiento mediante normas más detalladas, tomando en cuenta sus sistemas nacionales y su contexto cultural, permitiendo así una armonización justa y equilibrada de las normas en materia de las ofertas públicas de adquisición (artículo 1.1).

El instrumento principal elegido por la Directiva para cumplir los principios anteriores es el siguiente[3]:

a) *OPA obligatoria*: régimen en el que se prevé legalmente que una vez adquirido el control de una sociedad cotizada, el adquirente deberá presentar una OPA a un precio equitativo, salvo en determinadas excepciones que prevé la propia Directiva y que deberán concretar los Estados miembros.

b) *OPA obligatoria a posteriori*: la OPA no se prevé como el camino para alcanzar el control (estaríamos ante un régimen de OPA *a priori*), sino que se prevé como una consecuencia inmediata a la toma de control por cualquier otro medio.

c) *OPA obligatoria a posteriori total*: el adquirente deberá dirigir la oferta a todos los accionistas de la sociedad y deberá comprometerse a adquirir, en su caso, la totalidad de las acciones. Así

---

3 Para una explicación completa sobre el contenido de la Directiva vid, SALA ANDRÉS, A.M. , "*Ofertas públicas de adquisición (OPAS)*" en MIQUEL RODRIGUEZ, J Y PÉREZ TROYA, A., *Derecho de Sociedades Europeo,* Madrid, 2019.

pues, no se permite en caso de toma de control presentar una OPA obligatoria parcial.

d) *OPA reglamentada*: todas las OPAs, sean obligatorias o voluntarias, se consideran contratos normados o reglados donde los contratantes deberán establecer sus condiciones respetando los límites fijados de antemano por la ley, para así proteger al accionista minoritario.

La Directiva además de establecer este régimen jurídico para el mercado de control, de acuerdo con el artículo 20, ordena a la Comisión Europea el seguimiento y el examen de su aplicación, y, en su caso y siempre que sea necesaria, a la propuesta de revisión de su contenido. En cumplimiento de esta disposición, las distintas instancias europeas, desde la aprobación de la Directiva, vienen realizando estudios y valoraciones relativos a su aplicación.

Así, el Parlamento Europeo, el 21 de mayo de 2013, emitió una Resolución sobre la aplicación de la Directiva basada en distintos estudios previos de la Comisión Europea y de distintas resoluciones emitidas por el Tribunal Superior de Justicia de la Unión Europea en esta materia, y concluyó que había cuatro materias que requerirían mejoras:

a) La concreción de la noción de "*actuación en concierto*", especialmente, en relación a la actuación concertada como supuesto de toma de control sin necesidad de adquirir acciones, esto es, cuando la toma de control consiste meramente en un acuerdo entre accionistas en actuar conjuntamente.

b) Unificación en torno a las *excepciones* a la obligatoriedad de la OPA previstas por los distintos estados miembros, ya que los actuales supuestos no responden a un criterio o fundamentación únicos, creando cierta confusión en el mercado.

c) Unificación y generalización de la norma relativa a las medidas de neutralización *a priori* para que se pueda extender el principio de reciprocidad a todo tipo de medidas antiopas (tanto *a priori* como a posteriori).

d) Mejora en la información que debe darse a los trabajadores en estos procesos.

2. La actuación concertada como medio para adquirir el control

Es en este contexto, en el mercado de control, donde el término actuación concertada toma una relevancia especial y clave llegando a ser una de las cuestiones principales de la mayoría de los litigios que han surgido en esta disciplina.

El término actuación concertada en el ámbito de las tomas de control se utiliza tanto para (i) determinar un supuesto de toma de control, esto es, cuando un conjunto de personas coopera para tomar el control de una sociedad uniendo sus participaciones sin adquirir acciones o (ii) como una norma de cómputo para determinar si se ha alcanzado el control en una sociedad tras la adquisición de acciones, esto es, para saber si se ha alcanzado una participación significativa.

En este artículo nos interesa la actuación en concierto como supuesto de toma de control que genera la obligación de presentar una OPA, no como norma de cómputo de participación significativa.

Si observamos atentamente el contenido de los artículos 2.1 y 5 de la Directiva, podemos concluir que la Directiva no incluye este supuesto de hecho de toma de control, pero no descarta que se pueda incluir en el supuesto de hecho por parte de los estados miembros, y, además, también podemos ver que sí que incluye una definición de actuación concertada que nos sirve tanto para definir lo que es una toma de control como para establecer reglas de cómputo.

El artículo 2.1 (d), incluye una definición de actuación concertada en los siguientes términos: *«las personas físicas o jurídicas que colaboren con el oferente o con la sociedad afectada en virtud de un acuerdo, ya sea expreso o tácito, verbal o escrito, con el fin, bien de obtener el control de la compañía afectada (...)"*

Mientras que el artículo 5.1 de la Directiva prevé que "1. *Cuando una persona física o jurídica, de resultas de una adquisición por su parte o por la de personas que actúen de concierto con ella, venga en posesión de valores de una sociedad a efectos del apartado 1 del artículo 1 tales que, sumados, en su caso, a los que ya poseyera y a los de las personas que actúen de concierto con ella, le confieran directa o indirectamente un determinado porcentaje de derechos de voto en dicha sociedad y le brinden así el control de la misma, los Estados miembros velarán por que dicha persona esté obligada a presentar una oferta a fin de proteger a los accionistas minoritarios de la sociedad. Dicha oferta se dirigirá cuanto antes a todos los titulares de valores y se realizará por la totalidad de sus valores al precio equitativo que se define en el apartado 4.*"

Como se puede observar, la Directiva, como principio general, define el supuesto de hecho de toma de control que genera la obligación de presentar una OPA, como una toma de control que requiere la adquisición de valores de una sociedad cotizada ("venga en posesión de valores"). Este es el modelo que ya preveían países tales como Italia y Reino Unido, siendo uno de los estados miembros con mayor participación en la redacción del texto. Otros países han sumado otro supuesto a los ya existentes: la toma de control por el mero concierto, sin necesidad de adquirir acciones. Este régimen se ha adoptado en España, Francia y Alemania.

La previsión de este supuesto de hecho en algunos ordenamientos europeos tiene como origen evitar que los accionistas, sin comprar acciones, y con meros acuerdos, alcancen el control de una sociedad, de forma que, en los regímenes donde originariamente sólo se preveía la toma de control con adquisición previa de acciones, se evitara esa obligación y quedara sin efecto el régimen de las tomas de control.

La inclusión de la actuación concertada como toma de control que obliga a presentar una OPA ha provocado distintos problemas de los que queremos destacar dos[4]. En primer lugar, con carácter general, existe una gran dificultad práctica para identificar y probar los elementos que configuran esta toma de control, teniendo en cuenta que, generalmente, lo que se pretende utilizando este medio para alcanzar el control es evitar cumplir con la obligación de presentar una OPA, por lo que, la actuación concertada pocas veces se formaliza de forma transparente y expresa. En segundo lugar, y como consecuencia de lo anterior y del deseo de limitar la cooperación para adquirir el control, existe a día de hoy cierto miedo y reparo a la cooperación accionarial entendida como la concertación en el mero ejercicio del derecho de voto en búsqueda de un buen gobierno corporativo, por temor a que dichas actuaciones pueden originar, indebidamente, una obligación de presentar una OPA por considerarse una actuación concertada.

Efectivamente, la imposibilidad fáctica de concretar los elementos de este nuevo tipo de toma de control, no sólo afecta a la supervisión de las actuaciones en el mercado de control, sino que ha significado ciertas restricciones y temor ante la cooperación por parte de accionistas. Este problema ha aumentado de forma proporcional al incremento de la promoción de la cooperación de los accionistas como realidad, que *a priori*, se considera positivo para la implantación y desarrollo de las prácticas de buen gobierno corporativo en las sociedades cotizadas a largo plazo.

---

[4] Vid. en este sentido: GHETTI, R., "Acting in Concert in EU Company Law: How Safe Harbours can Reduc Interference with the Exercise of Shareholder Rights", en *European Company and Financial Law Review, Vol. 11, n. 4, 2014*, p. 595 y sigs.

3. La diferencia entre una toma de control y el ejercicio de los derechos de voto por un conjunto de accionistas.

Realmente la pregunta que estamos analizando (¿Qué cs una actuación concertada?) es una de las primeras que surgió en el régimen de las OPAs obligatorias en sede de su origen, esto es, en el Reino Unido. El debate se centraba en términos parecidos al de hoy: qué diferencia había entre un pacto de sindicación, una votación conjunta en el mismo sentido y los llamados "*fun club*" o, como decían, los británicos, un simple "*nod or a wing*", una afirmación con la cabeza o un simple guiño en una votación[5] .

Esta discusión, que empezó en los años 60 en el Reino Unido, toma actualmente un mayor protagonismo debido a la creciente búsqueda de involucración constante y a largo plazo del accionista en las sociedades cotizadas y, también, a la aparición de un nuevo actor en las juntas generales, los accionistas activistas.

Efectivamente, en los últimos años se ha incrementado de forma elevada los llamados inversores o accionistas activistas que adquieren porcentajes significativos (entre un 3 o un 5 por 100) en sociedades cotizadas y cuyo objetivo es, en base a su conciencia medioambiental, social y de gobierno corporativo, presionar al consejo de administración de las sociedades cotizadas y conseguir, a través de la colaboración con otros accionistas, mayorías suficientes para provocar cambios relevantes en la sociedad, en términos, de miembros del consejo, de retribución, de inversión, etc. Este tipo de inversores a través del ejercicio del derecho de voto y del juego de las mayorías buscan, efectivamente, conseguir un impacto positivo en la sociedad a través de intentar y lograr cambios en temas esenciales[6].

---

5 WEINBERG, M.A., AND BLANK, M., *Takeovers and Mergers, (5TH edition)*, London, 1989, p. 3227.

6 Según un informe de Lazard sobre el activismo accionarial, este tipo de inversores ocupaban 42 puestos en los consejos de administración de gran-

Una mala definición o, incluso, una mala interpretación y aplicación del término actuación concertada como supuesto de toma de control podría llevar a interferir en el ejercicio de los derechos de los accionistas, individualmente y de forma agrupada, ya que, por exceso de celo, podría considerarse cualquier votación conjunta "inesperada" de una pluralidad de socios que sume más del 30 por 100 de los derechos del capital una infracción del régimen de las tomas de control e, indebidamente, obligarles a presentar una OPA.

Este riesgo es realmente elevado ya que tanto una actuación concertada como una votación en el mismo sentido requiere de un elemento común que es la cooperación. Sin embargo, parece claro que en la actuación concertada lo que se busca es alcanzar el control de una sociedad con ánimo de permanecer en la sociedad en esa posición, mientras que en la cooperación del voto sólo se busca el cambio de una materia societaria sin ánimo de permanencia en el control.

Así pues, cuando en una junta general un conjunto de accionistas vota en un mismo sentido alcanzando más allá de un 30 por 100, no debe ser, *per se,* considerada una toma de control, sino que deberán analizarse las circunstancias de ese voto, la existencia de acuerdos y la finalidad última de esa votación conjunta, así como , muy importante, la duración de esa cooperación en el tiempo, esto es, si esa cooperación termina con un cambio en la junta o permanece en el tiempo para realmente provocar una toma de control.

---

des compañías en el primer trimestre de 2021. Lazard´s Quarterly Review of Shareholders Activism Q1 2021 https://www.lazard.com/perspective/lazards-quarterly-review-of-shareholder-activism-q1-2021/

4. Una propuesta de "Lista Blanca" como puerto seguro a la cooperación en el ejercicio de los derechos de voto.

La Autoridad Europea de Valores y Mercados ("ESMA" por sus siglas en inglés) ha dado respuesta a algunas de las mejoras necesarias identificadas en relación con el contenido de la Directiva sobre OPAs. El 20 de junio de 2014 publicó el texto "Información sobre cooperación de accionistas y actuación concertada en el ámbito de la Directiva de OPAs" (Informe) con el objetivo principal de dar seguridad a los inversores internacionales que desean cooperar entre ellos en temas de gobierno corporativo pero que se autolimitan por temor a que otros accionistas e, incluso, las autoridades competentes, consideren que están tomando el control sancionándoles y forzándolos a presentar una OPA obligatoria.

El sistema que plantea el ESMA para ofrecer esta seguridad consiste en listar un conjunto de actuaciones (Lista Blanca) que tienen en común la cooperación entre accionistas pero que, *a priori,* por su contenido u objetivo, no deberían considerarse tomas de control basadas en la actuación concertada. Si bien, al final, también el ESMA considera que la diferencia entre cooperación y actuación concertada dependerá de las circunstancias de cada caso particular.

Así pues, se presume que no estaremos ante una actuación concertada cuando la cooperación entre accionistas verse sobre lo siguiente:

a) Conversaciones y propuestas sobre posibles temas para ser considerados por el consejo de administración.

b) Comunicaciones y manifestaciones conjuntas al consejo de administración sobre posibles políticas, prácticas o actuaciones particulares que la sociedad pudiera tomar.

c) En cuanto a actuaciones en el ámbito de una junta general: (i) Solicitar añadir nuevos temas en el orden del día; (ii) Solicitar nuevas propuestas de acuerdos sobre temas incluidos en el orden del día; (iii) Solicitar convocar una junta general extraordinaria.

d) En cuanto a las votaciones en una junta general: aprobar o rechazar una propuesta sobre la remuneración de consejeros, adquisición de venta de activos, la reducción o aumento de capital, la distribución de dividendos, el nombramiento o remoción de auditores, las cuentas anuales, las políticas corporativas y las operaciones vinculadas.

Como vemos son muchas las actuaciones que se incluyen en la Lista Blanca y que responden o bien a temas que realmente no inciden en un cambio de administración de la sociedad o bien que son meros ejercicios de los derechos reconocidos por la legislación societaria a los accionistas minoritarios, individual o colectivamente, que alcancen ciertas participaciones significativas a esos efectos.

Una cuestión relevante que no ha sido recogida en la Lista Blanca es la relativa a la cooperación entre accionistas en el nombramiento de los miembros del consejo de administración. Efectivamente, si los accionistas cooperan o votan conjuntamente en el nombramiento de los miembros del consejo de administración pueden llegar a tomar el control a través del consejo de administración, por lo tanto, es un tipo de cooperación que *per se*, no puede incluirse en la Lista Blanca, Pero que tampoco *per se*, debería ser suficiente para incluirse en una potencial lista negra, o por sí misma, considerarse *a priori* una actuación concertada.

Tal es así que la propia ESMA ha preferido no manifestarse y dejar que sean los propios estados miembros los que tomen una posición al respecto. En concreto, el Informe señala que el mero hecho de cooperar en el nombramiento de consejeros o de remover a uno o más miembros *per se* no es una actuación concertada, sino que deberá tenerse en cuenta otros factores tales como, por ejemplo, el número de miembros propuestos por esos accionistas que cooperan, si dichos accionistas han tenido anteriormente relación, si existen otras resoluciones en la misma junta, y si ese nombramiento permitirá el cambio de control en el consejo.

Evidentemente, el ESMA es un organismo privado y, por lo tanto, esta Lista Blanca constituye meras recomendaciones que pueden servir de guía, de puerto seguro, para la actuación de los accionistas, pero que no garantizan que algún estado miembro, tribunal o autoridad competente no las asuma como tales y considere lo contrario.

III. LA ACTUACIÓN CONCERTADA COMO TOMA DE CONTROL EN UN ESTADO MIEMBRO

1. El régimen jurídico de las tomas de control en España

La Ley 6/2023, de 17 de marzo, de los Mercados de Valores y de los Servicios de Inversión ("LMVSI") establece el actual régimen de ofertas públicas, siendo conservador en relación con el previsto en la Ley 6/2007, de 12 de abril, de reforma de la Ley del Mercado de Valores ("LMV"), actualmente derogada, en la que se dibujó el esquema del actual régimen de ofertas públicas de adquisición. Su desarrollo reglamentario debe localizarse en el Real Decreto 1066/2007, de 27 de julio ("RDOPAs"), que desarrolló, en su momento, lo dispuesto en la citada Ley 6/2007 y que, de acuerdo con la Disposición final decimocuarta de la Ley 6/2023, "*hasta que se dicten las normas reglamentarias de desarrollo de la presente Ley, se mantendrán en vigor las normas vigentes sobre los mercados de valores y los servicios de inversión, en tanto no se opongan a lo establecido en esta Ley*".

De acuerdo con el artículo 108 LMVSI (Oferta pública de adquisición obligatoria):

> "*Quedará obligado a formular una oferta pública de adquisición por la totalidad de las acciones u otros valores que directa o indirectamente puedan dar*

derecho a su suscripción o adquisición y dirigida a todos sus titulares a un precio equitativo quien alcance el control de una sociedad cotizada, ya lo consiga:

a) Mediante la adquisición de acciones u otros valores que confieran, directa o indirectamente, el derecho a la suscripción o adquisición de acciones con derechos de voto en dicha sociedad;

b) Mediante pactos parasociales o de otra naturaleza con otros titulares de valores; o

c) Como consecuencia de los demás supuestos de naturaleza análoga que reglamentariamente se establezcan".

La novedad que presenta esta disposición legal frente a la definición del supuesto de hecho prevista en el artículo 128 LMV (como hemos dicho ya derogado) es que, en relación con la definición de toma de control, a la posibilidad de alcanzar el control "mediante pactos parasociales" le suma la posibilidad de hacerlo a través de "[pactos] de otra naturaleza con otros titulares de valores". Sin embargo, esta novedad en la literalidad del artículo 108 no es tal, ya que el ROPAs ya preveía, en su artículo 5 1. b), al definir actuación concertada, que esta podía realizarse en forma de pacto parasocial como en pactos de otra naturaleza, como ahora concretaremos al definir el concepto legal y reglamentario de actuación concertada.

En consecuencia, conforme a lo previsto en la legislación española, una persona física o jurídica deberá presentar una OPA si alcanza el control (una participación significativa en los términos establecidos legislativamente) de una sociedad cotizada por medio de alguno de los siguientes métodos:

a) La adquisición de acciones que le permitan alcanzar una participación significativa.

b) Un pacto parasocial o de otra naturaleza con otros titulares de valoresque le permita alcanzar una participación significativa.

c) Tomas de control indirectas que le permita alcanzar una participación significativa. (artículo 3 RDOPAs).

El legislador español considera que se alcanza el control de una sociedad o, lo que es lo mismo, a efectos de aplicación de este régimen, una participación significativa cuando una persona física o jurídica tiene individualmente o de forma conjunta con las personas que actúen en concierto con ella, directa o indirectamente, un porcentaje de derechos de voto igual o superior al 30 por ciento; o bien, cuando habiendo alcanzado una participación inferior designe, en los términos que se establezcan reglamentariamente, un número de consejeros que, unidos, en su caso, a los que ya se hubieran designado, representen más de la mitad de los miembros del órgano de administración de la sociedad (art. 111 LMVSI y art. 4 RDOPAs) .

Así pues, para concretar, el supuesto de hecho consistente en un pacto parasocial o de otra naturaleza entre titulares de valores deberá tener como resultado que le permita alcanzar unos porcentajes de derechos de voto igual o superior al 30 por 100 o bien que les permita alcanzar un porcentaje de derechos de voto inferior pero que puedan designar, en los 24 meses siguientes a la fecha de la adquisición del porcentaje inferior, un número de consejeros que, unidos, en su caso, a los que ya hubiera designado, representen más de la mitad de los miembros del órgano de administración de la sociedad.

2. Definición legislativa y reglamentaria de la actuación concertada como supuesto de hecho de toma de control en el régimen jurídico español.

La LMVSI define como toma de control sin adquisición de acciones, como aquel que consiste en la existencia de un pacto parasocial u otro de distinta naturaleza entre titulares de valores, sin concretar más cómo definir lo que debe considerase una actuación concertada en términos de toma de control que genere la obligación de presentar una OPA. El RDOPAs, por el contrario, nos aporta una definición de actuación concertada a los efectos de cómputo de una participación significativa que puede ser utilizada, y así se ha hecho, para definir también que debe entenderse actuación concertada como supuesto de toma de control. En concreto, el artículo 7 del RDOPAs establece que se atribuirán a una misma persona los porcentajes de voto que correspondan a las siguientes personas o entidades:

> b) *"Los de las demás personas que actúen en nombre propio, pero por cuenta o de forma concertada con ella. Se entenderá que existe dicho concierto cuando dos o más personas colaboren en virtud de un acuerdo, ya sea expreso o tácito, verbal o escrito, con el fin de obtener el control de la compañía afectada. Se presumirá que existe concierto cuando las personas hubieran alcanzado un pacto de los señalados en el artículo 112 de la Ley 24/1988, de 28 de julio, del Mercado de Valores, destinado a establecer una política común en lo que se refiere a la gestión de la sociedad o que tenga por objeto influir de manera relevante en la misma, así como cualquier otro que, con la misma finalidad, regule el derecho de voto en el consejo de administración o en la comisión ejecutiva o delegada de la sociedad.*

Antes de entrar a analizar qué definición incluye el artículo 7 del RDOPAs, simplemente recordemos que el artículo 112 de la LMV, fue derogado y actualmente la definición de pacto parasocial se encuentra en el artículo 530 Ley de Sociedades de Capital ("LSC") en el que se lee: " 1. *A los efectos de lo dispuesto en este capítulo, se entienden por pactos parasociales aquellos pactos que incluyan la regulación del ejercicio del derecho de voto en las juntas generales o que restrinjan o condicionen la libre transmisibilidad de las acciones en las sociedades anónimas cotizadas. 2. Lo dispuesto en este título se aplicará también a los supuestos de pactos que con el mismo objeto se refieran a obligaciones convertibles o canjeables emitidas por una sociedad anónima cotizada."*

Es curioso como la LMVSI al identificar los distintos supuestos de hechos que obligan a presentar una OPA habla de "pactos parasociales o de otra naturaleza con otros titulares de valores"" pero no de actuación concertada. Lo mismo sucede con el artículo 3 del RDOPAs, que también define el supuesto que se alcanza mediante pactos parasociales con otros titulares de valores, aunque esta disposición se remite a "los términos del artículo 5.1. b)".

Así pues, aunque realmente, el artículo 5 del RDOPAs es una norma de cómputo de participación significativa, no de definición de toma de control, de acuerdo a la remisión que realiza el artículo 3 del RDOPAs debemos buscar en esa norma lo que debe entenderse por "pactos parasociales o de otra naturaleza con otros titulares de valores"".

El artículo 5 del RDOPAs asimila actuación en concierto con pacto parasocial o de otra naturaleza, definiendo actuación concertada cuando "*dos o más personas colaboren en virtud de un acuerdo, ya sea expreso o tácito, verbal o escrito, con el fin de obtener el control de la compañía afectada.*"

Visto lo anterior, podemos concluir que en España la toma de control a través de "pacto parasocial o de otra naturaleza con otros titulares de valores" (actuación concertada) consistirá, cumulativamente, en:

a) La existencia de un conjunto de personas, físicas o jurídicas, que sean titulares de valores, así lo prevé la LMVSI (por lo tanto, se excluyen los pactos con personas que no tengan la condición de accionistas).

b) Que tienen un acuerdo entre ellas, que podrá ser tácito o expreso, escrito u oral (necesaria la existencia de un acuerdo).

c) Cuyo objetivo sea alcanzar el control de una sociedad. Se presume que existe esta intención cuando exista un pacto parasocial cuyo contenido consista en establecer una política común en lo que se refiere a la gestión de la sociedad o que tenga por objeto influir de manera relevante en la misma, así como cualquier otro que, con la misma finalidad, regule el derecho de voto en el consejo de administración o en la comisión ejecutiva o delegada de la sociedad

d) Y que, con este acuerdo, puedan alcanzar el control de la sociedad entendido como el 30 por 100 de los derechos de voto de la sociedad o bien poder nombrar, en el plazo de 24 meses, más de la mitad de los miembros del consejo (incluyendo ya los que pudieran tener nombrados anteriormente).

De la definición anterior cabe destacar, siguiendo con las conclusiones de las anteriores secciones, que el propio RDOPAs y la propia LMVSI sólo consideran relevantes, a efectos de supuesto de toma de control, aquellos acuerdos que se toman entre personas que tienen la condición titulares de valores (tenedores de valores), definición más restrictiva que la prevista en la Directiva, y cuyo objeto sea tomar el control de la sociedad ya sea a través de un pacto parasocial (influir de manera continua en la sociedad a través de una política común) u otros pactos de otra naturaleza con el mismo objetivo de permanencia. De nuevo, parece que el elemento de permanencia (de manera continuada) en el tiempo es clave para la definición del supuesto de hecho de toma de control fundamentada en la actuación concertada.

5. Jurisprudencia relevante en torno a la definición del supuesto de hecho de toma de control basada en la actuación concertada.

La jurisprudencia española en torno a la actuación concertada como supuesto de toma de control no ha sido prolífera, pero sí existen algunas sentencias que son de gran ayuda para entender cómo debemos enfrentarnos a estos casos.

En este caso nos referimos a la Sentencia de la Audiencia Provincial de Madrid, de 26 de octubre de 2015 (SAP M 14563/2015), en la que se analiza si la votación conjunta de una pluralidad de accionistas en una junta general debe ser considerada como un supuesto de actuación concertada y toma de control.

Los hechos relevantes, a los efectos de este artículo, pueden resumirse de la siguiente manera. En el marco de una refinanciación de una sociedad cotizada, el consejo de administración propone dos acuerdos de aumento de capital para su aprobación en junta general de accionistas. El primero, se planteó como un aumento de capital por compensación de créditos en el que participarían con carácter exclusivo las entidades de crédito acreedoras de la sociedad; el segundo y sucesivo aumento de capital iba dirigido a aquellos accionistas que no hubieran podido participar en el primer aumento de capital. Se aprobó y ejecutó el primer aumento de capital por compensación, alcanzando las entidades de crédito un 65 por 100 de los derechos de voto del capital. Por el contrario, el segundo acuerdo no fue aprobado por ser un aumento de capital que no permitía acabar con los problemas financieros de la sociedad. Igualmente, en esta junta general se separaron a diversos miembros del consejo de administración que tenían procedimientos penales abiertos. Posteriormente, el consejo de administración propuso un nuevo aumento de capital, en el que también podían participar los accionistas que habían compensado sus créditos. El aumento de capital se aprobó y se ejecutó.

Ante estos hechos, un accionista con una participación significativa de un 5 por 100 procedió a impugnar los acuerdos de aumento de capital al considerarlos, entre otras cosas, contrarios a la ley por constituir una infracción de la normativa sobre OPAs obligatorias. En concreto, el accionista minoritario defendía que un conjunto de accionistas, titulares de más del 30 por 100 de los derechos de voto, habían llegado a un acuerdo parasocial para tomar el control de la sociedad a través de esos votos que permitieron dos ampliaciones de capital y, por el contrario, no permitieron aprobar el aumento que iba dirigida a los accionistas minoritarios.

El Tribunal para valorar si dicha actuación debía ser calificada como una toma de control por medio de una actuación concertada acudió a la definición contenida en el artículo 5 del RDOPAs que antes hemos reproducido. En base a la interpretación de esa definición y la valoración de los hechos, el Tribunal no aceptó el motivo de impugnación por diversas razones:

A) Falta de prueba de la existencia de un acuerdo entre un conjunto de personas. El Tribunal claramente resuelve que si no puede probarse que las personas llegaron a un acuerdo (tácito o expreso) para actuar de una forma determinada, el Tribunal no puede reconocer la existencia de una actuación concertada.

B) Igualmente, el Tribunal señala que la coincidencia en el sentido del voto de distintos accionistas en una misma junta general, no es un hecho suficiente para presumir que existe una actuación en concierto cuando, además, existen razones objetivas para ese voto conjunto. En efecto, en relación con el acuerdo de separar a diversos miembros del consejo de administración no sorprende la votación conjunta cuando existía razones objetivas (procesos penales) para separarlos del cargo. También existía una razón objetiva para que un conjunto de accionistas que representaban más del 30 por 100 de los derechos de voto ejercieran ese derecho a favor de un aumento de capital que permitía alcanzar una refinanciación teniendo en cuenta la situación por la que pasaba la sociedad, en concreto era un voto favorable para tomar "las medidas necesarias para el cumplimiento de las condiciones suspensivas del acuerdo de refinanciación, vital para la continuidad de la sociedad".

En conclusión, la Audiencia claramente llega a la conclusión de que la existencia de una votación coincidente entre varios accionistas que superen el 30 por 100 del capital social en una junta general no es por sí mismo una actuación concertada. Para ello se requieren, en primer lugar, probar que existe realmente un acuerdo. Y, en segundo lugar, es necesaria una valoración de la razón de la coordinación del ejercicio de derechos de voto considerando y ateniendo el resto de circunstancias en las que se ejerce el voto y sobre todo intentar identificar si existen razones objetivas que permiten entender y justificar ese voto coordinado.

IV. ALGUNAS CONCLUSIONES

Queremos finalizar este artículo con algunas conclusiones que nos permitan contestar a la pregunta de si la regulación actual de las tomas de control a través de actuación concertada es "suficiente".

Primera.–La razón por la cual algunos ordenamientos jurídicos han introducido la actuación concertada como toma de control que genera la obligación de formular una OPA es la de evitar la práctica existente que pretendía eludir el régimen jurídico de las OPAs obligatorias a través de estas actuaciones.

Segunda.–Las actuaciones concertadas con el objetivo de tomar el control, en consecuencia, siempre se han caracterizado por ser actuaciones poco transparentes en las que se intenta evitar cualquier prueba por escrito.

Tercera.–En el derecho europeo existe una definición común que consiste en considerar la actuación concertada como aquel acuerdo entre varias personas, físicas o jurídicas, expreso (por escrito u oral) o tácito, que tiene como objetivo alcanzar el control de una sociedad a través del ejercicio de los derechos de voto.

Cuarta.–Sin embargo, en la práctica, la prueba de la existencia de todos los elementos necesarios para configurar el supuesto de hecho no es fácil por ser acuerdos, en su caso, poco transparentes.

Quinta.–Una mala definición o, incluso, una mala interpretación y aplicación del término actuación concertada como supuesto de toma de control podría llevar a interferir en el ejercicio de los derechos de los accionistas, individualmente y de forma agrupada, ya que por un exceso de celo podría considerarse cualquier votación conjunta "inesperada" de una pluralidad de socios que alcance más del 30 por 100 de los derechos del capital como una infracción del régimen de las tomas de control e, indebidamente, obligarles a presentar una OPA.

Sexta.–Existen algunos indicios o realidades que permiten distinguir, *a priori*, cuando estamos ante una cooperación de accionistas o cuando estamos ante una toma de control. Parece claro que en la actuación concertada lo que se busca es alcanzar el control de una sociedad con ánimo de permanecer en la sociedad en esa posición de control, y en la cooperación del voto sólo se busca el cambio de una materia societaria en un momento determinado, sin más efectos y sin ánimo de permanencia en el control.

Séptima.–La LSC reconoce muchos derechos a los accionistas que permiten poner en duda las actuaciones del consejo de administración de una sociedad (propuestas de nuevos puntos del orden del día en juntas generales, propuestas de acuerdos sobre temas incluidos en el orden del día) y además es habitual que determinadas políticas (retribuciones) y determinadas actuaciones (aperturas de procedimientos penales) conduzcan a unas votaciones conjuntas de accionistas que tienen el control. El legislador, la autoridad competente y los Tribunales deberían tener en cuenta que alcanzar mayorías de forma imprevista no es *per se* una toma de control.

Octava.–El mero hecho de cooperar en el nombramiento de consejeros o de remover a uno o más miembros del consejo, *per se,* no es una actuación concertada, sino que deberá tenerse en cuenta otros factores tales como, por ejemplo, el número de miembros propuestas por esos accionistas que cooperan, la existencia previa de relación entre dichos accionistas, si existen otras resoluciones en la misma junta que permiten consolidar un nuevo control, y si ese nombramiento permitirá el cambio de control en el consejo.

Novena.–Serán las autoridades competentes y los tribunales quienes a través de sus resoluciones y sentencias pueden ir concretando qué prácticas y qué acuerdos son o no son actuaciones concertadas a los efectos del régimen jurídico de las tomas de control.

Décima.–Visto lo anterior, nos parece difícil que el legislador pueda ir más allá en la definición actual de actuación concertada. Consideramos que están en una mejor posición para ayudar a concretar esta definición, los tribunales y la Comisión Nacional del Mercado de Valores quienes al albur de la práctica y distinguiendo muy bien cuándo existe cooperación en el voto y cuándo existe toma de control, vayan identificando elementos que permitan dar seguridad y claridad en el mercado de las tomas de control y en la cooperación entre accionistas.

Bibliografía

GARCÍA DE ENTERRÍA, J., *La OPA obligatoria*, Civitas, Madrid, 1996.

GHETTI, R., "Acting in Concert in EU Company Law: How Safe Harbours can Redue Interference with the Exercise of Shareholder Rights", en *European Company and Financial Law Review, Vol. 11, n. 4, 2014,* pp. 595 y sigs.

MUÑOZ PÉREZ, A.F., *El concierto como presupuesto de la OPA obligatoria*, La Ley Madrid, 2007

SALA ANDRÉS, A.M., *Las OPAs obligatorias ordinarias,* Ed. Bosch, Barcelona, 2000.

SALA ANDRÉS, A.M. , "*Ofertas públicas de adquisición (OPAS)*" en MIQUEL RODRIGUEZ, J Y PÉREZ TROYA, A., *Derecho de Sociedades Europeo,* Madrid, 2019, pp. 393-420.

WEINBERG, M.A., AND BLANK, M., *Takeovers and Mergers, (5TH edition),* London, 1989.

PARTE IV.
El ejercicio transfronterizo de los derechos del socio, la transferencia del domicilio social al extranjero y la perspectiva fiscal de las denominadas "sociedades fantasma"

EJERCICIO TRANSFRONTERIZO DE DERECHOS DE SOCIOS

DRª. M.ª DEL MAR BUSTILLO SAIZ
Profesora Titular de Derecho Mercantil,
Universidad de Valladolid

I. CONTEXTO DE LA DIRECTIVA 2007/36/CE DE 11 DE JULIO DE 2007 SOBRE EL EJERCICIO DE DETERMINADOS DERECHOS DE LOS ACCIONISTAS DE SOCIEDADES COTIZADAS Y DE LA DIRECTIVA (UE) 2017/828 DE 17 DE MAYO DE 2017 POR LA QUE SE MODIFICA LA DIRECTIVA 2007/36/CE EN LO QUE RESPECTA AL FOMENTO DE LA IMPLICACIÓN A LARGO PLAZO DE LOS ACCIONISTAS

Es conocido que la Directiva 2007/36/CE surge en un contexto en el que, inicialmente, la política europea en materia de sociedades cotizadas persigue resolver y superar básicamente los obstáculos que afectan al voto transfronterizo (estrechos márgenes temporales de la convocatoria de la junta, inmovilización de los valores desde su depósito/registro previo para anticipar la legitimación hasta la celebración de la junta, dificultad de acceso a la información pertinente, cadenas de intermediarios, dificultades del tenedor último para recibir confirmación de la ejecución de sus derechos de voto...), evidenciados a través de informes elaborados por grupos de expertos nombrados a ese efecto[1], habida cuenta de que la ejecución de una de las libertades fundamentales de los Tratados comunitarios, la libre circulación de capitales, muestra la envergadura, progresivamente incrementada, de inversores extranjeros en las sociedades cotizadas de los Estados miembros de la entonces Comunidad Europea, es decir, el elevado porcentaje de titularidad de las acciones en manos de accionistas residentes en Estados miembros distintos de aquel en que la sociedad cotizada tiene su domicilio social (cdo 5 Directiva 2007/36/CE).

El objetivo de promover aún más la circulación de capitales en el mercado único europeo, a cuyo efecto se reconoce nítidamente el valor económico del derecho de voto como advirtió en su momento ya el profesor Girón Tena, vinculado inescindiblemente a la opción del legislador comunitario por revitalizar y potenciar la junta general de accionistas para que ocupe el lugar que merece en el gobierno de la sociedad cotizada, en especial como órgano de control eficaz de la gestión (cdo 3 Directiva 2007/36/CE) –problema este intensificado

---

1 *Cross-Border Voting in Europe. The Expert Grouj1on Cross-Border Voting in Eumpe (Final Report)* (2002), <<Informe Winter>>, <<Estudio de Casos del ICGN>>, fueron la base de la Comunicación «*Modernización del Derecho de sociedades y mejora de la gobernanza empresarial en la Unión Europea-Un plan para avanzar*» [COM (2003) 284 final], *Fostering an appropriate regime for shareholders' rights* de 2004 y 2005. Estos y otros antecedentes se exponen con todo detalle en el trabajo de YANES YANES, P., (2006), "El voto transfronterizo. Problemas y orientaciones político-legislativas en la Unión Europea", AA. VV., *Derecho de sociedades anónimas cotizadas (Estructura de Gobierno y Mercados)*, T. I (dir., RODRÍGUEZ ARTIGAS, F., y otros), Navarra, pp. 463 y ss.

"por la lejanía" de los accionistas-inversores extranjeros–, explican que el legislador europeo en el marco que ofrece esta Directiva sobre el ejercicio de determinados derechos de los accionistas de sociedades cotizadas, haya ampliado su campo de aplicación. Se asume que si la junta debe operar como órgano de control eficaz de la gestión, no sólo es imprescindible eliminar los obstáculos y trabas que afectan al ejercicio efectivo del voto transfronterizo a ese fin, haciendo uso en esencia de las nuevas tecnologías para asegurar los procesos de información, comunicación y decisión de los accionistas, sino que es preciso hacer partícipes de ese mismo régimen mejorado y reforzado en su ejercicio de derechos del socio, a los propios accionistas residentes en el Estado en que la sociedad tiene su domicilio social que no deseen o no puedan asistir a la junta General (*consideración de política general* en materia de Derecho societario fijada por el cdo 5 Directiva 2007/36/CE).

No obstante, el legislador europeo conoce la dificultad práctica de estimular a la gran masa de inversores individuales definidos y caracterizados justamente por su apatía y desinterés en relación con los derechos políticos que les corresponden. Por eso, lejos de contemplar sólo una democracia directa (destinada a fracasar por los costes sobre todo de procesamiento de información que su correcto funcionamiento requeriría, a pesar de importantísimas medidas que para hacerla efectiva regula la Directiva 2007/36/CE), contempla también una democracia indirecta o por delegación, la cual, con todos sus inconvenientes –de generación en esencia de conflictos de intereses–, será más fácilmente ejecutable, sobre todo una vez que la propia Directiva elimina las restricciones legales subjetivas a esta opción de la representación en beneficio de los intermediarios, de especial interés para la ejecución del voto transfronterizo a través de las cadenas de intermediación (titulares formales de las acciones con un carácter fiduciario)[2].

---

2 ABBADÉSSA, P., (2011), "La incorporación de la Directiva 20071361 CE sobre los derechos de los accionistas (en especial respecto del sistema de la fe-

En este marco, el contenido de la Directiva aborda en esencia el tratamiento del ejercicio de algunos de los derechos del socio vinculados al funcionamiento de la junta de la sociedad cotizada (cdos 1 a 4 Directiva 2007/36/CE), si bien deja de lado la inversión colectiva, que no se contempla a pesar de la relevancia que para el control y supervisión eficaz de la gestión puede tener el voto y comportamiento de estos accionistas integrados por los inversores institucionales y los gestores de activos, con frecuencia importantes accionistas de las sociedades cotizadas y, en relación con los cuales, el contenido de la Directiva puede ser por ello efectivamente ejecutado. Pero esta laguna ha tratado de cubrirse con la Directiva (UE) 2017/828, que modifica la Directiva 2007/36/CE en lo que respecta al fomento de la implicación a largo plazo de los accionistas, que al imponer obligaciones de transparencia sobre la política de implicación e informe de aplicación de tal política y sobre la estrategia de inversión a estas categorías de accionistas (arts. 2 octies a 3 undecies) parte del mismo trasfondo (permitiendo a los beneficiarios finales "informados" –por ejemplo, futuros pensionistas– optimizar sus decisiones de inversión), si bien, apoyando el compromiso de los accionistas como determinante de un gobierno corporativo *sostenible* (cdos 2-3 y 14 a 16). Y añade además otros requisitos específicos con el fin de fomentar dicha implicación como son la identificación de los accionistas (art. 3 bis), la transmisión de información (art. 3 ter) y la facilitación del ejercicio de los derechos de los accionistas (art. 3 quater) todos ellos, como advierte la ESMA, particularmente relacionados con la facilitación de las inversiones transfron-

---

cha de registro)", en AA.VV., *La modernización del Derecho de Sociedades de Capital en España*, pp. 149 y ss; RECALDE CASTELLS, A., (2011), "Reflexiones en relación con la Directiva sobre los derechos del socio en las sociedades cotizadas y su incorporación al Derecho español", AA.VV., *Los derechos de los accionistas en las sociedades cotizadas. El proceso de adaptación de la Directiva 2007/36/CE, de 11 de julio, sobre el ejercicio de determinados derechos de los accionistas de sociedades cotizadas en España e Italia* (Dir. ABRIANI, N/EMBID, J. M., Valencia, pp. 39 y ss, 44-45 y 68.

terizas y contribuyendo por tanto a fortalecer la Unión de Mercados de Capitales[3]. Además, se ocupa en parte también del problema previo de las competencias de la Junta (política de retribuciones).

---

[3] Vid., los antecedentes en la Comunicación de 12 de diciembre de 2012 titulada «Plan de acción: Derecho de sociedades europeo y gobierno corporativo – un marco jurídico moderno para una mayor participación de los accionistas y la viabilidad de las empresas» y QUIJANO GONZÁLEZ, J., (2018) "La nueva directiva de 2017 sobre implicación de los accionistas", AA.VV., *Derecho de sociedades y de los mercados financieros, libro homenaje a Carmen Alonso Ledesma*, 2018, pp. 713 y ss; QUIJANO GONZÁLEZ, J., (2011), "Problemas actuales del derecho de sociedades: ¿el nuevo derecho europeo de sociedades contribuye a incentivar la participación de los accionistas?", AA.VV., *Los derechos de los accionistas en las sociedades cotizadas. El proceso de adaptación de la Directiva 2007/36/CE, de 11 de julio, sobre el ejercicio de determinados derechos de los accionistas de sociedades cotizadas en España e Italia* (Dir. ABRIANI, N/EMBID, J. M., Valencia, pp. 324-325; MARTÍNEZ GARRIDO, S., (2011), "Orientaciones del derecho europeo de sociedad en relación con la significación actual de la junta de accionista: experiencia alemana, italiana y española "análisis desde una perspectiva práctica", AA.VV., *Los derechos de los accionistas en las sociedades cotizadas. El proceso de adaptación de la Directiva 2007/36/CE, de 11 de julio, sobre el ejercicio de determinados derechos de los accionistas de sociedades cotizadas en España e Italia* (Dir. ABRIANI, N/EMBID, J. M., Valencia, pp. 103 y ss; GALLEGO SÁNCHEZ, E, (2019), "El derecho de la sociedad emisora a conocer la identidad de los accionistas", en *Sociedades cotizadas y transparencia en los mercados*, Tomo I, Pamplona 2019, pp. 209 y ss; DÍAZ MORENO, A., (2017), "Directiva (UE) 2017/828: identificación de los accionistas, transmisión de información y facilitación del ejercicio de los derechos de los socios" (https://www.ga-p.com › Publicaciones), p. 2; MACGREGOR, R. K./MACGREGOR PELIKÁNOVÁ, R., (2019), "Shareholder Engagement for Corporate Governance in the Light of the Harmonization and Transposition", *International Journal of Economics and Business Administration* Volume VII, Issue 4, 2019, pp. 22 y ss; European Securities and Markets Authority: *Report on shareholder identification and communication systems* de 5 de abril de 2017, *https://wwtv.esma.europa.eu/sites/default/files/library/esma31-54-435*, p. 8

El objetivo del trabajo no es tanto analizar el contenido apuntado de estas dos Directivas (aunque colateralmente sea imprescindible hacer alguna mención), sino subrayar soluciones contempladas o sugeridas en la Directiva 2007/36/CE modificada, y no incorporadas al ordenamiento jurídico español (la directiva no prevé una armonización completa, sólo el establecimiento de un estándar mínimo[4]), viendo si es posible realizar propuestas para mejorarlo, así como, en su caso, valorar si el Derecho comparado puede contribuir a ese objetivo (viendo las opciones de transposición por las que optó).

II. CONTENIDO A CONSIDERAR DE LA DIRECTIVA 2007/36/CE MODIFICADA POR LA DIRECTIVA (UE) 2017/828

1. ¿Es oportuno omitir la difusión pública de la convocatoria de la junta de accionistas?

La Directiva advierte la importancia de que los accionistas puedan votar con conocimiento de causa en la junta general, o antes de ella, por lo que deben tener tiempo suficiente para examinar los documentos que vayan a presentarse en la junta general y conformen el sentido de su voto. Por eso la junta general debe anunciarse con suficiente antelación respecto de su fecha de celebración, expresando los asuntos a tratar y aclarando al accionista cómo y qué procedimiento debe seguir para ejercer sus derechos (participando directamente o a distancia, o a través de un representante), debiendo disponer en todo caso los accionistas inmediatamente de toda la información y documentación que se vaya a presentar a la junta general a través del sitio Internet de la sociedad cotizada (cdo 6 y art. 5 Directiva 2007/36/CE), cuyos mandatos se siguen por los arts. 174 y ss y 515 a 518 LSC, pero que ya

4 Art. 3 Directiva 2007/36/CE y Cdo 55 Directiva (UE) 2017/828.

estaban integrados en nuestro derecho previamente a la transposición de la Directiva y que también la práctica societaria había anticipado, desgranando en las convocatorias los detalles relacionados con el ejercicio de los derechos[5].

Inicialmente el art. 5.2 de la Directiva obliga a las sociedades cotizadas a anunciar la convocatoria de un modo que garantice un acceso rápido y no discriminatorio a la misma, y sirviéndose de medios de comunicación de los que quepa razonablemente esperar una difusión efectiva de la información al público en toda la Comunidad. Pero los Estados miembros podrán no aplicar esta regla a las sociedades *que puedan determinar el nombre y la dirección de sus accionistas a partir de un registro de accionistas actualizado*, *siempre que* dichas sociedades *tengan la obligación de enviar la convocatoria a cada uno de los accionistas registrados*.

Interesa subrayar que el legislador español acertadamente ha prescindido de contemplar la comunicación individualizada como sustitutiva de los anuncios, imponiendo la publicidad de la convocatoria (art. 516 LSC), aunque técnicamente el sistema de representación de las acciones de sociedades cotizadas a través de anotaciones en cuenta ya no contempla obstáculos para que las sociedades emisoras puedan tener un conocimiento actualizado sobre quiénes son sus accionistas, al obligar a las entidades que llevan los registros de estos valores a comunicar a la sociedad emisora los datos necesarios para identificar a sus accionistas (art. 497 LSC). A ese efecto se contempla un doble procedimiento: existe un *servicio de comunicación diaria* de titularidades,

---

5 LATORRE CHINER, N., (2011), "Convocatoria de la junta y derecho de información en la Directiva de derechos y en el Proyecto de Ley español", AA. VV., *Los derechos de los accionistas en las sociedades cotizadas. El proceso de adaptación de la Directiva 2007/36/CE, de 11 de julio, sobre el ejercicio de determinados derechos de los accionistas de sociedades cotizadas en España e Italia* (Dir. ABRIANI, N/EMBID, J. M., Valencia, pp. 123 y ss.

aplicable a sociedades con acciones de nominatividad obligatoria y a aquellas otras que lo soliciten, gestionado por el depositario central, y otro *servicio de comunicación de titularidades a solicitud del emisor*, quien deberá indicar la fecha concreta en la que requiere conocer la información y donde el depositario central canaliza la información de los registros de detalle (art. 26 del reglamento de la sociedad de sistemas de 22 de diciembre de 2015, Circular 06/2017 de IBERCLEAR, art. 25 del RD 814/2023 y disposición transitoria 4ª LMVSI[6]).

Y la conclusión no cambia por el hecho de que el art. 3 ter.1 y 3 y cdo 8 de la SRD II reproducidos en esencia por el art. 520 bis LSC, obligue a los Estados miembros a garantizar que los *intermediarios deban transmitir* sin demora la información que la sociedad les entrega y quiera hacer llegar a los accionistas para permitirles ejercer los derechos derivados de sus acciones o, cuando dicha información esté a disposición de los accionistas en el sitio web de la sociedad, un aviso que indique dónde se puede encontrar esa información en el sitio web de la sociedad, deber que no obstante se dispensa cuando el emisor pueda enviar la información o el aviso *directamente* a todos los accionistas.

Sin perjuicio de que la comunicación directa de la convocatoria por el emisor o en su defecto a través de los intermediarios sea sumamente

---

6 PERDICES HUETOS, A.B., (2021), "Identificación de accionistas en las sociedades cotizadas tras la reforma de 2021", *Revista de Derecho de Sociedades* 2021, Núm. 63 (Septiembre-Diciembre 2021), versión digital, p. 7; GALLEGO SÁNCHEZ, E, (2019), ob. cit., p. 224; RECALDE CASTELLS, A., (2011), ob. cit., pp. 52-53; BÉJAR NÚÑEZ, F./VÁZQUEZ MORALL, D., (2022), "Identificación de accionistas y beneficiarios últimos", AA.VV., *Implicación a largo plazo de los accionistas en sociedades cotizadas. Comentarios a la Ley 5/2021* (dir. IZAGUIRRE GÓMEZ, S/PERALESVISCASILLAS, P), Valencia, p. 64; BAÑÓ I ARACIL, J., (2021), *Organización y llevanza del registro contable de valores: responsabilidad de la sociedad de sistemas y entidades participantes*, Navarra, pp. 125 y 153 y ss.

útil desde la perspectiva de la implicación[7], no parece que en el contexto de las sociedades cotizadas, donde el cambio de socios es inherente a su régimen legal y ni siquiera es posible bloquearlo en la proximidad de la celebración de la junta, sea oportuno prescindir de la publicidad de la convocatoria que la haga visible a todos los interesados, en especial para que puedan tener conocimiento de ella quienes hayan llegado a ser socios después de la fecha de registro o momento fijado para legitimarse anticipadamente como tal socio para poder asistir y participar en la junta. Aunque los estándares de prácticas de mercado delimitan con total precisión los pasos de la comunicación de la convocatoria de la junta desde que la sociedad la transmite al depositario central de valores y hasta que llega al accionista o inversor final, la cadena de comunicación se para en la fecha de registro, y las verificaciones en los cambios de titularidad de las acciones se paran también al cierre de operaciones en la fecha de registro[8].

En los países europeos la transmisión de información entre emisores y accionistas maneja tres principales canales de comunicación: (i) comunicación al público (sitios web en los emisores o instituciones, diario oficial nacional, comunicados de prensa, periódicos), (ii) comunicación directa a los accionistas individuales por parte del emisor, o (iii) comunicación a los accionistas individuales a través de la cadena

---

7 MARTÍNEZ ROSADO, J., (2008) "La Propuesta de Directiva del Parlamento Europeo y del Consejo (Presentada por la Comisión el 5 de enero de 2006) sobre el ejercicio de los derechos de voto por parte de los accionistas de sociedades que tengan su sede social en un Estado miembro y cuyas acciones estén admitidas a negociación en un mercado regulado, por la que se modifica la Directiva 2004/109/CE", *EPrints Complutense* http://www.ucm.es/eprints, 16, p. 12.

8 PRIVATE SECTOR RESPONSE TO THE GIOVANNINI REPORTS, BARRIER 3 – CORPORATE ACTIONS. MARKET STANDARDS FOR GENERAL MEETINGS (Final version subject to implementation 2020). https://www.ebf.eu › 2_GM-Market-Standards-2020.

de intermediarios, advirtiendo el informe de ESMA que los emisores principalmente transmiten información a los accionistas a través de su publicación en su sitio web, solución eficiente para hacer pública la información[9].

2. Inclusión de puntos del orden del día, propuestas de acuerdo y preguntas

La Directiva 2007/36/CE subraya la conveniencia de que los accionistas minoritarios tengan la posibilidad de *participar interactivamente en el debate* de la junta mediante la solicitud de inclusión de puntos en el orden del día de la junta general que no consten en el anuncio de la convocatoria y la presentación de propuestas o proyectos de resolución en relación con los puntos del orden del día, supeditando simplemente el ejercicio de estos derechos a dos normas básicas comunes, por un lado, que el umbral exigido para su ejercicio no exceda del 5 % del capital social de la sociedad y, por otro lado, que todos los accionistas reciban la versión definitiva del orden del día con tiempo suficiente para preparar los debates y la votación de cada uno de sus puntos (art. 6 y cdo 7)[10], derechos contemplados en los arts. 172, 519 y 518,d LSC

---

9 European Securities and Markets Authority: Report on shareholder identification and communication systems de 5 de abril de 2017, https://wwtv.esma.europa.eu/sites/default/files/library/esma3 1-54-435, Apartados 35 y ss.

10 ABBADÉSSA, P., (2011), ob. cit., pp. 159-160; EMPARANZA SOBEJANO, A., (2016) "El régimen de las propuestas de acuerdo presentados por los accionistas sobre asuntos ya incluidos o que deban incluirse en el orden del día (arts. 519.3º y 518.D) LSC", AA.VV., *Junta general y consejo de administración en la sociedad cotizada*, T. I (dir., RODRÍGUEZ ARTIGAS, F., Y OTROS), Navarra, pp. 721-722; RECALDE CASTELLS, A., (2016), "Derecho del accionista a completar el orden del día (art. 519.1 y 2 LSC), AA.VV., *Junta general y consejo de administración en la sociedad cotizada*, T. I (dir., RODRÍGUEZ ARTIGAS, F., Y OTROS), Navarra, p. 745.

y para los que, de nuevo, en rigor, no habría sido necesario transponer la Directiva por estar ya antes recogidos en la LSC y sin las limitaciones que la Directiva contempla, en algún caso, sin perjuicio de que esas opciones no condicionadas a la publicidad y a umbrales mínimos de participación (propuestas alternativas de acuerdo ejercitadas individualmente en la propia junta en relación con asuntos que ya constan en el orden del día) puedan convivir perfectamente con las contempladas en la Directiva y recogidas en el art. 519. 3º LSC, porque son inherentes al funcionamiento de la junta[11].

Algunos elementos del contenido de la regulación de estos importantes derechos en la LSC podrían mejorarse, como muestra la comparación con el régimen establecido en el derecho alemán (§§ 124.1 y 4 y 126.1 AktG): debería reducirse aún más el porcentaje de capital exigido (del 3%) para su ejercicio por ser prácticamente inalcanzable para los accionistas minoritarios (excepción hecha de los inversores institucionales o significativos) y, a mayor abundamiento, por la dificultad de agruparse de los accionistas minoritarios en el breve plazo de 5 días cuando quieran optar por complementar el orden del día. Este sería el segundo elemento susceptible de mejora en el régimen legal, ampliar algo más el plazo, de modo que permita a los minoritarios agruparse y organizarse para incorporar nuevos asuntos a debate, si bien los administradores no estarán obligados a incluir dicho complemento si ejercen el derecho abusivamente o de mala fe (SAP Valencia de 9 mayo 2008)[12]. Debería sancionarse legalmente, además, como contempla ya la Recomendación 10, c) del CBG de febrero de 2015, la sumisión de estas propuestas alternativas a votación separada (aunque se haya

---

11 RECALDE CASTELLS, A., (2011), ob. cit., pp. 47-48.

12 Para el Derecho comparado ABBADÉSSA, P., (2011), ob. cit., p. 159; EMPARANZA SOBEJANO, A., (2016), ob. cit., pp. 723 y ss; RECALDE CASTELLS, A., (2016), ob. cit., pp. 745 y ss, donde puede verse también la jurisprudencia.

aprobado la contraria), y aplicándoles las mismas reglas de voto que a las formuladas por el consejo de administración, *incluidas las presunciones o deducciones sobre el sentido del voto.*

Así mismo sería preciso incluir las propuestas de acuerdo en los formularios de solicitud pública de representación contemplados en el art. 518.f, teniendo en cuenta que la difusión de las propuestas de acuerdo no integran el contenido del anuncio de la convocatoria de la junta general (a diferencia de lo que sucede en el Derecho alemán, art. 124 AktG). Así se garantizaría que los accionistas conocen el texto de las propuestas de acuerdo en el momento de otorgar la representación y que por tanto sus instrucciones al representante sobre el sentido del voto se dan sobre una concreta propuesta de acuerdo. Así se contempla ya en el CBG de febrero de 2015 Recomendación 10, b)[13].

Y todo accionista debe tener la posibilidad de *formular preguntas* en relación con los puntos del orden del día de la junta general y recibir una respuesta, para que sea efectivo su derecho a la información sobre el desenvolvimiento de la actividad social, si bien los Estados miembros deberán decidir las normas de desarrollo relativas a cómo y cuándo han de formularse las preguntas y recibirse las respuestas (art. 9 y cdo 8 Directiva 2007/36/CE, y ya se ha visto como los cdos 5 y 6 también se refieren a él). El derecho positivo (arts. 197, 520 y 539 LSC junto con CBG, recomendaciones 6, 7 y 8) amplía en favor de los accionistas las previsiones de la Directiva[14], si bien el principio de igualdad de

---

13 LEÓN SANZ, F.J., (2016), "La obligatoriedad de disponer de las propuestas de acuerdo al convocar la Junta General (art. 518.d LSC)", AA.VV., *Junta general y consejo de administración en la sociedad cotizada*, T. I (dir., RODRÍGUEZ ARTIGAS, F., Y OTROS), Navarra, pp. 706 y ss.

14 VARGAS VASSEROT, C., (2016), "Las solicitudes de informaciones o aclaraciones o la formulación por escrito de preguntas con anterioridad a la celebración de la junta o verbalmente durante la misma (art. 520 LSC)", AA.VV., *Junta general y consejo de administración en la sociedad cotizada*, T. I (dir.,

trato que proclama el art. 4 de la Directiva inicialmente generó debate sobre el trato de favor o privilegiado que en relación con el acceso a la información reciben los grandes inversores[15].

3. Legitimación para la asistencia: sistema de la fecha de registro y la posibilidad de no introducirlo

Es conocida la preocupación de la Directiva 2007/36/CE (cdo 3 y art. 7.1) por evitar, tratando como trata de establecer una regulación para la sociedad cotizada en un contexto de libre circulación de capitales, el bloqueo de la circulación de acciones en el tiempo que debe transcurrir entre la fecha en que los accionistas deben probar anticipadamente su legitimación para asistir a la junta de accionistas y la fecha de su celebración efectiva, por razones organizativas dirigidas a facilitar a las sociedades que puedan formar la lista de asistentes.

Por esa razón se sirvió del *sistema de la fecha de registro* o *record date* (art. 7.2 Directiva y art. 197.3 LSC), fecha que fija el momento límite antes de la junta general en que un accionista puede probar su condición de tal mostrando la inscripción en esa fecha en el registro de detalle de anotaciones en cuenta de las acciones a su favor (arts. 14 y 37.2 RD 814/2023, salvo si se trate de valores pertenecientes a las entidades participantes, en que los efectos se anudan a la inscripción en el registro central, y arts. 11 y ss LMVSI), y por tanto su legitima-

---

RODRÍGUEZ ARTIGAS, F., Y OTROS), Navarra, pp. 767 y ss; para el Derecho comparado ABBADÉSSA, P., (2011), ob. cit., pp. 159-160

15 SPINDLER, G., (2011), "Los derechos de los accionistas en relación con el derecho europeo. La directiva sobre los derechos de accionistas y sus implicaciones para el derecho alemán", AA.VV., *Los derechos de los accionistas en las sociedades cotizadas. El proceso de adaptación de la Directiva 2007/36/ CE, de 11 de julio, sobre el ejercicio de determinados derechos de los accionistas de sociedades cotizadas en España e Italia* (Dir. ABRIANI, N/EMBID, J. M., Valencia, pp. 23 y ss.

ción para asistir a la junta directa o mediatamente o bien a distancia[16]. En efecto, como el art. 7 de la Directiva prohíbe en ese espacio temporal que transcurre entre la fecha de registro y la celebración de la junta bloquear la circulación de acciones porque desincentiva la participación efectiva de los accionistas-inversores, es perfectamente posible que se produzca una disociación entre la titularidad material de las acciones –correspondiente al adquirente en una transmisión de las mismas– y la titularidad formal o legitimación, que sigue recayendo en el transmitente porque es quien en la fecha de registro probó la legitimación para poder asistir a la junta, generándose una situación de *voto vacío* en la que quien no es materialmente socio está sin embargo legitimado para participar y votar en la junta de accionistas (de hecho, según el art. 5. 3, b) de la Directiva la convocatoria de la junta general contendrá "en su caso, la fecha de registro... junto con una aclaración de que solo tendrán derecho a participar y a votar en la junta general quienes sean accionistas en esa fecha"), resultado este visto como un mal menor frente a la prohibición de la circulación de las acciones en ese espacio temporal y, por otro lado, la necesidad de ofrecer ese tiempo identificado a la sociedad por razones organizativas[17].

La directiva no ignora la función esencial que tienen las nuevas tecnologías para eliminar en la mayor medida posible esta disfunción, contemplando la posibilidad de prescindir sustancialmente del sistema de la fecha de registro si las sociedades *puedan determinar el nombre y la dirección de sus accionistas a partir de un registro de accionistas actualizado el día*

---

16 RECALDE CASTELLS, A., (2011), ob. cit., pp. 53-54; GALLEGO SÁNCHEZ, E, (2019), ob. cit., p. 230; BAÑÓ I ARACIL, J., (2021), ob. cit., pp. 125 y 153 y ss. Según los Estándares internacionales de identificación el record date es el día en el que, a cierre de mercado, se determinan las posiciones de cada inversor de cara a un evento corporativo (Estándar 1.8.) (BÉJAR NÚÑEZ, F./VÁZQUEZ MORALL, D., (2022) ob. cit., p. 69.

17 ABBADÉSSA, P., (2011), ob. cit., pp. 168 y ss.

de la junta General (art. 7.2,2), siendo deseable que esta solución se imponga a todas las sociedades cotizadas porque existen los medios técnicos aptos que permiten garantizarlo. Hoy todas las sociedades anónimas cotizadas y no solo aquellas cuyos valores de estar representados por títulos deberían ser de nominatividad obligatoria, pueden conocer diariamente la "geografía" de su accionariado y por lo tanto en la misma fecha de celebración de la junta (art. 26 del reglamento de la sociedad de sistemas de 22 de diciembre de 2015 y Circular 06/2017 de IBERCLEAR, art. 25 del RD 814/2023 y disposición transitoria 4ª LMVSI).

Siendo esto así, y aunque la mayoría de los países de la UE contemplan "fecha de registro" y "ex-dates" (o fecha anterior a la junta general, *en o después de la cual se negocia una acción sin derecho a asistir y votar* en una próxima junta general[18]), no hay justificación para seguir sosteniendo estas situaciones de voto vacío hasta ahora impuestas por razones organizativas que los medios técnicos no consentían superar. A mayor abundamiento, y aunque en la práctica no parecen haberse presentado problemas ante los tribunales ni es probable que se planteen, es posible que en una situación así teóricamente se pudiera llegar a cuestionar la titularidad real frente a la formal (art. 13.2 LMVSI), y se debe tener en cuenta que la necesidad de restituir el certificado si se quieren transmitir las acciones (art. 14.4 LMVSI), impedirá al transmitente legitimarse para asistir a la junta, sin perjuicio de que la emisión de tarjetas de asistencia tengan mayor protagonismo, eludiendo este aspecto en la práctica[19]. Si esta opción interpretativa parecía re-

---

18 Los datos se extraen del informe de European Securities and Markets Authority: Report on shareholder identification and communication systems de 5 de abril de 2017, https://wwtv.esma.europa.eu/sites/default/files/library/esma3 1-54-435, Apartados 28 y 80 a 82.

19 Vid., el planteamiento de RECALDE CASTELLS, A., (2011), ob. cit., pp. 54 y 56; MARTÍNEZ ROSADO, J., (2008), ob. cit., pp. 11-12; ABBADÉSSA, P., (2011), ob. cit., pp. 177-178.

chazable cuando los avances de las nuevas tecnologías no posibilitaban superar esta disociación entre titularidad y legitimación provocada por la record date, hoy no parecer ser así. Por lo tanto, debería eliminarse o al menos reducirse el sistema de la fecha de registro, que el art. 179.3 LSC fija en 5 días como plazo máximo de antelación previo a la fecha de celebración de la Junta en el que puede exigirse que el accionista acredite que lo es[20].

4. Sistemas de tenencia indirecta y efectividad del control sobre el derecho de voto

Una segunda opción de disociación materialmente idéntica a la que se acaba de describir, aunque no jurídicamente, se produce en los supuestos de tenencia indirecta de acciones, que formalmente atribuyen la condición de accionista a los profesionales (intermediarios) por aparecer registrados como tales en los registros contables (cuentas ómnibus) mientras que el inversor final o beneficiario último (*beneficial owner),* que es quien corre realmente con el riesgo de la participación accionarial, únicamente aparece como tal en los registros del *intermediario-accionista fiduciario*, situación ésta generalizada en el marco de los inversores extranjeros y del voto transfronterizo (como dicen el art. 13.1 de la Directiva y el art. 524 de la LSC), donde la mayoría de los tenedores de valores no tienen la titularidad directa de los títulos (son titulares indirectos), sino que ésta la tienen los intermediarios. Y lo mismo se entiende que sucede en nuestro ámbito interno cuando el último beneficiario sólo aparece identificado en los registros de detalle de la entidad participante, pero no en el registro de la sociedad de

[20] Vid., también PALÁ LAGUNA, R., "Cuestiones a propósito del sistema de la fecha de registro (artículo 179.3 LSC) y la legitimación del accionista en la junta general", https://www.ga-p.com › uploads › 2019/09 › Cue...

sistemas, donde se refleja sólo la transmisión en la cuenta de terceros abierta por la entidad participante[21].

Según el informe de ESMA los beneficiarios finales no experimentan impedimentos legales en relación con su derecho al dividendo, pero si en relación con el ejercicio de los derechos de voto, entre otras causas, por prácticas como la relativa al voto vacío, por lo que podría tener sentido armonizar una definición común de accionista (hoy quién tiene la cualidad de accionistas se determina por la *lex societatis,* arts.1.2 y 2b de la Directiva)[22]. Sin perjuicio de ello, la LSC en la actualidad, tras la incorporación de la Directiva (UE) 2017/828 obliga a identificar al beneficiario último (art. 497 bis), que es norma de ordenación y disciplina del mercado de valores, y además contempla que las entidades intermediarias legitimadas como accionistas en virtud del registro contable de las acciones, así como, en el supuesto previsto en el art. 497 bis.2, las restantes entidades intermediarias, *facilitarán el ejercicio por los beneficiarios últimos* de los derechos inherentes a las acciones custodiadas por ellas, incluido el derecho a participar y a votar en las juntas generales, y *ejercerán los derechos derivados de las acciones según la autorización y las instrucciones del beneficiario último y en su interés* (el 522 bis.1 LSC, que es también norma de ordenación)[23].

---

21 PERDICES HUETOS, A.B., ob. cit., p. 3; aunque según muestra BAÑÓ I ARACIL, J., (2021), ob. cit., p. 62, mayoritariamente se considera que el sistema de doble escalón responde a un sistema de tenencia directa.

22 European Securities and Markets Authority: Report on shareholder identification and communication systems de 5 de abril de 2017, Apdos 13 y 48; DÍAZ MORENO, A., (2017), ob. cit., p. 8; BÉJAR NÚÑEZ, F./VÁZQUEZ MORALL, D., ob. cit., p. 82 remitiendo al Plan de Acción para la Unión de Mercado de Capitales de septiembre de 2020, que propone una revisión de la directiva sobre los derechos de los accionistas que incluya una definición única de accionista a nivel europeo.

23 Vid., ya el cdo 11 Directiva 2007/36/CE y YANES YANES. P., (2006), ob. cit., pp. 485-86.

Se impone un claro *deber de colaboración* a los intermediarios para asegurar la efectividad del control sobre el derecho de voto, pareciendo corregirse así inicialmente la disfunción de esta disociación; pero nada más lejos de esa realidad porque, a ese fin, en caso de incumplimiento del deber, lo que se contemplan son sanciones administrativas y no societarias, la sociedad es ajena a las relaciones entre el beneficiario y la entidad o entidades intermediarias y a las relaciones que pueda haber entre estas entidades, de forma que la sociedad no queda obligada frente a los beneficiarios últimos (art. 497 bis.4 y 5 LSC y cdo 13 de la Directiva 2017/828). Debería prohibirse a los intermediarios ejercitar derechos de voto correspondientes a las acciones titularidad de sus clientes, el art. 13 de la Directiva parece insinuar que los derechos internos podrían aportar alguna sanción con repercusión societaria, como contempla por ej, el art. L-228-3-3-11 *Code de Commerce* en Francia, aunque tiene el inconveniente de desincentivar la participación. Hoy por hoy la LSC rechaza esta opción con toda claridad, solo contempla la perspectiva de la transparencia, lo mismo que el art. 13 de la Directiva, y es recomendable superarla con ayuda del derecho comparado[24].

---

24 Vid., las síntesis de las soluciones en European Securities and Markets Authority: Report on shareholder identification and communication systems de 5 de abril de 2017, apdo 74, se observó que para hacer cumplir deberes de los intermediarios, las jurisdicciones se basan más en procedimientos administrativos o penales, mientras que la suspensión de los derechos de voto y dividendos son una herramienta preferida para sancionar a los accionistas incumplidores; LEACH ROS, B.,/PÉREZ PUEYO, A., (2019) "La identificación del accionista en los supuestos de ejercicio del derecho de voto por medios electrónicos, ya personalmente o a través de representante", AA.VV., *Sociedades cotizadas y transparencia en los mercados*, Tomo I, Pamplona 2019, pp. 274 y 279; ABBADÉSSA, P., (2011), ob. cit., pp. 161-162; GALLEGO SÁNCHEZ, E, (2019), pp. 228 y ss; RECALDE CASTELLS, A., (2011), ob. cit., p. 46; PERDICES HUETOS, A.B., (2021), ob. cit., p. 237.

Bibliografía

ABBADÉSSA, P., (2011), "La incorporación de la Directiva 20071361 CE sobre los derechos de los accionistas (en especial respecto del sistema de la fecha de registro)", en AA.VV., *La modernización del Derecho de Sociedades de Capital en España*, pp. 149 y ss.

BAÑÓ I ARACIL, J., (2021), *Organización y llevanza del registro contable de valores: responsabilidad de la sociedad de sistemas y entidades participantes*, Navarra.

BÉJAR NÚÑEZ, F./VÁZQUEZ MORALL, D., (2022), "Identificación de accionistas y beneficiarios últimos", AA.VV., Implicación a largo plazo de los accionistas en sociedades cotizadas. Comentarios a la Ley 5/2021 (dir. IZAGUIRRE GÓMEZ, S/PERALES VISCASILLAS, P), Valencia, pp. 55 y ss.

DÍAZ MORENO, A., (2017), "Directiva (UE) 2017/828: identificación de los accionistas, transmisión de información y facilitación del ejercicio de los derechos de los socios" (https://www.ga-p.com › Publicaciones).

DÍAZ MORENO, A., (2021), "Derecho a conocer la identidad de los accionistas (art. 497 de la Ley de Sociedades de Capital)", https://www.ga-p.com › uploads › 2021/05 › Der...

EMPARANZA SOBEJANO, A., (2016) "El régimen de las propuestas de acuerdo presentados por los accionistas sobre asuntos ya incluidos o que deban incluirse en el orden del día (arts. 519.3º y 518.D) LSC", AA.VV., *Junta general y consejo de administración en la sociedad cotizada*, T. I (dir., RODRÍGUEZ ARTIGAS, F., Y OTROS), Navarra, pp. 717 y ss.

GALLEGO SÁNCHEZ, E, (2019), "El derecho de la sociedad emisora a conocer la identidad de los accionistas", en *Sociedades cotizadas y transparencia en los mercados*, Tomo I, Pamplona, pp. 201 y ss.

LATORRE CHINER, N., (2011), "Convocatoria de la junta y derecho de información en la Directiva de derechos y en el Proyecto de Ley español", AA.VV., *Los derechos de los accionistas en las sociedades cotizadas. El proceso de adaptación de la Directiva 2007/36/CE, de 11 de julio, so-*

bre el ejercicio de determinados derechos de los accionistas de sociedades cotizadas en España e Italia (Dir. ABRIANI, N/EMBID, J. M., Valencia, pp. 117 y ss.

LEACH ROS, B., /PÉREZ PUEYO, A., "La identificación del accionista en los supuestos de ejercicio del derecho de voto por medios electrónicos, ya personalmente o a través de representante", AA.VV. *Sociedades cotizadas y transparencia en los mercados*, Tomo I, Pamplona 2019, pp. 253 y ss.

LEÓN SANZ, F.J., (2016), "La obligatoriedad de disponer de las propuestas de acuerdo al convocar la Junta General (art. 518.d LSC)", AA.VV., *Junta general y consejo de administración en la sociedad cotizada*, T. I (dir., RODRÍGUEZ ARTIGAS, F., Y OTROS), Navarra, pp. 703 y ss.

MACGREGOR, R. K./MACGREGOR PELIKÁNOVÁ, R.,"Shareholder Engagement for Corporate Governance in the Light of the Harmonization and Transposition", *International Journal of Economics and Business Administration* Volume VII, Issue 4, 2019, pp. 22 y ss.

MARTÍNEZ GARRIDO, S., "Orientaciones del derecho europeo de sociedad en relación con la significación actual de la junta de accionista: experiencia alemana, italiana y española "análisis desde una perspectiva práctica", AA.VV., *Los derechos de los accionistas en las sociedades cotizadas. El proceso de adaptación de la Directiva 2007/36/CE, de 11 de julio, sobre el ejercicio de determinados derechos de los accionistas de sociedades cotizadas en España e Italia* (Dir. ABRIANI, N/EMBID, J. M., Valencia, 2011, pp. 103 y ss

MARTÍNEZ ROSADO, J., (2008) "La Propuesta de Directiva del Parlamento Europeo y del Consejo (Presentada por la Comisión el 5 de enero de 2006) sobre el ejercicio de los derechos de voto por parte de los accionistas de sociedades que tengan su sede social en un Estado miembro y cuyas acciones estén admitidas a negociación en un mercado regulado, por la que se modifica la Directiva 2004/109/CE", Documento depositado en el archivo institucional EPrints Complutense http://www.ucm.es/eprints, 16, pp. 1 y ss.

PALÁ LAGUNA, R., "Cuestiones a propósito del sistema de la fecha de registro (artículo 179.3 LSC) y la legitimación del accionista en la junta general", https://www.ga-p.com › uploads › 2019/09 › Cue...

PERDICES HUETOS, A.B., (2021), "Identificación de accionistas en las sociedades cotizadas tras la reforma de 2021", *Revista de Derecho de Sociedades* 2021, Núm. 63 (Septiembre-Diciembre), versión digital, pp. 1 y ss.

QUIJANO GONZÁLEZ, J., (2011), "Problemas actuales del derecho de sociedades: ¿el nuevo derecho europeo de sociedades contribuye a incentivar la participación de los accionistas?", AA.VV., *Los derechos de los accionistas en las sociedades cotizadas. El proceso de adaptación de la Directiva 2007/36/CE, de 11 de julio, sobre el ejercicio de determinados derechos de los accionistas de sociedades cotizadas en España e Italia* (Dir. ABRIANI, N/EMBID, J. M., Valencia, pp. 317 y ss.

QUIJANO GONZÁLEZ, J., (2018) "La nueva directiva de 2017 sobre implicación de los accionistas", AA.VV., *Derecho de sociedades y de los mercados financieros, libro homenaje a Carmen Alonso Ledesma*, pp. 713 y ss.

RECALDE CASTELLS, A., (2011), "Reflexiones en relación con la Directiva sobre los derechos del socio en las sociedades cotizadas y su incorporación al Derecho español", AA.VV., *Los derechos de los accionistas en las sociedades cotizadas. El proceso de adaptación de la Directiva 2007/36/CE, de 11 de julio, sobre el ejercicio de determinados derechos de los accionistas de sociedades cotizadas en España e Italia* (Dir. ABRIANI, N/EMBID, J. M., Valencia, pp. 39 y ss.

RECALDE CASTELLS, A., (2016), "Derecho del accionista a completar el orden del día (art. 519.1 y 2 LSC)", AA.VV., *Junta general y consejo de administración en la sociedad cotizada*, T. I (dir., RODRÍGUEZ ARTIGAS, F., Y OTROS), Navarra, pp. 743 y ss.

SPINDLER, G., (2011), "Los derechos de los accionistas en relación con el derecho europeo. La directiva sobre los derechos de accionistas y sus implicaciones para el derecho alemán", AA.VV., *Los derechos de los ac-*

cionistas en las sociedades cotizadas. El proceso de adaptación de la Directiva 2007/36/CE, de 11 de julio, sobre el ejercicio de determinados derechos de los accionistas de sociedades cotizadas en España e Italia (Dir. ABRIANI, N/EMBID, J. M., Valencia, pp. 15 y ss.

YANES YANES. P., (2006), "El voto transfronterizo. Problemas y orientaciones político-legislativas en la Unión Europea", AA.VV., *Derecho de sociedades anónimas cotizadas (Estructura de Gobierno y Mercados),* T. I (dir., RODRÍGUEZ ARTIGAS, F., y otros), Navarra, pp. 463 y ss.

VARGAS VASSEROT, C., (2016), "Las solicitudes de informaciones o aclaraciones o la formulación por escrito de preguntas con anterioridad a la celebración de la junta o verbalmente durante la misma (art. 520 LSC)", AA.VV., *Junta general y consejo de administración en la sociedad cotizada*, T. I (dir., RODRÍGUEZ ARTIGAS, F., Y OTROS), Navarra, pp. 765 y ss.

TRANSFERENCIA DE DOMICILIO SOCIAL EN LA UE

DR. RAFAEL ARENAS GARCÍA
Catedrático de Derecho internacional privado
Universidad Autónoma de Barcelona

I. INTRODUCCIÓN

El objetivo de esta contribución es repasar algunos de los problemas que plantea actualmente la transferencia de domicilio social dentro de la UE. Como veremos, se trata de un fenómeno que no puede ser entendido más que teniendo en cuenta su evolución histórica y la jurisprudencia del Tribunal de Luxemburgo, que ha sido clave en la construcción de lo que se podría denominar derecho a la transformación societaria internacional, que fue avanzado por el Tribunal de Luxemburgo en su sentencia *Cartesio*[1] y confirmado por su decisión en el caso *Polbud*[2].

---

1 STJ (Gran Sala) de 16 de diciembre de 2008, As. C-210/06, *CARTESIO Oktató és Szolgáltató bt*, ECLI:EU:C:2008:723.

2 STJ (Gran Sala) de 25 de octubre de 2017, As. C-106/16, *Polbud-Wykonaswstwo sp z.o.o.*, en liquidación, ECLI:EU:C:2017:804.

Como veremos, sin embargo, la transformación societaria no es más que una de las posibles manifestaciones del cambio internacional de domicilio de una sociedad. A continuación, examinaremos los distintos tipos de modificación de dicho domicilio y sus consecuencias, teniendo en cuenta la regulación existente, tanto a nivel nacional como de la UE. Esto nos permitirá examinar cómo se articulan la práctica de los operadores del comercio internacional, la jurisprudencia del Tribunal de Luxemburgo y la actuación de los legisladores, tanto nacionales como de la UE.

Es un tema que nos permitirá apreciar cómo se relacionan el legislador europeo y el Tribunal de Luxemburgo y, en concreto, la forma en que el segundo es capaz de ir empujando al primero hacia lo que parecía que no quería: la regulación del traslado internacional del domicilio social dentro de la UE. Las modificaciones introducidas en la Directiva de Sociedades[1] por la Directiva de 20 de junio de 2019[2] pueden ser entendidas como una consecuencia de la reiterada jurisprudencia del Tribunal de Luxemburgo que ha reconocido (o establecido) el derecho a la transformación societaria internacional dentro de la UE; esto es, el derecho de las sociedades constituidas de conformidad con el derecho de un estado miembro a convertirse en sociedades regidas por el derecho de otro estado miembro.

Ahora bien, antes de llegar a ese punto deberemos detenernos en los diferentes tipos de domicilio social y las consecuencias que tiene su cambio de un país a otro para, a partir de ahí, abordar la regulación

---

1 Directiva (UE) 2017/1132 del Parlamento Europeo y del Consejo de 14 de junio de 2017 sobre determinados aspectos del Derecho de sociedades (versión codificada), *DO*, núm. L 169 de 30 de junio de 2017.

2 Directiva (UE) 2019/2121 del Parlamento Europeo y del Consejo de 27 de noviembre de 2019 por la que se modifica la Directiva (UE) 2017/1132 en lo que atañe a las transformaciones, fusiones y escisiones transfronterizas, *DO*, núm. L 321 de 12 de diciembre de 2019.

de la UE tanto en lo que se refiere al cambio de domicilio real como del domicilio estatutario.

II. LOS DIFERENTES TIPOS DE DOMICILIO SOCIAL

El concepto "domicilio social" no es unívoco. Con este término nos podemos referir tanto al domicilio formal de la sociedad como a su domicilio real. Ambos pueden coincidir, pero también cabe la posibilidad de que diverjan, de tal manera que uno se ubique en un país y el otro (u otros, como veremos) en otro país. Obviamente, también es posible que esta diferenciación entre domicilios real y formal se produzca dentro del mismo estado; pero en este caso carecerá de consecuencias para el derecho internacional privado (DIPr). Desde la perspectiva que aquí nos interesa, la disociación entre los diferentes domicilios de la sociedad será relevante cuando conecte a la compañía con ordenamientos jurídicos distintos.

Esta disociación es posible porque el domicilio formal no necesariamente viene determinado por el domicilio real ni éste por aquél. Como veremos, existen algunas regulaciones que obligan a que esta coincidencia exista; pero ni se dan en todos los ordenamientos ni, por supuesto, la existencia de la regulación impide que dicha disociación se produzca en la práctica. Examinaremos a continuación cómo se identifican los diferentes domicilios posibles de la sociedad.

El domicilio formal de la sociedad es el que figura en sus estatutos sociales, escritura de constitución o documento equivalente; un domicilio que normalmente coincidirá con el lugar en el que la sociedad se encuentra registrada y que, por tanto, nos conducirá al ordenamiento de acuerdo con cuyo derecho se constituyó la sociedad. De esta manera, domicilio formal y estado de constitución coincidirán en todos aquellos casos en los que no se haya producido una transferencia internacional del domicilio de la sociedad tras la constitución.

El domicilio real de la sociedad, por su parte, hace referencia a aquellas circunstancias que identifican una conexión efectiva de la sociedad con un territorio. Estas conexiones pueden ser varias; así, en algunos casos se identifica el domicilio real con la administración central de la sociedad y en otros con el principal establecimiento o explotación[3]. De esta forma, una sociedad puede tener varios domicilios reales que, a su vez, pueden ser diferentes de su sede formal.

Existen regulaciones que pretenden conseguir la coincidencia entre sede formal y alguna de las manifestaciones del domicilio real. Así, por ejemplo, el art. 9 TRLSC, donde se establece que el domicilio de la sociedad (domicilio estatutario se entiende) deberá estar en el lugar en el que se encuentre el centro de administración o dirección o el principal establecimiento o explotación. En el derecho de la UE, el Reglamento sobre la Sociedad Anónima Europea (SE)[4] indica que el domicilio de la SE deberá fijarse en el mismo estado en el que se encuentre su administración central[5]. Ahora bien, no en todos los supuestos ni en todos los ordenamientos es exigible dicha coincidencia y, además, estas previsiones no pueden impedir que en la práctica dicha disociación entre domicilio formal y real se dé; máxime cuando, como se acaba de ver, existen diferentes concreciones de dicho domicilio (o sede) real.

---

3 *Vid.* el art. 9.1 del Texto Refundido de la Ley de Sociedades de Capital (TRLSC), donde se indica que las sociedades de capital han de fijar su domicilio, dentro de España, allí donde se halle el centro de su efectiva administración y dirección, o en el que radique su principal establecimiento o explotación. El apartado 2 del mismo artículo exige que las sociedades de capital cuyo principal establecimiento o explotación radique en España deben tener su domicilio en España.

4 Reglamento (CE) nº 2157/2001 del Consejo de 8 de octubre de 2001 por el que se aprueba el Estatuto de la Sociedad Anónima Europea (SE), *DO*, núm. L 294 de 10 de noviembre de 2001.

5 Art. 7.

De acuerdo con lo anterior, por tanto, cuando abordemos el tema de la transferencia internacional del domicilio social será necesario diferenciar entre el cambio del domicilio formal o del domicilio real; tal como veremos, las consecuencias de uno y otro traslado serán diferentes. En primer lugar, examinaremos los cambios de sede real para a continuación tratar los cambios de sede estatutaria.

III. EL TRASLADO INTERNACIONAL DE LA SEDE REAL DE LA SOCIEDAD DENTRO DE LA UE

El cambio de sede real puede tener diferentes consecuencias. En primer lugar, puede afectar al derecho rector de la sociedad y al reconocimiento de su personalidad jurídica. Para verlo debemos distinguir entre los casos en los que el cambio de domicilio supone una disociación entre sede real y estado de constitución de la sociedad y aquellos otros en los que el cambio de domicilio no implica esta disociación.

Esta distinción es relevante desde la perspectiva de la teoría de la sede en materia de DIPr de sociedades[6]. De acuerdo con la teoría de la sede, las sociedades se rigen por el derecho del estado en el que se encuentra su sede real. Aquí, de acuerdo con lo que hemos visto en el epígrafe anterior, aún deberíamos diferenciar entre las distintas concreciones posibles de dicha sede real (administración central, principal establecimiento o principal explotación); pero sin necesidad de pro-

---

6 Para la distinción entre teoria de la sede y teoria de la constitución (o modelo de sede y modelo de constitución) en la regulación de la actividad internacional de las sociedades, *vid.* F.J. GARCIMARTÍN ALFÉREZ, *Derecho de sociedades y conflicto de leyes: una aproximación conflictual*, Madrid, Editoriales de Derecho Reunidas, 2002; J. BORG-BARTHET, *The Governing Law of Companies in EU Law*, Oxford, Hart Publishing, 2012, pp. 49-72. Para un desarrollo de ambos modelos en el derecho español y comparado *vid.* D. SANCHO VILLA, *La transferència internacional de la sede social en el espacio Europeo*, Madrid, Eurolex, 2001, pp. 82-115.

fundizar en ello en este momento, nos podemos quedar con que, de acuerdo con este acercamiento a la regulación de la actividad internacional de las sociedades, resultaría que la *lex societatis*, la ley personal de la sociedad, sería la del país en el que se encontrara la sede real de la sociedad. A partir de aquí, una vez determinada dicha sede real, deberemos preguntarnos si la sociedad se ha constituido de acuerdo con lo previsto en el derecho de dicho estado, el estado en el que se encuentra la sede real. De ser así, resultaría que la constitución de la sociedad se habría ajustado a lo establecido en la *lex societatis*, por lo que, aplicando la teoría de la sede, resultaría que la sociedad había sido correctamente constituida y su personalidad jurídica podría ser reconocida.

Por el contrario, si la sede real de la sociedad se encuentra en un país diferente de aquel cuyo derecho se ha utilizado para constituir la sociedad, resultaría que dicha constitución no se habría ajustado a lo previsto en la *lex societatis* (recordemos, la del estado en el que se encuentra la sede real de la sociedad) con la consecuencia de que no se reconocería la personalidad jurídica creada de acuerdo con un derecho (el del estado de constitución) que no es derecho que ha de regir la vida de la sociedad, incluida su constitución.

De acuerdo con lo anterior, por tanto, resultará que un traslado del domicilio real de la sociedad será relevante, ya que dicho cambio implicará un cambio en la *lex societatis* y, además afectará también al reconocimiento de la personalidad jurídica; puesto que si el domicilio se encontraba inicialmente en el estado de constitución de la sociedad y, posteriormente, es trasladado a otro país, a partir del traslado existirá una disociación entre estado de constitución y estado de la sede real, por lo que a partir del cambio de domicilio ya no podrá ser reconocida la personalidad jurídica de la sociedad. Por el contrario, si existía una disociación originaria entre estado de constitución y estado de la sede real; pero la sociedad transfiere su domicilio al estado de constitución, resultará que dicho traslado hará que la personalidad jurídica de la sociedad pueda ser reconocida y su situación quedará, por tanto, regularizada.

La alternativa a la teoría de la sede en DIPr de sociedades es la teoría de la constitución; de acuerdo con la cual la *lex societatis* es la ley del país de acuerdo con cuyo ordenamiento se ha constituido la sociedad, con independencia de dónde se encuentra la sede real de la sociedad. Para esta teoría, dado que la sede real es irrelevante, también lo es cualquier cambio de dicha sede real.

En definitiva, mientras que desde la perspectiva de la teoría de la constitución cualquier cambio de la sede real de la sociedad es irrelevante, desde la perspectiva de la teoría de la sede real, tales cambios implicarán un cambio en la *lex societatis* y afectarán también al reconocimiento de su personalidad jurídica.

La relevancia del cambio de domicilio real dependerá, por tanto, si adoptamos la posición de un ordenamiento o regulación que sigue la teoría de la sede real o uno que sigue la teoría de la constitución[7]. Ahora bien, aquí hay que tener en cuenta que, dentro de la UE, y en virtud del derecho de establecimiento que beneficia a todas las sociedades constituidas de acuerdo con el derecho de un estado miembro[8], resul-

---

7 Alemania es el ejemplo canónico de país que sigue la teoría de la sede real. Los países anglosajones, por el contrario, suelen adscribirse a la teoría de la constitución. España es, en principio, un país que sigue la teoría de la sede real, pero tan solo en relación a las sociedades que tienen su sede real en España, pues las sociedades constituidas en el extranjero suelen ser reconocidas en España sin mayores dificultades pese a que puedan tener su sede real en un estado diferente al de constitución, *vid.* R. ARENAS GARCÍA, "Sociedades" en J.C. Fernández Rozas/R. Arenas García/P.A. de Miguel Asensio, *Derecho de los Negocios Internacionales*, Madrid, Iustel, 7º ed. 2024, pp. 211-291, pp. 213-214.

8 El art. 54 del TFUE exige, a las sociedades para ser beneficiaries de la libertad de establecimiento, además de la constitución de la Sociedad de acuerdo con lo previsto en el derecho de un estado miembro, que su sede social, administra-

tará imposible denegar, en un estado miembro, el reconocimiento de una sociedad válidamente constituida según el derecho de otro estado miembro[9]. De esta forma, el efecto más transcendente del cambio de domicilio real de la sociedad no afectará a las sociedades constituidas en un estado miembro de la UE que trasladen su sede efectiva de uno a otro estado.

Sin embargo, este cambio de sede sí que puede implicar un cambio de la ley aplicable a la sociedad. Esta es una posibilidad que operará de forma limitada en relación a las sociedades constituidas de acuerdo con el derecho de un estado miembro, ya que el Tribunal de Luxemburgo ya ha establecido que cuestiones como la capacidad de la sociedad o la responsabilidad de los administradores deberían regirse por el derecho del estado de constitución de la sociedad[10]. En las formas societarias europeas, sin embargo, sí que hay previsiones sobre este cambio de

---

ción central o centro de actividad principal se encuentren dentro de la UE; pero este segundo requisito es suprefluo, al menos para las sociedades de capital; puesto que éstas, al constituirse, habrán de fijar un domicilio en el estado de constitución, tal como se establece con caràcter general en las normas sobre creación de sociedades, *vid.* R. Arenas García, *Registro Mercantil y Derecho del Comercio Internacional*, Madrid, Centro de Estudios Registrales, 2000, p. 141 y referencias en n. núm. 344.

9 Sentencia del Tribunal de Justicia de 5 de noviembre de 2002, As. C-208/00, *Überseering BV c. Nordic Construction Company Baumanagement GmbH (NCC)*, ECLI:EU:C:2002:632.

10 En cuanto a la capacidad, *vid.* la ya citada sentencia *Überseering* (*supra* n. núm. 11), núm. 95. Respecto a la responsabilidad de los administradores, *vid.* la sentencia *Inspire Art* (STJ de 30 de septiembre de 2003, As. C-167/01, *Kamer van Koophandel en Fabrieken voor Amsterdam c. Inspire Art Ltd.*, ECLI:EU-:C:2003:512, núm. 101. Sobre este último tema me remito a R. ARENAS GARCÍA, "*Lex socitatis* y derecho de establecimiento", en R. Arenas García/C. Górriz López/J. Miquel Rodríguez (coords.), *Autonomía de la voluntad y exigencias imperativas en el derecho internacional de sociedades y otras personas jurídicas*, Barcelona, Atelier, 2014, pp. 127-169, pp. 146-150.

normativa reguladora como consecuencia de un cambio de la sede real. Así, en la SE se prevé que la normativa del Reglamento 2157/2001 se verá completada con el derecho del estado del domicilio de la SE[11], domicilio que, como ya habíamos visto, debería fijarse en el estado miembro de la UE en el que la SE tenga su administración central (art. 7 del Reglamento 2157/2001). Además, en caso de que se produzca una disociación entre el estado del domicilio social de la SE y el de su administración central, deberán adoptarse medidas para conseguir que vuelva a producirse la coincidencia entre ambos[12]. De esta forma, en relación a las SE sí que resultaría relevante, desde la perspectiva del derecho rector de la SE, el cambio de domicilio real de la sociedad. En cambio, para las sociedades constituidas de acuerdo con el derecho de un estado miembro, tal cambio de sede real no sería relevante ni desde la perspectiva del reconocimiento de la personalidad jurídica ni, probablemente, desde la del derecho rector de la sociedad.

El cambio de sede real, sin embargo, sí tendrá consecuencias fiscales, y esto como consecuencia de que la normativa fiscal dota de relevancia a alguna de las concreciones del domicilio real de la sociedad a efectos de tributación. Así, puede establecerse que la sujeción a tributación en un país por el conjunto de beneficios obtenidos en cualquier lugar dependa de que la administración central o el principal establecimiento o explotación de la sociedad se localicen en el territorio de dicho país. Más importante aún, en los casos de doble imposición, suele ser determinante la ubicación de la sede de dirección de la sociedad para determinar qué administración tributaria puede exigir el pago de im-

11 Art. 9 del Reglamento 2157/2001.

12 Art. 64 del Reglamento 2157/2001. En caso de que no se proceda a la regularización del domicilio se debería procedir a la liquidación de la SE. Art. 64.2 del Reglamento 2157/2001: "El Estado miembro del domicilio social adoptarà las medidas necesarias para garantizar que se proceda a liquidar aquellas SE que no regularicen su situación de conformidad con lo dispuesto en el apartado 1".

puestos por obligación personal[13]. No es imposible, sin embargo, que se planteen problemas en relación a la aplicación de las normas fiscales en supuestos de cambio de transferencia de la sede real de la sociedad de un estado miembro de la UE a otro, cuando se ponen en relación con las obligaciones y derechos derivados de la libertad de establecimiento[14]; pero aquí no nos detendremos en ello, bastando con señalar que las normativas fiscales que supongan una limitación a la movilidad de las sociedades entre estados miembros no serán incompatibles con el derecho de la UE si pasan el test establecido por la jurisprudencia del Tribunal de Luxemburgo, y que exige que las medidas no sean discriminatorias, que respondan a un fin de interés general (y la protección de la competencia fiscal es considerado como un fin de interés general de acuerdo con la jurisprudencia del Tribunal de Luxemburgo[15]), sea adecuada y proporcional para conseguir ese fin de interés general y no

---

13 *Vid.*, por ejemplo, el art. 4.3 del Convenio Hispano-Alemán para evitar la doble imposición y prevenir la evasión fiscal en materia de Impuestos sobre la Renta y sobre el Patrimonio (*BOE*, 8-IV-1968, Texto Convenio Alemania (hacienda.gob.es)): "Cuando en virtud de las disposiciones del párrafo 1 una sociedad sea residente en ambos Estados contratantes, se considerará residente del Estado contratante en que se encuentre su sede de dirección efectiva. Si no pudiera determinarse el lugar donde se encuentra la sede de dirección efectiva, la sociedad se considerará residente del Estado contratante en que se constituyó". Como puede verse, el primer criterio que se utiliza para identificar la competencia fiscal, en casos de doble residencia, es la sede de dirección efectiva, y solamente en defecto de éste opera el de país en el que se hubiera constituido la sociedad.

14 *Vid.*, por ejemplo, las sentencias del Tribunal de Luxemburgo en los casos *Daily Mail* y *National Grid*, entre otras [STJ de 27 de septiembre de 1988, As. C-81/87, *The Queen y H.M. Treasury and Commissioners of Inland Revenue, ex parte Daily Mail and General Trust PLC*, ECLI:EU:C:1988:456; y STJ (Gran Sala) de 29 de noviembre de 2011, As. C-371/10, *National Grid Indus BV c. Inspecteur van de Belastingdienst Rijnmond/kantoor Rotterdam*, ECLI:EU:C:2011:785].

15 *Vid.*, por ejemplo, la sentencia *National Grid* (*supra* n. anterior) núm. 45 con cita de otras decisiones.

existe una medida alternativa que consiga el mismo fin con un perjuicio menor a la libertad de establecimiento.

IV. TRIBUNAL DE LUXEMBURGO Y TRASLADO INTERNACIONAL DE LA SEDE ESTATUTARIA DENTRO DE LA UE

1. Los diferentes tipos de traslado internacional de sede estatutaria

Lo usual cuando se traslada el domicilio formal de la sociedad (estatutario) a otro estado es que la sociedad se transforme en una sociedad regida por el derecho del estado al que traslada su domicilio social. La operación lo que pretende es sustituir el derecho que rige la organización y funcionamiento de la sociedad, de tal forma que a partir del cambio la *lex societatis* ya no sea la del estado de acuerdo con cuyo derecho se constituyó la sociedad, sino la del estado al que ha trasladado su domicilio. En estos casos sucederá que la ley identificada a partir del domicilio formal de la sociedad no coincidirá con la del estado de constitución de la misma, por lo que la afirmación generalizada de que la teoría (o modelo) de constitución implica la aplicación del derecho del domicilio estatutario de la sociedad ha de ser matizada. Será así cuando no se haya producido una transferencia internacional del domicilio social; pero si ha habido tal transferencia, resultará que la sociedad debería regirse por el derecho del estado de constitución con anterioridad a dicho traslado y de acuerdo con el derecho del nuevo domicilio social a partir del momento en el que éste queda fijado en el estado de recepción de la sociedad.

Este es, como se ha adelantado, el supuesto más común de transferencia del domicilio estatutario de la sociedad; lo que se podría denominar traslado internacional del domicilio social con transformación de la sociedad. Ahora bien, no es imposible que la sociedad transfiera su domicilio formal al extranjero, pero mantenga su vinculación con el estado de origen (constitución) de la sociedad. Volveremos a esto cuando consideremos la jurisprudencia del Tribunal de Luxemburgo; pero aquí hay que dejarlo apuntado y señalar que existen disposiciones en algunos derechos que prevén este supuesto. Así, en el caso español, el 20.2 del RRM regula el caso de traslado al extranjero del domicilio de una sociedad española con mantenimiento de la nacionalidad de origen[16] y el art. 379 del RRM prevé que en el Registro Mercantil Central consten las sociedades y entidades que hubieran trasladado su domicilio al extranjero sin pérdida de la nacionalidad española.

Ciertamente, existe una dificultad para que pueda producirse esta operación de transferencia internacional del domicilio estatutario sin pérdida de la nacionalidad española de la sociedad. El art. 9 del TRLSC obliga a que las sociedades españolas fijen su domicilio en territorio español, de tal manera que, en principio, no sería posible que una sociedad española tuviera su domicilio estatutario en el extranjero. Ahora bien, tal cosa podría preverse en un tratado internacional, que prevalecería sobre el derecho de origen interno español[17].

La transferencia internacional del domicilio estatutario, además, se ha enfrentado tradicionalmente a problemas regulatorios. Una operación como ésta precisa una cuidadosa articulación entre los derechos del estado de origen de la sociedad y del estado al que se produce el traslado. Sin normas comunes a ambos ordenamientos el traslado se enfrenta a dificultades técnicas de una cierta envergadura[18].

---

16 Art. 20.2 RRM: "Si en el Convenio [que regule el cambio de domicilio al extranjero] se previese el mantenimiento de la nacionalidad española de la sociedad, las inscripciones se trasladarán, de conformidad con lo dispuesto en el artículo anterior, a la hoja que se le abra en el Registro Mercantil Central, en la que se practicarán en lo sucesivo los asientos correspondientes a dicha sociedad".

17 *Vid.* R. Arenas García, *op. cit.*, pp. 260-261.

18 *Vid.* R. Arenas García, *op. cit*, pp. 247-270; D. Sancho Villa, *op. cit.*, pp. 219-250 y 274-289.

La UE, sin embargo, ofrece un marco novedoso para la operación. Tal como veremos a continuación, la libertad de establecimiento que garantiza el TFUE, en la forma en que ha sido interpretada por el Tribunal de Luxemburgo, ha acabado sirviendo de base para una regulación completa de la operación; fruto de un diálogo constructivo entre el legislador europeo y el Tribunal de Justicia. A continuación, examinaremos la evolución de la jurisprudencia en relación a este tema para, en el siguiente epígrafe, abordar la forma en que la legislación se ha ocupado de este tipo de operaciones.

2. Tribunal de Luxemburgo y traslado de la sede estatutaria sin cambio de la *lex societatis*

En el año 2008 el Tribunal de Luxemburgo dicto sentencia en el caso *Cartesio*[19]. En ella respondía a una cuestión prejudicial planteada por los tribunales húngaros en relación a la solicitud, por parte de una sociedad constituida de acuerdo con el derecho de Hungría, para trasladar su sede estatutaria a Italia, pero manteniendo la nacionalidad húngara. El derecho húngaro no permitía que una sociedad regida por el derecho de ese país tuviera su domicilio en el extranjero y, por tanto, las autoridades de ese país no autorizaron el cambio de domicilio. El órgano jurisdiccional remitente, sin embargo, se plantea si esa prohibición de fijar el domicilio en otro estado de la UE es compatible con la libertad de establecimiento que reconoce el derecho originario.

El Tribunal de Luxemburgo acaba declarando que es compatible con la libertad de establecimiento garantizado por el TFUE. Se apartaba así la sentencia del TJ de las Conclusiones del Abogado General[20], que abo-

---

19 STJ (Gran Sala) de 16 de diciembre de 2008, As. C-210/06, *Cartesio Oktató és Szolgáltató bt*, ECLI:EU:C:2008:723.

20 Conclusiones del Abogado General Sr. M. Poiares Maduro presentadas el 22 de mayo de 2008, ECLI:EU:C:2008:294.

gaban por mantener que esta prohibición era contraria a la libertad de establecimiento y que era el momento de que el Tribunal rectificara la jurisprudencia que había dictado en el caso *Daily Mail*[21], donde había mantenido que en la situación actual (en 1988) del derecho de la UE, correspondía a los estados miembros regular la transferencia de sede de una sociedad de un estado miembro a otro. Según el Abogado General, las sentencias dictadas desde 1988 (*Centros*, *Überseering* e *Inspire Art*, principalmente)[22] habían supuesto una modificación en la doctrina sentada por *Daily Mail*.

El Tribunal, sin embargo, como se ha indicado, no creyó oportuno volver sobre su jurisprudencia previa y argumentó que en las sentencias mencionadas (*Centros*, *SEVIC*, *Überseering* e *Inspire Art*) las posibles limitaciones a la libertad de establecimiento se planteaban en un estado diferente al de constitución de la sociedad, mientras que tanto en el caso *Daily Mail* como *Cartesio* el problema se planteaba en el estado de constitución de la sociedad; quien debería tener margen para determinar qué criterios de conexión podía exigir en relación a las sociedades regidas por su derecho[23]. Esto es, si la sociedad deseaba seguir siendo una sociedad regida por el derecho húngaro debería cumplir con los requisitos de ese derecho, entre los que estaba el que fijara su domicilio estatutario en Hungría.

De esta forma, el traslado de la sede estatutaria de la sociedad de un estado miembro a otro, siempre que no implicara una transformación de la sociedad en una regida por el derecho del estado al que trasladaba

---

21 *Vid. supra* n. núm 16.

22 STJ de 9 de marzo de 1999, As. C-212/97, *Centros y Erhverv-og Selskabsstyrelsen*, ECLI:EU:C:1999:126; STJ (Gran Sala) de 13 de diciembre de 2005, As. C-411/03, *SEVIC Systems AG*, ECLI:EU:C:2005:762. Para la sentencia *Überseering vid. supra* n. num. 11 y para la sentencia *Inspire Art*, *vid. supra* n. núm. 12.

23 *Vid.* núms. 122, 123 y 110 de la sentencia *Cartesio*.

su domicilio, quedaba sometido a las condiciones que estableciera el derecho que regía la sociedad. De acuerdo con esto, por tanto, normas como el art. 9 del TRLSC, que establece que las sociedades españolas deberán tener su domicilio en España, siguen siendo plenamente operativas. Una sociedad española no puede alegar la libertad de establecimiento del derecho de la UE para solicitar un traslado de su domicilio estatutario a otro estado miembro de la UE y, pese al traslado, mantener su condición de sociedad española. La sentencia *Cartesio* legitima que los estados miembros puedan exigir a sus propias sociedades que fijen su domicilio estatuario en el territorio nacional.

Cuestión distinta es, como veremos a continuación, el cambio de domicilio estatutario cuando va acompañado de la transformación de la sociedad en una regida por el derecho del estado al que se produce el cambio de domicilio.

3. Tribunal de Luxemburgo y cambio de sede estatutaria con transformación de la sociedad

En la propia sentencia *Cartesio* el Tribunal de Luxemburgo advirtió que la posibilidad para los estados miembros de limitar la transferencia intraeuropea del domicilio social sin transformación de la sociedad no operaba cuando ese traslado de domicilio al extranjero iba acompañado de la conversión de la sociedad en una regida por el derecho del estado al que se trasladaba el domicilio[24].

Es sorprendente esta aclaración del Tribunal de Justicia en la sentencia *Cartesio*. En primer lugar, porque no era una cuestión por la que se hubiera preguntado al Tribunal ni que fuera necesaria para resolver el caso. En general, parece aconsejable que los tribunales den respuesta a aquello que se les plantea; pero sin introducirse en temas que no

---

24 *Vid.* núms. 111 a 113 de la sentencia *Cartesio*.

son objeto del proceso que tienen entre manos. Aquí, sin embargo, el Tribunal de Justicia, a renglón seguido de afirmar que la normativa húngara que impide que una sociedad regida por el derecho de ese país y que desea seguir rigiéndose por tal derecho traslade su domicilio a otro estado; afirma que lo anterior no aplicaría si el traslado del domicilio social va acompañado del cambio del Derecho nacional aplicable por transformarse la sociedad en una regida por el derecho del estado al que se ha movido el domicilio social. No era necesaria esa afirmación y, por tanto, estamos ya no propiamente ante un *obiter dicta*, sino ante un desarrollo ajeno al tema que debía ser resuelto. En el siguiente epígrafe aventuraremos alguna explicación para este excurso del Tribunal de Luxemburgo.

Pero esta referencia al régimen de la transformación societaria intraeuropea sorprende también porque supone hacer decir al art. 54 del TFUE[25] algo que no se encuentra en el mismo. El derecho a la transformación societaria no está contemplado expresamente en el mencionado artículo y tampoco parecen existir elementos suficientes que permitan apoyar que el derecho a la libertad de establecimiento incluye este derecho a la transformación societaria.

Es más, si atendemos a que de manera expresa la libertad de establecimiento de las sociedades se pone en relación con la libertad de establecimiento de las personas físicas, resultaría que lo que sí se podría derivar de la libertad de establecimiento es la posibilidad de que una sociedad fije su domicilio en un estado miembro de la UE diferente del estado de constitución, de igual forma que una persona física nacional

25 En la sentencia *Cartesio* no se aplicaba el art. 54 del TFUE, sino el art. 48 TCE, con una dicción prácticamente idéntica a la del art. 54 TFUE. Ahora bien, con el fin de evitar complicar la exposición, me limito a realizar la aclaración en nota a pie de página y en el texto hago referencia a la normativa que actualmente es equivalente a aquella aplicada en su día.

de un estado miembro puede fijar su domicilio en otro estado miembro; pero resultaría más dudoso que esta libertad de establecimiento ampare un derecho al cambio de ley personal del beneficiado por la libertad de establecimiento, lo que en el ámbito de la circulación de las personas físicas conduciría a un derecho a la adquisición de la nacionalidad del estado al que traslada su domicilio.

No haremos, sin embargo, cuestión de este tema y daremos por bueno lo decidido por el Tribunal de Luxemburgo, quien en relación a las sociedades considera que el mero cambio del domicilio de un país a otro dentro de la UE puede ser impedido por el derecho del estado de constitución de la sociedad, mientras que el cambio de nacionalidad (por emplear el que sería el término equivalente al derecho rector de la sociedad para las personas físicas) sí está amparado por la libertad de establecimiento. Como se ha adelantado, podría discutirse sobre estos extremos[26], pero aquí no lo haremos, limitándonos a dejar apuntado que podría haberse llegado a otra solución y que, al menos, el Tribunal debería –a nuestro juicio– haber fundamentado de una manera más extensa sus conclusiones sobre este problema[27].

Así pues, *Cartesio* abrió la puerta al derecho a la transformación societaria intracomunitaria. Ahora bien, como hemos visto, tan solo mediante un desarrollo marginal al tema que se había planteado de manera directa al Tribunal. En siguientes decisiones, sin embargo, el TJ fue asentando su doctrina en relación a esta transformación societaria.

---

26 *Vid.* R. ARENAS GARCÍA, "Libertad de establecimiento de personas físicas y jurídicas en la UE: razones para una diferencia", en C. Górriz López/R. Arenas García (coords.), *Libertad de establecimiento y Derecho europeo de sociedades. Custiones fiscales, mercantiles e internacionales*, Atelier, Barcelona, 2017, pp. 15-43, esp. pp. 37-38 y 41-42.

27 Para una valoración positiva de la sentencia *vid.* S. Grundmann, *European Company Law*, Cambridge/Amberes/Portland, Intersentia, 2ª ed. 2012, p. 607.

Así, en la sentencia *VALE*[28] el Tribunal de Luxemburgo negó que, en la transferencia de domicilio de una sociedad desde Italia hasta Hungría, con transformación de la sociedad italiana en una sociedad húngara, las autoridades húngaras pudieran negarse a inscribir la operación. De hacerlo, según el Tribunal, resultaría que estaría introduciéndose una distinción inadmisible entre los cambios de domicilio internos a Hungría y aquellos otros que implicaban a sociedades creadas en otros estados miembros de la UE. De esta forma, la sentencia *VALE* completaba a *Cartesio* y, al tratarse ya de una decisión en la que el objeto de la cuestión prejudicial era un cambio de domicilio con transformación de la sociedad, se podía afirmar sin reservas que la jurisprudencia del Tribunal de Luxemburgo consideraba esa transformación societaria como una manifestación más de la libertad de establecimiento de las sociedades constituidas de acuerdo con el derecho de algún estado miembro de la UE.

La consagración definitiva de este derecho a la transformación societaria internacional tuvo que esperar cinco años, a la sentencia *Polbud*[29]. *Polbud* es una sociedad constituida de acuerdo con el derecho polaco que en 2011 decidió trasladar su domicilio social a Luxemburgo sin trasladar su sede real a dicho país. En 2013, la sociedad se transformó en una sociedad de derecho luxemburgués y solicitó la cancelación de su inscripción en el registro polaco de sociedades. Las autoridades polacas se negaron a proceder a dicha cancelación en tanto no se cumplieran con determinadas exigencias del derecho polaco, que incluían la liquidación de la sociedad[30].

---

28 STJ (Sala Tercera) de 12 de julio de 2012, As. C-378/10, *VALE Építési Kft*, ECLI:EU:C:2012:440.

29 STJ (Gran Sala) de 25 de octubre de 2017, As. C-106/16, *Polbud – Wykonawstwo sp. z.o.o.*, en liquidación, ECLI:EU:C:2017:804.

30 *Vid.* núms. 8 a 11 de la sentencia *Polbud*.

En su decisión el Tribunal de Luxemburgo parte de que, una vez producida la transformación de la sociedad, las autoridades del estado de origen de la misma han de reconocer la operación, lo que implica que han de considerar a la sociedad como una regida por el derecho extranjero al que se haya transformado, y no por el de su país de origen. Cualquier aplicación de este otro derecho sería considerada como una limitación a la libertad de establecimiento y solamente estaría justificada si pasa el test tradicional de la jurisprudencia europea para estos casos; esto es, si se prueba que tal aplicación no es discriminatoria, que responde a un fin de interés general, que es adecuada y proporcional para ese fin y que no existen medidas alternativas que consigan el mismo efecto con una limitación menor de la libertad de establecimiento[31].

La sentencia *Polbud* acabó por cerrar el círculo que se había iniciado en *Cartesio*. De plantear la transformación societaria internacional como un mero *obiter dicta*, y tras haber dejado claro que ese derecho suponía también obligaciones para las autoridades del estado al que se trasladaba la sociedad (sentencia *VALE*) se llega a una decisión que establece la obligación de las autoridades del estado en el que tenía originalmente su domicilio la sociedad (y que muchas veces coincidirá con el estado de constitución de la sociedad) de considerarla como una sociedad extranjera una vez que se ha producido su transformación en una sociedad regida por el derecho de otro país.

Tras esta sentencia ya no era posible para el legislador europeo mirar para otro lado en la regulación de este tipo de operaciones, y así la sentencia *Polbud* condujo a una modificación en la directiva de dere-

---

[31] *Vid.* núms. 52 a 65 de la sentencia. Me remito a R. ARENAS GARCÍA, "De *obiter dicta* a *ratio decidendi* [A propósito de la STJ (Gran Sala) de 25 de octubre de 2017, As. C-106/15, *Polbud-Wykonawstwo sp. z.o.o.*, en liquidación], *REEI*, 2018, núm. 35, pp. 2-8, https://doi.org/10.17103/reei.35.12.

cho de sociedades que acogiera este tipo de operaciones. Lo examinaremos en el epígrafe siguiente.

V. LEGISLADOR EUROPEO Y TRANSFORMACIÓN SOCIETARIA INTERNACIONAL EN LA UE

1. Las reticencias del legislador europeo

Desde finales del siglo XX se ha venido considerando la posibilidad de una directiva en materia sobre transferencia de sede social entre diferentes estados miembros de la UE (entonces CE), que sería la Decimocuarta directiva en materia societaria[32]. Los trabajos sobre esta directiva, sin embargo, no avanzaron y permanecieron encallados durante décadas[33]; dificultando de manera significativa las operaciones de transferencia internacional del domicilio social con transformación de la sociedad.

Tal y como se ha adelantado, este tipo de operaciones plantean importantes dificultades cuando no se cuenta con una regulación común para el estado de origen y el estado de destino de la sociedad. Piénsese que la operación implica la necesidad de adaptar los estatutos de la sociedad al derecho de su nuevo domicilio, y es una transformación que, en principio, tendría que realizarse antes de que la operación se completara; esto es, cuando todavía la sociedad estaría regida por el derecho del estado de origen[34]. Además, el cambio de domicilio exige la

---

32 *Vid.* K. SCHMIDT, "Sitzverlegunrichtlinie, Freizügigkeit un Gesellschaftsrechtspraxis", *ZGR*, 1999, año 28, núms. 1-2, pp. 20-35; R. Arenas García, *op. cit.*, p. 263; S. Grundmann, *op. cit*, pp. 642-665.

33 *Vid.* S. LEIBLE, "El traslado transfronterizo del domicilio social y la libertad de establecimiento", en R. Arenas García/C. Górriz López/J. Miquel Rodríguez (coords.), *La internacionalización del Derecho de sociedades*, Barcelona, Atelier, 2010, pp. 103-128, pp.123-124.

34 *Vid.* B. DE CHEDID, *Le transfert du siège des sociétés anonymes*, Lausana, Imprimerie Vaudoise, 1983, pp. 97-100.

coordinación entre los registros de los dos países implicados en la operación. Así, lo lógico sería que una vez acordado el cambio de domicilio en el estado de origen se produjera un cierre provisional del registro hasta que se completara la operación en el estado de destino de la misma, procediéndose a la cancelación del registro en el estado de origen cuando se haya producido la inscripción en el de origen. Esta delicada coordinación entre registros no puede realizarse con plena seguridad jurídica más que cuando existe una normativa que regule la operación y que sea aplicada tanto por las autoridades del estado del domicilio inicial de la sociedad como por las del estado al que se traslada[35].

La ausencia de esta normativa no ha impedido que se hayan producido operaciones de transferencia internacional de sede social; pero tales casos han exigido siempre una interpretación creativa del derecho por parte de los operadores jurídicos implicados y no han estado exentas de dificultades. Así, por ejemplo, en lo que se refiere a las garantías que deberían darse a socios y acreedores como consecuencia del cambio del derecho rector de la sociedad[36].

Con anterioridad a la sentencia *Cartesio* podía mantenerse que al no ser claro que el cambio de domicilio internacional dentro de la UE fuera una manifestación de la libertad de establecimiento, no pesaría sobre el legislador europeo una especial obligación de facilitación de tales operaciones. Esto es, podía mantener la falta de regulación existente que, como hemos visto, supondría dificultar las operaciones de transferencia internacional de sede. Es más, teniendo en cuenta que el legislador europeo había mantenido, en la Directiva sobre la SE,

---

35 *Vid.* M. MENJUCQ, *Droit international et européen des scoiétés*, Paris, LGDJ, 5ª ed. 2018, pp. 436-443.

36 *Vid.* L. FERNÁNDEZ DEL POZO, "Transferencia internacional de sede social", *RGD*, 1993, año L, núm. 591, pp. 11.867-11.908, pp. 11.905-11.906.

la necesidad de que el domicilio real de la SE se ubicara en el mismo país que su sede formal, de ahí podía derivarse una aproximación restrictiva a la transferencia de sede de las sociedades constituidas de acuerdo con el derecho de los estados miembros. Es cierto que tras la sentencia *Centros* del año 1999 ya resultaba menos justificado mantener dicha actitud, pues el Tribunal de Luxemburgo había declarado que formaba parte de la libertad de establecimiento que garantizaba el derecho europeo, la posibilidad de constituir una sociedad en un estado miembro para desarrollar todas sus actividades económicas en otro u otros estados; pero aún podía mantenerse que estos desarrollos de la jurisprudencia del Tribunal de Justicia no tenían necesariamente que proyectarse sobre la transferencia internacional del domicilio social.

La sentencia *Cartesio* debería haber cambiado esta actitud[37]. De hecho, el fallo podría ser considerado como una llamada de atención del Tribunal al legislador para que hiciera avanzar los trabajos de la Decimocuarta Directiva, que seguían parados; quizás por el temor de que la facilitación en la movilidad intracomunitaria de las sociedades pudiera ser aprovechada para conseguir ventajas fiscales o hacer disminuir la protección de los trabajadores o sus derechos de representación y participación en la sociedad. No debería ser necesariamente así, pues existen mecanismos para garantizar tanto la competencia fiscal de los estados miembros como los derechos de los trabajadores; pero tampoco puede descartarse que la preocupación por estos temas desincentivara la actuación del legislador europeo[38].

---

37 *Vid.* S. LEIBLE, *loc. cit.*, p. 124.

38 Los argumentos que daba la Comisión, sin embargo, eran otros, básicamente la posibilidad que tenían los operadores jurídicos de recurrir a la SE para este tipo de operaciones y la vía que dejaba abierta la regulación de las fusiones internacionales. *Vid.* S. LEIBLE, *loc. cit.*, pp. 123-124.

El caso es que ni la sentencia *Cartesio* (2008) ni la sentencia *VALE* (2012) movieron al legislador europeo. La doctrina del Tribunal era clara, aunque faltaba una decisión que estableciera de manera directa la prohibición de que las autoridades del estado de origen de la sociedad no permitieran la transferencia de sede; pero, aun así, el legislador no parecía entender que hubiera ninguna urgencia en abordar la transferencia de sede las sociedades constituidas de acuerdo con el derecho de un estado miembro de la UE. Quizás influyera en esta falta de interés el que tanto el caso *Cartesio* como *VALE* presentaban algunas peculiaridades. El primero se refería a una petición que, como hemos visto, no es usual en el tráfico internacional, la de cambiar el domicilio estatutario al extranjero, pero manteniendo la vinculación de la sociedad con el estado de constitución. El segundo caso se trataba de una sociedad que, presumiblemente, no debería desarrollar una actividad muy intensa; puesto que en febrero de 2006 se inscribe en Italia el acuerdo de cambio de domicilio a Hungría y no es hasta enero de 2007 cuando se solicita la inscripción de la sociedad en el registro húngaro[39]. Pueden existir dudas sobre si no era más importante el caso que se estaba planteando ante el Tribunal de Luxemburgo que la actividad de la sociedad.

En el caso *Polbud*, sin embargo, nos encontramos ante una sociedad que es posible localizar en los buscadores habituales de información societaria y que, tras haberse transformado en sociedad luxemburguesa, parece seguir teniendo actividad, al menos en lo que se refiere al depósito de sus cuentas anuales[40]. La sociedad había iniciado un procedimiento de liquidación y, precisamente, deseaba poder trasladar su domicilio a Luxemburgo, transformándose en una sociedad luxembur-

---

39 *Vid.* núms. 9 a 11 de la sentencia *VALE* (*supra* n. núm. 30).

40 https://www.firmenwissen.com/en/az/firmeneintrag/1930/9370217557/CONSOIL_GEOTECHNIK_S_RL.html.

guesa, sin concluir dicho proceso de liquidación. Esto es, existía un interés específico y objetivo en el caso más allá del pronunciamiento del Tribunal de Luxemburgo sobre el derecho de transformación societaria.

Fue el caso *Polbud*, por tanto, el que finalmente condujo al legislador europeo a abordar la regulación de la transformación societaria internacional dentro de la UE.

2. La modificación de la directiva sobre derecho de sociedades

La reacción a *Polbud* se concretó en la Directiva 2019/2121[41], que inicialmente no se iba a ocupar de las transformaciones societarias internacionales, pero que vio ampliado su objeto a estas operaciones cuando el legislador europeo advirtió que la transferencia internacional del domicilio social, dentro de la UE, con conversión de la sociedad en una regida por el derecho del estado al que se trasladaba el domicilio, sería una realidad con independencia de que se regulara o no; porque la interpretación maximalista del Tribunal de Justicia en relación a la libertad de establecimiento conduciría a que las únicas limitaciones que podrían imponerse a esas operaciones serían las que se derivarían del estricto test jurisprudencial que ya hemos mencionado (no discriminación, que respondan las medidas restrictivas a un fin de interés general, que las medidas sean adecuadas y proporcionales a dicho fin y que no existan medidas alternativas a las adoptadas que permitan conseguir el mismo objetivo con una limitación menor de la libertad de establecimiento). Ante este escenario, el legislador optó por ocuparse de la operación, quizás no tanto para resolver los problemas técnicos que planteaba como para, por vía del derecho derivado, introducir al-

41 *Vid. supra* n. núm. 4.

guna limitación a la facilitación de la movilidad societaria dentro de la UE que se derivaba de la jurisprudencia del Tribunal de Luxemburgo.

Así, de acuerdo con la redacción de la directiva en materia de derecho de sociedades que es fruto de la Directiva 2019/2121, la transformación societaria no está abierta a las sociedades en liquidación que han comenzado a repartir activos entre sus socios[42]. Además, se prevé un control del carácter fraudulento de la operación. Las autoridades del estado de origen de la sociedad pueden denegar la expedición del certificado previo a la transformación que se exige para continuar con el procedimiento cuando se identifican fines abusivos o fraudulentos que tengan por objeto sustraerse al derecho de la UE o nacional, eludirlo o con fines delictivos[43]. Además, se introduce una regla sobre el respeto a la normativa fiscal[44]. Se trata de previsiones en las que se aprecia una evolución desde el texto original de la propuesta hasta la redacción final[45], aunque no dejan de presentar algún problema de interpretación[46].

---

42 Art. 86 *bis*. 3.a) de la Directiva (UE) 2017/1132, pudiendo los estados miembros ampliar la exclusión a sociedades que se encuentren inmersas en procedimientos de insolvencia, reestructuración preventiva o de liquidación, aparte de los ya señalados

43 Art. 86 *quaterdecies* 8) de la Directiva (UE) 2017/1132.

44 Art. 86 *unvicies* de la Directiva (UE) 2017/1132.

45 *Vid.* R. ARENAS GARCÍA, "La Directiva sobre transformaciones, fusiones y escisiones transfronterizas: regulación y facilitación de la movilidad de sociedades dentro de la UE", *La Ley Unión Europea*, 2020, vol. VIII, núm. 77, pp. 18-26, p. 23; J. PULGAR EZQUERRA, "Transformaciones transfronterizas y Directiva (UE 2019/2121): prevención del fraude y protección de socios y acreedores", *Diario La Ley*, 12 de febrero de 2020.

46 *Vid.* F.J. GARCIMARTÍN ALFÉREZ, "Modificaciones estructurales transfronterizas: la Directiva de movilidad", *Almacén de Derecho*, 18-XII-2019, https://almacendederecho.org/modificaciones-estructurales-transfronterizas-la-directiva-de-movilidad.

En cualquier caso, se trata de regulaciones que de alguna forma limitan la amplitud de las facultades para la transferencia de transformación societaria internacional que se derivan de la jurisprudencia del Tribunal de Luxemburgo. Esto es posible porque, tal y como ha establecido el Tribunal de Justicia, el margen de apreciación del legislador europeo es mayor que el del legislador nacional[47]. De hecho, a partir de ahora, y a salvo de que se plantea un recurso de nulidad contra la directiva por entender que las limitaciones que incluye a la transferencia del domicilio social son contrarias a la libertad de establecimiento que se deriva del TFUE, el Tribunal de Luxemburgo lo que deberá hacer ya no es determinar si determinado derecho nacional es contrario a dicha libertad de establecimiento, tal como viene recogida en el art. 54 del TFUE; sino cómo han de interpretarse las reglas de la directiva sobre derecho de sociedades en la parte relativa a la transformaciones societarias internacionales. El escenario cambiará sustancialmente.

De esta forma, la meticulosa regulación que incluye la directiva, y que debería ser traspuesta a las legislaciones nacionales antes del 31 de enero de 2023[48] será el parámetro que considerará el Tribunal de Luxemburgo en los casos sobre transferencia internacional del domicilio social que le lleguen en los próximos años. En el caso de España, la trasposición ha de hacerse teniendo en cuenta que la directiva incluye también una regla sobre competencia judicial internacional en mate-

---

47 *Vid.* STJ (Sala Sexta) de 25 de junio de 1997, As. C-114/96, *René Kieffer y Romain Thill*, ECLI:EU:C:1997:316, núm. 37: "Esta conclusión se impune tanto más cuanto que, como ha precisado el Tribunal de Justicia en repetides ocasiones, el legislador comunitario disponer de una facultad de apreciación en el marco de sus competencias de armonización (véase, en particular, la sentencia Mayhui, antes citada, apartado 21)".

48 Art. 3 de la Directiva 2019/2121.

ria societaria[49], lo que hubiera aconsejado que también la LOPJ fuera considerada como vehículo de trasposición de la directiva en lo que se refiere a la regulación sobre la competencia judicial internacional. El legislador español, sin embargo, no ha seguido este camino, sino que la transposición de la Directiva se ha realizado por medio del Libro Primero del RD-Ley 5/2023, de 28 de junio[50], que sustituye a la Ley de Modificaciones Estructurales del año 2009[51].

El RD-Ley 5/2023 no solamente transpone la Directiva, y regula, por tanto, las transformaciones societarias internacionales intraeuropeas, sino que incluye una regulación completa de las transformaciones societarias, tanto internas como internacionales. Ha de destacarse que, además, es la regulación en la Directiva de las operaciones internacionales la que sirve de modelo para las internas, a fin de que no sean más difíciles éstas que aquellas[52]. Las líneas generales del procedimiento de transformación son las que ya se venían practicando, incluso sin que existiera normativa específica que le diera cobertura, y que pasan por la adopción del acuerdo de traslado de domicilio de acuerdo con la normativa del estado de origen de la sociedad y la culminación de dicho traslado en el estado de destino de la sociedad, incluyéndose aquí el registro de la sociedad ya adaptada al ordenamiento del estado de emigración. Deberán darse también garantías a acreedores y socios y verificarse que el traslado no encubre ningún fin fraudulento, tal y

49 Art. 86 *decies*.5).

50 *BOE*, 29-VI-2023.

51 Ley 3/2009, de 3 de abril, sobre modificaciones estructurales de las sociedades mercantiles, *BOE*, 4-IV-2009. La Disposición derogatoria única del RD-Ley 5/2023 deroga expresamente esta ley.

52 *Vid.* R. Arenas García, "Las modificacions societarias transfronterizas: de la marginalidad a la centralidad", *La Ley Unión Europea*, 2023, vol. XI, núm. 113, pp. 12-18.

como se había adelantado[53]. En los próximos años sabremos, a partir de la transposición de la Directiva en los estados miembros de la UE, que práctica tiene el traslado internacional del domicilio social dentro de la Unión y cuáles son los problemas interpretativos de la nueva regulación; unos problemas que deberán ser abordados por los tribunales nacionales y por el Tribunal de Luxemburgo, pero que, tal como se ha indicado, serán objeto de una aproximación diferente a la que hemos visto en las últimas décadas; ya no se tratará de ver en qué forma el derecho nacional de los estados miembros es compatible con la libertad de establecimiento regulada por el derecho originario; sino en qué forma ha de interpretarse y aplicarse el derecho derivado.

VI. CONCLUSIÓN

La transferencia internacional de la sede real de una sociedad constituida de acuerdo con el derecho de un estado miembro de la UE no afecta ni al reconocimiento de su personalidad jurídica ni los aspectos esenciales regidos por la *lex societatis*, que viene normalmente determinada por el lugar de constitución de la sociedad. La jurisprudencia del Tribunal de Luxemburgo en la materia, desde la sentencia *Centros* del año 1999 ha ido vinculando las sociedades creadas en los estados miembros con el derecho del estado de constitución, con independencia de los vínculos que tenga la sociedad con otros estados de la Unión o terceros estados. Este cambio de sede real de la sociedad, sin embargo, sí tendrá consecuencias fiscales.

---

53 Sobre la mecánica del traslado del domicilio social según lo previsto en la directiva, *vid.* los Trabajos citados F.J. GARCIMARTÍN ALFÉREZ (*supra* n. núm. 48); E. Torralba Mendiola, "La Directiva 2019/2121 sobre transformaciones, fusiones y escisiones transfronterizas (II)", *Gómez-Acebo & Pombo. Análisis*, enero 2020; y J. Pulgar Ezquerra (*supra* n. núm. 47).

El régimen de la transferencia internacional del domicilio estatutario es completamente diferente. En primer lugar, la posibilidad de la transferencia del domicilio formal sin transformación de la sociedad queda a criterio del derecho del estado de constitución de la sociedad, pudiendo este derecho prohibir que las sociedades que se rigen por su ordenamiento fijen su domicilio estatutario en el extranjero.

En cambio, la transferencia de domicilio estatutario con transformación de la sociedad en una regida por el derecho del estado de emigración es, de acuerdo con la jurisprudencia del Tribunal de Luxemburgo, una manifestación de la libertad de establecimiento que recoge el art. 54 del TFUE.

Pese a lo anterior, la transformación de una sociedad regida por el derecho de un estado miembro de la UE en una sociedad regida por el derecho de otro estado miembro es una operación que precias una cierta armonización legislativa; armonización que hasta hace poco no había sido abordada por el legislador europeo.

Las sucesivas decisiones del Tribunal de Justicia que han considerado contrarias la libertad de establecimiento normativas nacionales que limitaban la posibilidad de esa transferencia del domicilio estatutario han obligado finalmente al legislador de la UE a abordar esta operación. El resultado es una normativa que no solamente aborda los problemas técnicos que plantea esta operación, sino que también establece ciertos límites a la misma que no podrían incluirse en los derechos nacionales de los estados miembros.

De esta forma, la regulación de la transferencia internacional del domicilio social con transformación de la sociedad es un buen ejemplo de cómo el Tribunal de Luxemburgo puede servir de impulsor de actuaciones legislativas que, de otra forma, no hubieran sido abordadas por la Comisión, el Parlamento o el Consejo. El estudio de este tipo de casos puede aportar pistas sobre la articulación práctica de las diferentes instituciones de la UE; una articulación en la que el Tribunal de Justicia asume un papel que, quizás, supera incluso el que tienen los tribunales constitucionales o sus equivalentes en los estados nacionales.

Bibliografía

ARENAS GARCÍA, R., "*Lex socitatis* y derecho de establecimiento", en R. Arenas García/C. Górriz López/J. Miquel Rodríguez (coords.), *Autonomía de la voluntad y exigencias imperativas en el derecho internacional de sociedades y otras personas jurídicas*, Barcelona, Atelier, 2014, pp. 127-169.

ARENAS GARCÍA, R. "Libertad de establecimiento de personas físicas y jurídicas en la UE: razones para una diferencia", en C. Górriz López/R. Arenas García (coords.), *Libertad de establecimiento y Derecho europeo de sociedades. Custiones fiscales, mercantiles e internacionales*, Atelier, Barcelona, 2017, pp. 15-43.

ARENAS GARCÍA, R.,"De *obiter dicta* a *ratio decidendi* [A propósito de la STJ (Gran Sala) de 25 de octubre de 2017, As. C-106/15, *Polbud-Wykonawstwo sp. z.o.o.*, en liquidación], *REEI*, 2018, núm. 35, pp. 2-8.

ARENAS GARCÍA, R."Sociedades" en J.C. Fernández Rozas/R. Arenas García/P.A. de Miguel Asensio, *Derecho de los Negocios Internacionales*, Madrid, Iustel, 7º ed. 2024, pp. 211-291.

ARENAS GARCÍA, R. "La Directiva sobre transformaciones, fusiones y escisiones transfronterizas: regulación y facilitación de la movilidad de sociedades dentro de la UE", *La Ley Unión Europea*, 2020, vol. VIII, núm. 77, pp. 18-26.

ARENAS GARCÍA, R. ""Las modificacions societarias transfronterizas: de la marginalidad a la centralidad", *La Ley Unión Europea*, 2023, vol. XI, núm. 113, pp. 12-18.

BORG-BARTHET, J., *The Governing Law of Companies in EU Law*, Oxford, Hart Publishing, 2012.

DE CHEDID, B. *Le transfert du siège des sociétés anonymes*, Lausana, Imprimerie Vaudoise, 1983.

FERNÁNDEZ DEL POZO, L., "Transferencia internacional de sede social", *RGD*, 1993, año L, núm. 591, pp. 11.867-11.908,

GARCIMARTÍN ALFÉREZ, F.J., *Derecho de sociedades y conflicto de leyes: una aproximación conflictual*, Madrid, Editoriales de Derecho Reunidas, 2002.

GARCIMARTÍN ALFÉREZ, F.J. "Modificaciones estructurales transfronterizas: la Directiva de movilidad", *Almacén de Derecho*, 18-XII-2019, https://almacendederecho.org/modificaciones-estructurales-transfronterizas-la-directiva-de-movilidad.

LEIBLE, S. "El traslado transfronterizo del domicilio social y la libertad de establecimiento", en R. Arenas García/C. Górriz López/J. Miquel Rodríguez (coords.), *La internacionalización del Derecho de sociedades*, Barcelona, Atelier, 2010, pp. 103-128.

MENJUCQ,M. *Droit international et européen des scoiétés*, Paris, LGDJ, 5ª ed. 2018, pp. 436-443.

PULGAR EZQUERRA, J. "Transformaciones transfronterizas y Directiva (UE 2019/2121): prevención del fraude y protección de socios y acreedores", *Diario La Ley*, 12 de febrero de 2020.

SANCHO VILLA, D., *La transferència internacional de la sede social en el espacio Europeo*, Madrid, Eurolex, 2001.

SCHMIDT, K. "Sitzverlegunrichtlinie, Freizügigkeit un Gesellschaftsrechtspraxis", *ZGR*, 1999, año 28, núms. 1-2, pp. 20-35.

TORRALBA MENDIOLA, E.,"La Directiva 2019/2121 sobre transformaciones, fusiones y escisiones transfronterizas (II)", *Gómez-Acebo & Pombo. Análisis*, enero 2020.

USO DE "SOCIEDADES FANTASMA" EN LA UE: LA PROPUESTA DE DIRECTIVA ATAD 3

D. Luis Manuel Viñuales Sanabria
Socio de Garrigues.

SUMARIO: I. UN POCO DE HISTORIA. II. SUSTANCIA Y MOTIVOS ECONÓMICOS VÁLIDOS DE LAS SOCIEDADES INSTRUMENTALES. III. LA PROPUESTA DE DIRECTIVA ATAD3.

Esta Nota se enmarca dentro del ciclo dedicado al "*Derecho de Sociedades Europeo: Análisis y nuevas perspectivas*" organizado desde la Cátedra Garrigues de Modernización del Derecho de Sociedades en ICADE. En la misma abordaré una cuestión perteneciente al ámbito tributario, como es el uso de las denominadas "sociedades fantasma" con fines de ahorro, elusión o evasión fiscal[1], pero que tiene como trasfondo la esencia del contrato de sociedad y una serie de cuestiones que conciernen al derecho societario. Entre otras cuestiones del mundo societario, será relevante, por ejemplo, el papel que juegan los administradores en la determinación de la residencia fiscal por sede de dirección efectiva frente al domicilio social o la legitimidad de utilizar un vehículo societario como canalizador de inversiones localizado en una jurisdicción que permita optimizar su fiscalidad.

---

1 La frontera entre los tres conceptos que apuntamos (ahorro, elusión o evasión fiscal) es necesariamente difusa.

I. UN POCO DE HISTORIA

La planificación fiscal de los años 90 del pasado siglo en el ámbito internacional poco o nada tiene que ver con el asesoramiento fiscal de nuestros días. Hace treinta años las grandes multinacionales con operaciones en varios países y sus asesores fiscales acostumbraban a aprovechar las ventajas que las legislaciones fiscales de esas jurisdicciones y la falta de coordinación entre dichas legislaciones y entre sus administraciones tributarias permitían.

En aquella época el uso de sociedades instrumentales (lo que en la versión española de la propuesta de Directiva ATAD 3[2] se denominan "sociedades fantasma") con el fin de beneficiarse de regímenes fiscales ventajosos promovidos por las administraciones y, principalmente, de los Convenios para evitar la doble imposición (CDI) suscritos entre distintos países, era habitual y aceptado (o al menos no combatido intensamente) por las autoridades fiscales. También se han utilizado con frecuencia sociedades instrumentales localizadas en la Unión Europea (UE) con el fin de beneficiarse de tratamientos fiscales favorables previstos para los flujos de rentas (dividendos, intereses, cánones) entre empresas asociadas de la UE.

Conviene apuntar, antes de avanzar en este análisis, algunas nociones básicas de fiscalidad internacional que faciliten el seguimiento del mismo mediante un supuesto práctico que podría ser real:

Pensemos en un grupo multinacional peruano[3] que quiere desarrollar su actividad empresarial en España y para ello necesita (o le intere-

2 ATAD es el acrónimo de "Anti-Tax Avoidance Directive". Se trata de una Propuesta de Directiva para combatir el uso indebido con fines fiscales de sociedades fantasma, que modificaría la Directiva 2011/16/EU.

3 La elección de Perú para este ejemplo no es casualidad, sino que se debe a que es uno de los pocos países con los que España no ha suscrito un convenio para evitar la doble imposición.

sa) constituir una filial en España. Si decidiera que la filial española esté participada por la matriz peruana de forma directa, los beneficios que la sociedad española distribuyera a su sociedad matriz vía dividendos quedarían sometidos en España, en la actualidad, a una retención del 19%[4]. Sin embargo, si decidiera invertir en España a través de Luxemburgo (i.e. de forma que la matriz peruana participara en una sociedad luxemburguesa que, a su vez, participaría en la sociedad operativa española), los dividendos que la entidad española distribuyera a Luxemburgo estarían, en principio, exentos de tributación en España por aplicación de la Directiva Matriz-Filial de la UE[5]. Si, posteriormente, como es el caso, Luxemburgo no gravara los dividendos distribuidos desde la entidad luxemburguesa a su matriz peruana, observamos que la "interposición" de una sociedad luxemburguesa en la estructura societaria de inversión habría permitido evitar el gravamen del 19% en el IRNR español.

Ahorros fiscales similares se logran mediante la interposición, en jurisdicciones fiscalmente favorables, de entidades financieras (no reguladas) para la concesión de préstamos o de entidades en las que se localizan los intangibles de un grupo, de forma que los intereses y los cánones (royalties) que remuneran los préstamos y el uso de intangibles respectivamente, quedan exentos de retención en el país de la fuente (i.e. en el país del pagador).

Pues bien, la Propuesta de Directiva ATAD 3 trata de combatir el uso de sociedades instrumentales con fines fiscales, como podría ser el caso del ejemplo que acabamos de exponer, cuando la existencia de

---

4 Este 19% es el Impuesto sobre la Renta de los No Residentes (IRNR) que la sociedad peruana pagaría en España sobre los dividendos de fuente española, si bien dicho impuesto es retenido en la fuente por la entidad española pagadora del dividendo.

5 Directiva 2011/96/UE del Consejo de 30 de noviembre de 2022, relativa al régimen fiscal común aplicable a las sociedades matrices y filiales de Estados miembros diferentes.

dichas sociedades no se justifica por motivos económicos, legales o de negocio distintos de los fiscales y/o cuando dichas sociedades carecen de los medios humanos y/o materiales necesarios para desarrollar la actividad empresarial que predica su objeto social.

Volviendo a la historia, decíamos que el uso de este tipo de sociedades era habitual y generalmente aceptado en la última década del siglo pasado y primeros años del siglo XXI. La globalización y digitalización de la economía permitieron a grandes multinacionales, muchas de ellas con sede en EE.UU, su expansión internacional localizando los intangibles en jurisdicciones de baja tributación y haciendo uso de sociedades instrumentales en sus estructuras de inversión, financiación y cesión de intangibles.

Durante la primera década del siglo XXI surge un clamor social que reclama que las grandes multinacionales paguen lo que ha venido conociéndose como su "*fair share of tax*" (i.e. la porción de impuestos que justamente les corresponda, diríamos en español). Y los gobiernos recogen dicho clamor. Así, en el año 2013 el G20 encarga a la OCDE un trabajo para desarrollar una serie de acciones que combatan la denominada "planificación fiscal internacional agresiva". El resultado de dicho trabajo fue el denominado Plan de Acción BEPS (por sus iniciales en inglés "*Base Erosion and Profit Shifting")*, con un conjunto de 15 complejas acciones destinadas cada una de ellas a abordar y combatir un área distinta de la planificación fiscal agresiva. Entre ellas, por su relevancia para la materia que abordamos en esta nota, destacamos las acciones 5 y 6: "Combatir las prácticas tributarias perniciosas, teniendo en cuenta la transparencia y la sustancia" e "Impedir la utilización abusiva de convenios fiscales", respectivamente.

El Plan de Acción Beps, cuyas acciones se publicaron en octubre de 2015, ha marcado un antes y un después en el mundo de la fiscalidad internacional. No tanto por las numerosas y complejas normas en las que muy lentamente se va plasmando el contenido de aquellas acciones, sino por el cambio de actitud y mentalidad de las distintas partes afectadas: administraciones tributarias, grupos multinacionales y asesores fiscales.

Podemos decir sin temor a equivocarnos que ya no es posible una planificación fiscal que no vaya estrechamente ligada a la realidad del negocio. Ahora bien, el mundo de las denominadas "sociedades instrumentales" y, en particular, en lo que respecta a las entidades "holding", presenta una especial complejidad por la propia naturaleza de estas entidades, como explicaremos a continuación. Pues bien, la propuesta de Directiva ATAD 3 trata de abordar esta complejísima materia, si bien, a mi juicio, con bastante poco acierto.

II. SUSTANCIA Y MOTIVOS ECONÓMICOS VÁLIDOS DE LAS SOCIEDADES INSTRUMENTALES

El lector habrá advertido mi resistencia a utilizar la terminología de "*sociedades fantasma*" que emplea la versión española de la propuesta de Directiva por el tono peyorativo del término "fantasma". El término "sociedades instrumentales" se me antoja más neutro y, dentro de esas sociedades instrumentales, habrá que discernir entre cuáles cuentan con la sustancia y/o los motivos económicos distintos de los fiscales que legitiman su existencia y cuáles no. Sólo aquellas que carezcan de una u otros merecerían, tal vez, el calificativo de "fantasmas".

Comencemos abordando el mundo de las entidades holding que, por naturaleza y objeto social, tienen por actividad la tenencia de participaciones sociales en otras entidades. ¿De qué medios humanos y materiales debería disponer una entidad holding para entender que son adecuados para el desarrollo de su actividad?

La Dirección General de Tributos en varias consultas vinculantes[6] sobre el régimen de las Entidades de Tenencia de Valores Extranjeros

---

[6] V0411-12, V1065-16, entre otras.

(ETVE)[7] consideró que la actividad de una entidad holding es muy limitada, consistente básicamente en ejercer sus derechos y obligaciones como accionista de sus filiales, gestionar las participaciones (que no la actividad de las participadas), adoptar decisiones de inversión y desinversión, gestionar la caja que obtenga vía dividendos o procedente de la venta de participaciones, ... y poco más. Por ello, consideró la DGT que los medios humanos y materiales adecuados para desarrollar su actividad podrían limitarse a la existencia en el órgano de administración de la compañía de una persona conocedora de las inversiones y de la estrategia de inversión, de forma que tuviera la capacidad necesaria para la toma de decisiones. En otras palabras, la DGT venía a decir que carecerían de los medios adecuados aquellas sociedades holding cuyo órgano de administración estuviera integrado por personas ajenas al negocio facilitadas por despachos de abogados o por firmas de servicios contables y administrativos.

Esta posición de la DGT en el marco del régimen de las ETVE parece razonable si se parte de la legitimidad de la existencia de sociedades holding con ese mínimo cometido "inversor o de gestión de las participaciones" que probablemente no pueda llegar a calificarse de actividad empresarial. Nótese que las ETVE no "hacen daño" al fisco español, pues no afecta a la recaudación en España[8] .

---

7 Este es un régimen fiscal especial para entidades holding españolas que se introdujo en los años 90 y que ha sido ampliamente utilizado por grupos internacionales para canalizar sus inversiones en Latinoamérica. Con ello, en muchas ocasiones, persiguen los beneficios fiscales que proporciona la nutrida red de Convenios de doble imposición de España con países latinoamericanos.

8 Un grupo multinacional sin operaciones en España puede decidir constituir una ETVE en España para invertir en Latam. Esto no daña la capacidad recaudatoria de la Administración española, pero sí puede dañar la recaudación de las administraciones tributarias de los países latinoamericanos que se verán, en principio, obligadas a conceder una tributación más favorable en aplicación de los CDI suscritos con España.

Sin embargo, la posición de la Administración española, en particular de la Inspección de la Agencia Tributaria, en materia de entidades holding ha sido muy distinta a la establecida por la DGT en relación con las ETVE cuando se ha tratado de discernir si una entidad holding, por ejemplo, luxemburguesa, que percibe dividendos de una entidad española cuenta con la sustancia suficiente (i.e. medios humanos y/o materiales adecuados para la gestión de las participaciones). Nótese que, en estos casos, al contrario de lo que ocurría con las ETVE, sí está en juego la capacidad recaudatoria de la Administración española. Pues bien, sin ánimo de entrar en demasiados detalles, debemos señalar que han sido frecuentes las inspecciones en las que se ha denegado la exención en el IRNR de dividendos satisfechos a entidades de la UE cuando la mayoría de los derechos de voto estaban en manos de personas no residentes en la UE sobre la base de que dichas entidades o bien carecían de sustancia (a pesar de tener órganos de administración como los que la DGT exige para las ETVE) y/o no se apreciaban motivos económicos distintos de los fiscales que justificasen su existencia.

Sobra decir que la prueba de la existencia de medios adecuados o de motivos económicos válidos para legitimar estas entidades será normalmente una tarea compleja. En muchas ocasiones estas sociedades instrumentales obedecen a exigencias de las entidades financieras para aislar riesgos o para facilitar la ejecución de garantías; en otras aglutinan a un pool de inversores, etc.

Estas discusiones sobre la sustancia y motivos económicos de las sociedades instrumentales, aunque distintas, guardan una estrecha relación con las discusiones sobre el "beneficiario efectivo". Son muchos los CDI que requieren que la entidad que percibe las rentas sea el beneficiario efectivo de las mismas para que los beneficios del CDI resulten aplicables.

En materia de beneficiario efectivo debemos hacer una mención especial a las sentencias del Tribunal de Justicia de la Unión Europea (TSJUE) de febrero de 2019[9] recaídas en los denominados "casos daneses", en las que el TSJUE tomaba un claro partido a favor de la lucha contra el uso de sociedades instrumentales. Nuestros tribunales económico-administrativos pronto se hicieron eco de los criterios del TSJUE en los casos daneses si bien posteriormente la Audiencia Nacional ha venido a matizar la aplicación agresiva del concepto de beneficiario efectivo por parte de la Administración tributaria[10].

III. LA PROPUESTA DE DIRECTIVA ATAD3

Hasta aquí he tratado de delimitar el complejo campo de juego en el que se desenvuelve la propuesta de Directiva. El legislador europeo pretende acometer en la Directiva, que deberá ser posteriormente traspuesta por los Estados miembros en sus respectivos ordenamientos internos, una tarea que se me antoja imposible al tiempo que desacertada.

El objeto de la Propuesta de Directiva es identificar aquellas entidades instrumentales que carezcan de sustancia o de motivos económicos válidos distintos de los fiscales, para a continuación negarles los certificados de residencia fiscal que les permitirían acceder a los beneficios fiscales previstos en los CDI y en varias Directivas europeas.

Para ello baja al terreno de juego y utiliza una técnica legislativa propia de los años 90 del siglo pasado. Como decía en la introducción de esta nota al hacer un poco de historia, en los años 90 era habitual y

---

9 Concretamente, se trata de las sentencias dictadas el 26 de febrero, en los asuntos acumulados C-116/16 y C-117/16, por un lado, y C-115/16, C-118/16, C-119/16 y C-299/16, por otro.

10 SAN 2467/2021 de 21 de mayo y SAN 3390/2021 de 10 de junio.

generalmente aceptado el uso de sociedades instrumentales con fines fiscales. No obstante, siempre sobrevoló una sombra de duda sobre la legitimidad de esas sociedades instrumentales por lo simple y burdo de aquella planificación fiscal: por ejemplo, grupo americano que quiere invertir en España triangula la inversión a través de Holanda (constituyendo una sociedad vacía –"fantasma"– en Holanda) que le permita una repatriación de dividendos o intereses desde España de forma más efectiva que si hubiera llevado a cabo la inversión o la financiación directamente desde los EE.UU.

En aquellos años eran frecuentes en las firmas de asesoría fiscal memorandos con una serie de recomendaciones para fortalecer la "sustancia" de estas sociedades instrumentales y al mismo tiempo reafirmar la residencia fiscal por sede de dirección efectiva de las mismas[11]: cuenta bancaria en el país de residencia, administradores residentes en el mismo país, oficinas a disposición de la sociedad, llevanza de la contabilidad en las mismas, etc.

Pues bien, en la Propuesta de Directiva ATAD 3 observamos una réplica bastante exacta de aquellos memorandos de los años 90. Para que estas sociedades instrumentales no sean sospechosas de estar constituidas por motivos fiscales, se establecen requisitos tales como la existencia de, al menos, cinco empleados; que la mayoría de los administradores sean residentes en el país de constitución de la sociedad; que se cuente con oficinas y cuenta bancaria en el país, etc. Incluso, en los tiempos de las nuevas tecnologías y del teletrabajo, se llega a valorar en la Propuesta de Directiva que los administradores residan bien en el estado miembro de la entidad o fuera del mismo, pero a una distancia tal que le permita desarrollar adecuadamente sus funciones ... igno-

---

11 Una sociedad BV holandesa con sede de dirección efectiva en España será considerada residente fiscal en España y tributará en nuestro país por su renta mundial, aunque siga siendo una sociedad holandesa a efectos mercantiles.

rando que dichas funciones probablemente puedan ser perfectamente desarrolladas en remoto.

Como señalaba, el objetivo de la Propuesta de Directiva se me antoja de imposible consecución: positivizar en una norma escrita cuándo una entidad tiene o no la sustancia suficiente como para que no se cuestionen los beneficios fiscales a los que pretende acceder. Al mismo tiempo, la metodología empleada resulta temerosamente inadecuada: la fijación de requisitos mínimos de sustancia podría llevar a más de un grupo empresarial o inversor a considerarse a salvo de normas generales antiabuso y legitimado a disfrutar de beneficios fiscales si cumple formalmente con esos requisitos de sustancia mínima, aunque esa sustancia mínima se consiga mediante recursos humanos e inmateriales artificiosos por lo innecesario de los mismos.

No descarto que, de salir adelante la Directiva en los términos de la actual propuesta, llegue a convertirse en una invitación para que los grupos multinacionales continúen usando este tipo de sociedades instrumentales con fines exclusiva o principalmente fiscales, confiando en que el cumplimiento de los requisitos formales de sustancia establecidos en la misma (un tanto obsoletos) les proporcione la ansiada seguridad jurídica frente a administraciones y tribunales.

PARTE V.
La Directiva sobre diligencia debida de las empresas en materia de sostenibilidad

SOSTENIBILIDAD Y DEBER DE DILIGENCIA DE EMPRESAS Y ADMINISTRADORES: DE *SOFT LAW* A *HARD LAW*

Dr. Daniel Vázquez Albert
Catedrático de Derecho Mercantil
Universidad de Barcelona

SUMARIO: I. LA INMINENTE DIRECTIVA SOBRE DEBER DE DILIGENCIA EN MATERIA DE SOSTENIBILIDAD: UN CAMBIO DE PARADIGMA. II. EL NUEVO DEBER DE DILIGENCIA COMO COMPLEMENTO AL VIGENTE DEBER DE INFORMACIÓN. 1. Deber de información: información no financiera. 2. Deber de diligencia: acciones específicas. III. EMPRESAS AFECTADAS POR EL DEBER DE DILIGENCIA. 1. Sostenibilidad y grandes empresas (europeas y no europeas). 2. Sostenibilidad y grupos de sociedades: levantamiento del velo societario. 3. Sostenibilidad y socios comerciales: garantías contractuales y la cláusula social. IV. RESPONSABILIDAD DE EMPRESAS Y ADMINISTRADORES Y SU EXONERACIÓN. 1. Responsabilidad civil y administrativa de las empresas. 2. Responsabilidad civil y administrativa de los administradores. 3. Interés social vs. interés de la empresa: socios vs. *stakeholders*. 4. Concepto amplio de administrador: directivo, apoderado y administrador de hecho. 5. Exoneración de responsabilidad y *compliance* de sostenibilidad. Bibliografía.

I. LA INMINENTE DIRECTIVA SOBRE DEBER DE DILIGENCIA EN MATERIA DE SOSTENIBILIDAD: UN CAMBIO DE PARADIGMA

El fenómeno de la sostenibilidad se encuentra próximo a dar un salto de gigante, cristalizado en la futura Directiva sobre diligencia debida de las empresas en materia de sostenibilidad. La Propuesta de Directiva fue aprobada por la Comisión Europea con fecha de 23 de febrero de 2022[1] y, tras un largo periplo de dos años, ha encontrado una solución de compromiso en el texto aprobado por el Consejo Europeo con fecha de 15 de marzo de 2024, lo que allana el camino para su inminente aprobación por el Parlamento Europeo. Esta Directiva permite vislumbrar un cambio de paradigma en la medida en que está llamada a incrementar significativamente el alcance y la intensidad del movimiento hacia un desarrollo sostenible.

Como se desarrollará más adelante, la Directiva impone a las grandes empresas un deber de diligencia (*due diligence*) en materia de sostenibilidad, deber que se desarrolla en diversas obligaciones, entre las que cabe mencionar la detección, prevención y remoción de efectos adversos reales o potenciales sobre el medio ambiente y los derechos humanos. El incumplimiento de este deber genera una potencial responsabilidad civil y administrativa de las empresas infractoras, así como de sus administradores.

Aunque se trata de una norma europea, su impacto va a ser global, pues afectará a gran parte de las multinacionales, sea porque son europeas, sea porque operan en territorio europeo. Pero no sólo afectará a las grandes multinacionales, sino también a una legión de pequeñas y medianas empresas, europeas o no europeas, cuya operativa se encuentra estrechamente vinculada a dichas multinacionales, sea porque sean filiales pertenecientes al mismo grupo de empresas, sea porque sean socios comerciales con vínculos contractuales permanentes (proveedores, contratistas, distribuidores, etc.). Así, aunque, según las cifras que maneja la Comisión Europea, la próxima normativa afectará directamente a unas 20.000 grandes empresas, europeas y no europeas, el número de pymes indirectamente afectadas es incalculable.

1 Propuesta de Directiva del Parlamento Europeo y del Consejo sobre diligencia debida de las empresas en materia de sostenibilidad y por la que se modifica la Directiva (UE) 2019/1937.

El impacto es todavía mayor si se considera que, con esta pieza normativa, se pretende una cierta aplicación extraterritorial del modelo europeo de sostenibilidad, caracterizado por unos elevados estándares que no tienen parangón en otras latitudes.

La sostenibilidad es un concepto que nació hace más de tres décadas, pero que en los últimos años ha ganado una creciente importancia en nuestra sociedad a todos los niveles. Una manifestación de su importancia global lo simboliza el hecho de que en 2015 las Naciones Unidas adoptaran los célebres 17 Objetivos de Desarrollo Sostenible (ODS). Estos objetivos forman parte de la Agenda de Desarrollo Sostenible, que efectúa un llamamiento universal a los 193 Estados Miembros para alcanzar dichos objetivos en 2030 y así poner fin a la pobreza, proteger el planeta y mejorar las vidas y las perspectivas de las personas en todo el mundo. Por todo ello, la literatura jurídica y económica sobre este fenómeno es vastísima[2].

---

2 *Vid.*, en nuestra doctrina, MARTÍNEZ-ECHEVARRÍA, A. (dir.), *Gobierno corporativo, sostenibilidad y reputación*, Aranzadi, 2022; PEINADO GRACIA, J.I., "La sostenibilidad y el deber de diligencia de los administradores", *Revista de Derecho Mercantil*, núm. 311, 2019, p. 11-48; EMBID IRUJO, J.M. y DEL VAL TALENS, P., *La responsabilidad social corporativa y el derecho de sociedades de capital: entre la regulación legislativa y el "soft law"*, Agencia Estatal Boletín Oficial del Estado, 2016; EMBID IRUJO, J.M., "Hacia la regulación jurídica de la responsabilidad social corporativa", *Empresa, economía y sociedad: homenaje a Vicente Salas Fumás*, José Manuel Delgado Gómez et altri (dirs.), Funcas, 2021, pp. 367-396; ID., "La vertiente no financiera (responsabilidad social corporativa y sostenibilidad) en la reciente evolución del derecho español", en *Gobierno corporativo, sostenibilidad y reputación*, Martínez-Echevarría, A. (dir.), Aranzadi, 2022, p. 33-60; ID., "Discrecionalidad empresarial y responsabilidad social corporativa", *Derecho de sociedades y de los mercados financieros: libro homenaje a Carmen Alonso Ledesma*, Isabel Fernández Torres et altri (coords.), Iustel, 2018, pp. 197-214; SEQUEIRA MARTÍN, A., "El desarrollo de la responsabilidad social corporativa versus sostenibilidad, y su relación con el gobierno corporativo en las directivas comunitarias y en el

Los ODS operan como un verdadero catalizador de reformas como las que promueve la Propuesta de Directiva comentada. Esta pieza normativa se sumará al extenso puzzle de normas que ya conforman lo que podría denominarse el Derecho de la sostenibilidad. Se trata de un nuevo *corpus* normativo, caracterizado por su transversalidad, pues agrupa normas de derecho público y privado, normas generales y sectoriales, que abarcan gran parte de los sectores, si no todos ellos, pero especialmente algunos tan relevantes como el de la energía, la salud, los transportes, el financiero, el urbanístico, la contratación, y por supuesto también el industrial, agrícola, ganadero, pesquero, etc.

Entre nosotros, este *corpus* normativo sobre sostenibilidad sigue ganando músculo, espoleado por la regulación europea. Ya hace más de diez años de la aprobación de la importante Ley 2/2011, de 4 de marzo, de Economía Sostenible. Pero es que las dos primeras leyes aprobadas en 2023, , están directa o indirectamente relacionadas con la sostenibilidad.

La primera es la Ley 1/2023, de 20 de febrero, de Cooperación para el Desarrollo Sostenible y la Solidaridad Global. Y la segunda, la revolucionaria Ley 2/2023, de 20 de febrero, reguladora de la protección de las personas que informen sobre infracciones normativas y de lucha contra la corrupción. Esta última pretende promover el cum-

---

derecho español de sociedades cotizadas", *Revista de Derecho de Sociedades*, núm. 61, 2021, pp. 33-133; GRAS SAGRERA, J y BERNAUS, M., "La responsabilidad civil de los administradores sociales por incumplimiento del deber de diligencia en materia de criterios de sostenibilidad", en *Estudios jurídicos sobre sostenibilidad: Cambio climático y criterios ESG en España y la Unión Europea*, J.M. de Paz Arias (dir.), Aranzadi, 2023, pp. 539-560.

En la literatura europea, específicamente sobre la Propuesta, *vid.*, PATZ, C., "The EU's Draft Corporate Sustainability Due Diligence Directive: A First Assessment", *Business and Human Rights Journal*, vol. 7(2), 2022, pp. 291-297.

plimiento de las normas mediante la protección de los denominados "*whistleblowers*", una de las piezas claves para impulsar la sostenibilidad, pues es la base de una de las medidas que las grandes empresas deberán adoptar en forma de canales de denuncia, a fin de permitir que personas y organizaciones puedan denunciar irregularidades que deben ser analizadas por las empresas afectadas.

En esta misma dirección, nuestra Ley 18/2022, de 28 de septiembre, de creación y crecimiento de empresas, ha admitido en nuestro ordenamiento, pendiente de desarrollo reglamentario, las conocidas internacionalmente como Empresas B (*B Corps* o *benefit corporations*), a las que viene a denominar Sociedades de Beneficio e Interés Común (Disposición adicional décima). Se trata de sociedades de capital que, voluntariamente, deciden recoger en sus estatutos su compromiso con la generación explícita de impacto positivo a nivel social y medioambiental a través de su actividad.

En este contexto, la efectiva consecución de los objetivos de sostenibilidad viene en gran medida determinada por el marco normativo que los países desplieguen con este fin.

Inicialmente, la estrategia de los países para desarrollar la sostenibilidad se ha impulsado sobre todo a través de normas no vinculantes, tales como recomendaciones de cumplimiento voluntario, lo que se conoce como *soft law*. La predilección por este mecanismo regulador se fundamenta en sus evidentes fortalezas. Por ejemplo, su mayor y mejor flexibilidad y adaptación a las particularidades y necesidades de cada una de las organizaciones destinatarias, así como la mayor implicación de las mismas en su cumplimiento. Pero probablemente la principal ventaja radica en el menor coste económico que supone su cumplimiento, lo que es especialmente relevante cuando sus destinatarios son pequeñas y medianas empresas y/o cuando existe una situación de crisis económica que dificulta el cumplimiento.

En contraste con lo anterior, se vislumbra en la actualidad una tendencia a promover normas de carácter vinculante (*hard law*). El cambio de planteamiento se debe en cierta medida al intento de superar la principal debilidad de los mecanismos de *soft law*, consistente en el riesgo de infra-cumplimiento o, incluso, de flagrante incumplimiento. Esta debilidad tiene su epítome en la práctica empresarial, cada vez más frecuente, que se ha denominado *greenwashing* (ecoblanqueo), práctica que el legislador europeo en materia financiera ha definido como "*la práctica de obtener una ventaja competitiva desleal comercializando un producto financiero como respetuoso con el medio ambiente cuando, en realidad, no cumple los requisitos medioambientales básicos*"[3].

En materia de sostenibilidad, este fenómeno de solidificación normativa que supone el paso de *soft law* a *hard law* viene impulsado por una decidida estrategia política dirigida al efectivo cumplimiento de los mencionados objetivos de desarrollo sostenible.

Es evidente que las empresas son uno de los principales actores y destinatarios de la estrategia de sostenibilidad asumida por los poderes públicos. En este punto la sostenibilidad intersecciona con otro fenómeno con el que presenta notables similitudes, pero también diferencias: la responsabilidad social de la empresa, también conocida como responsabilidad social corporativa, por influencia del término anglosajón *corporate social responsibility*. Fenómeno que la Comisión Europea ha definido como "*la integración voluntaria, por parte de las empresas, de las preocupaciones sociales y medioambientales en sus operaciones comerciales y sus relaciones con sus interlocutores sociales*". Sin duda, la futura Directiva va a incentivar también un mayor de-

---

3 Reglamento (UE) 2020/852 del Parlamento Europeo y del Consejo de 18 de junio de 2020 relativo al establecimiento de un marco para facilitar las inversiones sostenibles y por el que se modifica el Reglamento (UE) 2019/208.

sarrollo de esta todavía incipiente cultura de la responsabilidad social corporativa.

II. EL NUEVO DEBER DE DILIGENCIA COMO COMPLEMENTO AL VIGENTE DEBER DE INFORMACIÓN

1. Deber de información: información no financiera

La Directiva supone un importante paso adelante respecto al *statu quo* actual, entre otros motivos porque el régimen vigente gira en torno al deber de información de las empresas sobre su política y acciones de sostenibilidad, mientras que el futuro régimen pivotará sobre un deber de diligencia que se desarrolla normativamente con una considerable exhaustividad e intensidad y se acompaña del consiguiente régimen de responsabilidad, deber de diligencia que no remplaza sino que complementa el mencionado deber de información. Es decir, se pasa de un rol más pasivo de la empresa, basado en la mera información, a un rol más proactivo basado en la adopción de medidas preventivas y reactivas.

Entre nosotros, este deber de información en materia de sostenibilidad se refleja en la normativa contable contenida tanto en la Ley de Sociedades de Capital (LSC), para este tipo de sociedades, como en el Código de Comercio (CCom.), para todas las empresas en general. Su redacción actual proviene de la reforma operada a estos específicos efectos por la Ley 11/2018, de 28 de diciembre, en implementación de la Directiva 2014/95/UE del Parlamento Europeo y del Consejo, de 22 de octubre de 2014, que a su vez modifica la Directiva 2013/34/UE en lo que respecta a la divulgación de información no financiera e información sobre diversidad.

Así, se exige que el informe de gestión de las sociedades de capital obligadas a formularlo incluya indicadores "*de carácter no financiero, que sean pertinentes respecto de la actividad empresarial concreta, incluida información sobre cuestiones relativas al medio ambiente, al personal y al cumplimiento de reglas en materia de igualdad y no discriminación y discapacidad*" (art. 262.1 LSC).

El legislador sólo exige el cumplimiento de esta obligación a las grandes empresas, eximiendo por tanto a las pequeñas y medianas. De este modo, sólo deben proporcionar la información no financiera las sociedades en las que concurran los siguientes requisitos:

> "*a) Que el número medio de trabajadores empleados durante el ejercicio sea superior a 500.*
>
> *b) Que, o bien tengan la consideración de entidades de interés público de conformidad con la legislación de auditoría de cuentas, o bien, durante dos ejercicios consecutivos reúnan, a la fecha de cierre de cada uno de ellos, al menos dos de las circunstancias siguientes:*
>
> *1.º Que el total de las partidas del activo sea superior a 20.000.000 de euros.*
>
> *2.º Que el importe neto de la cifra anual de negocios supere los 40.000.000 de euros.*
>
> *3.º Que el número medio de trabajadores empleados durante el ejercicio sea superior a doscientos cincuenta*".

Por su parte, la normativa contable aplicable a los grupos de sociedades establece que "*el estado de información no financiera consolidado incluirá la información necesaria para comprender la evolución, los resultados y la situación del grupo, y el impacto de su actividad respecto, al menos, a cuestiones medioambientales y sociales, al respeto de los derechos humanos y a la lucha contra la corrupción y el soborno, así como relativas al personal, incluidas las medidas que, en su caso, se hayan adoptado para favorecer el principio de igualdad de trato y de oportunidades entre mujeres y hombres, la no discriminación e inclusión de las personas con discapacidad y la accesibilidad universal*" (art. 49.6 CCom.).

El propio CCom., en este mismo precepto, desarrolla minuciosamente la información no financiera que debe incorporarse en las cuentas anuales, incluyendo la relativa a la sostenibilidad y, en particular a las siguientes cuestiones:

- cuestiones medioambientales (contaminación, economía circular y residuos, uso sostenible de recursos, cambio climático, etc.),
- cuestiones sociales y relativas al personal (empleo y su remuneración, organización del trabajo, salud y seguridad, relaciones sociales con los trabajadores, formación, discapacidad, igualdad de género, etc.)
- cuestiones relativas a la sociedad en general (compromiso con el desarrollo sostenible, subcontratación y proveedores, consumidores, fiscalidad, etc.).

Entre otras informaciones a incluir conviene destacar las siguientes.

> *"e) Indicadores clave de resultados no financieros que sean pertinentes respecto a la actividad empresarial concreta, y que cumplan con los criterios de comparabilidad, materialidad, relevancia y fiabilidad. Con el objetivo de facilitar la comparación de la información, tanto en el tiempo como entre entidades, se utilizarán especialmente estándares de indicadores clave no financieros que puedan ser generalmente aplicados y que cumplan con las directrices de la Comisión Europea en esta materia y los estándares de Global Reporting Initiative, debiendo mencionar en el informe el marco nacional, europeo o internacional utilizado para cada materia. Los indicadores clave de resultados no financieros deben aplicarse a cada uno de los apartados del estado de información no financiera. Estos indicadores deben ser útiles, teniendo en cuenta las circunstancias específicas y coherentes con los parámetros utilizados en sus procedimientos internos de gestión y evaluación de riesgos. En cualquier caso, la información presentada debe ser precisa, comparable y verificable".*

Este inciso refleja uno de los talones de Aquiles de este sistema de información. A diferencia de la información financiera, basada en parámetros numéricos que pueden más fácilmente ofrecer una información "*precisa, comparable y verificable*", la información no financiera adolece de mayor ambigüedad en el cumplimiento de estos parámetros, porque faltan estándares definidos en cuanto a su "*comparabilidad, materialidad, relevancia y fiabilidad*". Este y otros aspectos de esta regulación sobre la información no financiera han sido objeto de crítica desde el sector empresarial y de la auditoría.

Precisamente para cubrir el déficit relativo a la falta de estándares sobre sostenibilidad, el legislador europeo ha modificado la vigente normativa mediante la aprobación de la nueva Directiva (UE) 2022/2464 del Parlamento Europeo y del Consejo de 14 de diciembre de 2022, relativa a la presentación de información sobre sostenibilidad por parte de las empresas.

Esta reforma, que deberá implementarse de manera escalonada según el tamaño de las empresas en 2024, 2025 o 2026, introduce obligaciones de información todavía más detalladas, garantiza el acceso digital a la información y promueve estándares sobre sostenibilidad a nivel global. En la actualidad, se está tramitando la incorporación de esta Directiva de 2022, que debe transponerse antes de julio de 2024, sobre la base del Anteproyecto de Ley por la que se regula el marco de información corporativa sobre cuestiones medioambientales, sociales y de gobernanza, de mayo de 2023.

2. Deber de diligencia: acciones específicas

Según se ha avanzado la Directiva focaliza su atención en dos ámbitos clave de la sostenibilidad (medio ambiente y derechos humanos), pero que no agotan su campo de aplicación. En este punto, es necesario recordar que el desarrollo sostenible es un fenómeno amplio que se despliega en tres grandes ámbitos interconectados entre sí, lo que se conoce como los tres pilares de sostenibilidad:

la *sostenibilidad medioambiental*, dirigida a preservar el medio ambiente y el uso racional de los recursos naturales sin renunciar al progreso económico y social; la *sostenibilidad social*, que pretende promover el empleo de calidad, la igualdad de oportunidades y la cohesión social; y la *sostenibilidad económica*, que impulsa un crecimiento económico que genere riqueza de forma responsable y equitativa a largo plazo.

El deber de diligencia impuesto en la Directiva se despliega a través de hasta siete categorías de acciones o medidas específicas.

1. Integración de la diligencia debida en las políticas de la empresa.

   La Directiva obliga a las empresas afectadas a implantar una política de diligencia debida, lo que principalmente supone la elaboración de un código de conducta en el que deben describirse las normas y principios a los que deben sujetarse los empleados y las filiales, así como una descripción de los procesos establecidos en aplicación de dicha política, incluyendo medidas para comprobar el cumplimiento del código de conducta (art. 5).

2. Detección de los efectos adversos reales y potenciales.

   Las empresas deben adoptar medidas adecuadas para detectar los efectos adversos reales y potenciales (art. 6). La mención a efectos "*reales o potenciales*" indica la voluntad de anticipar la protección cuando exista el riesgo de materialización de los eventuales daños. Para las empresas sujetas a la Propuesta, por pertenecer a sectores específicos (textil, agricultura, pesca, minerales, etc.), a pesar de no alcanzar los umbrales fijados como criterio general, la Directiva indica que sólo deberán detectar los efectos adversos "*graves*". Interpretado a contrario, supone que, en el grupo estándar de empresas sujetas, la detección afecta a "*todos*" los efectos adversos, sean o no "*graves*", lo que evidencia de nuevo la intensidad de la protección que se busca.

3. Prevención de efectos adversos potenciales.

   Las empresas sujetas deben adoptar medidas adecuadas para prevenir los efectos adversos o, cuando la prevención no sea posible o no lo sea de forma inmediata, para mitigar suficientemente dichos efectos adversos (art. 7). La Directiva desarrolla especialmente estas medidas relacionadas con los socios comerciales de las empresas sujetas, lo que se tratará más adelante al abordar este punto.

4. Eliminación o mitigación de los efectos adversos reales.

   Las empresas sujetas deben eliminar o, cuando esto no sea posible, minimizar los efectos adversos (art. 8). Entre otras medidas de eliminación o mitigación se indican las siguientes: el pago de indemnizaciones por daños y perjuicios a las personas o comunidades afectadas y la elaboración de un plan de acción correctiva.

5. Procedimiento de denuncia.

   Las empresas sujetas deben ofrecer un procedimiento de denuncia a las personas u organizaciones afectadas o que pudieran resultarlo que permita a dichos afectados presentar denuncias y que dichas denuncias sean debidamente tramitadas (art. 9). En nuestra legislación, este procedimiento ha sido desarrollado recientemente mediante la Ley 2/2023, de 20 de febrero, reguladora de la protección de las personas que informen sobre infracciones normativas y de lucha contra la corrupción.

6. Supervisión periódica.

   Las empresas deben llevar a cabo evaluaciones periódicas de sus propias operaciones y medidas a fin de supervisar la eficacia de la detección, prevención, mitigación, eliminación y minimización de los efectos adversos (art. 10). Se exige que se base en indicadores cualitativos y cuantitativos y que se lleven a cabo al menos cada doce meses, así como cuando existan motivos para creer que han surgido nuevos y significativos riesgos.

7. Comunicación pública.

   La Directiva exige que las empresas que no están sujetas a presentar información sobre sostenibilidad en virtud de la Directiva 2013/34/UE publiquen en su página web una declaración anual de sostenibilidad con los contenidos específicos que se desarrollarán en un futuro (art. 11).

III. EMPRESAS AFECTADAS POR EL DEBER DE DILIGENCIA

1. Sostenibilidad y grandes empresas (europeas y no europeas)

Las grandes empresas, principalmente multinacionales, son las directamente obligadas por la Directiva a cumplir con el deber de diligencia en sostenibilidad. Aunque el concepto de empresa que se maneja se centra en las que adoptan la forma de sociedad de capital, incluye también las que denomina "*empresas financieras reguladas*", con independencia de su forma jurídica, lo que permite abarcar fondos de inversiones y de pensiones (art. 3.a).

La utilización del criterio del tamaño, por el que quedan sujetas las grandes empresas y exentas las pymes, es un parámetro general de la normativa en materia de sostenibilidad. La *ratio* es evidente: las grandes empresas son las que potencialmente pueden crear mayores efectos adversos en la sostenibilidad y, por otra parte, pueden asumir más fácilmente los costes que implica el desarrollo de medidas para prevenir dichos efectos adversos.

Sobre esta base general, la Directiva, en su redacción dada por el Consejo Europeo en marzo de 2024, dibuja dos categorías de empresas sujetas a sus normas (art. 2.1 y 2.2):

(i) empresas europeas

(ii) empresas

no europeas muy grandes;

(iv)

La versión de 2024 elimina el régimen especial de sectores que potencialmente pueden generar mayores riesgos a efectos de sostenibilidad (textil, agricultura, pesca, minerales, etc.). En la versión previa no se exigía para las empresas de estos sectores se tratase de megaempresas, sino que bastaba con que fueran grandes empresas, de modo que basta que tengan una media de 250 empleados y un volumen de 40 millones de euros.

Es remarcable que la propia Directiva ofrece unos datos suministrados por la Comisión sobre el número de empresas sujetas a la misma. En general, afectaría a unas 13.000 empresas europeas y a unas 4.000 no europeas. A su vez, dentro de las 13.000 empresas europeas, unas 9.400 serían megaempresas, mientras que otras 3.400 serían empresas sectoriales. A su vez, entre las 4.000 empresas no europeas, 2.600 serían megaempresas, mientras que otras 1.400 serían empresas sectoriales.

Uno de los rasgos más destacables y controvertidos de esta clasificación es el de la extraterritorialidad, en cuando que se pretende extender el deber de diligencia a empresas no europeas, pero que desarrollan una parte importante de su actividad en Europa. Pero, más allá de esta importante extraterritorialidad, esta clasificación suscita los siguientes comentarios respecto a cada categoría:

(i) Empresas europeas muy grandes (megaempresas).

La Directiva se aplica a las empresas europeas que cumplan con alguno de los tres siguientes parámetros: (i) una media de más de 1.000 trabajadores y un volumen de negocios mundial neto superior a 450 millones de euros; (ii) ser la sociedad dominante de un grupo de sociedades que alcance los parámetros del apartado anterior; (iii) ser una sociedad o una sociedad dominante de un grupo de sociedades titulares de acuerdos de franquicia o de licencia en la Unión Euopea cuyos cánones superen los 22,5 millones de euros y un volumen de negocios mundial neto superior a los 80 millones de euros.

Es ilustrativo comparar el ámbito de aplicación del deber de diligencia con el del deber de información analizado más arriba, porque, con carácter general, el deber de información sujetaría a un mayor número de empresas que el deber de diligencia. Recordemos que el deber de información se exige a empresas que, aun siendo grandes, no son las megaempresas definidas como categoría general en la Directiva, porque dicho deber de información sujeta a empresas con más de 250 trabajadores y un volumen de negocio superior a los 40 millones de euros.

Probablemente, el legislador europeo ha querido moderar el salto cualitativo que supone pasar de un simple deber de información a un deber de diligencia más intenso, estableciendo en este último caso un umbral más elevado que abarque solo a empresas de grandes dimensiones, más allá de las que tradicionalmente se consideran grandes empresas.

Debe precisarse que la Directiva omite el parámetro de los activos, que sí es uno de los considerados en relación con el deber de información y que, como hemos visto, se fija en un valor superior a los 20 millones de euros.

Por otra parte, obsérvese que el parámetro del volumen de negocios no se mide en relación con el ámbito territorial del Estado Miembro de constitución de la empresa de referencia, ni siquiera al ámbito territorial de la Unión Europea en su conjunto, sino que abarca la operativa de la empresa en todo el mundo. Lo cual facilita la inclusión en el perímetro de la norma de empresas que no entrarían en el mismo por su operativa local, pero sí por la global.

(ii) Empresas no europeas muy grandes (megaempresas) con una facturación en Europa muy elevada.

Esta categoría de aplicación extraterritorial se centra en megaempresas no europeas, utilizando como criterio único el de su volumen de negocios neto en el ámbito territorial de la Unión Europea. Ello con independencia del número de trabajadores, porque la Comisión Europea considera que el concepto de trabajador impide aplicar una metodología precisa que calcule el número de trabajadores y por tanto identifique la pertenencia a uno u otra categoría de empresa.

Así, la Directiva se aplica a las empresas no europeas que cumplan con alguno de los tres siguientes parámetros: (i) un volumen de negocios neto en la Unión Europea superior a 450 millones de euros; (ii) ser la sociedad dominante de un grupo de sociedades que alcance los parámetros del apartado anterior; (iii) ser una sociedad o una sociedad dominante de un grupo de sociedades titulares de acuerdos de franquicia o de licencia en la Unión Euopea cuyos cánones superen los 22,5 millones de euros y un volumen de negocios mundial neto superior a los 80 millones de euros

Esta categoría intenta que queden sujetas las grandes multinacionales, la inmensa mayoría de ellas anglosajonas (americanas y británicas), que desarrollan una amplia operativa en Europa. Esta extraterritorialidad es conflictiva, porque la sensibilidad europea y anglosajona en materia de sostenibilidad no es siempre coincidente. La aproximación más social europea, frente a la más liberal en el mundo anglosajón, creará sin duda tensiones normativas.

(iv) Empresas no europeas grandes de sectores específicos con una facturación elevada en Europa.

Esta categoría cubre grandes empresas no europeas que operan en los sectores, antes mencionados, que resultan potencialmente más peligrosos para la sostenibilidad. Para ello reduce el umbral de 150 a 40 millones de euros de volumen de negocios neto en la Unión Europea. Exigiendo que al menos la mitad de esta facturación se genere en uno o varios de dichos sectores. Al igual que sucedía en la anterior categoría, la extraterritorialidad de la norma planteará seguramente no pocos conflictos.

2. Sostenibilidad y grupos de sociedades: levantamiento del velo societario

La Directiva impacta directamente sobre los grupos de empresas. En este punto, considera que el deber de diligencia de las empresas (y la eventual responsabilidad civil por su infracción) no sólo alcanza a la propia operativa de estas últimas, sino también a la operativa realizada por sus filiales. Es decir, regula la operativa de las filiales como si se trataran de sucursales de la empresa, cuando las primeras poseen una personalidad jurídica separada e independiente de su sociedad matriz o dominante, a diferencia de lo que sucede con las sucursales. A efectos prácticos, supone un "levantamiento del velo" de la personalidad jurídica de las sociedades filiales.

Sobre esta base, la Directiva extiende explícitamente a las sociedades filiales de las empresas afectadas todas y cada una de las obligaciones y acciones contempladas en desarrollo del deber de diligencia en materia de responsabilidad (arts. 5-11).

Además, se parte de un concepto amplio de grupo, al remitirse para definir el término "*filial*" de la Propuesta a la definición de "*empresa controlada*", recogida en la Directiva 2004/109/CE sobre transparencia de los emisores de valores (art. 3.a.d). Esta última Directiva incluye un concepto de grupo que es similar al contenido en nuestra normativa (art. 42. CCom.), pero con la importante salvedad que es más amplio, puesto que mientras nuestro sistema se basa estrictamente en el criterio del control de una persona jurídica, la mencionada Directiva sigue un concepto más amplio al añadir la "*influencia dominante*" de una persona física o jurídica. De modo que será "*empresa controlada*" toda empresa "*sobre la cual una persona física o jurídica pueda ejercer o ejerza efectivamente una influencia dominante o control*". Esto abre la puerta a ampliar el concepto de grupo para abarcar, no sólo los denominados grupos verticales o subordinados (con control de una persona física), sino también los llamados grupos horizontales o coordinados (sujetos a una influencia dominante o dirección unitaria).

La Directiva también hace una referencia explícita a la responsabilidad derivada de la infracción del deber de diligencia en sede de grupos, al establecer que "*la responsabilidad civil por daños de las empresas derivada de la presente disposición se entenderá sin perjuicio de la responsabilidad civil de sus filiales*" (art. 22.3.). La expresión "*sin perjuicio de*" resulta enigmática y por ello plantea serias dudas. Parece dar a entender que la sociedad matriz debe responder de los daños causados por la operativa de la filial, con independencia de que esta última responda o no. Falta por tanto un régimen que permita coordinar la responsabilidad de la matriz y de sus filiales, teniendo en cuenta que al tener, estas últimas, personalidad jurídica (y patrimonio) separado de la matriz son susceptibles de ser declaradas responsables, siendo del todo inapropiado que se produzca un solapamiento y duplicidad de responsabilidades.

Esta temática es relevante, porque existe un largo, intenso y controvertido debate internacional sobre la asignación de responsabilidades en el seno de los grupos de empresas. Al respecto, compiten dos planteamientos enfrentados[4].

---

4 Sobre esta problemática, *vid.* VÁZQUEZ ALBERT, D., "Grupos de sociedades y responsabilidad civil: nuevas tendencias normativas y jurisprudenciales",

Un primer planteamiento, que se ha dado en llamar *entity law*, propio de los países anglosajones y latinos, prima la configuración jurídica de los grupos, de modo que en la empresa policorporativa se identifican diversas personas jurídicas separadas e independientes, lo que se traduce como regla general en la incomunicación de responsabilidades en el seno del grupo, sin perjuicio de que excepcionalmente quepa consolidar patrimonios e imputar responsabilidades en caso de que concurran determinadas circunstancias (abuso, fraude, negligencia) y bajo determinados mecanismos (levantamiento del velo, responsabilidad de administradores de hecho, etc.).

Un segundo planteamiento, que se ha denominado *enterprise law*, inspirado en el ordenamiento alemán, prima la configuración económica del grupo, de manera que la empresa policorporativa se vislumbra como una única empresa, a pesar de las diferentes personas jurídicas involucradas, puesto que opera bajo el control de la matriz, lo que facilita la comunicación de responsabilidades intragrupo, sin necesidad de evidenciar la existencia de requisitos adicionales más allá del citado control.

El modelo del *entiy law* es actualmente el prevalente en la mayoría de los ordenamientos, pese a lo cual la Propuesta de Directiva parece acoger el modelo del *enterprise law*, porque como hemos visto obvia la distinta personalidad jurídica. Al respecto, es relevante la evolución que ha experimentado el propio Derecho de sociedades europeo en esta materia. Aunque en la actualidad no existe un régimen europeo de grupos de sociedades, en el último medio siglo se han promovido diversas propuestas de regulación que no han llegado a fructificar, justamente por esta dicotomía entre el modelo del *enterprise law* y el *entity law*. Las primeras propuestas eran tributarias del *enterprise law*

---

en *Actualidad Mercantil*, Enrique Ortega (dir.), Tirant lo Blanch, 2018, pp. 245-260.

fruto de la influencia germánica, pero las últimas propuestas siguen el modelo del *entity law*, producto de la influencia francesa y, en su día, británica.

Algo similar sucede entre nosotros, dado que, durante un amplio período similar, se han promovido múltiples propuestas de regulación de los grupos de sociedades que tampoco han fructificado, en gran medida por falta de consenso en cuanto al modelo más apropiado. Entre estas propuestas destaca el Anteproyecto de Ley de Código Mercantil, elaborado en marzo de 2018 por la Sección de Derecho Mercantil de la Comisión General de Codificación, a la vista de las observaciones emitidas por el Dictamen del Consejo de Estado referidas a la anterior Propuesta de 2014.

A pesar de que el modelo normativo del *enterprise law* está en retroceso, la Directiva parece abrazar este planteamiento, que justifica en aras de la necesaria armonización normativa en el ámbito europeo, dada la actual fragmentación motivada por la existencia de diferentes regulaciones nacionales sobre el deber de diligencia en materia de sostenibilidad y la proliferación de causas judiciales en que se reclama la responsabilidad a empresas por actuaciones de sus filiales.

Sin embargo, en una atenta lectura de la Directiva, cabría afirmar que la misma se halla a medio camino entre el *enterprise law* y el *entity law*, porque la potencial responsabilidad de la matriz por la operativa de la filial en incumplimiento del deber de diligencia no opera de forma objetiva o automática, sino que se fundamente precisamente en un elemento subjetivo como es la culpa, manifestado precisamente en el incumplimiento del deber de diligencia. Además, como se desarrollará más adelante, la Directiva modera esta responsabilidad permitiendo su exoneración o su atenuación sobre la base de los "*esfuerzos*" realizados por la empresa en la medida en que estén relacionados con los daños causados (art. 22.2).

Al respecto debe indicarse que, pese a que el planteamiento del *enterprise law* está en retroceso como modelo normativo de regulación, es el acogido por la jurisprudencia en algunos sectores determinados, entre ellos, el de la sostenibilidad y la responsabilidad medioambiental. Pero también el del Derecho de la competencia, que como es sabido aplica una configuración más económica que jurídica de los grupos de empresas.

Un reciente e ilustrativo ejemplo de este *case law* basado en el *enterprise law* en materia de Derecho de la competencia es el de la STJUE de 6 de octubre de 2021 (caso *Mercedes Benz Trucks* España), referida al cártel de los camiones. Esta Sentencia condena por responsabilidad civil a una filial por infracciones a la normativa de la competencia realizadas por su matriz y en los que dicha filial no ha participado, todo ello bajo el razonamiento basado en la "unidad económica" conforme al cual "*esas dos personas jurídicas forman parte de la misma unidad económica y constituyen, en consecuencia, una empresa, que es la autora de la infracción*". Así, la comunicación de responsabilidades no sólo operaría en detrimento de la matriz (*upstream*), como suele plantearse con frecuencia, sino también en perjuicio de las filiales (*downstream*), como sucede en este caso.

Un planteamiento similar se observa también en el *case law* en materia de sostenibilidad. En esta línea, destacan los pronunciamientos de la Corte Suprema de Reino Unido en el asunto *Chandler* (2012), desarrollada en causas posteriores como *Veranta* (2019) y *Okpabi* (2021). Esta última Sentencia del Tribunal Supremo del Reino Unido de 12 de febrero de 2021 reconoce la responsabilidad de la matriz por daños medioambientales de una filial africana (*Okpabi v Royal Dutch Shell*). En esta misma línea, es igualmente relevante la Sentencia del Tribunal de La Haya de 26 de mayo de 2021 que condenó a Shell a reducir sus emisiones en un 45% para 2030.

3. Sostenibilidad y socios comerciales: garantías contractuales y la cláusula social

Una de las novedades más relevantes y llamativas de la Directiva es la expansión del deber de diligencia respecto a los socios comerciales que forman parte de la cadena de valor de las empresas obligadas. La novedad es relevante y llamativa por diversas razones. Principalmente porque amplia extraordinariamente los contornos del deber de diligencia, pues afectará también de manera sustancial a una miríada de empresas, europeas y no europeas, y mayoritariamente pequeñas y medianas. Lo que plantea a las empresas retos muy exigentes teniendo en cuenta las responsabilidades que están en juego, dado que, si las empresas afectadas no consiguen que sus socios comerciales cumplan con las exigencias del deber de diligencia, se verán expuestas a un gravoso régimen de responsabilidad.

Esta cuestión plantea diversos problemas, entre ellos los siguientes.

Primero, la vaguedad de los conceptos empleados por la Directiva como "*socio comercial*", "*relación comercial*", "*cadena de valor*". La Directiva se esfuerza por definir y acotar esta amplia categoría, pero no parece que lo consiga de forma satisfactorias teniendo en cuenta su impacto.

Así, define "*relación comercial*" como "*una relación con un contratista, un subcontratista o cualquier otra persona jurídica («socio») i) con el o la que la empresa tenga un acuerdo comercial o al que la empresa proporcione financiación, seguro o reaseguro, o ii) que realice operaciones comerciales relacionadas con los productos o servicios de la empresa, por cuenta de la empresa o en nombre de la empresa*" (art. 3.e).

Seguidamente, define "*relación comercial establecida*" como "*una relación comercial, directa o indirecta, que sea o que se espera que sea duradera, habida cuenta de su intensidad o de su duración, y que no represente una parte insignificante o meramente accesoria de la cadena de valor*" (art. 3.f).

Finalmente, define "*cadena de valor*" como "*las actividades relacionadas con la producción de bienes o la prestación de servicios por parte de una empresa, incluidos el desarrollo del producto o el servicio y la utilización y la eliminación del producto, así como las actividades conexas, en las fases anterior y posterior, de las relaciones comerciales establecidas de la empresa*" (art. 3.g).

La vaguedad es evidente, porque, aunque la Directiva está pensando esencialmente en casos obvios como los de proveedores, contratistas, distribuidores o agentes, la amplitud de los términos, no siempre conectadas a la relevancia de la relación comercial o su carácter "*insignificante*" planteará muchas dudas. La mención a socios comerciales "*directos*" o "*indirectos*", sin mayor especificación, evidencia la imprecisión del concepto y la dificultad de su aprehensión.

Segundo, la extraterritorialidad también es un problema, porque muy probablemente buena parte de las empresas afectadas son multinacionales que operan en muchos países, algunos fuera de Europa, lo que plantea el probable choque o incompatibilidad con las normativas locales y la dificultad de proyectar normas foráneas en jurisdicciones muy dispares.

Tercero, la efectividad es otro de los problemas. La Directiva extiende respecto a los socios comerciales de las empresas afectadas todas y cada una de las obligaciones y acciones contempladas en desarrollo del deber de diligencia en materia de responsabilidad (arts. 5-11). Este régimen pivota, principalmente, en torno a las denominadas "*garantías contractuales*", que las empresas afectadas deben recabar de sus socios comerciales para que "*avalen su cumplimiento del código de conducta de la empresa y, en su caso, del plan de acción preventiva*" (art. 7.2.b). Garantías que deberán ir "*acompañadas de las medidas adecuadas para comprobar su cumplimiento*". Las cláusulas empleadas deben ser "*justas, razonables y no discriminatorias*", y cuando el socio comercial sea una pyme "*la empresa asumirá el coste de la comprobación por terceros independientes*" (art. 7.4). Si las medidas de prevención no consiguen impedir o mitigar suficientemente los efectos adversos, "*la empresa estará obligada a abstenerse de entablar nuevas relaciones o de ampliar las ya existentes con aquel socio*" (art. 7.5).

A fin de facilitar la obtención de estas garantías contractuales, la propia Directiva prevé que "*la Comisión adoptará orientaciones sobre las cláusulas contractuales tipo voluntarias*" (art. 12).

El correcto cumplimiento de estas obligaciones será un gran reto para las empresas. Más allá de identificar a los socios comerciales afectados, deberán revisar todos los contratos para incluir adecuadamente la denominada "cláusula de sostenibilidad" (*sustainability clause*) o "cláusula social" (*social clause*), en la que se ofrezcan las garantías contractuales exigidas[5]. Y los contratos requerirán desplegar un adecuado seguimiento para garantizar su cumplimiento.

A diferencia de lo que sucede con las sociedades filiales, donde *a priori* las empresas ejercen un mayor control basado en la relación societaria, en el caso de los socios comerciales, que son empresas más independientes jurídica y económicamente que las filiales, el control es más difuso, porque es un control contractual, más que societario. Se parte de la base de que las empresas dispondrán de un poder de negociación que les permitirá recabar las garantías contractuales exigidas, pero esto es algo que no necesariamente sucederá.

---

5 Sobre la cláusula social, *vid.* MITKIDIS, K.P., *Sustainability Clauses in International Business Contracts*, Eleven International Publishing, 2015; "Sustainability Clauses in International Supply Chain Contracts: Regulation, Enforceability and Effects of Ethical Requirements", *Nordic Journal of Commercial Law*, núm. 1, 2014, pp. 1-31.

La extraterritorialidad será otro reto para obtener las garantías contractuales, porque como se ha dicho las diferencias legales e incluso culturales con otras jurisdicciones puede ser un factor determinante. Además, siendo probablemente la mayoría de los socios comerciales pymes, la dificultad de cumplimiento y la probabilidad de incumplimiento es aún mayor, en ocasiones simplemente por falta de recursos.

IV. RESPONSABILIDAD DE EMPRESAS Y ADMINISTRADORES Y SU EXONERACIÓN

1. Responsabilidad civil y administrativa de las empresas

La Directiva refuerza el deber de diligencia mediante sanciones en forma de responsabilidad civil y administrativa (arts. 20 y 22). La imposición de esta responsabilidad constituye una evidente manifestación del paso de un régimen de *soft law* a otro de *hard law*. Los principales destinatarios de este régimen de responsabilidad son las empresas afectadas, pero, en su versión original, también podían alcanzar a sus administradores (art. 25), aunque en la versión dada por el Consejo en 2024 se eliminó este precepto.

En este punto, es preciso distinguir entre la responsabilidad civil y la administrativa.

La responsabilidad civil de las empresas viene referida a los posibles daños y perjuicios causados por el incumplimiento de su deber de diligencia, que se regula exigiendo dos requisitos (art. 22). Primero, que se haya producido un incumplimiento del deber de prevención de los efectos adversos potenciales y eliminación de los efectos reales (arts. 7 y 8). Y, segundo, que, como consecuencia de ese incumplimiento, se hayan producido efectos adversos que no deberían haberse producido de haberse tomado las medidas oportunas y tales efectos adversos hayan causado daños.

Uno de los temas clave en materia de responsabilidad que la Directiva expresamente omite es el relativo a la carga de la prueba. En este aspecto se produce una clara asimetría informativa entre, por un lado, las grandes empresas como potenciales demandantes, y por otro, los afectados, generalmente personas físicas o pymes, como potenciales demandantes de la responsabilidad. Como es sabido, la normativa procesal parte como regla general del principio según el cual la carga de la prueba le corresponde a los actores (art. 217.2 de la Ley de Enjuiciamiento Civil), que en estos supuestos apenas dispondrán de la información necesaria para probar la falta de diligencia, información que estará en manos de las grandes empresas demandadas. Ciertamente, la propia norma procesal consagra el principio de disponibilidad o facilidad probatoria como motivo de inversión de la carga de la prueba (art. 217.6 LEC). Y los jueces y tribunales hacen uso de esta prerrogativa con cierta frecuencia, especialmente en entornos empresariales, como por ejemplo en casos, justamente, de responsabilidad de administradores sociales reclamada por terceros acreedores.

Esta responsabilidad civil opera "*sin perjuicio de*" la responsabilidad por daños de las filiales de la empresa o de sus socios comerciales (art. 22.3). Según se ha avanzado, esta expresión "*sin perjuicio de*" parece buscar la independencia y acumulación de las posibles responsabilidades concurrentes de las diferentes empresas implicadas. En la misma línea, la Directiva plantea que la responsabilidad civil que impone opere "*sin perjuicio de*" la responsabilidad civil derivadas de otras normas europeas o nacionales (art. 22.4).

En cuanto a la responsabilidad administrativa, la Directiva exige la designación de una o varias autoridades de control del cumplimiento del deber de diligencia desarrollado en la misma (art. 17). Una de sus múltiples competencias será la imposición de sanciones pecuniarias (art. 18.5.b), además de la ordenar el cese de infracciones, la abstención de su reiteración o la adopción de medidas correctivas proporcionadas a la infracción. Tales sanciones deberán ser efectivas, proporcionadas y disuasorias, y en caso de ser pecuniarias deberán basarse en el volumen de negocio de la empresa.

Finalmente, como sanción indirecta por incumplimiento del deber de diligencia, se prevé que "*las empresas que soliciten ayudas públicas certifiquen que no se les ha impuesto ninguna sanción por incumplimiento de las obligaciones de la presente Directiva*" (art. 24), de modo que dicho incumplimiento supondría la denegación de la ayuda.

2. Responsabilidad civil y administrativa de administradores

En cuanto a la responsabilidad de los administradores, la Directiva, en su versión inicial, intentaba promover la proactividad de las empresas en el ejercicio de su deber de diligencia especificando que este deber afecta también a sus administradores. Es evidente que los administradores de las empresas, en su condición de tales, están obligados a hacer lo posible para que dichas empresas cumplan con sus obligaciones, incluido el deber de diligencia aquí regulado. Pero la Propuesta de Directiva intentaba reforzar este deber proyectándolo sobre los administradores como deber propio.

En esta línea, se establecía que el deber de los administradores de actuar en interés de la empresa debía tener en cuenta las consecuencias de sus decisiones en materia de sostenibilidad (art. 25.1). También se establecía explícitamente que los administradores son "*responsables de poner en marcha y supervisar*" todas las medidas de diligencia establecidas en la misma y debían hacer "*lo necesario para adaptar la estrategia de la empresa de forma que tenga en cuenta los efectos adversos reales y potenciales detectados*" (art. 26).

Además, se indicaba que el régimen que regula el incumplimiento de las obligaciones de los administradores debía también referirse a esta materia de la sostenibilidad (art. 25.2), lo que parecía referirse al régimen de responsabilidad de administradores, incluyendo tanto la responsabilidad civil como la administrativa.

A este respecto, no quedaba claro en la Propuesta cómo se distribuirían las posibles responsabilidades entre empresas y administradores. Así, por ejemplo, si la responsabilidad de los administradores es una responsabilidad externa frente a terceros, solidariamente con la empresa, o se trata más bien de una responsabilidad interna o de segundo grado frente a la empresa, pero no frente a terceros.

En el ámbito de la responsabilidad civil, debe mencionarse la jurisprudencia consolidada que intenta discernir entre la responsabilidad (y el riesgo) de la empresa y el de sus administradores, de modo que considera que, con carácter general, es la sociedad, y no su administrador, quien responde de los incumplimientos legales, contractuales y extracontractuales de la propia sociedad[6].

---

6 Vid., entre otras, las SSTS de 6 de octubre de 2021, 5 de noviembre de 2019, 19 de diciembre de 2018, 2 de marzo de 2017, etc. En la primera de ellas puede leerse la siguiente argumentación: "*Con carácter general, no puede recurrirse indiscriminadamente a la vía de la responsabilidad individual de los administradores por cualquier incumplimiento contractual de la sociedad o por el impago de cualquier deuda social, aunque tenga otro origen. Lo contrario supondría contrariar los principios fundamentales de las sociedades de capital, como son su personalidad jurídica diferenciada, su autonomía patrimonial y su exclusiva responsabilidad por las deudas sociales, u olvidar el principio de que los contratos sólo producen efecto entre las partes que los otorgan, como proclama el art. 1257 CC. (...). No puede identificarse la actuación antijurídica de la sociedad que no abona sus deudas y cuyos acreedores se ven impedidos para cobrarlas porque la sociedad deudora es insolvente, con la infracción por su administrador de la ley o los estatutos, o de los deberes inherentes a su cargo. Esta concepción de la responsabilidad de los administradores sociales convertiría tal*

En cambio, en el ámbito de la responsabilidad administrativa, se tiende a establecer una responsabilidad conjunta, tanto de las empresas como principales posibles infractoras, como de los administradores de las mismas. Aunque con diferentes modalidades. Todo ello con la finalidad es incentivar el cumplimiento de la normativa administrativa sancionando tanto a la empresa como a sus administradores.

Así, por ejemplo, la normativa medioambiental establece una responsabilidad subsidiaria de los administradores. Concretamente de "*los gestores y administradores de hecho y de derecho de las personas jurídicas cuya conducta haya sido determinante de la responsabilidad de éstas*" (art. 13 de la Ley 26/2007, de 23 de octubre, de Responsabilidad Medioambiental).

Mientras que la normativa de la competencia, además de imponer sanciones a las empresas infractoras, prevé también que "*cuando el infractor sea una persona jurídica, se podrá imponer una multa de hasta 60.000 euros a cada uno de sus representantes legales o a las personas que integran los órganos directivos que hayan intervenido en la conducta*" (art. 63.2 de Ley 15/2007, de 3 de julio, de Defensa de la Competencia).

---

responsabilidad en objetiva y produciría una confusión entre la actuación en el tráfico jurídico de la sociedad y la actuación de su administrador: cuando la sociedad resulte deudora por haber incumplido un contrato, haber infringido una obligación legal o haber causado un daño extracontractual, su administrador sería responsable por ser él quien habría infringido la ley o sus deberes inherentes al cargo, entre otros, el de diligente administración. Esta objetivación de la responsabilidad y la equiparación del incumplimiento contractual de la sociedad con la actuación negligente de su administrador no son correctas, puesto que no resultan de la legislación societaria ni de la jurisprudencia que la desarrolla".

3. Interés social vs. interés de la empresa: socios vs. stakeholders

La introducción de un deber de diligencia sobre sostenibilidad a cargo de las empresas y de sus administradores plantea un grave obstáculo por su incompatibilidad con la vigente configuración y régimen legal del deber de diligencia. Aunque antaño fue un tema muy debatido entre la dogmática, en la actualidad existe desde hace tiempo un amplio consenso doctrinal y jurisprudencial en considerar que los deberes de los administradores sociales, incluido el deber de diligencia, les obliga a actuar en interés de la sociedad, lo que se interpreta como el interés común de los socios, excluyendo por tanto los intereses de otras personas potencialmente afectadas por la operativa societaria, particularmente acreedores y trabajadores, entre otros. Este interés común de los socios suele interpretarse como el interés en la maximización de los beneficios y del valor de la empresa.

Esta visión contractualista imperante choca con la inclusión de la sostenibilidad, porque junto al tradicional interés privado que representa el interés de los socios, se incrusta un nuevo interés general de carácter público en beneficio de los *stakeholders* afectados por las decisiones empresariales. Recordemos que la sostenibilidad es una política asumida por los poderes públicos en defensa del interés general. Este obstáculo es grave, porque puede situar a los administradores sociales ante el dilema de tener que adoptar decisiones que pueden ser beneficiosas para uno de los dos colectivos (socios o *stakeholders*), pero perjudiciales para el otro, lo que puede resultar en reclamaciones de responsabilidad por los eventuales daños generados. No es difícil pensar en decisiones en que ambos intereses sean incompatibles y por tanto irreconciliables.

La Propuesta de Directiva intentaba salvar este obstáculo incluyendo explícitamente la sostenibilidad como una de las cuestiones que los administradores deben tomar en consideración en el ejercicio de su deber de diligencia. En concreto, la Propuestaregulaba el deber de diligencia de los administradores estableciendo que "*los Estados miembros velarán por que, al cumplir su deber de actuar en el mejor interés de la empresa, los administradores de las empresas a las que se refiere el artículo 2, apartado 1, tengan en cuenta las consecuencias de sus decisiones en materia de sostenibilidad, incluidas, cuando proceda, las consecuencias para los derechos humanos, el cambio climático y el medio ambiente a corto, medio y largo plazo*" (art. 25.1).

Este potencial conflicto entre el interés de los socios y el de los *stakeholders* en materia de sostenibilidad se ha trasladado también a nuestra legislación. En 2021, nuestro legislador, al incorporar la Directiva de socios (Directiva 2017/828), modificó el régimen societario del deber de diligencia de los administradores sociales para incluir un inciso final según el cual dichos administradores deben "*subordinar, en todo caso, su interés particular al interés de la empresa*". El precepto completo, en su versión actual, reza del siguiente modo: "*Los administradores deberán desempeñar el cargo y cumplir los deberes impuestos por las leyes y los estatutos con la diligencia de un ordenado empresario, teniendo en cuenta la naturaleza del cargo y las funciones atribuidas a cada uno de ellos*; y subordinar, en todo caso, su interés particular al interés de la empresa" (art. 225.1 LSC). Esta última referencia al "*interés de la empresa*" no viene directamente motivada por la incorporación de la Directiva de socios, pues ésta no hace explícita mención a este aspecto, ni siquiera trata sobre la sostenibilidad, más allá de algunos aspectos puntuales. Es más, la Directiva de socios tiene como principal destinatario a las sociedades cotizadas, mientras que esta modificación del régimen del deber de diligencia afecta a todas las sociedades de capital, sean o no cotizadas.

En la doctrina era pacífico entender que los administradores debían cumplir sus deberes (tanto el de diligencia, como el de lealtad, como otros deberes legales específicos) siguiendo el interés social, interpretado, según hemos dicho, como interés común de los socios.

Esta dicotomía entre interés social e interés de la empresa se agudiza ahora en la vigente literalidad de la norma. Así, mientras para el deber de diligencia de los administradores el parámetro de referencia que consta *expressis verbis* es el del "*interés de la empresa*" (art. 225.1 LSC), respecto al otro gran deber de los administradores, el deber de lealtad, regulado tan sólo dos preceptos más abajo, el parámetro de referencia es el "*interés social*" (art. 227.1 LSC). En concreto, este último precepto establece lo siguiente: "*Los administradores deberán desempeñar el cargo con la lealtad de un fiel representante, obrando de buena fe y en el mejor interés de la sociedad*".

Cabría pensar en una interpretación sistemática de ambos preceptos que armonizara ambos parámetros de referencia, entendiendo que la diferente nomenclatura (interés social vs. interés de la empresa) no supondría el establecimiento de un régimen distinto, de modo que debería igualmente interpretarse como se viene haciendo, en el sentido de que, con una u otra nomenclatura, los administradores deberían seguir el interés común de los socios. Todo ello partiendo de la base de que el término "*empresa*" no añadiría ningún elemento diferencial respecto al de "*sociedad*".

Pero la Exposición de motivos de la Ley que introduce este "*interés de la empresa*" (Ley 5/2021) parece impedir frontalmente esta interpretación, puesto que se refiere de forma expresa a "*los intereses de otros grupos de interés*", "*el bienestar de los trabajadores y la protección del medio ambiente*" y la "*sostenibilidad de las empresas en el largo plazo*", todo ello a fin de impedir que las sociedades cotizadas se centren esencialmente en un "*rendimiento financiero en beneficio exclusivo de sus accionistas*".

En concreto, la Exposición de Motivos se expresa del siguiente modo:

> *"Otro potencial efecto adverso de las estrategias de inversión cortoplacistas es que influyen en que la sociedad cotizada se centre esencialmente en el rendimiento financiero en beneficio exclusivo de sus accionistas. Los demás objetivos no financieros de la sociedad cotizada y los intereses de otros grupos de interés, y muy especialmente de sus trabajadores, pasan así a un segundo plano de la estrategia corporativa. Por el contrario, las estrategias de inversión a largo plazo integran de forma natural otros objetivos no financieros, como el bienestar de los trabajadores y la protección del medio ambiente, garantizando la sostenibilidad de las empresas en el largo plazo. Y es que aquellas empresas viables en la sociedad y en el medio ambiente, son también más sostenibles económicamente en el medio y largo plazo. El mismo objetivo tiene la reciente Ley 11/2018, de 28 de diciembre, por la que se modifica el Código de Comercio, el Texto Refundido de la Ley de Sociedades de Capital y la Ley de Auditoría de Cuentas, en materia de información no financiera y diversidad".*

Descartada una interpretación sistemática unificadora del interés social y el interés de la empresa, debe concluirse que según el deber de los administradores de que se trate, éstos deberán atender únicamente al interés de los socios (deber de lealtad) o deberán compaginarlo con el de los *stakeholders* (deber de diligencia), lo que en algunos casos puede plantear situaciones complejas a los administradores, en la medida en que las decisiones empresariales deben ser consistentes y no puede hacerse al servicio de unos y otros interesados. Esta interpretación vendría reforzada por la comentada Directiva, a pesar de que esta última se focaliza sobre todo en el medio ambiente y los derechos humanos, mientras que la reforma española parece abarcar la sostenibilidad en su globalidad, incluyendo la dimensión social con parámetros como, por ejemplo, el del "*bienestar de los trabajadores*".

En este punto, merece la pena mencionar que la legislación británica contiene un precepto que intenta resolver explícitamente esta dicotomía entre interés de los socios y de los *stakeholders*, sin por ello recurrir al "*interés de la empresa*" como categoría diferenciada y evolucionada respecto al "*interés de la sociedad*". Así, la reforma de la *Companies Act* de 2006 introdujo el conocido artículo 172, según el cual "*un administrador de una sociedad debe actuar de la forma que considere, de buena fe, que sería la que con mayor probabilidad promueve el éxito de la sociedad en beneficio de sus miembros en su conjunto*". Y añade seguidamente que este mandato debe cumplirse tomando en consideración, entre otras cuestiones, las consecuencias de las decisiones en el largo plazo, el interés de los trabajadores de la sociedad, la necesidad de reforzar las relaciones comerciales con los proveedores, clientes y otros, el impacto de las operaciones de la sociedad en la comunidad y el medio ambiente, el mantenimiento de la reputación de altos estándares de conducta comercial y la necesidad de actuar justamente entre los miembros de la sociedad[7].

---

[7] La versión original en inglés del art. 172 de la *Companies Act* es la siguiente:
As Duty to promote the success of the company
(1)A director of a company must act in the way he considers, in good faith, would be most likely to promote the success of the company for the benefit of its members as a whole, and in doing so have regard (amongst other matters) to—
(a)the likely consequences of any decision in the long term,
(b)the interests of the company's employees,
(c)the need to foster the company's business relationships with suppliers, customers and others,
(d)the impact of the company's operations on the community and the environment,
(e)the desirability of the company maintaining a reputation for high standards of business conduct, and
(f)the need to act fairly as between members of the company.
(2)Where or to the extent that the purposes of the company consist of or include purposes other than the benefit of its members, subsection (1) has effect as if the reference to promoting the success of the company for the benefit of its members were to achieving those purposes.
(3)The duty imposed by this section has effect subject to any enactment or rule of law requiring directors, in certain circumstances, to consider or act in the interests of creditors of the company.

A pesar de esta disruptiva regulación, que intenta combinar el interés de socios y *stakeholders*, parece que en la práctica se ha mantenido la tradicional interpretación que sigue teniendo como parámetro de referencia el interés de los socios, de modo que los administradores deben seguir el interés de los *stakeholders* en la medida en que sirvan también al interés de los socios.

Resulta curioso que esta dicotomía entre interés de la sociedad e interés de la empresa se refleja también en la traducción al español de la Directiva. Mientras la versión en inglés se utiliza la expresión "*best interest of the company*", la traducción al español la sustituye por "*interés de la empresa*". Todo ello cuando la legislación británica demuestra que para intentar conectar el interés de socios y *stakeholders* no es necesario introducir nuevos términos que pueden generar una mayor confusión en un asunto que, ya de por sí, es tan complejo.

4. Concepto amplio de administrador: directivo, apoderado y administrador de hecho

La Propuesta deDirectiva adoptaba un concepto amplio de administrador. La finalidad es evidente: incentivar al máximo su cumplimiento ensanchando el círculo de potenciales responsables. Por lo demás, se trata de una tendencia general que está presente en la mayor parte de la normativa europea y nacional. Pero no está exenta de serios inconvenientes, especialmente relativos a la inseguridad jurídica que plantea esta hipertrofia de responsables por su indefinición y su desproporcionalidad teniendo en cuenta las facultades reales que tienen algunos de los posibles afectados.

En este punto, la Propuesta incluyía una definición de "*administrador*" basada en tres categorías (art. 3.o):

i) *"cualquier miembro de los órganos de administración, dirección o supervisión de una empresa,*

ii) *cuando no sean miembros de los órganos de administración, dirección o supervisión de una empresa, el consejero delegado y, si el cargo existe en la empresa, el consejero delegado adjunto;*

iii) *otras personas que desempeñen funciones similares a las realizadas conforme a los incisos i) o ii)";*

La primera categoría es amplia, porque no sólo incluye los órganos de administración, por ejemplo, un Consejo de Administración, sino también los de dirección y supervisión. Aunque los órganos de supervisión o vigilancia son más propios del ordenamiento germano, los órganos de dirección son una figura más frecuente, que enlaza con el término "*directivo*", que no posee tampoco una definición precisa en nuestro ordenamiento.

No es lo mismo un directivo, que un alto directivo, ni legal y ni empresarialmente.

Como es sabido, los altos directivos o personal de alta dirección (usualmente bajo la denominación de Director General) son empleados sujetos a un régimen laboral especial, que los define como "*aquellos trabajadores que ejercitan poderes inherentes a la titularidad jurídica de la Empresa, y relativos a los objetivos generales de la misma, con autonomía y plena responsabilidad sólo limitadas por los criterios e instrucciones directas emanadas de la persona o de los órganos superiores de gobierno y administración de la Entidad que respectivamente ocupe aquella titularidad*" (Real Decreto 1382/1985, de 1 de agosto, por el que se regula la relación laboral de carácter especial del personal de alta dirección).

Junto al alto directivo, suelen haber otros directivos, que no son personal de alta dirección, y que suelen hallarse sujetos al régimen general de los trabajadores. La diferencia entre ambos no está sólo en la jerarquía, también en el régimen, sobre todo en términos de la extinción del contrato.

También puede plantear dudas un órgano cada vez más frecuente entre nosotros: los denominados órganos o consejos consultivos o asesores, muy propios de empresas familiares (el Consejo de Familia). Están regulados en nuestro ordenamiento bajo la denominación de "*comité consultivo*", estableciendo que tienen competencias "*consultivas o informativas*" (arts. 124 y 185 RRM) y se entiende que no pueden sustituir a los órganos de administración que son los representantes legales. Bajo estas funciones es dudoso que estén sujetos a responsabilidad, pero pueden estarlo bajo la tercera categoría, basada en el desempeño de "*funciones similares*", que seguidamente se tratará.

La segunda categoría se refiere al "*consejero delegado*". Con el mismo ánimo expansivo se incluye al "*consejero delegado adjunto*", en caso de existir. Nótese que en la versión inglesa se utiliza la expresión "*chief executive officer*", muy extendida en el ámbito anglosajón (CEO) y que cada vez es más frecuente entre nosotros.

La terminología y la traducción generan confusión. Consejero delegado y CEO son cargos ejecutivos que presentan similitudes, pero también diferencias. Como es sabido, un consejero delegado es un miembro del Consejo de Administración en quien este último órgano delega sus facultades. Es un término explícitamente recogido en nuestra normativa societaria (art. 249 LSC). Siendo miembro del Consejo de Administración el consejero delegado estaría incluido en la primera categoría (órganos de administración), por lo que sería redundante incluirlo en la segunda.

Parece más bien que se pretendía incluir al Director General o personal de alta dirección antes mencionado. De ahí la referencia en la versión inglesa al "*chief executive officer*", que sería más bien equivalente al Director General. Recordemos que un alto directivo no es administrador, mientras que el consejero delegado sí lo es, lo que justifica que el alto directivo esté sujeto a la jerarquía del administrador como representante legal de la empresa. Ello sin perjuicio de que, en la práctica, una misma persona pueda acumular ambos cargos, lo que ha planteado una dilatada problemática que se ha tratado bajo la denominada teoría del vínculo.

En este sentido, la explícita inclusión de la figura de los "*directores generales*" dentro del círculo de potenciales responsables junto a los administradores es lo que hace nuestra legislación concursal (art. 456 del Real Decreto Legislativo 1/2020, de 5 de mayo, por el que se aprueba el texto refundido de la Ley Concursal).

Pero probablemente la tercera categoría es la que provoca más confusión e inseguridad, justamente porque se configura como una amplia cláusula de cierre en forma de cajón de sastre. Lo evidencia la expresión "*otras personas que desempeñen funciones similares*". Esta expresión parece remitir a la controvertida figura del "*administrador de hecho*" expresamente recogida en normativa societaria y concursal (art. 236 LSC y 456 TRLC). Se trata de una figura controvertida por su indefinición, que frecuentemente ha tenido como protagonistas a los apoderados que ostentan poder general de representación de la sociedad. Pero también en ocasiones a otras figuras, como la sociedad matriz de un grupo o los acreedores con amplias facultades de gestión.

A modo de conclusión, cabe indicar que en esta materia el planteamiento maximalista de los reguladores en el sentido de ampliar al máximo el círculo de responsables, se ha visto felizmente moderado por un planteamiento minimalista desarrollado por una meritoria jurisprudencia, que ha desarrollado una serie de requisitos sustantivos y procesales para acotar la excesiva amplitud del concepto de administrador de hecho, exigiendo por ejemplo la constatación de una "independencia" y una "influencia decisiva" en la toma de decisiones y atendiendo siempre a las circunstancias del caso.

5. Exoneración de responsabilidad y compliance de sostenibilidad

La Directiva pretende avanzar en la protección de la sostenibilidad estableciendo un régimen de responsabilidad, pero intenta de algún modo flexibilizar dicho régimen a fin de incentivar el cumplimiento del deber de diligencia. La propia Comisión señala que con ello se pretende limitar "*el riesgo de litigio excesivo*".

Esta flexibilidad se percibe sobre todo en la figura de los "*esfuerzos de la empresa*" como parámetro de posible exoneración de responsabilidad, tanto civil, como administrativa (arts. 20.2 y 22.2). En concreto, se establece lo siguiente, en un redactado prácticamente idéntico para ambas responsabilidades: "*al evaluar la existencia y el alcance de la responsabilidad con arreglo al presente apartado, se tendrán debidamente en cuenta los esfuerzos de la empresa –en la medida en que estén directamente relacionados con los daños en cuestión– por cumplir las medidas correctivas que les exija una autoridad de control, las inversiones realizadas y cualquier apoyo específico prestado de conformidad con los artículos 7 y 8, así como cualquier colaboración con otras entidades para hacer frente a los efectos adversos en sus cadenas de valor*".

Esta configuración flexible es consistente con el régimen general de responsabilidad de los administradores por incumplimiento de su deber de diligencia y la exoneración bajo la doctrina de la discrecionalidad empresarial (*business judgement rule*) (art. 226 LSC). En la versión legislada de esta doctrina, "*en el ámbito de las decisiones estratégicas y de negocio, sujetas a la discrecionalidad empresarial, el estándar de diligencia de un ordenado empresario se entenderá cumplido cuando el administrador haya actuado de buena fe, sin interés personal en el asunto objeto de decisión, con información suficiente y con arreglo a un procedimiento de decisión adecuado*".

La clave es pues que las empresas, a través de sus administradores, adopten un "*procedimiento de decisión adecuado*" en materia de sostenibilidad, lo que se desarrolla en la futura Directiva a través de la miríada de medidas preventivas y reactivas recogidas en la misma. Todo ello desarrollando siempre los mejores esfuerzos ("*best efforts*") en pro de un adecuado cumplimiento.

La responsabilidad en materia de sostenibilidad es una responsabilidad subjetiva o conductual, y no objetiva o estructural. Es una responsabilidad basada en el incumplimiento de obligaciones de medios (adopción de medidas), no de obligaciones de resultado (daño).

Todo esto conecta con los célebres programas de *compliance* como instrumentos de exoneración de responsabilidad penal de las personas jurídicas, llevado al campo de la responsabilidad civil y administrativa en materia de sostenibilidad. Los programas de *compliance* han demostrado su relevancia legal a efectos de responsabilidad, como evidencia la reciente Sentencia del Tribunal Supremo núm. 89/2023, de 10 de febrero (caso PESCANOVA). Por esta razón, seguramente pronto veremos desarrollarse una industria del *compliance* de la sostenibilidad, que se beneficiará de la metodología y de la experiencia desarrollada en el campo del *compliance* penal.

A la vista de todo lo anterior, cabe dar la bienvenida a la Propuesta de Directiva sobre el deber de diligencia de las empresas en materia de sostenibilidad, aunque sería deseable que el legislador europeo afinara algunos aspectos concretos para así conseguir una mayor seguridad jurídica y mejorar la implementación de la norma en la práctica, para de este modo conseguir un estándar más elevado de sostenibilidad en beneficio de todos.

Bibliografía

EMBID IRUJO, J.M. y DEL VAL TALENS, P., *La responsabilidad social corporativa y el derecho de sociedades de capital: entre la regulación legislativa y el "soft law"*, Agencia Estatal Boletín Oficial del Estado, 2016.

EMBID IRUJO, J.M., "Hacia la regulación jurídica de la responsabilidad social corporativa", *Empresa, economía y sociedad: homenaje a Vicente Salas Fumás*, José Manuel Delgado Gómez et altri (dirs.), Funcas, 2021, pp. 367-396.

ID., "La vertiente no financiera (responsabilidad social corporativa y sostenibilidad) en la reciente evolución del derecho español", en *Gobierno corporativo, sostenibilidad y reputación*, Martínez-Echevarría, A. (dir.), Aranzadi, 2022, p. 33-60.

ID., "Discrecionalidad empresarial y responsabilidad social corporativa", *Derecho de sociedades y de los mercados financieros: libro homenaje a Carmen Alonso Ledesma*, Isabel Fernández Torres et altri (coords.), Iustel, 2018, pp. 197-214.

GRAS SAGRERA, J y BERNAUS, M., "La responsabilidad civil de los administradores sociales por incumplimiento del deber de diligencia en materia de criterios de sostenibilidad", en *Estudios jurídicos sobre sostenibilidad: Cambio climático y criterios ESG en España y la Unión Europea*, J.M. de Paz Arias (dir.), Aranzadi, 2023, pp. 539-560.

MARTÍNEZ-ECHEVARRÍA, A. (dir.), *Gobierno corporativo, sostenibilidad y reputación*, Aranzadi, 2022.

MITKIDIS, K.P., *Sustainability Clauses in International Business Contracts*, Eleven International Publishing, 2015.

ID., "Sustainability Clauses in International Supply Chain Contracts: Regulation, Enforceability and Effects of Ethical Requirements", *Nordic Journal of Commercial Law*, núm. 1, 2014, pp. 1-31.

PATZ, C., "The EU's Draft Corporate Sustainability Due Diligence Directive: A First Assessment", *Business and Human Rights Journal*, vol. 7(2), 2022, pp. 291-297.

PEINADO GRACIA, J.I., "La sostenibilidad y el deber de diligencia de los administradores", *Revista de Derecho Mercantil*, núm. 311, 2019, p. 11-48.

SEQUEIRA MARTÍN, A., "El desarrollo de la responsabilidad social corporativa versus sostenibilidad, y su relación con el gobierno corporativo en las directivas comunitarias y en el derecho español de sociedades cotizadas", *Revista de Derecho de Sociedades*, núm. 61, 2021, pp. 33-133.

VÁZQUEZ ALBERT, D., "Grupos de sociedades y responsabilidad civil: nuevas tendencias normativas y jurisprudenciales", en *Actualidad Mercantil*, Enrique Ortega (dir.), Tirant lo Blanch, 2018, pp. 245-260

REQUERIMIENTOS DE SOSTENIBILIDAD / ESG DE LOS PRINCIPALES *PROXY ADVISORS* E INVERSORES INSTITUCIONALES

D. Sergio González Galán
Socio de Garrigues

I. INTRODUCCIÓN[1]

En materia de sostenibilidad estamos viviendo un proceso similar al ocurrido en su día con el gobierno corporativo en lo que respecta a la normativa aplicable, entendiendo por "normativa" un concepto amplio, conformado por tres bloques:

- La norma imperativa (el derecho positivo)
- Las recomendaciones (o *soft law*), que generalmente se evalúan mediante el principio "cumplir o explicar"

[1] Artículo elaborado a partir de la ponencia realizada en la Mesa "Información financiera y no financiera. Sostenibilidad.", en la Jornada de 22 de junio de 2022, dentro del ciclo "Derecho de Sociedades Europeo: análisis y nuevas perspectivas" de la Cátedra.

– Los "requerimientos" de los *proxy advisors* y de los inversores institucionales

Porque en muchas ocasiones las sociedades han visto con una mezcla de sorpresa e incomprensión que aunque podían estar cumpliendo –como no puede (o debe) ser de otra manera– la normativa vigente y, además, las recomendaciones del código de buen gobierno, se encontraban con críticas y/o votos en contra de algunos de sus accionistas como consecuencia de no seguir las *guidelines* o recomendaciones o requerimientos de los *proxy advisors* o de los inversores institucionales sobre determinadas materias en las que sus posicionamientos podían ser distintos a los de la normativa y las recomendaciones nacionales.

Recordemos que los *proxy advisors* son prestadores de servicios muy utilizados por inversores institucionales para asesorarles, entre otros aspectos, en el sentido del voto en las compañías cotizadas. Los *proxy advisors* han ido desarrollando sus propias políticas de voto, según sus propios criterios. Y estos criterios no siempre han sido coincidentes con las prácticas de gobierno corporativo locales. De hecho, una crítica habitual a los *proxy advisors* por parte de las compañías ha sido su falta de conocimiento de las prácticas y singularidades locales, y una perspectiva (en los dos principales –ISS y *Glass Lewis*–) muy basada en su origen estadounidense[2].

---

2 Recordemos, en este sentido, lo indicado en el *Documento elaborado por el Grupo de Expertos para evaluar la actividad de los Proxy Advisors* en relación con los emisores españoles, de 16 de abril de 2012 (https://www.cnmv.es/DocPortal/Publicaciones/Grupo/InformeProxyAdvisors.pdf). En aquel año, donde la figura de los *proxy advisors* había ganado ya relevancia en el ámbito internacional, ese Documento ponía de manifiesto las principales críticas que estos agentes del mercado recibían destacando, entre otras, la aplicación por los principales *proxy advisors* de principios del denominado modelo de gobierno corporativo angloamericano, que responde a la problemática y a las necesidades de un mercado societario mucho menos concentrado que el español; la falta de la debida seg-

Por poner un ejemplo: la separación de cargos de presidente y primer ejecutivo en el consejo. En algunas jurisdicciones es un principio básico sobre el que ha existido consenso (Reino Unido), mientras que en otras muchas no ha habido un posicionamiento claro en cuanto a las bondades de un esquema sobre el otro. En España, los códigos de buen gobierno nunca han llegado a posicionarse, más allá de recomendar (algo que finalmente acabó siendo una obligación legal[3]) tener un consejero coordinador con una serie de facultades específicas, en caso

---

mentación en las directrices, para tomar en consideración diferentes industrias o sectores productivos; o su diversa calidad técnica y medios a su disposición.

3 En el *Estudio sobre propuestas de modificaciones normativas*, de 14 de octubre de 2013, elaborado por la Comisión de Expertos en materia de Gobierno Corporativo (https://www.cnmv.es/DocPortal/Publicaciones/CodigoGov/CEGC_EstModif_20131014.pdf), se señalaba lo siguiente al respecto:

"Si se analiza el derecho comparado, solo en el Reino Unido se aprecia un consenso sobre esta materia. Sin duda, su influencia sobre el movimiento de buen gobierno y la importancia de los inversores institucionales de origen británico han contribuido de forma muy relevante a su generalización. Pero lo cierto es que, ni en Estados Unidos, donde la posición de la Comission on Corporate Governance de la NYSE, manifestada en su informe de 2010, afirma la necesidad de que el problema de la separación de cargos sea analizado atendiendo a las circunstancias de cada sociedad, ni en países europeos como Francia o Italia (ajena Alemania a esta polémica por la estructura dualista de los órganos de administración de sus sociedades), hay pronunciamientos expresos y mucho menos normas imperativas que establezcan la separación de cargos.

Todo ello, y la experiencia con notables y recientes sucesos, hace que no pueda afirmarse de forma concluyente ni de general aplicación las ventajas de la acumulación o separación de los cargos de presidente del consejo y primer ejecutivo de la sociedad cotizada.

Así las cosas, el tratamiento de esta cuestión debe quedar en el ámbito de las recomendaciones de buen gobierno.

Sin embargo, sí hay suficiente consenso en que, en el supuesto de que ambos cargos se acumulen en una misma persona, la sociedad debe contar, sea como sea, con adecuadas medidas de contrapeso. Por ello, se propone la inclusión legal de la figura del consejero coordinador, de sus funciones y del procedimiento de su nombramiento."

de que ambos cargos confluyesen en la misma persona, para generar un cierto balance, un contrapeso, en el funcionamiento del consejo.

Sin embargo, había *proxy advisors* que, con carácter general, recomendaban el voto en contra de la elección o reelección de un consejero ejecutivo que fuese, al tiempo, presidente del consejo de administración y primer ejecutivo de la sociedad en sociedades europeas de capital disperso –salvo que fuese una situación interina, existiese un *lead independent director* (nuestro consejero coordinador) y un alto nivel de independencia en las comisiones–; u otro que no recomendaba votar en contra del primer ejecutivo que era a la vez presidente, pero sí del presidente de la comisión de nombramientos, si se daba la duplicidad de cargos, no se explicaba suficientemente el motivo, el consejo no tenía un suficiente número de consejeros independientes, y no se habían adoptado medidas para evitar el conflicto de interés.

Es cierto que los *proxy advisors* han ido evolucionando cada vez más sus políticas de voto tomando en consideración las diferentes regiones del mundo, e incluso especificando por países. En cualquier caso, siendo su influencia significativa en el sentido del voto de muchos inversores institucionales, las compañías se ven obligadas a tomar en consideración sus políticas y criterios para tratar de asegurarse el voto favorable de tales inversores, o para entender las críticas o votos desfavorables que pueden recibir.

Asimismo, cada vez más los propios inversores institucionales han ido desarrollando sus propias políticas de voto, con lo que se multiplican las fuentes a las que las compañías tienen que acudir para estar en disposición de conocer los criterios que favorecerán un voto positivo en sus juntas generales de accionistas.

Dentro de las cuestiones tratadas en las políticas de voto de *proxy advisors* e inversores institucionales, las cuestiones ligadas a la sostenibilidad, como no podía ser de otra forma, han ido ganando peso en los últimos años.

A ello vamos a dedicar las próximas páginas, para ver cómo están enfocando la cuestión unos operadores tan relevantes en la vida de las compañías cotizadas.

Para ello partimos de una muestra limitada pero muy significativa. Por un lado, el de los *proxy advisors*, nos centramos en las políticas de voto de los dos principales actores del mercado –ISS[4] y *Glass Lewis*[5]–, los dos estadounidenses de origen, y uno de los principales europeos –*Proxinvest*[6]–. Por otro lado, el de los inversores institucionales, seguiremos a –posiblemente– los dos principales y más activos en estas materias: *Blackrock*[7] y *Vanguard*[8].

II. LA VISIÓN DE LOS PROXY ADVISORS

1. En relación con la aprobación del Estado de Información no Financiera

En trasposición de la Directiva 2014/95/UE, en España se aprobó la Ley 11/2018, de 28 de diciembre, por la que se modifica el Código de Comercio, el texto refundido de la Ley de Sociedades de Capital aprobado por el Real Decreto Legislativo 1/2010, de 2 de julio, y la Ley 22/2015, de 20 de julio, de Auditoría de Cuentas, en materia de información no financiera y diversidad.

---

4 https://www.issgovernance.com/file/policy/active/emea/Europe-Voting-Guidelines.pdf

5 https://www.glasslewis.com/wp-content/uploads/2021/12/Spain-Voting-Guidelines-GL-2022.pdf?hsCtaTracking=da91f5b2-92fe-4cd9-aee4-ae0bb4fb3f8e%7Cc3144d6e-02d0-42db-aed5-f0746c67ae85

6 https://www.proxinvest.com/wp-content/uploads/2022/03/PROXINVEST-European-voting-guidelines-2022-public-version.pdf

7 https://www.blackrock.com/corporate/literature/fact-sheet/blk-responsible-investment-guidelines-emea.pdf

8 https://corporate.vanguard.com/content/dam/corp/advocate/investment-stewardship/pdf/policies-and-reports/Europe_UK_Proxy_Voting.pdf

Esta Ley, siguiendo las directrices de la Directiva, hizo obligatoria para las sociedades cotizadas y otras grandes empresas la emisión de un informe en el que se proporcionase información sobre cuestiones medioambientales y sociales, así como relativas al personal, al respeto de los derechos humanos y a la lucha contra la corrupción y el soborno. En su Preámbulo señalaba que *"[L]a divulgación de información no financiera o relacionada con la responsabilidad social corporativa contribuye a medir, supervisar y gestionar el rendimiento de las empresas y su impacto en la sociedad. A la vez, su anuncio resulta esencial para la gestión de la transición hacia una economía mundial sostenible que combine la rentabilidad a largo plazo con la justicia social y la protección del medio ambiente*".

Ese Estado de Información No Financiera, cuya responsabilidad de aprobación recae en el consejo de administración, debe incluir una descripción de las políticas de resultados y riesgos vinculados a esas cuestiones y debe incorporarse en el informe de gestión de la empresa obligada o, en su caso, en un informe separado.

Sobre el mismo, se han pronunciado los tres *proxy advisors* que estamos tomando como referencia:

a. ISS: Recomienda, con carácter general, votar a favor, a menos que el verificador externo haya resaltado preocupaciones materiales sobre la información presentada.

b. *Glass Lewis*: Recomienda, igualmente, votar a favor, si se facilita información suficiente y si la compañía identifica que ha utilizado un marco adecuado de reporte para elaborar el informe. En cambio, recomendará votar en contra si es claro que la compañía no ha gestionado o mitigado adecuadamente los riesgos sociales o ambientales en detrimento del valor para los accionistas.

c. *Proxinvest*: Recomienda, en general, votar a favor, salvo que la información no sea suficientemente buena en calidad, cantidad y transparencia.

2. En relación con la diversidad de género en el consejo de administración

En esta materia, en España, conviven la obligación legal y las recomendaciones de buen gobierno.

Por un lado, la Ley de Sociedades de Capital, en su artículo 529 bis 2 establece el siguiente principio programático: "*El Consejo de administración deberá velar porque los procedimientos de selección de sus miembros favorezcan la diversidad respecto a cuestiones, como la edad, el género, la discapacidad o la formación y experiencia profesionales y no adolezcan de sesgos implícitos que puedan implicar discriminación alguna y, en particular, que faciliten la selección de consejeras en un número que permita alcanzar una presencia equilibrada de mujeres y hombres*"[9].

Por otro lado, el Código de Buen Gobierno, en 2015 –a continuación de la introducción del artículo anterior en la Ley de Sociedades de Capital– recomendó "*que la política de selección de consejeros promueva el objetivo de que en el año 2020 el número de consejeras represente, al menos, el 30% del total de miembros del consejo de administración*"[10] y, en su reforma de de junio de 2020, una vez alcanzada la fecha de referencia, se modificó recomendando que "*el número de consejeras suponga, al menos, el 40% de los miembros del consejo de administración antes de que finalice 2022 y en adelante, no siendo con anterioridad inferior al 30%*"[11].

---

9 Este artículo se introdujo en la Ley de Sociedades de Capital a través de la Ley 31/2014, de 3 de diciembre, de reforma de la Ley de Sociedades de Capital para la mejora del gobierno corporativo, y fue posteriormente complementado a su redacción vigente por la Ley 11/2018 que introdujo el estado de información no financiera a la que hemos hecho referencia anteriormente.

10 Recomendación 14 del Código de Buen Gobierno aprobado en 2015.

11 Recomendación 15 del Código de Buen Gobierno modificado en 2020.

Finalmente, y de cara al futuro, es importante tener en cuenta que recientemente el Parlamento Europeo y el Consejo han alcanzado un acuerdo en el marco de la Directiva sobre el equilibrio de género en los consejos de administración según el cual las empresas cotizadas deberán promover que al menos el 40% de los puestos de consejero no ejecutivo lo ocupen personas del sexo infrarrepresentado, o el 33% entre todos los consejeros, incluyendo los ejecutivos. El texto también marca pautas a seguir en los procesos de selección.

Los *proxy advisors* siempre han dedicado especial atención a la diversidad en los consejos y, en particular, a la diversidad de género. A día de hoy, su acercamiento a la cuestión es muy similar entre ellos:

a. ISS: Con carácter general, recomienda seguir las obligaciones o recomendaciones locales o, en su ausencia, las europeas. Y luego recomienda votar en contra del presidente de la comisión de nombramientos (o de otros consejeros, a valorar caso por caso) si:

   (i) El género infrarrepresentado representa menos del 30% (o más si hay un porcentaje mayor a nivel local) en compañías de capital muy disperso.

   (ii) Los dos géneros no están representados en compañías de capital no muy disperso.

   Como factores mitigantes se señalan el haber cumplido con los estándares en el año precedente, y un compromiso firme y público de cumplir con el estándar en el plazo de un año.

b. *Glass Lewis*: Recomienda votar en contra del presidente de la comisión de nombramientos (o de otros consejeros que se propongan) si no se alinean con los siguientes objetivos:

   (i) Diversidad del 30% en IBEX 35 e IBEX Medium Cap en la junta de 2022.

(ii) Los dos géneros están representados en compañías de baja capitalización.

Se podrá excepcionar de lo anterior consejos con cuatro o menos miembros donde se den apropiadas explicaciones de por qué no se ha conseguido asegurar el balance de género. También tomarán en consideración el progreso realizado en los años anteriores para mejorar la diversidad, manteniendo a la vez el balance entre las capacidades del consejo y su renovación, en la medida en que se vea acompañado de un compromiso para afrontar las carencias en cuanto a diversidad de género en próximas elecciones de consejeros.

Por último, señalan que podrán votar en contra del presidente de la comisión de nombramientos si la compañía no alcanza o no hace progresos para cumplir la recomendación del código de buen gobierno y no facilita explicaciones creíbles o un plan para afrontar tal circunstancia.

c. *Proxinvest*: Señala que, si existe inquietud por un número insuficiente de mujeres en el consejo, tendría repercusión en la elección del presidente del comité de nombramientos. Como mínimo requerirá un 30% en diversidad de género, salvo en ciertas jurisdicciones con consejos de estructura dual (de dirección y supervisión) donde podrá haber excepciones.

3. En relación con el cambio climático

Posiblemente sean las cuestiones de cambio climático las que más creciente atención han generado en los últimos tiempos. Y, en este caso, al carecer de un marco claro de referencia (o al haber tantos y tan diversos), la aproximación a la cuestión difiere más entre los *proxy advisors*.

a. ISS:

Este *proxy advisor* tiene un apartado específico referido a *Climate Accountability*[12].

En él señala que, para compañías consideradas como emisoras relevantes de gases de efecto invernadero (GEI), a través de sus operaciones o cadena de valor (para 2022, aquellas en la lista *Climate Action 100+ Focus Group*), recomienda votar en contra de los consejeros responsables, o de cualquier otro punto del orden del día que resulte apropiado, en los casos en los que ISS determine que la compañía no está tomando los pasos mínimos necesarios para comprender, evaluar y mitigar riesgos relacionados con el cambio climático. Y para 2022, esos pasos mínimos son los dos siguientes (y ambos serán tenidos en cuenta para considerar cumplimiento):

(i) Facilitar información detallada sobre riesgos de cambio climático, por ejemplo, de acuerdo con el marco de la TFCD[13], incluyendo:

- Medidas de gobernanza del consejo
- Estrategia empresarial
- Análisis de gestión de riesgos
- Métrica y objetivos

(ii) Objetivos apropiados de reducción de las emisiones de gases de efecto invernadero.

Por otra parte, ISS dedica atención especial a las propuestas de *Say on Climate*, tanto si vienen de la dirección de la compañía como si vienen de una propuesta de un accionista.

---

12 Responsabilidad Climática.

13 Task Force on Climate-related Financial Disclosures.

(i) Si la propuesta de *Say on Climate* viene del consejo, recomienda votar caso por caso las propuestas de aprobación del Plan de Acción de Transición Climática, tomando en consideración el rigor y el carácter completo del plan. La información que considerará cuando esté disponible es la siguiente:

- La medida en que las divulgaciones relacionadas con el clima de la empresa están en línea con las recomendaciones de TFCD y cumplen con otros estándares del mercado;
- Divulgación de sus emisiones de GEI operativas y de la cadena de suministro (Alcances 1, 2 y 3);
- La exhaustividad y rigor de los objetivos de corto, medio y largo plazo de la empresa para reducir los GEI operativos y de la cadena de suministro (Alcances 1, 2 y 3, si corresponde);
- Si la empresa ha buscado la aprobación de un tercero de que sus objetivos están basados en la ciencia;
- Si la empresa se ha comprometido a ser *Net Cero* para las emisiones operativas y de la cadena de suministro (Alcances 1, 2 y 3) para 2050;
- Si la empresa revela un compromiso de informar sobre la implementación de su plan en posteriores años;
- Si los datos climáticos de la empresa han recibido garantía de terceros;
- Divulgación de cómo las actividades de *lobby* de la empresa y sus gastos de capital se alinean con la estrategia de la empresa;

- Si existen desafíos específicos de descarbonización de la industria; y
- El compromiso, la divulgación y el desempeño de la empresa en comparación con sus pares de la industria.

(ii) Si la propuesta de *Say on Climate* viene de una propuesta de accionista, recomienda igualmente votar caso por caso, tomando en consideración:

- El carácter más o menos completo y riguroso de la información que ya da la compañía;
- El desempeño de la compañía con los GEI;
- Si la compañía ha sido objeto, recientemente, de incumplimientos significativos, multas, sanciones, procedimientos o controversias sobre emisiones GEI; y
- Si la propuesta es indebidamente gravosa (alcance o plazo) o demasiado prescriptiva.

b. *Proxinvest*:

También dedica un apartado específico al *Say on Climate*. Apoya la introducción de un voto recurrente (cada 3-5 años) sobre las ambiciones y la estrategia climática, que permita un *feedback* de los accionistas, y que las compañías faciliten informes adecuados sobre su puesta en práctica. Proxinvest también apoya que estos informes se voten regularmente.

Proxinvest indica que votar sobre la estrategia climática primero requiere que el emisor demuestre transparencia a un estándar reconocido por los inversores. En particular, la empresa tendrá que explicar cómo su propia gobernanza está organizada para gestionar los problemas climáticos, cómo se gestionan los riesgos climáticos, cuál es su estrategia climática, cómo la política de asignación de capital (inversiones, I+D, Desinversiones, M&A) permitirá implementar la estrategia y qué objetivos y métricas se han definido.

Los objetivos de reducción de emisiones de gases de efecto invernadero deberán ser validados por la ciencia y alineados con los acuerdos de París para limitar el calentamiento global. Cubrirán la mayor parte de las emisiones directas e indirectas de la actividad de la compañía (alcances 1, 2 y categorías significativas del alcance 3).

Proxinvest invita a las empresas a comprometerse con la ambición *Net Zero* y definir objetivos provisionales de reducción de carbono a corto y medio plazo que ayudarán a los inversores a controlar los logros de cada empresa.

4. En relación con cuestiones sociales y ambientales en general

Aunque el cambio climático sea, probablemente, el aspecto ESG que mayor atención ha captado en los últimos tiempos, los *proxy advisors* hacen referencia a otros ámbitos sociales y ambientales.

a. ISS:

Este *proxy advisor* se refiere, bajo la rúbrica *Voting on Social and Envirnomental Proposals*, y dejando a un lado las *Say on Climante Proposals* –a las que dedica un apartado específico–, a un amplio abanico de materias, incluyendo la seguridad del consumidor y del producto, medio ambiente y energía, estándares laborales y derechos humanos, diversidad en el lugar de trabajo y en el consejo, y problemas políticos corporativos. Y sobre todos ellos indica que, si bien en cada análisis interviene una variedad de factores, el principio general que guía todas las recomendaciones de votación se centra en cómo la propuesta puede mejorar o proteger el valor de los accionistas a corto o largo plazo.

Así, recomienda votar caso por caso, examinando si la implementación de la propuesta es probable que mejore o proteja el valor para el accionista, considerando una serie de factores:

(i) Si las cuestiones presentadas en la propuesta se abordan de manera más apropiada o efectiva a través de la legislación o regulaciones gubernamentales;

(ii) Si la empresa ya ha respondido de manera adecuada y suficiente a la(s) cuestión(es) planteada(s) en la propuesta;

(iii) Si la solicitud de la propuesta es excesivamente gravosa (alcance o plazo) o demasiado prescriptiva;

(iv) El enfoque de la empresa en comparación con cualquier práctica estándar de la industria para abordar los problemas planteados por la propuesta;

(v) Si existen controversias significativas, multas, sanciones o litigios asociados con la actividad ambiental o social de la empresa.

(vi) Si la propuesta solicita mayor divulgación o mayor transparencia, si ya hay razonable y suficiente información disponible para los accionistas de la empresa; y

(vii) Si la implementación revelaría información de propiedad exclusiva o confidencial que podría colocar a la empresa en una desventaja competitiva.

b. *Glass Lewis*:

Glass Lewis cree que las empresas deben asegurarse de que los consejos mantengan una supervisión clara de los riesgos importantes para sus operaciones, incluidos los de carácter ambiental y social. En consecuencia, para las empresas de gran capitalización y en los casos en los que identifiquen problemas de supervisión importantes, *Glass Lewis* revisará el estado general de las prácticas de gobierno de la empresa e identificará qué consejeros o comités a nivel de consejo han sido encargados de la supervisión de temas ambientales y/o sociales.

Sobre esa base, recomendará votar en contra del presidente de la comisión de gobernanza (o equivalente) de las compañías del Ibex-35 que no proporcionen información explícita sobre el rol del consejo en la supervisión de las cuestiones relevantes sociales y medioambientales.

c. *Proxinvest*:

Este *proxy advisor* recomienda a las compañías indicar claramente si las cuestiones de responsabilidad social corporativa (RSC) se han tratado en el consejo y a detallar específicamente los asuntos tratados.

Sin perjuicio del carácter colegiado de los consejos, también apoya la práctica de designar un miembro específicamente responsable de monitorizar los temas de RSC. Por otra parte, no se opone a la creación de comités de *stakeholders*, si la compañía justifica la creación de tales comités y detalla su finalidad.

Proxinvest revisará las dimensiones ambientales y sociales de las actuaciones significativas llevadas a cabo por las compañías que puedan generar inquietud a los accionistas, sobre la base de una serie de parámetros:

- Estándares utilizados para el *reporting* en cuestiones de RSC;
- Medioambiente;
- Empleados;

- Comunidad;
- Ética de los negocios.

III. LA VISIÓN DE LOS INVERSORES INSTITUCIONALES

Presentadas ya las diversas cuestiones en el apartado anterior sobre la visión de los *proxy advisors*, nos centramos aquí en cómo las encaran dos de los principales inversores institucionales a nivel global:

1. En relación con la aprobación del Estado de Información no Financiera:

a. *Blackrock* no se refiere, en particular, a este documento requerido por la normativa española (y en general, de la Unión Europea), pero sí indica que una información robusta sobre estas cuestiones es esencial para que los inversores puedan evaluar efectivamente las estrategias y prácticas de negocio de las compañías. Así, *Blackrock* promoverá una mejora continua en el *reporting* de las compañías y, donde lo entienda necesario, expresará sus preocupaciones a través del voto si la información o las actuaciones de la compañía en estas materias son inadecuadas.

   BlackRock alienta a las empresas a utilizar el marco desarrollado por el TFCD para informar sobre su enfoque para garantizar que tengan un modelo de negocio sostenible, y a complementar esa divulgación con métricas específicas de la industria, como las identificadas por el *Sustainability Accounting Standards Board* (SASB). Por otro lado, entienden que algunas empresas pueden utilizar diferentes estándares, que pueden ser requeridos por la regulación, u otros estándares privados. En esos casos, pide que las empresas destaquen las métricas que son específicas de la industria o de la empresa.

b. *Vanguard*: igualmente no se refiere expresamente al estado de información no financiera, pero sí señala que votará caso a caso en informes sobre la cuestión y propuestas de accionistas, sobre la base de un análisis para evitar que sea excesivamente prescriptivo y que favorezca la perspectiva a largo plazo.

2. En relación con la diversidad:

a. *Blackrock*. En general, recomienda seguir los estándares locales, sobre la base de que haya al menos un 30% de mujeres. En caso contrario, considerará un posible voto en contra de los miembros de la comisión de nombramientos.

b. *Vanguard*: Sin contemplar porcentajes específicos, señala que votarán a favor de propuestas de accionistas relacionadas con la diversidad si:

- La propuesta pretende la divulgación de información sobre diversidad que no haya sido ya revelada;
- La propuesta requiere que la compañía adopte una política para asegurar diversidad, si no existe una ya;
- La propuesta no es excesivamente prescriptiva en cuanto a qué habilidades deberían incluirse o a cómo debería presentarse la información.

3. En relación con el cambio climático y con cuestiones sociales y ambientales en general

a. *Blackrock* considera que el cambio climático se ha convertido en un factor determinante en las perspectivas a largo plazo de las empresas. Por eso pide a las compañías que ayuden a sus inversores a comprender cómo pueden verse afectadas por el riesgo relacionado con el clima, y cómo estos factores se consideran dentro de la estrategia de una manera consistente con el modelo de negocio y sector de la empresa. Pide a las compañías que divulguen un plan de negocio sobre cómo pretenden ofrecer un rendimiento financiero a largo plazo a través de la transición *a global Net Zero*, de acuerdo con su modelo de negocio y sector. Y en relación con todo ello, señala que fijarán la responsabilidad en estos temas en los miembros del comité correspondiente, o en el consejero no ejecutivo de mayor antigüedad, por información inadecuada y por los planes de negocios subyacentes. También prevé la posibilidad de apoyar propuestas de accionistas que soliciten a las empresas divulgar planes climáticos alineados con sus expectativas.

b. *Vanguard*. Diferencia en varios apartados:

– Propuestas sobre objetivos, políticas y prácticas en materias ESG: Anuncia el voto caso por caso. Sobre la base de que los accionistas tienen menos información sobre estos aspectos que la dirección y el consejo, señala que propuestas prescriptivas serán generalmente votadas en contra. Propuestas relativas a fijar objetivos en línea con prioridades ya reveladas de la compañía tienen más posibilidades de tener un voto a favor.

– Consideraciones sobre propuestas ambientales y sociales: También voto caso por caso. De nuevo explica que son materias más pegadas a la dirección y al consejo. En su análisis considerarán marcos de referencia ya aceptados por *Vanguard*; y tomarán en consideración el *input* del consejo.

Es probable que voten a favor de propuestas que:

- Se refieren a una deficiencia en la información puesta a disposición por la sociedad relativa a la normativa aplicable o a marcos de referencia respaldados por *Vanguard*;
- Reflejan un acercamiento específico de la industria o de carácter material;
- No son excesivamente prescriptivas en alcance.

Sobre la base de lo anterior, facilita una serie de propuestas más concretas en las que sería probable que votase a favor, como, por ejemplo:

- De carácter ambiental: Propuestas de fijar objetivos para emisiones relevantes de gases de efecto invernadero.
- De carácter social: Propuestas requiriendo información sobre el rol del consejo en la supervisión de los riesgos de diversidad, igualdad e inclusión.

Por último, su política señala que si se produce una situación en la que el consejo ha fallado en identificar, monitorizar y asegurar la gestión de riesgos materiales y prácticas de negocio bajo su supervisión basado en responsabilidades de alguna comisión, votará en contra del presidente de esa comisión. Y si no correspondiese a ninguna comisión, votará en contra del consejero coordinador y/o del presidente.

IV. LA VISIÓN DE LARRY FINK

Aunque ya nos hemos referido a *Blackrock* como el principal inversor institucional del mundo, no queríamos dejar de referirnos, expresamente, a su *CEO*, Larry Fink, y sus ya famosísimas cartas a los *CEO* de todas las compañías del mundo donde invierte, expresando cuáles son las prioridades que *Blackrock* entiende críticas para la creación de valor a largo plazo.

Estas cartas se han convertido en una auténtica referencia en el mercado.

Si tomamos las cartas de los últimos 3 años:

- La de 2020 se refería, casi exclusivamente, al cambio climático y a cómo las compañías debían dar adecuada información al respecto, utilizando estándares generalmente aceptados.

  Y, para que nadie se relajase, señalaba que cuando *Blackrock* entendiese que una compañía no estaba tratando adecuadamente asuntos relevantes (como el cambio climático), responsabilizaría a sus consejeros. Y así, en el año anterior, señalaba que *Blackrock* había votado en contra o se había abstenido respecto a 4.800 consejeros en 2.700 compañías diferentes.

- En la carta de 2021, en plena pandemia, el cambio climático sigue siendo parte fundamental, y en particular los informes sobre los planes *Net Zero* y sobre cómo entroncaban las compañías esos planes en su estrategia a largo plazo.

  También ponía un importante foco en la estrategia de talento y en el fomento de la diversidad. Empieza a haber un cierto movimiento desde la preponderancia absoluta de la A –de los temas ambientales– a la S –de los temas sociales–, sin abandonar ni mucho menos la A.

- En la carta de 2022, cada vez se va notando más énfasis en la S, como consecuencia de la pandemia: el cuidado de los empleados y la atención a sus exigencias tanto económicas como en términos de flexibilidad. Pero insiste, igualmente, en el necesario progreso hacia la descarbonización.

No puede ser más sintomático que las cartas del *CEO* del principal inversor institucional del mundo a los *CEO* de las compañías en las que invierte se hayan dedicado, en los últimos años, de manera casi exclusiva, a las cuestiones ligadas con la sostenibilidad.

Ahora bien, nos gustaría destacar una frase, en concreto de esta última carta de 2022. Dice Larry Fink: "*No se equivoque, la búsqueda justa de rendimientos sigue siendo lo que motiva a los mercados, y la rentabilidad a largo plazo es la medida por la que los mercados determinarán en última instancia el éxito de su compañía*".

APUNTES SOBRE SOSTENIBILIDAD Y SOCIEDADES DE CAPITAL. ENFOQUES Y DESENFOQUES*

Dr. Juan Ignacio Peinado Gracia
Catedrático de Derecho mercantil
Universidad de Málaga
Of counsel de Garrigues

SUMARIO: I. EL NUEVO PARADIGMA DEL GOBIERNO CORPORATIVO. II. ¡Y LLEGÓ AL BUEN GOBIERNO DE LAS SOCIEDADES COTIZADAS! III. ESTRATEGIAS DE INTEGRACIÓN DE LA SOSTENIBILIDAD. IV. ALGUNOS PROBLEMAS DE ENFOQUE DE LA SOSTENIBILIDAD EN EL DERECHO DE SOCIEDADES. LA INSUFICIENCIA DEL SENTIMIENTO. Bibliografía.

I. EL NUEVO PARADIGMA DEL GOBIERNO CORPORATIVO

La sostenibilidad o su pretendido equivalente del largo plazo, como vocación de la gestión empresarial o la involucración de los grupos de interés como instrumento para esa misma idea largoplacista, ha permeado todas las instancias del Gobierno Corporativo tanto en su versión de Códigos o *soft law*, como en las normas de *hard law*. Incluso se está viendo como de forma acrítica va incrustándose en el Derecho de sociedades. Es la evolución de la responsabilidad social corporativa (RSC) pero con una diferencia sustancial cual es migrar desde la asunción voluntaria como una opción en la estrategia empresarial hacia niveles cada vez mayores de intervención coercitiva que determina cómo debe ser esa gestión o esa estrategia.

---

* Trabajo realizado en el marco del Proyecto 122/22 "Reconciliar a la empresa andaluza con su entorno: propuestas para una gobernanza corporativa sostenible (Be SUSTAINABLE Co), financiado por Fundación Centra, Junta de Andalucía I.P.: Juan Ignacio Peinado Gracia; Coord.: Mayte Otero.

Las manifestaciones de instancias de representación o reflexión empresarial u organismos públicos, estatales o no, son mayoritariamente partidarias de un nuevo paradigma del Gobierno Corporativo (Lipton[1]) en el que el centro se sitúa en el interés público de los *stakeholders* (con una especial atención en el medio ambiente, de donde viene el término), desplazándose desde la tradicional centralidad en los *shareholders*[2]. Conviene no obstante señalar un par de objeciones que han puesto de manifiesto la mejor doctrina internacional (Bebchuk[3] o Tallarita) y nacional (Vives[4] o Peinado[5]). En primer término, que

1 La expresión de nuevo paradigma aplicado al Gobierno corporativo procede de M. Lipton. Sus aportaciones son numerosas (en formatos variados). A modo de ejemplo véase LIPTON, M., "The New Paradigm: A Toolkit For Balancing Conflicting Stakeholder Interests and Protecting Long-Term Business Value", post en Harvard Law Scholl Forum on Corporate Governance, 23 de Agosto de 2023. https://corpgov.law.harvard.edu/2023/08/30/the-new-paradigm-a-toolkit-for-balancing-conflicting-stakeholder-interests-and-protecting-long-term-business-value/

2 Este breve trabajo se centra en el Derecho de Sociedades. Desde luego que existe y sería objeto de una más amplia reflexión considerar si estos cambios suponen también un nuevo paradigma del sistema capitalista (basado en la propiedad) a nuevas formas la subyugación de la propiedad a fines sociales. La literatura es muy amplia, véase en esta sede por todos HENDERSON, R., *Reimagining Capitalism in a World on Fire*, N.Y., 2020 (hay edición española en Barcelona 2021 de inefable prologuista).

3 BEBCHUCK, L.A./ STOLE, L.A., "Do short-term objectives lead to under–or overinvestment in long-term projects?", *The Journal of Finance*, vol. XLVIII, nº 2, June 1993.

4 VIVES, F., "El propósito de las sociedades y el paradigma del largo plazo", en AA.VV., *Las sociedades de capital: sus intereses y sus conflictos*, Valencia, 2022, pp. 15 a 31. El trabajo de VIVES pone de manifiesto las paradojas que se están produciendo entre la base teórica del nuevo propósito y las manifestaciones ideológicas, políticas o periodísticas.

5 PEINADO GRACIA, J.I., "La sostenibilidad y el deber de diligencia de los administradores: Una primera reflexión sobre la sostenibilidad de la sociedad mercantil y la responsabilidad por falta de diligencia de los administradores", *RDM*, núm. 311, enero-marzo 2019, pp. 11-48.

carecemos de estudios científicos que sustenten los planteamientos largoplacistas; en segundo lugar, que no es quizás el Derecho de sociedades el ámbito propio para introducir esta opción de gestión en la empresa. Al tiempo, alguno de los grandes gestores institucionales de activos (Blackrock[6]) del mundo alerta sobre que no puede sustituirse la finalidad esencial de las sociedades de capital, el beneficio del socio, por otros nuevos fines, sino complementarse y ordenarse el fin social también a la satisfacción de quienes asumen el riesgo. La situación bélica en el que vive el mundo cuando esto se escribe, ha venido también incentivar la vuelta a inversiones a corto plazo y el abandono, quizás transitorio, de la atención a la descarbonización.

Una lectura correctora del debate intenta aunar el interés de los socios con el de las partes interesadas. El Nuevo Paradigma se presenta como una relación de colaboración entre la empresa y sus partes interesadas para una gestión conjunta de las externalidades derivadas de esa falta de colaboración y que contribuye a la creación de valor a largo plazo. Las empresas necesitan gestionar proactivamente las cuestiones de las partes interesadas (ESG), ya que las externalidades y los conflictos entre las partes interesadas pueden convertirse en riesgos graves para la salud a largo plazo de la empresa[7]. El discurso tiene una estructura tautológica y arranca de dar como un dato obvio la opción por el largo plazo como la única válida.

---

6 BEBCHUK, L. A./ HIRST, S., "The Specter of the Giant Three" (May 9, 2019), *Boston University Law Review*, Vol. 99, 2019, pp. 721-741.
De interés resulta ver lo sucedido con Climate Action 100+ que es una iniciativa liderada por inversores para garantizar que las empresas más grandes emisoras de gases de efecto invernadero del mundo tomen las medidas necesarias sobre el cambio climático. Las empresas participantes gestionan 78 trillones en activos en todo el mundo. Cuando esto se escribe (febrero de 2024) cuatro compañías han abandonado la iniciativa: JPMorgan, Pimco, Blackrock y State Street

7 LIPTON, *op. et loc. cit.*

Así, se nos plantea que la actividad empresarial debe estar encaminada al largo plazo y que para ello hay que colaborar con las partes interesadas porque sólo de esa forma se puede alcanzar la creación de valor empresarial a largo plazo. Sin embargo, en nuestra opinión, quienes esto defienden no responden a una pregunta básica inicial: ¿Quiénes son los dueños de la empresa?, y, en consecuencia, no residencian en la propiedad la capacidad última de definir completamente la estrategia de la empresa y sus relaciones con partes interesadas[8].

El legislador bajo la expresión sostenibilidad está optando entre dos tipos de socios, el cortoplacista, al que sólo percibe como inversor y al que sólo la transparencia le protege, y el largoplacista, a favor del cual el legislador cada vez constriñe más la actuación de los administradores responsables. En nuestra opinión, las estrategias de creación de valor a largo o a corto plazo no deberían integrarse en la decisión del legislador, sino quedar en el ámbito de decisión de los órganos de administración de las sociedades, órganos que habrá de responder de su lealtad y de su diligencia. Paralelamente, existe un impulso legislativo a favor de que el valor a largo plazo conlleva necesariamente una estrategia de colaboración y atención a los intereses de los stakeholders.

Las anteriores afirmaciones contrastan con la existencia de otras opciones legítimas. No es nuestra misión aquí señalar la estrategia más conveniente entre el corto plazo y el largo plazo, ni valorar si tales finalidades deben conseguirse mediante una adecuada colaboración con los grupos de interés de la sociedad. Dicho esto, no se puede descono-

---

8 En ocasiones la cuestión se platea en términos ahistóricos para defender que el reconocimiento por el estado de la personificación de entidades asociativas e, incluso, la limitación tipológica de responsabilidad tiene como contrapartida la legitimación del Estado para ordenar el alineamiento de los recursos privados a finalidades públicas. Véase PALLADINO, E., "Who owns corporations?", en AA.VV. (Joshua Cohen editor), *Economics after neoliberalism*, Boston, 2019, pp. 124-140.

cer que el legislador europeo y, con entusiasmo, el español, han optado por una determinada forma de creación de valor, a favor del largo plazo

Al margen de posiciones extremas, la ponderación de intereses entre propiedad y partes interesadas es reivindicada hasta por los mayores defensores del nuevo paradigma[9].

II. ¡Y LLEGÓ AL BUEN GOBIERNO DE LAS SOCIEDADES COTIZADAS!

En todo caso, la sostenibilidad es un requerimiento generalizado en el ámbito de las sociedades públicas (cotizadas). Así, el Principio núm. 24 del CBG español señala: *"la sociedad promoverá una política adecuada de sostenibilidad en materias ambientales y sociales, como función indelegable del Consejo de Administración, ofreciendo de forma transparente información suficiente sobre su desarrollo, aplicación y resultados"*.

El CBG es fruto de la reforma de 2020 bajo cuatro vectores relevantes, todos ellos ligados en mayor o menor medida a la sostenibilidad: el fomento de la presencia de mujeres en los consejos de administración; la mayor relevancia de la información no financiera y la sostenibilidad; una mayor atención a los riesgos reputacionales y en general no financieros; y una clarificación de aspectos relativos a la remuneración de los consejeros.

En esta reforma, además de sustituirse el término responsabilidad social corporativa por el más amplio y actual de sostenibilidad, en relación con aspectos medioambientales, sociales y de gobierno (ASG),

---

9 LIPTON, M./ ROSENBLUM, S.A./CAIN, K.L./NILES, S.V./ BLACKETT, A.S./IANNONE, K.C., "It's Time To Adopt The New Paradigm", *Paper of Wachtell, Lipton, Rosen & Katz*, 11.02.2019. https://www.wlrk.com/webdocs/wlrknew/ClientMemos/WLRK/WLRK.26357.19.pdf

se incide, como se ha señalado, en la información y en los riesgos no financieros, fomentando al respecto la implicación de las comisiones del consejo[10].

III. ESTRATEGIAS DE INTEGRACIÓN DE LA SOSTENIBILIDAD

Las aproximaciones a la cuestión de la sostenibilidad pueden ser varias y complementarias. En este sentido, puede ponerse el foco de interés en los inversores o puede ponerse el foco de interés en los administradores.

El primer caso se refiere a que **los inversores dispongan de información suficiente** para determinar libremente sus decisiones de inversión. Cuando señalamos información, se hace inmediatamente necesario asegurar un flujo obligatorio de información y también la estandarización de esa misma información para hacerla comparable. En este sentido, la normativa hace recaer ambos deberes en quien a un menor coste puede generarla y difundirla (reduciendo por ello los costes de transacción). Este enfoque sitúa en los accionistas e inversores la libre decisión sobre la sostenibilidad como su preferencia manifestada mediante la inversión. Así, cabe señalar la Directiva 2022/2464, sobre Información Corporativa en Sostenibilidad (CSRD, en sus siglas en inglés) de 14 de diciembre de 2022; y Reglamento Delegado (UE) 2022/1214 de 9 de marzo de 2022 por el que se modifica el Reglamento Delegado (UE) 2021/2139 en lo que respecta a las actividades económicas en determinados sectores energéticos y el Reglamento

---

10 Un adecuado resumen de la entrada, desarrollo y estrategia de las principales cotizadas en GONZÁLEZ GALÁN, S. et al., "Cómo gestionar la sostenibilidad en los consejos de administración", *TOOLKIT,* 2023, abril, en https://www.dirse.es/wp-content/uploads/2023/04/230411-Toolkit-DIRSE-y-Garrigues-como-gestionar-la-sostenibilidad-en-los-consejos-de-administracioon-1.pdf

Delegado (UE) 2021/2178 en lo que respecta a la divulgación pública de información específica sobre esas actividades económicas.

Los nuevos requisitos de información sobre sostenibilidad de la UE se aplicarán a todas las grandes empresas, coticen o no en los mercados de valores, y a las pymes cotizadas, y serán de obligado cumplimiento en diversas fases entre 2024 y 2027 (véase el art. 5 de la Directiva).

Además, la Ley 11/2018 relativa al Estado de Información no financiera, ahora pendiente de adaptación a la Directiva 2022/2464.

Esta Ley hizo obligatorio para las sociedades cotizadas y otras grandes empresas la emisión de un informe en el que se proporcionase información sobre cuestiones medioambientales y sociales, así como relativas al personal, al respeto de los derechos humanos y a la lucha contra la corrupción y el soborno. En su Preámbulo señalaba que *"[L]a divulgación de información no financiera o relacionada con la responsabilidad social corporativa contribuye a medir, supervisar y gestionar el rendimiento de las empresas y su impacto en la sociedad. A la vez, su anuncio resulta esencial para la gestión de la transición hacia una economía mundial sostenible que combine la rentabilidad a largo plazo con la justicia social y la protección del medio ambiente"*.

Ese Estado de Información no financiera, cuya responsabilidad de aprobación recae en el Consejo de Administración, debe incluir una descripción de las políticas de resultados y riesgos vinculados a esas cuestiones y debe incorporarse en el informe de gestión de la empresa obligada o, en su caso, en un informe separado.

Este enfoque permite a los inversores y accionistas tomar sus propias decisiones de inversión o desinversión respecto de los objetivos del largo plazo y de las partes interesadas. Los gestores de la sociedad determinan así la propia política empresarial y los titulares del capital presente o futuro deciden apoyar con su inversión una u otra política. Esencialmente es un enfoque respetuoso con la propiedad de las sociedades y con el poder de disposición y ejercicio empresarial de ese capital.

El segundo enfoque pone su atención en **la función y responsabilidad de los administradores sociales**. Este enfoque conlleva una mayor obligatoriedad para los administradores, que deben incluir los objetivos de sostenibilidad en su matriz de decisión. Además de formular específicamente el deber (como asociado a la diligencia de los administradores), requiere desarrollos específicos en el ámbito de la responsabilidad. Así, adviértase que nuestro sistema de responsabilidad social de administradores está construido como una acción de daños, lo que puede resultar una dificultad en este campo tanto en la legitimación como en la existencia y prueba del daño. En esta línea, véase los artículos 217.4 (en cuanto a la retribución de administradores), 225.1 (diligencia del administrador), 249.bis (políticas corporativas en general) y 529 ter 1.a LSC (competencia del Consejo sobre las políticas de RSC).

La actuación de los administradores en relación con la sostenibilidad y los grupos de interés debe incardinarse en el análisis de la diligencia de los mismos[11]. Por ello, no sólo se trata de abordar una política de gestión de riesgos y relaciones con los grupos de interés, sino también de la trazabilidad de la misma y la existencia de hitos acreditables en cuanto a la información necesaria, ponderación de intereses y eficacia en la decisión. Desde esta perspectiva, no es raro que los consejos de administración de las sociedades cotizadas aprueben políticas específicas con procedimientos de toma de decisiones que permitan objetivar el desempeño. De forma más específica, las compañías pueden tener políticas propias del objeto social de cada una (por ejemplo, sobre huella de carbono, deforestación, impacto ambiental, etc.)

---

11 PEINADO GRACIA, J.I., *op. cit.*

Junto a esto, los desarrollos legislativos cada vez más extensos van incorporando nuevos deberes a los administradores de forma tal que la responsabilidad de estos ya no descansa sólo en un inaprensible deber de perseguir la sostenibilidad y relacionarse con los grupos de interés, sino que se muta en algo tan sencillo como que la diligencia mínima de un administrador es el cumplimiento de la ley y, por tanto, responde por su incumplimiento.

IV. ALGUNOS PROBLEMAS DE ENFOQUE DE LA SOSTENIBILIDAD EN EL DERECHO DE SOCIEDADES. LA INSUFICIENCIA DEL SENTIMIENTO

En muy poco tiempo, la sostenibilidad se ha convertido en un mantra económico jurídico que se extiende acríticamente[12]. Una primera idea que viene a todo el que se enfrenta al concepto es que nadie puede estar en contra. Realmente el concepto alcanza mayor certeza en sede de sentimientos que de certidumbres jurídicas. Hay un amplio consenso en la protección del medio ambiente, ámbito desde el que se ha extendido el término y concepto. *"Satisfacer las necesidades de las generaciones presentes sin comprometer las posibilidades de las del futuro para atender sus propias necesidades"*[13].

Es en la mutación del sentimiento a la norma donde comienzan las dificultades. De una parte, porque la discrecionalidad empresarial se reduce por mor de la intervención legislativa; al mismo tiempo, dificultan esa misma gestión en el cumplimiento de deberes objetivos de

---

12 Sabiendo que no es un criterio científico, en la base Dialnet, a la palabra "sostenibilidad" en castellano nos devuelve referencias de 29.409 documentos.

13 INFORME BRUNDTLAND de la ONU 1987. https://www.ecominga.uqam.ca/PDF/BIBLIOGRAPHIE/GUIDE_LECTURE_1/CMMAD-Informe-Comision-Brundtland-sobre-Medio-Ambiente-Desarrollo.pdf

información y ejecución de políticas[14] o se incluyen mandatos que afectan no sólo a derechos de los socios, sino que incorporan un deber concreto sobre cómo han de ejercer su derecho[15].

Sin embargo, en este punto pretendemos destacar algunas cuestiones sobre el enfoque legal de la sostenibilidad no en el ámbito de la economía o la gestión empresarial, sino del Derecho de sociedades. Se trata, pues, de un elenco de amenazas[16] para la actuación legislativa que pueden comprometer no sólo las implementaciones concretas, sino la misma viabilidad de la sostenibilidad dentro del Derecho de sociedades.

1. La cuestión tiene un componente ideológico relevante.

El Derecho de sociedades no es simplemente una opción técnica, es realmente la respuesta técnica funcional a una lectura ideológica. De esta forma, el derecho de sociedades fue el instrumento de financiación privada de un imperio mediante la garantía de incentivos al capital, como en otro momento fue el instrumento de primacía del capital frente a otros componentes de la empresa. Desde esta premisa, el Derecho de sociedades puede ser muchas cosas, incluso un Derecho de sociedades sostenibles[17]. El dilema entre socios y grupos de interés conlleva una valoración de los límites y finalidades de la propiedad privada.

---

14 De interés por su brevedad y claridad: LAMO DE ESPINOSA, J., "Sostenibilidad", *en Anales de la Real Academia de Doctores de España*, Volumen 8-4, 2023, pp. 905-909.

15 A modo de ejemplo, la Directiva (UE) 2022/2381 del Parlamento Europeo y del Consejo, de 23 de noviembre de 2022, relativa a un mejor equilibrio de género entre los administradores de las sociedades cotizadas y medidas conexas.

16 También un proyecto de investigación futura.

17 De mucho interés, ALONSO UREBA, A., "Derecho de sociedades y función económico-social de la gran empresa (interés social vs interés de la empresa: una cuestión abierta", en AA.VV. (Dirs. C. Chamorro/J. Viera), *Derecho de sociedades y sostenibilidad*, Madrid, 2023, pp. 27 a 92.

El Derecho de sociedades, tal y como lo conocemos, se cinceló en el apogeo de la doctrina liberal. No sólo en su reflexión sobre la importancia definitoria del capital o su defensa de la propiedad privada. Sino que los desarrollos en la teoría de la agencia ayudaron a comprender el juego de intereses subyacente entre socios y administradores. Los enemigos del liberalismo contemporáneos no son ajenos a los intentos de socialización del interés social[18].

2. La financiación privada de fines públicos y grupos de interés.

Hablar de las políticas de sostenibilidad con carácter imperativo supone incorporar la financiación privada de fines públicos y a grupos de interés. Los bienes públicos (medio ambiente, por ejemplo) son tradicionalmente financiados mediante tributación. La contaminación, por ejemplo, genera externalidades negativas que el monopolio tributario del Estado obligaba a internalizar mediante impuestos (Pigou). El impuesto pigouviano trata

---

18 La politización de la cuestión empieza a ser una debilidad de las propias políticas de intervención empresarial en materia de sostenibilidad. Resulta de interés ver como State Street en su *"Informe anual conforme a la Sección 13 o 15(d) S.A. de 1934"* recoge que "Las opiniones sobre las prácticas de sostenibilidad o ESG, en particular las relacionadas con cuestiones climáticas, se han convertido en cuestiones políticas, lo que puede amplificar los riesgos de reputación" lo que ha justificado su salida de Climate Action 100+. Vid. https://www.sec.gov/ixviewer/ix.html?doc=/Archives/edgar/data/93751/000009375124000498/stt-20231231.htm
En marzo de 2023 el presidente Biden tuvo que usar el veto presidencial a diversas normas estatales que prohibían a empresas de inversión utilizar criterios ESG. En enero de 2024 el estado de New Hampshire discute un proyecto de ley que prevé penas de cárcel para los gestores de empresas que usen tales criterios. https://www.gencourt.state.nh.us/bill_status/pdf.aspx?id=21602&q=billVersion
El resultado es que la politización de los criterios ESG como pautas de inversión está suponiendo recortes a la libertad de los gestores, en unos casos porque se imponen, en otros porque se castiga. Los enemigos del liberalismo tienen muchas caras.

de incluir la externalidad negativa generada en los costes de producción de una actividad determinada. Pero esto son externalidades negativas, el Estado interviene tanto con su monopolio tributario como con su monopolio legislativo, fijando el estándar de lo admisible.

La acción de los grupos de interés tiene más que ver con la captura por los mismos del legislador, o por la acción colectiva en elecciones. Desde esta perspectiva los grupos de interés reciben las rentas derivadas de la acción del legislador capturado. A modo de ejemplo, cuando se incentiva que las manufacturas de proveedores de empresas alcancen los estándares (costes) de los países del primer mundo, lo que se está haciendo es expulsar del mercado a los trabajadores que no son del primer mundo. Luego introduciendo barreras de entrada en el mercado de la mano de obra (se extiende más allá de las fronteras de su soberanía la eficacia de normas sociales).

3. En el debate se están basando en diversos errores conceptuales.

En el debate se producen, en nuestra opinión, varios errores conceptuales. De una parte, no se puede utilizar indistintamente los términos de "empresa" y "sociedad". De otra, no se puede utilizar indistintamente sostenibilidad con largo plazo. Se considera homogéneo e intercambiable el tratamiento en US y UE de forma tal que la imperatividad europea comienza a influir en la inversión. De la misma forma que no se puede extender el régimen pensado para empresas públicas (cotizadas) a las empresas no cotizadas. Por fin, se altera sin justificación el concepto de interés social. En este último ámbito se está produciendo una situación paradójica. De una parte, se identifica el interés social con el común de los socios incluso más allá de la exigencia tipológica, para abrirse a intereses sociales no económicos o, al menos, no directamente económicos. Se admiten sociedades sin ánimo de lucro directo en aras de la subjetividad común de los socios. De otra, se intenta expropiar ese interés de los mismos socios para sustituirlo por un interés público que trasciende a los mismos. Como posición intermedia, se considera que el interés de los socios a largo plazo se maximaliza gracias a la incorporación de fines sociales y relaciones con grupos de interés.

4. El largo plazo carece de respaldo científico.

La repetición de las bondades del largo plazo y la condena de las políticas empresariales cortoplacistas, por más que están extendidas en la doctrina y en el debate público y hayan sido acogidas por nuestro legislador nacional y comunitario, carecen de trabajos empíricos que las avalen (Vives[19]).

5. La empresa es un haz de contratos y no sólo con el capital.

La empresa es un haz de contratos (Coase[20]), y en los contratos del capital entra el Derecho de sociedades (Easterbrook y Fischel).

El Derecho de las sociedades de capital responde al objetivo de maximizar la riqueza de los accionistas, proporcionándoles las normas que ellos habrían acordado en caso de que hubieran pactado expresamente sobre las diversas cuestiones de la vida de la sociedad. Tales normas son, además, principalmente dispositivas, más que imperativas (Paz-Ares[21]).

---

19 Vid. supra I y VIVES. F., *op. cit.*

20 COASE, R., "La naturaleza de la empresa", 1937, en O.E. Williamson y S.G. Winter (compiladores), *The Nature of the Firm. Origins, Evolution and Development*, 1991, trad. esp. *La naturaleza de la empresa. Orígenes, evolución y desarrollo*, México, Fondo de Cultura Económica, 1996, pp. 29-48.

21 PAZ-ARES, C., "¿Cómo entendemos y cómo hacemos el derecho de sociedades? Reflexiones a propósito de la libertad contractual en la nueva LSRL", en

De forma diferente, en el concepto empresa ya convivía, aunque de forma primigenia, el concepto de sostenibilidad. De empresa habla, por ejemplo la Doctrina Social de la Iglesia[22].

Tratando de la Sociedad Limitada (coord. C. PAZ-ARES), Fundación Cultural del Notariado, Madrid, 1997, pp. 163-205.

22 Centesimus annus encíclica promulgada por San Juan Pablo II el 1 de mayo de 1991, con ocasión del centenario de la encíclica Rerum Novarum, consultar: https://www.cepchile.cl/cep/site/docs/20160303/20160303185213/pder_002_1991_09_n84.pdf

"La Iglesia reconoce la justa función de los beneficios, como índice de la buena marcha de la empresa. Cuando una empresa da beneficios significa que los factores productivos han sido utilizados adecuadamente y que las correspondientes necesidades humanas han sido satisfechas debidamente. Sin embargo, los beneficios no son el único índice de las condiciones de la empresa. Es posible que los balances económicos sean correctos y que al mismo tiempo los hombres, que constituyen el patrimonio más valioso de la empresa, sean humillados y ofendidos en su dignidad. Además de ser moralmente inadmisible, esto no puede menos de tener reflejos negativos para el futuro, hasta para la eficiencia económica de la empresa. En efecto, finalidad de la empresa no es simplemente la producción de beneficios, sino más bien la existencia misma de la empresa como comunidad de hombres que, de diversas maneras, buscan la satisfacción de sus necesidades fundamentales y constituyen un grupo particular al servicio de la sociedad entera. Los beneficios son un elemento regulador de la vida de la empresa, pero no el único; junto con ellos hay que considerar otros factores humanos y morales que, a largo plazo, son por lo menos igualmente esenciales para la vida de la empresa." (pargf. 35).

" *Está claro, sin embargo, que hoy el problema no es sólo ofrecer una cantidad de bienes suficientes, sino el de responder a un demanda de calidad: calidad de la mercancía que se produce y se consume; calidad de los servicios que se disfrutan; calidad del ambiente y de la vida en general." (prgf. 36).*

De este tema nos hemos ocupado en PEINADO GRACIA, J.I., "La empresa y el derecho al servicio del hombre libre (apuntes) ¿qué belleza salvará el mundo, José María?", en AA.VV. *Delendus est Leviathan. Liber Amicorum: Profesor José María de la Cuesta Rute*, Madrid, 2020 (12 pp.).

No vamos a extendernos en este punto, pero el "corporativismo" fascista de los años treinta también englobaba entre los fines de la empresa la defensa de los trabajadores, los grupos de interés y el marco natural en el que se desarrollaba la actividad de la empresa (Rocco).

Esta doctrina corporativista ha perdurado más que el régimen fascista italiano, y aún tiene defensores eminentes como Robert Reich (Secretario de Trabajo con Clinton y asesor de Obama). En el ámbito del Derecho de sociedades, no es tan lejana al Derecho de sociedades alemán que, sin embargo, no es el modelo que ha seguido la UE.

Como vemos, la centralidad es el concepto de empresa sobre el que se vuelca funcionalmente un marco ideológico determinado.

En la empresa se fijaba también lo que durante años hemos llamado Responsabilidad Social de la Empresa o Responsabilidad Social Corporativa. Por no adentrarnos más (lo hemos hecho en RDM) baste decir que bajo cualquier formulación tenía un carácter voluntario.

6. No se pueden generalizar soluciones del Derecho de la insolvencia a la sociedad solvente.

Siendo el Derecho de sociedades el ordenador de las relaciones de capital, sus intereses pueden cambiar en supuestos de descapitalización insolvente de la sociedad, pero no se puede extrapolar a otras situaciones las soluciones que aporta el Derecho de la insolvencia. La Gobernanza de las sociedades de capital no es idéntica en situaciones en las que la sociedad es solvente o es insolvente. En los supuestos de insolvencia declarada o inminente de una sociedad y en la mayoría de los supuestos de refinanciación, las normas de Gobernanza derivadas del contrato de sociedad deben decaer por carecer de fundamento o ceder en favor de las normas del Derecho de la insolvencia que persigan la más eficaz satisfacción de los acreedores. En los supuestos en los que la propiedad de la sociedad (el capital) haya dejado de cumplir su función financiera y de garantía, debe decaer el sistema de Gobernanza impuesto por el contrato de sociedad y pasar a una Gobernanza de los restantes financiadores, sin que sea necesario, sino todo lo contrario, el coadyuvar de los socios[23].

7. Las actuaciones sobre los administradores.

La Resolución del Parlamento Europeo de 17 de diciembre de 2020[24] incluyó entre sus propuestas la elaboración de un texto legislativo en el que señala que el deber de diligencia de los consejeros hacia la empresa debe definirse no solo en relación con la maximización de los beneficios a corto plazo derivados del valor de las acciones, sino también en relación con las exigencias de la sostenibilidad, y señaló el papel que desempeñan los consejeros ejecutivos en la definición de la estrategia de la empresa y la supervisión de sus operaciones; considera que el deber legal de los consejeros ejecutivos de actuar en interés de la empresa debe entenderse como el deber de integrar los intereses a largo plazo y los riesgos, las repercusiones, las oportunidades y las dependencias en materia de sostenibilidad en la estrategia general de la empresa; subraya que este deber de priorización debe implicar un desplazamiento desde inversiones no sostenibles hacia inversiones sostenibles.

Pide a la Comisión que presente una propuesta legislativa para garantizar que las obligaciones de los consejeros no se interpreten como

---

23 De estas cuestiones nos hemos ocupado de forma prolija en PEINADO GRACIA, J.I. "Contrato de sociedad y concurso", en AA.VV. (Mª Belén González Fernández, dir.), *El Contrato de Sociedad*, Valencia, 2024, tomo II, pp. 790-814.

24 Parágrafos 18 y 19.
Y Resolución del Parlamento Europeo, de 10 de marzo de 2021, con recomendaciones destinadas a la Comisión sobre diligencia debida de las empresas y responsabilidad corporativa (2020/2129(INL)).

una maximización a corto plazo del valor para el accionista, sino que incluyan también el interés a largo plazo de la empresa e intereses más amplios de la sociedad, así como los de los trabajadores y otras partes interesadas pertinentes; considera, asimismo, que dicha propuesta debe garantizar que los miembros de los órganos de administración, dirección y supervisión, actuando en el marco de las competencias que les asigna el Derecho nacional, tengan la obligación legal de definir, divulgar y supervisar una estrategia de sostenibilidad empresarial.

Cuando se pone el punto de referencia en los administradores se atiende bien a la aprobación de las políticas sociales de la empresa; bien al estatuto jurídico del administrador, donde se incluye su responsabilidad y también su retribución.

De las políticas de la empresa, el art. 249 bis .**b** LSC, declara indelegable *"La determinación de las* políticas *y estrategias generales de la sociedad"*. En cuanto a la aprobación de las políticas sociales de la empresa recuérdese que, 529.ter.1.**a** LSC, en referencia a las sociedades cotizadas, considera materia indelegable del Consejo la aprobación de las políticas de RSC y en la letra **c** las políticas de Gobierno Corporativo; y la letra **j**, la elaboración de la información no financiera.

En referencia a la responsabilidad de administradores debemos referirnos al artículo 225.1 LSC. Los planteamientos son muy distintos: mientras que el 225.1 señala que el interés del administrador está supeditado al interés de la empresa, luego:

a. Establece una jerarquía: interés social, interés de la empresa e interés del administrador;

b. Es un deber dispensable estatutariamente (art. 230.1 LSC)

c. y todo amparado por el principio de discrecionalidad empresarial;

d. La intromisión de intereses generales en el interés social no procede en estados de solvencia.

En esta situación, la Directiva de Diligencia debida ha sufrido un proceso de aguamiento en su tramitación. Desde el primer texto de 23 de febrero de 2022 COM(2022) 71 final hasta el texto final, hemos visto cómo las referencias más explícitas al deber de los administradores en torno a la sostenibilidad (art. 26) iban desapareciendo. No obstante, la misma norma incorpora una nomenclatura propia en el examen de la llamada diligencia debida donde se atrae a la empresa a la garantía de derechos fundamentales, medio ambiente, etc., al tiempo que considera a los trabajadores propios y de las filiales como partes interesadas en la gestión social.

8. Las medidas de medio ambiente y derechos fundamentales suponen una nueva forma de colonialismo.

Las políticas de sostenibilidad que conllevan la trazabilidad en toda la cadena de valor y residencia en los administradores la ejecución de tal mandato puede tener un efecto adverso. Los países de la UE han creado su situación económica careciendo de tales requisitos de respeto al medio ambiente y, por tanto, sin los costes inherentes a tales políticas. Así, por vía de la trazabilidad en la cadena de valor, las empresas deben exigir de sus suministradores, incluso extracomunitarios, el cumplimiento de las mismas políticas de diligencia debida. Tal imposición supondrá, quizás, la extensión extracomunitaria de estándares de europeos, pero al tiempo supone privar del mercado europeo a empresas de economías emergentes.

Bibliografía

ALONSO UREBA, A., "Derecho de sociedades y función económico-social de la gran empresa (interés social vs interés de la empresa: una cuestión abierta", en AA.VV. (Dirs. C. Chamorro/J. Viera), *Derecho de sociedades y sostenibilidad,* Madrid, 2023, pp. 27–92.

BEBCHUK, L. A./ HIRST, S., "The Specter of the Giant Three" (May 9, 2019), *Boston University Law Review*, Vol. 99, 2019, pp. 721-741.

BEBCHUCK, L.A./ STOLE, L.A., "Do short-term objectives lead to under– or overinvestment in long-term projects?", *The Journal of Finance*, vol. XLVIII, nº 2, June 1993, pp. 719-729.

BRUNDTLAND de la ONU 1987. https://www.ecominga.uqam.ca/PDF/BIBLIOGRAPHIE/GUIDE_LECTURE_1/CMMAD-Informe-Comision-Brundtland-sobre-Medio-Ambiente-Desarrollo.pdf

COASE, R., "La naturaleza de la empresa", 1937, en O.E. Williamson y S.G. Winter (compiladores), *The Nature of the Firm. Origins, Evolution and Development*, 1991, trad. esp. *La naturaleza de la empresa. Orígenes, evolución y desarrollo*, México, Fondo de Cultura Económica, 1996, pp. 29-48.

GONZÁLEZ GALÁN, S. et al., "Cómo gestionar la sostenibilidad en los consejos de administración", *TOOLKIT*, 2023, abril, en https://www.dirse.es/wp-content/uploads/2023/04/230411-Toolkit-DIRSE-y-Garrigues-como-gestionar-la-sostenibilidad-en-los-consejos-de-administracioon-1.pdf

HENDERSON, R., *Reimagining Capitalism in a World on Fire*, N.Y., 2020

LAMO DE ESPINOSA, J., "Sostenibilidad", *en Anales de la Real Academia de Doctores de España*. Volumen 8-4, 2023, pp. 905-909

LIPTON, M., "The New Paradigm: A Toolkit For Balancing Conflicting Stakeholder Interests and Protecting Long-Term Business Value", post en *Harvard Law Scholl Forum on Corporate Governance*, 23 de Agosto de 2023. https://corpgov.law.harvard.edu/2023/08/30/the-new-paradigm-a-toolkit-for-balancing-conflicting-stakeholder-interests-and-protecting-long-term-business-value/

LIPTON, M./ ROSENBLUM, S.A./CAIN, K.L./NILES, S.V./ BLACKETT, A.S./IANNONE, K.C., "It's Time To Adopt The New Paradigm", *Paper of Wachtell, Lipton, Rosen & Katz*, 11.02.2019. https://www.wlrk.com/webdocs/wlrknew/ClientMemos/WLRK/WLRK.26357.19.pdf

PALLADINO, E., "Who owns corporations?", en AA.VV. (Joshua Cohen editor), *Economics after neoliberalism*, Boston, 2019, pp. 124-140.

PAZ-ARES, C., "¿Cómo entendemos y cómo hacemos el derecho de sociedades? Reflexiones a propósito de la libertad contractual en la nueva LSRL", en *Tratando de la Sociedad Limitada* (coord. C. PAZ-ARES), Fundación Cultural del Notariado, Madrid, 1997, pp. 163-205.

PEINADO GRACIA, J.I., "La sostenibilidad y el deber de diligencia de los administradores: Una primera reflexión sobre la sostenibilidad de la sociedad mercantil y la responsabilidad por falta de diligencia de los administradores", *RDM*, núm. 311, enero-marzo 2019, pp. 11-48.

PEINADO GRACIA, J.I., "La empresa y el derecho al servicio del hombre libre (apuntes) ¿qué belleza salvará el mundo, José María?", en AA.VV. *Delendus est Leviathan. Liber Amicorum: Profesor José María de la Cuesta Rute*, Madrid, 2020 (12 pp.).

PEINADO GRACIA, J.I., "Contrato de sociedad y concurso", en AA.VV. (Mª Belén González Fernández, dir.), *El Contrato de Sociedad*, Valencia, 2024, tomo II, pp. 790-814.

VIVES, F., "El propósito de las sociedades y el paradigma del largo plazo", en AA.VV., *Las sociedades de capital: sus intereses y sus conflictos*, Valencia, 2022, pp. 15 a 31.